다양한 예제로 배우는

# CSS설계
# 실전 가이드

Cascading Style Sheets

다양한 예제로 배우는 **CSS 설계 실전 가이드**

**1쇄 발행** 2021년 2월 19일

**지은이** 한다 아츠시
**옮긴이** 김연수
**펴낸이** 장성두
**펴낸곳** 주식회사 제이펍

**출판신고** 2009년 11월 10일 제406-2009-000087호
**주소** 경기도 파주시 회동길 159 3층 3-B호 / **전화** 070-8201-9010 / **팩스** 02-6280-0405
**홈페이지** www.jpub.kr / **원고투고** submit@jpub.kr / **독자문의** help@jpub.kr / **교재문의** textbook@jpub.kr

**편집부** 김정준, 이민숙, 최병찬, 이주원 / **소통기획부** 송찬수, 강민철 / **소통지원부** 민지환, 김유미, 김수연
**진행** 이주원 / **교정·교열** 김은미 / **내지디자인** 최병찬 / **표지디자인** 미디어픽스
**용지** 에스에이치페이퍼 / **인쇄** 한승인쇄사 / **제본** 광우제책사

**ISBN** 979-11-90665-81-0 (93000)
**값** 25,000원

제이펍은 독자 여러분의 아이디어와 원고 투고를 기다리고 있습니다. 책으로 펴내고자 하는 아이디어나 원고가 있는
분께서는 책의 간단한 개요와 차례, 구성과 저(역)자 약력 등을 메일(submit@jpub.kr)로 보내 주세요.

다양한 예제로 배우는

# CSS 설계
# 실전 가이드

Cascading Style Sheets

**한다 아츠시** 지음 / **김연수** 옮김

제이펍

# 차례

Chapter 3

# 다양한 설계 기법

# 옮긴이 머리말

우리는 매일 인터넷에서 다양한 정보를 접합니다. 그 정보 중에서도 많은 것들을 웹 화면(데스크톱, 랩톱은 물론 모바일 기기의 다양한 브라우저)을 통해 습득합니다.

CSS(Cascading Style Sheets, 종속형 시트)는 마크업 언어(HTML)가 화면에 나타나는 방법(즉, 웹 브라우저에서 보여 주는 방법)을 기술하는 언어입니다. 즉, 마크업 언어를 마치 사람의 옷과 액세서리처럼 꾸미는 역할을 담당합니다.

1996년 12월 W3C에서 CSS1을 권고한 후 CSS는 빠르게 발전했으며, 비교적 쉽고 유연한 규칙을 앞세워 마크업 언어(HTML, XML 등), 스크립트 언어(자바스크립트 등)와 긴밀하게 결합한 패키지 형태(부트스트랩 등)를 통해 웹 환경의 확산과 사용자 경험의 다양화에 크게 기여했습니다.

하지만 CSS가 제공하는 쉽고 유연한 규칙과 사용성 때문에 환경에 따라 이용하는 형태가 그야말로 천차만별입니다. 실제로 여러분이 CSS를 직접 구현하거나, 누군가가 만들어서 배포한 CSS를 사용할 때의 기억을 떠올려 보시기 바랍니다. '이 부분은 이런 역할을 할 것이다'라는 것이 명확하게 보이는데 막상 원하는 형태로 수정하기 쉽지 않았거나, 수정을 하면 오류가 날 것이라는 예상과는 달리 아무 이상 없이 동작하는 것을 자주 경험했을 것입니다. 그리고 이런 경험을 몇 차례 반복하다 보면 손쉽게 CSS에 손을 대지 못하고 외면하기가 십상입니다.

CSS 설계란, CSS를 구성하는 요소들을 분해하고 정리하고 조합해 각 요소의 의존 관계나 재사용성을 확보하는 방법론입니다. 그리고 세상의 모든 방법론이나 설계와 마찬가지로 CSS 설계 역시 절대적으로 옳은 것 혹은 변하지 않는 것이 존재하지는 않습니다. CSS 설계는 지금까지 그랬듯 웹의 발전과 변화에 발맞추어 계속 변화할 것이기 때문입니다.

지은이는 이 책에서 대표적인 몇 가지 CSS 설계 방식과 이 설계가 가진 기본적인 사고방식을 상세하게 설명합니다. 실제 현장에서 많이 사용하고 있는 CSS 설계 방식 중 하나인 PRECSS를 고안한 저자의 사고방식을 따라가다 보면, 독자 여러분들 또한 어느새 기존의 고민을 해결하는 동시에 여러분이 구현하는 환경에 적합하게 사용할 수 있는 CSS 설계를 할 수 있을 것입니다.

좋은 책을 번역할 기회를 주신 제이펍 장성두 대표님과 예쁜 책을 만들어 주신 편집자 및 디자이너를 포함해 번역하는 동안 도움을 주신 모든 분께 감사드립니다. 무엇보다 언제나 한결같은 사랑으로 곁을 지켜 준 아내와 세 아이에게도 사랑과 감사를 전합니다.

고맙습니다. 덕분에 삽니다.

옮긴이 **김연수**

# 머리말

웹 개발 현장에서 CSS를 본격적으로 사용하기 시작한 이래 상당한 시간이 흘렀습니다. 사람에 따라 편차는 있겠지만 대략 10년 전후일 것입니다.

이 10년을 되돌아보면 CSS의 안정성과 표현력은 초창기에는 상상도 할 수 없을 정도로 비약적으로 발전했다고 생각합니다. 특정 브라우저에서 레이아웃이 깨지는 것을 방지하기 위해 'zoom; 1;'이라는 방법을 더는 사용하지 않아도 되고, 특정한 브라우저에서만 CSS를 적용하기 위해 CSS 핵(Hack)을 사용해야 했던 것 역시 먼 과거의 이야기입니다. 모서리가 둥근 박스를 표현하기 위해 div 태그를 세 번이나 중첩할 필요도 없습니다. 지금의 CSS는 그야말로 마법 같습니다.

하지만 안정성과 표현력은 크게 향상한 반면, CSS 관리에서의 어려움은 그다지 해소되지 않았습니다. 스타일링이 서로 간섭하는 공포 속에서 개발하는 환경은 예나 지금이나 그대로입니다.

CSS는 진화하지 않았는지 모르지만 사람은 진화했습니다. 그런 상황에서 '얼마나 CSS 개발을 안전하고 효율적으로 할 것인가'에 관한 시행착오를 거친 결과로 CSS 설계가 탄생했습니다. 이후 웹 기술 또한 사람의 진화에 맞춰 발전해 웹 컴포넌트(Web Component)의 섀도 DOM(Shadow DOM)이나 자바스크립트(JavaScript) 프레임워크를 활용해서 스타일링의 간섭을 허용하지 않는 환경에서 CSS를 작성할 수 있는 환경을 조금씩 만들어 왔습니다. 그렇다고 해서 CSS 설계가 필요하지 않은 것은 아닙니다.

CSS 설계의 본질은 페이지상의 다양한 요소를 분석하고 정리하며, 의존 관계나 재사용성을 명확하게 하는 방법에 대한 메타적 사고 회로를 갖추는 것입니다. 현대의 웹 개발에서는 '모듈(=컴포넌트)'이라는 단위가 매우 중요한 역할을 담당하고 있는지라 CSS 설계를 통해 체득한 스킬의 중요성은 점점 증가하고 있습니다.

많은 현장에서 사용하는 만큼 CSS에 대한 정보는 넘쳐납니다. 하지만 세간에 돌아다니는 정보는 정말로 궁금한 부분은 알려 주지 않아서 여전히 많은 분들이 어려워하고 제각기 고민하며 해결책을 모색하고 있습니다.

이 책에서는 그런 고민이 생겨나기 쉬운 부분이나 웹에서 모듈을 사용하는 방식에 관해 '이렇게까지나!' 싶을 정도로 세세하게 문제를 제기하고 최적의 해답을 제시합니다. 또한 사고방식을 제안할 뿐만 아니라 최적의 해결책을 반영한 실제 모듈 코드도 수록했습니다.

이 책이 여러분의 고민을 하나라도 해결하고 앞으로의 웹 개발을 조금이나마 편하게 만들어 주는 데 일조한다면 더할 나위 없이 좋겠습니다.

마지막으로, 바쁜 와중에도 이 책의 리뷰를 맡아 주신 ICS의 이케다 야스노부 님, 팡세의 나가노 마사키 님과 나가사와 켄 님, 그리고 집필을 지지해 준 아내에게 감사를 전합니다.

지은이 **한다 아츠시**

# 샘플 코드에 대하여

**샘플 코드 실행에 관하여**

이 책에서 제공하는 샘플 코드는 다음과 같이 구성되어 있습니다.

```
/
├── chapter02
│       ├── 2-5-mod-1.html
│       ├── 2-5-mod-2.html
│       ├── 2-5-mod-3.html
│       ├── ...
│       ├── assets
│       │     └── img
│       └── css
│             ├── 2-5-mod-1.css
│             ├── 2-5-mod-2.css
│             ├── 2-5-mod-3.css
│             ├── ...
│             └── style.css
├── chapter03
├── chapter04
├── chapter05
├── chapter06
└── chapter07
```

샘플 코드는 각 챕터별로 독립적으로 구성되어 있으며, 각 챕터 안에서 CSS 파일 및 리소스 파일들을 절대 경로로 참조합니다.

```html
<link rel="stylesheet" href="/css/style.css">
<img src="/assets/img/image.png">
```

샘플 코드를 실행할 때는 각 챕터의 디렉터리가 로컬 웹 서버의 루트 디렉터리를 참조하도록 설정해 주시기 바랍니다.

# 베타리더 후기

 **윤병준(마이리얼트립)**

프런트엔드 개발에서 중요한 부분을 차지하는 CSS는 사실 많은 스포트라이트를 받지 못하고 있습니다. 이 책은 UI를 개발할 때 빼놓을 수 없는 CSS에 대한 실무 활용 팁을 자세하게 다루고 있습니다. 그뿐만 아니라 다른 사람들과 협업하기 좋은, 그리고 개발의 확장성을 고려한 CSS 가이드를 제시합니다. 초보자분들은 물론이거니와 확장성 있는 CSS 스타일 추구에 대한 고민을 하고 있는 분들께 추천합니다.

 **임태현(N Tech Service)**

현대 웹 개발은 리액트 같은 프레임워크를 사용함으로써 컴포넌트 지향적인 설계를 요구합니다. 그리고 재사용성 높은 컴포넌트 설계를 위해 상태, 기능은 물론 스타일을 기준으로 사고해야 합니다. 이 책은 리액트를 다루진 않지만 저자가 전하고자 하는 '재사용성과 스타일 충돌의 최소화를 위한 모듈 설계'를 이해하게 된다면 컴포넌트 설계 역량이 향상될 것입니다.

 **정욱재(당근마켓)**

시중의 CSS 관련 책은 CSS만을 가르치는 것이 대부분인데, 이렇게 상세하게 구조까지 설명해 주는 책은 처음입니다. 베타리딩 내내 감탄을 금치 못했습니다! 유지 보수성이 뛰어난 CSS를 작성하고 싶은 분들께 추천합니다. 유용한 내용이 가득해서 종이책으로 받으면 찬찬히 읽으면서 다시 한번 정리해 보고 싶습니다. 너무 좋은 책을 출판해 주셔서 감사합니다!

 **정태일(삼성SDS)**

쉬운 문법만 믿고 충분한 고민과 설계 없이 CSS를 작성하다 보면 어느 순간 작은 수정에도 여러 페이지에 영향을 주거나 손도 못 댈 정도로 복잡한 스파게티 코드를 양산하기가 쉽습니다. 이 책은 프로젝트 규모와 성격에 따라 최적의 CSS를 설계할 수 있는 힘을 기르는 데 큰 도움이 됩니다. BEM 등 주요 설계 기법과 필자의 노하우가 담긴 PRECSS를 경험하고 싶은 분들께 추천드립니다. 퍼블리셔는 아니지만 이 책을 베타리딩하며 CSS 설계 기법에 대해 배우고 한번 더 생각해 볼 수 있는 계기가 되어 좋았습니다.

### 진태양(코드포코리아)

시빅 해커로서 스프링 부트, 노드.js 중심의 백엔드 개발을 주로 하고 있습니다. 가끔은 HTML 마크업과 CSS 작성을 하기도 하는데, 시간이 흐르며 유지 보수에 어려움을 느끼고 있었습니다. 이 책을 통해 이러한 어려움을 해소하는 데 많은 도움을 받았을뿐더러, 파일 시스템과 백엔드 구조 설계에도 긍정적인 영향을 받을 수 있었습니다. 이론, 실전 예제 그리고 추가적인 팁까지 완벽하게 담아낸 책이라고 생각합니다. 다만, 흥미로운 이론 파트에 비해 실전 예제 부분은 큰 변화 없이 설명-실행 결과-소스 코드가 반복되다 보니 조금 단조롭고 지루한 느낌이 들었습니다.

### 최용호(넥슨코리아)

CSS에 대한 경험이 부족한 상태에서 잘 알려진 UI 컴포넌트들을 주로 사용하며 검색 결과들로만 스타일을 지정하곤 했습니다. 그러다 보니 UI가 일관되지 않고, 코드 또한 깔끔하지 않았습니다. 이 책에서 설명하는 설계 방법이 지금껏 사용해 왔던 여러 UI 컴포넌트에 적용되어 있었다는 것을 알게 되었고, 시야가 넓어지는 느낌을 받았습니다. 책에서 소개하는 설계 방법에 익숙해지면 더 이상 스타일에 대한 유지 보수가 고된 일이 아닐 듯싶습니다.

아쉽게도 이 책에는 CSS의 기본 지식에 대한 설명은 없습니다. 만일 CSS에 대한 지식이 충분히 있었다면 훨씬 더 많은 것을 얻을 수 있었겠지만, 주 내용인 설계 방법에 대한 이해만으로도 아주 많은 도움이 되었습니다. 전반적으로 유용하고 만족스러운 책이었습니다.

### 허민(한국외국어대학교 정보지원처)

이 책을 읽고 CSS에도 훌륭한 설계 체계가 있었다는 사실을 알게 되었습니다. 설계라는 추상적인 개념을 눈으로 확인할 수 있는 체계적인 구성 덕분에 쉽게 이해할 수 있었습니다. OOCSS, SMACSS, BEM 등 유명 설계 기법의 장점에 CSS 분리 및 충돌 이슈를 최소화하려는 저자의 고민과 내공을 녹인 PRECSS 기법을 익히다 보면, 어느덧 한 단계 발전한 자신을 발견할 수 있다고 생각합니다.

# CSS의
# 역사와 문제점

첫 번째 장에서는 CSS가 탄생한 배경을 돌아보고
현대 웹 개발 현장과의 차이와 CSS 설계의 필요성에 관해 정리해 봅니다.

## 1-1 CSS의 시작

CSS는 매우 빈약합니다. 이는 CSS의 문법이 간단하며 조금만 학습하면 누구나 다룰 수 있다는 뛰어난 단순함 때문에 생겨난 어려움이기도 합니다.

1994년 처음 탄생한 이후 1996년 12월에 W3C에서 CSS1을 권고[1]하였습니다. 그 후 1998년 5월에 CSS1의 상위 호환 버전인 CSS2가 나왔으며, 조금 시간이 흐른 2011년 6월에 CSS2의 개정 버전인 CSS2.1을 권고하였습니다(그림 1-1).

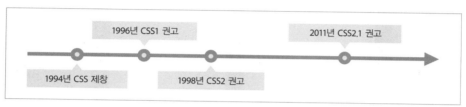

그림 1-1 **CSS 2.1까지의 역사**

CSS3부터는 버전을 전체로 정의하지 않고 애니메이션에 관련된 사양 혹은 그러데이션에 관련된 사양 등을 '모듈'이라는 단위로 묶어서 정의하였습니다. 따라서 'CSS3', 'CSS4'와 같이 CSS 전체를 의미하는 버전은 엄밀하게는 존재하지 않습니다.

## CSS의 역할과 목적

CSS의 역할은 HTML이나 XML의 각 요소를 꾸미는 것이며, 문서의 구조(HTML이나 XML)와 스타일(디자인)을 분리하는 것입니다. CSS가 등장하기 전에는 스타일을 각 요소(font 요소 등)의 전용 속성이나 style 속성으로 일일이 지정했습니다.

다음 코드는 style 속성을 사용해 스타일링한 예시입니다.

```HTML
<p style="color: #f00; font-size: 18px;">이 텍스트는 18px의 빨간 문자로 표시됩니다</p>
```

하지만 이 방법에는 다음과 같은 문제가 있습니다.

---

1 국제 표준 사양으로 승인받았음을 의미합니다.

- HTML이나 XML은 본래 문서 구조를 의미하므로 스타일을 지정하는 것은 바람직하지 않다.
- 같은 스타일 요소를 여러 페이지마다 사용하려면 수정할 때 그만큼 반복 수정을 해야 한다.

이 문제를 해소하기 위해 등장한 것이 CSS입니다. 코드를 다음과 같이 바꾸어 문장 구조와 스타일을 분리함으로써 문제를 해결하는 데 성공했습니다.

```
HTML
<!-- index.html에서 사용되는 p 요소 -->
<p>이 텍스트는 18px의 빨간 문자로 표시됩니다</p>
<!-- about/index.html에서 사용되는 p 요소 -->
<p>다른 위치에서 사용되는 이 텍스트도 18px의 빨간 문자로 표시됩니다</p>
```

```
CSS
/* 이 CSS를 변경하면 위 두 개 p 요소에 변경이 적용됩니다 */
p {
  color: #f00;
  font-size: 18px;
}
```

# CSS의 문제점

## '혼돈 상태'가 되어 버린 CSS

CSS의 등장으로 마치 문제가 모두 해결된 듯싶었습니다. 그러나 '문서 구조와 스타일을 분리한다'는 점에 있어서는 확실히 성공했지만, 막상 현실에서는 다른 문제가 나타났습니다. 그 문제는 '**페이지 수가 늘어남에 따라 CSS가 점점 복잡해지고 관리하기 어렵다**'는 점이었습니다. '혼돈 상태(Chaos)'[2]가 되어 버린 것입니다.

앞서 설명했던 예시처럼 두 페이지뿐인 간단한 사이트에서는 큰 문제가 없습니다. 그러나 웹사이트는 결코 작은 규모의 것만 존재하지는 않습니다. 한 페이지만으로도 웹사이트라고 부를 수 있지만, 페이지 수에 최대한이라는 개념이 없기 때문에 100페이지, 1,000페이지 혹은 10,000페이지를 넘는 웹사이트도 있습니다. 그런 상황에서 그저 '최상위 페이지는 p 요소를 크게 만들고 싶으니 폰트 크기를 18px에서 20px로 바꾸면' 어떻게 될까요? 최상위 페이지만 보면 의도한 대로 p 요소는 20px이 됩니다. 하지만 'CSS 파일을 로딩한 모든 페이지에 스타일링 내용을 반영하는' 사양에 의해 다른 페이지의 모든 p 요소 또한 20px로 바뀌어 버립니다.

스타일 규칙을 확실하게 정한 뒤에 CSS를 작성하는 것이 좋습니다. 그러지 않는다면 앞에서 설명했던 것처럼 '**페이지 수가 늘어남에 따라 CSS가 점점 복잡해지고 관리하기 어렵다**'는 문제가 다시 불거질뿐더러 문제는 점점 커져 갑니다. 규칙이 없는 CSS의 경우 10페이지만 넘어가도 전체를 파악하기 어렵습니다. 게다가 웹사이트는 만들어 공개했다고 끝나는 것이 아닙니다. 이후 정보를 업데이트하거나 새로운 페이지를 만드는 등의 운용 단계가 기다리고 있습니다. 코드 공개 당시에 이미 혼란한 상태였던 CSS를, 공개 후 몇 개월이 지난 뒤에 자신이나 다른 사람이 해석한 뒤 계획한 것 외에 영향이 미치지 않도록 운용하는 것은 그야말로 어려운 작업입니다.

또한 그런 상태를 피하기 위해 규칙을 정하는 과정에서도 상당한 실력과 센스를 가진 사람이 아닌 이상 혼자 만든 규칙은 너무나 약하고 쉽게 부서지는 경우가 대부분입니다. 그렇다면 이런 일이 발생하는 이유는 무엇일까요?

---

2  웹 세계에서 자주 사용하는 용어로 '너무 복잡하고 무질서해서 눈조차 뜰 수 없는' 상황을 의미합니다.

# CSS에서는 모든 것이 전역 범위다

다소 프로그래밍적인 입장에서 이야기를 하자면, 이는 CSS가 전역 범위(Global Scope)만 가지고 있기 때문입니다. 전역 범위란 '모든 스타일링이 서로 간섭할 가능성이 있는' 상태임을 의미합니다.

이는 비단 같은 파일 안에서만 국한된 이야기가 아닙니다. 예를 들어, CSS 파일이 분리되어 있다 하더라도 이 파일들을 읽어 들인 HTML/XML에서는 모든 CSS 스타일링이 동일한 범위 안에 존재하게 됩니다. 그림 1-2를 살펴봅니다.

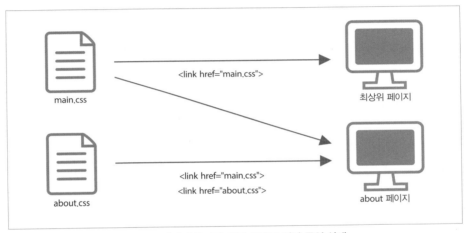

그림 1-2 페이지에 따라 여러 CSS를 읽어 들인 상태

최상위 페이지에서는 main.css만 읽어 들였으며, about 페이지에서는 main.css와 about.css를 읽어 들였습니다. 하지만 about 페이지용으로 about.css라는 파일을 나누었다고 해서 main.css와 다른 범위에서 스타일링을 할 수 있는 것이 아닙니다. 두 CSS 파일이 영향을 미치는 범위는 같기 때문에 about.css는 main.css의 영향을 받으면서 스타일링을 하는 형태가 됩니다.

'모든 것이 전역 범위다'라는 것은, 다시 말해 '스타일링이 늘어날수록 서로 간섭할 가능성이 커진다'는 것입니다. 스타일링을 매우 간단하게 할 수 있다는 점이 CSS의 강점인 동시에 약점인 것입니다. 규모가 커질수록 그 약점이 노출되는, 그야말로 양날의 검이라고 할 수 있습니다.

# 복잡해지는 웹 개발

웹사이트에 대한 요구 사항들이 나날이 복잡해지면서 CSS의 약점이 점차 도드라지기 시작했습니다. CSS가 처음 등장했을 당시만 하더라도 그저 웹사이트는 '제목이 있고, 그 아래 이어지는 본문이 있고, 그 안에 작은 제목이 있는……' 문서의 형태가 일반적이었습니다.

물론, HTML이 마크업 언어인 이상 '문서'로서의 역할은 지금도 이어지고 있습니다. 그러나 최근에는 콘텐츠를 움직이거나(Animation), 사용자 조작에 반응해서 표시하는 내용을 전환하는 등의 구현을 요구하는 일도 결코 드물지 않습니다. 또한 웹페이지를 만드는 단계 역시 매번 수작업으로 HTML 파일을 준비하는 것이 아니라, CMS[3] 등의 시스템을 통해 페이지를 익스포트(Export)하는 것이 대부분입니다. 현재의 웹 개발 현장은 CSS가 처음 등장했던 당시와는 크게 달라졌습니다.

## 변경할 수 없는 HTML/CSS의 결합

CMS의 종류나 제품에 따라 다르지만, 익스포트한 HTML이나 CSS를 변경할 수 없기 때문에 구조를 조금 바꾸고 싶더라도 어쩔 수 없이 이것들을 그대로 사용해야 하는 경우가 있습니다. 혹은 어느 정도 조정은 가능하지만, '어떻게 하더라도 특정 부분은 CMS에서 익스포트한 HTML/CSS를 사용할 수밖에 없는' 경우도 있습니다.

이런 경우에는 독자적으로 만든 CSS와 CMS에서 익스포트한 HTML/CSS를 타협하며 붙여가면서 개발해야만 합니다. 많은 경우 CMS에서 익스포트하는 HTML/CSS에 맞출 수 없을뿐더러 CSS가 모두 전역 범위이기 때문에 최악의 경우에는 CMS에서 익스포트한 코드에 끌려다니면서 개발을 하는 사태가 벌어지기도 합니다.

## 늘어나는 페이지 수

CMS와 같이 페이지를 익스포트하는 다양한 시스템을 쉽게 이용할 수 있어 새로운 웹페이지를 만드는 작업은 매우 쉬워졌습니다. 그 결과, 하나의 웹사이트에 포함된 페이지가 늘어나면서 CSS 관리 또한 보다 복잡해졌습니다.

---

3  콘텐츠 관리 시스템(Content Management System)의 약자로, 웹사이트의 콘텐츠를 관리하고 출력하는 시스템 등을 말합니다. 대표적인 것으로 워드프레스(WordPress)나 무버블 타입(Movable Type) 등이 있습니다.

전체 페이지 수가 10페이지 미만인 웹사이트의 CSS를 개발하고 관리하는 것은 그리 어렵지 않습니다. 하지만 수십 혹은 수백 페이지 이상으로 구성된 웹사이트의 CSS라면 얘기가 다릅니다. 개발을 시작하기 전에 설계를 확실하게 하지 않으면 CSS는 상상 이상으로 쉽게 스타일 충돌을 일으키거나 '어디에 무엇이 쓰여 있는지 알 수 없는' 문제가 발생합니다. 중간 규모 이상의 웹사이트를 관리할 때의 CSS는 '너무나도 부서지기 쉬운 존재'[4]입니다.

## 빈번하게 변경되는 '상태'

CSS가 처음 등장한 당시 상황에 비해 복잡해진 것은 브라우저에서의 표시 환경, 혹은 페이지 수 등에만 국한되지 않습니다. 웹 개발 성숙도가 증가함에 따라 '상태'가 빈번하게 변경되었습니다. 먼저 '상태'가 무엇인지에 관해서는 현재 보고 있는 페이지의 내비게이션에서 하이라이트된 상황을 가정해 보면 이해하기 쉬울 것입니다(그림 1-3).

그림 1-3 CSS 탭 페이지를 보고 있으므로 글로벌 내비게이션의 해당 부분이 하이라이트되어 있다

이 정도 사이트의 경우라면 미리 각 페이지의 글로벌 내비게이션 부분을 하이라이트용으로 지정해도 큰 문제가 없습니다. 정적 HTML/CSS을 사용해 해결 가능한 수준이므로 큰 문제가 되지는 않습니다. 또한 앞에서 든 예시처럼 자바스크립트가 웹사이트 내 애니메이션이나 인터랙션(사용자 조작에 따른 움직임)을 담당하기 시작하면서 한 페이지 안에서도 동적으로 상태를 전환해 아래와 같은 동작을 할 수 있게 되었습니다.

- 콘텐츠 애니메이션
- 사용자 조작에 따라 표시되는 내용이 전환

예를 들어, 클릭한 제목에 맞춰 콘텐츠가 전환되는 페이지를 상상해 보면 알기 쉽습니다(그림 1-4).

---

4   3장에서 소개할 OOCSS 제창자인 니콜 설리번(Nicolle Sullivan)은 'CSS is too fragile(CSS는 너무 부서지기 쉽다)'라는 유명한 발언을 남겼습니다. 여기에서 '부서지기 쉽다'는 표현은 CSS의 약점을 잘 드러내는 것이라 할 수 있습니다.

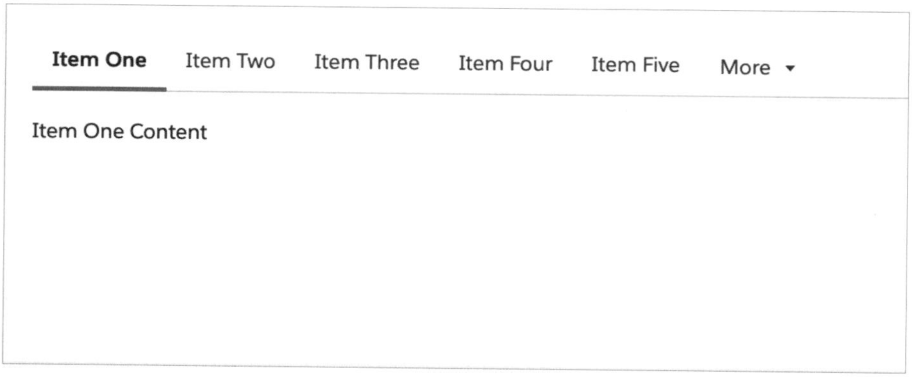

그림 1-4 **클릭한 탭에 따라 아래쪽 콘텐츠가 전환되는 인터페이스**(https://www.lightningdesignsystem.com/
components/tabs/)

이처럼 사용자의 조작에 따라 동적 상태로 전환하면 앞서 설명한 것처럼 단지 스타일링만 하는 CSS 개발 방법으로는 관리하기 어렵습니다. 또한 HTML이나 자바스크립트 및 이들을 실행하는 브라우저의 성능이 크게 향상되면서 브라우저 안에서 동작하는 웹 애플리케이션 역시 일반화되었습니다. 페이스북(Facebook)이나 트위터(Twitter) 또는 트렐로(Trello) 등이 이런 기능을 적용한 웹 애플리케이션들입니다.

웹 애플리케이션에서는 사용자의 조작과 데이터의 상태(사용자가 로그인하고 있는지, 새로운 메시지가 있는지, 사용자가 과금 상태인지 등)에 따라 스타일을 강조해서 표시하기도 하고 특정한 기능을 사용하지 못하게 막기도 합니다.

오늘날과 같이 다양한 요소가 복잡하게 연결되는 상태는 아마 CSS를 처음 선보일 당시에는 상상도 하지 못했을 것입니다. CSS는 CSS1부터 시작해 현재 검토 중인 레벨 4 모듈 그룹에 이르기까지 스타일의 업데이트는 있으나 범위 분리와 관련된 업데이트는 없는 상태입니다.[5]

---

5 CSS뿐만 아니라 HTML이나 자바스크립트도 포함된 웹 컴포넌트(Web Components)라 불리는 API군의 새도 DOM(Shadow DOM)이라는 기술을 사용해 범위 문제를 해결할 수 있습니다. 그러나 아직 새도 DOM(https://developer.mozilla.org/en-US/docs/Web/Web_Components/Using_shadow_DOM)을 지원하지 않는 브라우저도 있습니다.

'CSS 사양에 있어서 오늘날의 웹 개발은 너무나도 복잡하다(혹은 간단히 말해 CSS는 부서지기 쉽다).' 지금까지 여러 회사는 물론 실력이 뛰어난 개개인들까지 '어떻게 하면 CSS를 쉽게 관리할 수 있도록 유지할까?'라는 문제를 해결하기 위해 열심히 노력해 왔습니다. 그야말로 '각자의 CSS'입니다(이는 지금도 계속 이루어지고 있습니다). 그러다 보니 회사나 개인의 실력 차이, 방법의 문제로 다음과 같은 사태가 발생했습니다.

- 규칙을 확실히 정리하지 않으면 혼자 개발을 수행하게 되므로 코드를 기술하는 방법이 어긋난다.
- 문서화되어 있지 않으면 다른 사람과 협력해서 작업을 수행할 때 코드를 기술하는 방법이 어긋난다.
- 너무 쉽게 생각하기 때문에 애초에 규칙으로서의 역할을 하지 못한다(이것이 특히 가장 빈번하고도 치명적인 문제입니다).

이런 상황을 해결하기 위한 것이 바로 CSS 설계[6]입니다. 2011년경 니콜 설리번이 OOCSS를 제창한 것을 시작으로 이후 BEM이나 SMACSS, SUIT CSS, NCS, Systematic CSS 등 세계 각국에서 다양한 CSS 설계 방법을 개발하여 널리 사용해 왔습니다. 일본에서는 타니 히로키(Tani Hiroki)가 FLOCSS, 필자가 PRECSS 등을 만들었습니다.

이처럼 다양한 CSS 설계 방법이 있지만, '그래서 어떤 설계 방법이 가장 좋은가?'라는 질문에는 유감이지만 명확히 대답할 수 없습니다. 왜냐하면 웹 개발의 규모가 제각각인 데다 기업 사이트부터 전자상거래 사이트, 웹 애플리케이션까지 종류 또한 다양하므로, CSS 설계에 있어서도 규모나 개발하는 웹사이트 특성에 따라 최적의 방법이 각각 다르기 때문입니다. 그러나 이 모든 CSS에서 공통점은 다음과 같습니다.

- **추상화한다.**
- **나눈다.**

'추상화한다'는 의미가 무엇인지 곧바로 떠오르지 않을 수도 있는데, 대략 '다른 스타일 사이에서 공통화할 수 있는 것은 무엇인가?', '공통된 부분을 추출해서 하나로 모을 수는 있는가?'를 이미지화하는 작업이라고 생각하면 보다 이해하기 쉬울 것입니다. '나눈다'는 것은 크게 다음의 세 가지 방법으로 생각할 수 있습니다.

---

6 영어로는 CSS Methodology라고 부릅니다.

- 파일을 나눈다.
- 부품(parts) 크기로 나눈다.
- 역할에 따라 이름을 나눈다.

각 CSS 설계에서 어떤 수준까지 이를 수행하는지 비교해 보는 일은 재미있을 뿐만 아니라 많은 공부가 됩니다. 실제로 사용하지 않는다 하더라도 여러 CSS 설계를 한번 정도 살펴보는 것도 좋을 것입니다.

이 책의 3장 '다양한 설계 방법'에서는 다음의 설계 기법들을 소개합니다.

- OOCSS
- SMACSS
- BEM
- PRECSS

그리고 5~7장 'CSS 설계 모듈집'에서는 BEM과 PRECSS를 사용해 실제 웹 부품(이후 모듈로 표기)을 만들어 봅니다.

CSS 설계와 디자인 시스템 연동

'추상화한다', '나눈다'라는 관점에서 CSS에 질서와 평화를 부여하고자 CSS 설계를 시작했는데, 그로 인해 생각지도 못한 이점을 얻었습니다. 웹의 거대화 및 복잡화와 함께 나날이 늘어가는 페이지 수와 모듈 수 때문에 고민하던 것은 디자이너도 마찬가지였기 때문입니다. 그러던 와중 브래드 프로스트(Brad Frost)가 '아토믹 디자인(Atomic Design)'[7]이라는 방법론을 제창했습니다. 아토믹 디자인은 간단히 설명하면, 디자인 시스템을 구축하고 운용하기 위한 사고방식 혹은 지침이라 할 수 있습니다.

이 책의 주제 범위를 벗어나기 때문에 모든 내용을 설명할 수는 없지만, 아토믹 디자인에서는 '아토믹 디자인 방법론(Atomic Design Methodology)'을 활용해 사용자 인터페이스(User Interface)를 다음의 다섯 가지로 나눠 재정리(용어가 매우 화학적이긴 합니다)했다는 점에서 CSS와 공통점을 보입니다.

- Atoms
- Molecules
- Organisms
- Templates
- Pages

그림 1-5는 아토믹 디자인 방법론의 UI 분류 전체 개요도입니다.

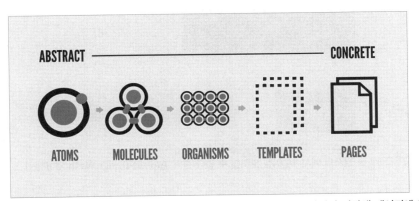

그림 1-5 아토믹 디자인 방법론의 UI 분류 전체 개요도 인용. 가장 추상적인 원자에서 시작해 페이지에 가까워질수록 구체성이 증가한다(출처: Atomic Design Methodology)

---

7 https://atomicdesign.bradfrost.com

아토믹 디자인 방법론 자체는 CSS 설계를 염두에 둔 것이 아니라 어디까지나 디자인 시스템을 구현하기 위한 것입니다. 하지만 실제로 아토믹 디자인에서 정의한 다섯 가지 UI 분류는 CSS 설계와 상당한 친화성이 있으며, 특히 PRECSS를 이해하는 데 도움이 됩니다. UI의 다섯 가지 분류에 관해 간단히 칼럼에서 설명했으므로 참조하시기 바랍니다.

## COLUMN  아토믹 디자인 방법론에서의 UI 분류 사고방식

디자인 시스템 관점에서 UI를 재정리한 아토믹 디자인 방법론에 관해 간단히 설명합니다. 또한, 각 용어는 읽기 쉽도록 가능한 다음과 같이 번역해서 사용했습니다.

- Atoms → 원자
- Molecules → 분자
- Organisms → 유기체
- Templates → 템플릿
- Pages → 페이지

### Atoms(원자)

원자는 아토믹 디자인 방법론 중에서 가장 작은 단위가 되는 모듈입니다. 모든 웹페이지에서 사용하는 것으로 버튼이나 입력 필드, 제목 등이 여기에 해당합니다. '더 이상 분리할 수 없을 정도로 작은 UI'라고 생각하면 이해하기 쉽습니다(그림 1-6).

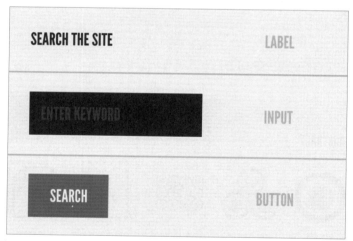

그림 1-6 원자의 예시. 이 이상 분리할 수 없다(출처: Atomic Design Methodology)

### Molecules(분자)

원자가 모여 그룹을 만들면 분자가 됩니다. 각기 흩어져 있던 원자가 그룹을 형성함으로써 하나의 모듈이 된 것이라고 생각하면 이해하기 쉽습니다(그림 1-7).

그림 1-7 분자의 예시. 원자가 모여 검색 폼 분자가 만들어졌다(출처: Atomic Design Methodology)

### Organisms(유기체)

다음 단위는 유기체입니다. 유기체는 분자뿐만 아니라 원자와 다른 유기체를 포함할 수 있습니다. UI가 비교적 복잡해지는데, 예를 들면 그림 1-8의 헤더는 분자와 원자를 포함한 유기체라고 할 수 있습니다.

그림 1-8 유기체 예시. 로고(원자), 메뉴(분자), 검색 폼(분자)이 모여 유기체를 형성한다(출처: Atomic Design Methodology)

### Templates(템플릿)

이제 드디어 화학 용어를 벗어나 웹의 느낌을 주는 용어가 등장했습니다. 템플릿은 지금까지 소개한 요소들을 조합해 만든 레이아웃을 의미합니다. 실제 사용하는 이미지나 텍스트 등의 콘텐츠는 고려하지 않은 상태에서 레이아웃이나 구조를 정의한 것입니다(그림 1-9).

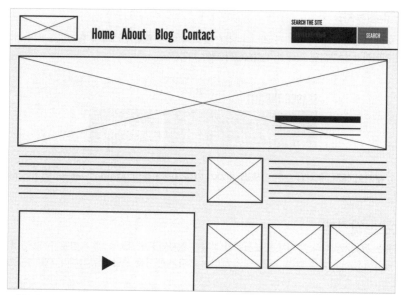

그림 1-9 템플릿 예시. 원자, 분자, 유기체가 모여 레이아웃을 형성한다(출처: Atomic Design Method ology)

## Pages(페이지)

가장 마지막에 정의되어 있는 단위는 페이지입니다. 이는 앞에서 설명한 템플릿에 실제 이미지나 텍스트 등의 콘텐츠를 적용한 것으로서 그대로 공개해도 문제없는 웹페이지 형태를 갖추고 있습니다(그림 1-10).

그림 1-10 페이지 예시. 실제 이미지나 타이틀 및 리드 구문이 들어가 있다(출처: Atomic Design Method ology)

템플릿과 페이지를 분리한 이유는 '같은 레이아웃이라도 콘텐츠가 다른' 경우를 생각하면 이해하기 쉬울 것입니다. 예를 들어, '이용 규칙', '개인 정보 보호 방침'과 같이 매우 간단한 페이지는 대부분의 경우 동일한 레이아웃에 제목이나 텍스트 등의 콘텐츠만 다릅니다.

## 아토믹 디자인을 아는 장점

CSS 설계에서 다소 벗어나 아토믹 디자인이라는 사고방식을 소개했습니다. 이처럼 약간 먼 길을 돌아온 이유는 아토믹 디자인을 통해 '추상화'의 개념과 실제를 확실히 익힐 수 있기 때문입니다.

## 추상화 사고 익히기

웹사이트든 다른 것이든 세상에 있는 많은 것들은 이미 형태를 가진 '구체적인' 것입니다. 이를 아무런 방침 없이 요소를 분리해 가는 추상화는 매우 어려운 작업입니다. 예를 들어, 웹페이지를 분리한다고 할 때 다음과 같이 세 가지 정도만 분리하는 분들도 있으리라 생각합니다. 물론, 틀렸다고 할 수는 없습니다.

- 헤더
- 콘텐츠 영역
- 푸터

하지만 아토믹 디자인을 알고 상세도에 관한 지침을 익히고 나면 분리가 한층 쉬워집니다. 그리고 요소를 세세하게 분리하면 보다 복잡한 고도의 UI에도 어렵지 않게 대응할 수 있습니다. 3장 '다양한 설계 방법'에서 각 CSS 설계를 학습한 후 다시 아토믹 디자인을 되짚어 보면 보다 깊이 이해할 수 있을 것입니다. 지금 단계에서는 확실하게 이해하지 않아도 괜찮습니다! 아토믹 디자인은 책으로도 출판[8] 되어 있으며, 웹[9]에서도 모든 내용을 읽을 수 있습니다. 영어로만 제공하기는 하나 흥미가 있는 분들은 찬찬히 읽어 두면 웹 개발 전반에 걸친 설계에 대해 보다 깊이 이해할 수 있을 것입니다.

---

8  https://shop.bradfrost.com/

9  https://atomicdesign.bradfrost.com/

# CSS 설계
# 기본 및 실전

앞 장에서는 CSS의 시작부터 현재에 이르기까지의 변화에 관해 설명했습니다.

이번 장에서는 특정한 CSS 설계 기법에 국한하지 않고

모든 CSS 설계의 기초가 되는 몇 가지 개념에 관해 알아봅니다.

## 2-1 CSS 기본 상세도와 셀렉터

CSS 설계를 하기 위해서는 상세도 관리에 관해 반드시 알아야만 합니다. 먼저 그 기초에 관해 살펴봅니다.

## ▌셀렉터의 종류와 이 책에서의 명칭

먼저 '스타일링 대상이 무엇인지?'를 의미하는 셀렉터(Selector)에 관해 알아봅니다. 정식 명칭이 아닌 경우에는 이 책에서의 명칭도 함께 소개합니다.

셀렉터는 크게 세 가지 요소로 나뉘며, 각 요소는 다시 하위 세부적인 요소로 분류합니다.

- 단순 셀렉터
  요소형 셀렉터(타입 셀렉터)
    열: p {}
  전체 셀렉터
    예: * {}
  속성 셀렉터
    예: a[href="http://www.w3c.org/"] {}
  클래스 셀렉터
    예: .my-class {}
  ID 셀렉터
    예: #my-id {}
  의사 클래스(pseudo-class)
    예: a:visited {}
    의사 클래스는 보다 세부적으로 분류할 수 있지만, 이 책에서 설명하고자 하는 주요 내용은 아니므로 콜론(:)을 사용한 것은 모두 '의사 클래스'라고 부릅니다.

- 의사 요소(pseudo-element)
    예: a::before {}
    의사 요소는 보다 세부적으로 분류할 수 있지만, 이 책에서 설명하고자 하는 주요 내용은 아니므로 콜론을 두 개 사용한 것은 모두 '의사 요소'라고 부릅니다.

- 결합자(Combinator)

　　손자 결합자(Descendant Combinator)

　　　예: `div p`

　　　'결합자'라는 단어는 일반적으로 잘 사용하지 않으므로 이 책에서는 '손자 셀렉터'라고 부릅니다.

　　자녀 결합자(Child Combinator)

　　　예: `div > p`

　　　이 책에서는 '자녀 셀렉터'라고 부릅니다.

　　형제 결합자(Sibling Combinator)

　　　인접 형제 결합자(Adjacent Sibling Combinator)

　　　　예: `div + p`

　　　　이 책에서는 '인접 형제 셀렉터'라고 부릅니다.

　　　일반 형제 결합자(General Sibling Combinator)

　　　　예: `div ~ p`

　　　　이 책에서는 '일반 형제 셀렉터'라고 부릅니다.

또한 위 분류에 속하지 않는 형태로는 'h1, h2 {}'와 여러 셀렉터를 동시에 지정하는 그룹 셀렉터가 있습니다.

## 캐스캐이딩 기초

CSS에는 Cascading Style Sheet라는 이름 그대로 캐스캐이딩(Cascading)이라는 구조가 존재합니다. 이것은 셀렉터가 가리키는 동일 요소의 같은 속성에 다른 값을 설정한 경우, 최종적으로 어떤 값을 적용할지에 관한 규칙으로 다음 우선순위에 따라 적용할 스타일이 결정됩니다.

1. 중요도
2. 상세도
3. 요소형 셀렉터(의사 요소)

샘플 코드를 간단히 확인해 봅니다. 모든 설명의 HTML은 다음의 공통 코드를 사용합니다.

```HTML
<p class="my-class">Lorem ipsum</p>
```

**1. 중요도**[1]

```css
CSS
p {
  font-size: 1rem !important; /* 1. 중요도에 따라 이 항목이 적용된다 */
}
.my-class {
  font-size: 2rem;
}
```

**2. 상세도**

```css
CSS
.my-class {
  font-size: 2rem; /* 2. 상세도에 따라 이 항목이 적용된다 */
}
p {
  font-size: 1rem;
}
```

**3. 코드 순서**

```css
CSS
.my-class {
  font-size: 2rem;
}
.my-class {
  font size: 3rem; /* 3. 코드 순서에 따라 이 항목이 적용된다 */
}
```

# 상세도 기초

상세도 사양에 관해 한 번 더 짚고 넘어갑니다. 상세도는 다음과 같은 세 가지 분류와 우선도로 구성하며, 해당하는 셀렉터가 있으면 그 분류에 카운터가 추가됩니다.

1. ID 셀렉터
2. 클래스 셀렉터/ 속성 셀렉터/ 의사 클래스
3. 요소형 셀렉터(의사 요소)

상세도는 Specificity Calculator(그림 2-1)라는 웹사이트에서 편리하게 확인해 볼 수 있습니다.

---

1 중요도를 구성하는 요소는 !important만은 아니지만, HTML/CSS 작성자(개발자)가 직접 부여할 수 없는 것도 포함하기 때문에 이 책에서는 설명하지 않습니다.

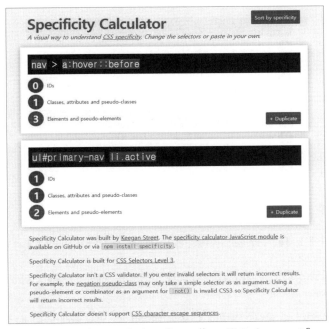

그림 2-1 Specificity Calculator(https://specificity.keegan.st/)

계속해서 다음 코드를 사용합니다.

```HTML
<p class="my-class">Lorem ipsum</p>
```

```CSS
p { ——❶
  font-size: 1rem;
}
.my-class { ——❷ 이 항목이 적용된다.
  font-size: 2rem;
}
```

❶, ❷ 셀렉터의 상세도를 확인하면 그림 2-2와 같습니다.

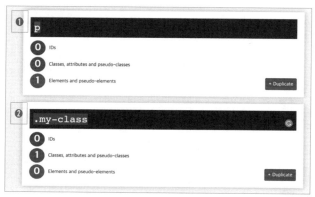

그림 2-2 ❶, ❷의 셀렉터 상세도 내역

❶은 요소 셀렉터에 1, ❷는 클래스 셀렉터에 1이 각각 표기되어 있습니다.

앞에서 설명한 대로 상세도 우선순위는 다음과 같으므로 위에서는 ❷ 스타일이 적용됩니다.

요소 셀렉터 < 클래스 셀렉터 < 속성 셀렉터 < 의사 클래스 < ID 셀렉터

## 값은 앞으로 당겨지지 않는다

주의할 점 한 가지는 각 분류값은 앞으로 당겨지지 않는다는 점입니다. 다음 코드와 같이 한 ID 셀렉터를 클래스 셀렉터 11개로 덮어쓰고자 하는 경우에도 값이 앞으로 당겨지지 않으며, 우선순위가 높은 ID 셀렉터의 스타일이 적용됩니다.

```HTML
<p
  id="my-id"
  class="
    my-class
    my-class02
    my-class03
    my-class04
    my-class05
    my-class06
    my-class07
    my-class08
    my-class09
    my-class10
    my-class11
  "
>Lorem ipsum</p>
```

```css
CSS
#my-id {
  font-size: 4rem;   ──❶ 이 항목이 적용된다.
}
.my-class.my-class02.my-class03.my-class04.my-class05.my-class06.my-class07.my-class08.my-
class09.my-class10.my-class11 {
  font-size: 3rem;   ──❷
}
```

예를 들어, 그림 2-3과 같이 클래스 셀렉터를 11개 사용하더라도 각 분류값은 다음과 같지 않습니다.

1. 1개(ID 셀렉터)
2. 0개(클래스 셀렉터/ 속성 셀렉터/ 의사 클래스)
3. 0개[요소형 셀렉터(의사 요소)]

위 값이 아니라, 각 분류값은 다음과 같으므로 ID 셀렉터를 사용한 ❶의 스타일링이 적용됩니다.

1. 0개(ID 셀렉터)
2. 11개(클래스 셀렉터/ 속성 셀렉터/ 의사 클래스)
3. 0개[요소형 셀렉터(의사 요소)]

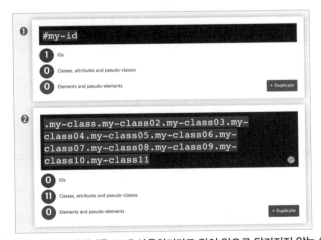

그림 2-3 클래스 셀렉터를 11개 사용하더라도 값이 앞으로 당겨지지 않는 예

**CSS 설계에 들어가기 전에:**

# 리셋 CSS

프로젝트에서 CSS를 작성하기 시작할 때는 가장 먼저 베이스 스타일을 정리해야 합니다. 이 단계에서는 일반적으로 리셋 CSS(Reset CSS)를 이용합니다. CSS 설계와 직접적인 관계는 없지만, 리셋 CSS를 잘못 선택할 경우 모듈 작성 시 불필요한 비용이 증가합니다.

먼저 리셋 CSS가 필요하게 된 배경부터 살펴봅니다.

## 브라우저의 기본 스타일

각 브라우저는 고유의 기본 스타일을 가지고 있어서 스타일링을 전혀 하지 않은 HTML이라 할지라도 최소한의 형태를 보장할 수 있습니다.

시험 삼아 구글 크롬(Google Chrome)과 사파리(Safari)의 기본 스타일을 확인해 봅니다(그림 2-4). 구글 크롬(왼쪽)은 고딕체인 반면 사파리(오른쪽)에서는 명조체로 표시됩니다. 셀렉트(Select)의 경우에도 구글 크롬에는 아무런 색도 나타나지 않는 반면 사파리에는 파란색으로 표시가 되어 있습니다.

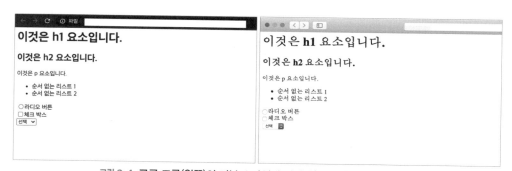

**그림 2-4 구글 크롬(왼쪽)의 기본 스타일과 사파리(오른쪽)의 기본 스타일**

이처럼 모든 브라우저의 기본 스타일은 조금씩 다릅니다. 이를 통일하지 않은 채 CSS를 만들면 '어떤 브라우저에서는 의도한 대로 깔끔하게 보이지만, 다른 브라우저에서는 의도한 대로 표시되지 않는' 상황이 발생합니다. 이 문제를 해결하기 위해서는 베이스 스타일을 정의해야 합니다. 현재 일반적으로 하드 리셋(Hard Reset)이라는 방법과 노멀라이즈(Normalize)라는 방법을 사용합니다.

# 하드 리셋 계열 CSS

하드 리셋 계열 CSS는 긴 역사를 가지고 있으며 최초의 리셋 CSS라고 불리는 것은 2004년까지 거슬러 올라갑니다. 지금이야 리셋 CSS는 하드 리셋 계열과 노멀라이즈 계열 두 가지를 포함하는 통합적인 방법을 가리키는 경우가 많지만, 원래 리셋 CSS의 원점은 이 하드 리셋 계열 CSS입니다. 하드 리셋 계열 CSS에도 몇 가지 종류가 있으나 공통적인 특징으로서는 각 요소의 여백을 없애거나, 폰트 사이즈를 통일하는 방법 등이 있습니다.

시험 삼아 유명한 하드 리셋 계열 CSS의 하나인 HTML5 Doctor Reset CSS를 앞 샘플에 적용해 봅니다(그림 2-5).

그림 2-5 **HTML5 Doctor Reset CSS를 적용한 후 구글 크롬(왼쪽)과 사파리(오른쪽)**

눈으로 봤을 때 다음과 같은 점이 변경되었습니다.

- 각 요소 사이의 여백이 사라졌다.
- h1과 h2 요소의 폰트 크기가 같아졌다.
- 목록의 불릿(행 앞에 붙은 점)이 사라졌다.

샘플에서는 알아차리기 쉽지 않지만, 그 외에도 각 요소 사이의 차이를 없애는 몇 가지 변경이 추가되었습니다. 이러한 특성으로 볼 때 하드 리셋 계열 CSS는 브라우저의 기본 스타일을 활용하지 않는 디자인 프로젝트에 적합합니다.

## 주요 하드 리셋 계열 CSS

- HTML5 Doctor Reset CSS: https://html5doctor.com/html-5-reset-stylesheet
- css-wipe: https://github.com/stackcss/css-wipe

# 노멀라이즈 계열 CSS

2011년경 등장한 노멀라이즈 계열 CSS는 하드 리셋 계열 CSS를 대체한다는 목적을 띠고 있습니다. 브라우저 간 차이 혹은 버그를 없애면서 유용한 기본 스타일은 그대로 활용하는 노멀라이즈 계열 CSS는 (브라우저의) 기본 스타일에 가까운 형태로 스타일을 정의할 수 있는 점이 특징입니다. 그뿐만 아니라 세세한 사용성(Usability) 향상을 위한 스타일도 정의되어 있습니다.

시험 삼아 유명한 노멀라이즈 계열 CSS 중 하나인 Normalize.css를 앞의 샘플에 적용해 봅니다(그림 2-6).

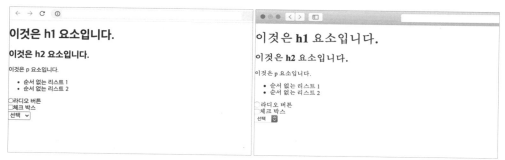

그림 2-6 Normalize.css를 적용한 후의 구글 크롬(왼쪽)과 사파리(오른쪽)

기본 스타일의 경우와 마찬가지로 h1이나 h2 요소의 폰트 크기, 각 요소 사이의 여백, 목록 글머리 기호는 그대로 유지하되 스타일이 통일되어 있는 것을 쉽게 알 수 있습니다.

앞의 특성으로부터 노멀라이즈 계열의 CSS는 브라우저의 기본 스타일을 많이 활용하는 디자인 프로젝트에 적합하다는 것을 알 수 있습니다.

### 주요 노멀라이즈 계열 CSS

- Normalize.css: https://necolas.github.io/normalize.css/
- sanitize.css: https://github.com/csstools/sanitize.css

# 리셋 CSS는 CSS에 어떤 영향을 미치는가?

리셋 CSS와 관련해 하드 리셋 계열 CSS와 노멀라이즈 계열 CSS를 소개했습니다. CSS 설계 시 어느 쪽을 이용해도 무방하나 다음과 같은 사항을 염두에 두어야 합니다.

- 잘못 선택하면 모듈 작성 시 코드와 개발 비용이 증가한다.
- 중간에서 다른 계열로 변경하는 것은 현실적이지 않다.

## 선택 실수에 따른 개발 비용 증가

리셋 CSS는 다양한 스타일의 밑바탕이 되며, 이를 전제로 스타일링을 수행합니다. 예를 들어, 디자인이 브라우저의 기본 스타일에 그다지 영향을 받지 않는다고 가정해 봅니다.

이 경우에 노멀라이즈 계열 CSS를 사용하게 되면 p 요소를 사용할 때마다 `margin`을 무시해야 합니다. ul 요소도 마찬가지입니다. 글로벌 내비게이션처럼 '형태는 단순히 세로로 늘어놓는 것은 아니지만 ul 요소를 사용해야 적합한' 경우가 예상외로 많습니다. 이런 때 `padding`이나 `list-style-type`을 무시하기 위한 작업이 필요하며, 이는 코드양과 개발 비용 증가로 이어집니다.[2]

## 도중 변경에 따른 모듈 훼손

또 다른 패턴을 생각해 봅니다. 예를 들어, 노멀라이즈 계열의 CSS를 이미 사용하고 있으며 베이스 스타일 여백을 활용할 수 있는 경우에는 각 셀렉터에 여백을 정의하지 않을 수도 있습니다. 그러나 도중에 하드 리셋 계열 CSS로 변경하면 베이스 스타일에 의존했던 여백이 사라지므로 각 요소 사이가 좁아지게 됩니다.

반대로 처음에 하드 리셋 계열 CSS를 사용해 개발을 진행하다가 도중에 노멀라이즈 계열 CSS로 변경한 경우에는 어떻게 될까요? 각 요소의 `padding`이나 `margin`과 관련된 리셋을 하드 리셋 계열 CSS에 맡겼기 때문에 각 모듈에는 해당 설정을 무시하는 스타일링을 하지 않았을 것입니다. 따라서 노멀라이즈 계열의 CSS로 변경하는 순간 모듈 곳곳에 의도하지 않은 여백이 생기며 모듈이 훼손됩니다.

이런 문제는 단지 CSS 설계에 국한된 이야기가 아닙니다. 다양한 프로젝트 개발을 시작할 때 어떤 CSS가 최적인지 확실하게 검증할 것을 권장합니다.

---

2  그렇다고 하드 리셋 계열의 CSS가 절대적으로 옳다고 권장하는 것은 아닙니다. 이 부분은 업계에서도 의견이 갈리고 있으며, '설령 브라우저 기본 스타일을 활용하지 않는다 하더라도 요소에 대한 CSS의 적용 횟수가 적으므로 노멀라이즈를 사용해야 한다'는 원리주의적 의견에도 나름의 일리가 있습니다.

## 2-3 영단어를 결합하는 방식의 이름

한 가지 더 여러 영단어를 사용할 때의 이름에 관해 소개합니다. 'subtitle'이라는 영어를 클래스 이름으로 하고자 하는 경우 다음과 같이 표기법에 관한 고민을 해보셨을 것입니다.

- sub-title과 같이 각 단어를 하이픈으로 연결
- sub_title과 같이 각 단어를 언더스코어로 연결
- subTitle과 같이 두 번째 이후 영단어의 첫 문자를 대문자로 표기
- SubTitle과 같이 모든 영단어의 첫 문자를 대문자로 표기

어떤 표기법이 최선인지의 문제는 제쳐 두고(라고 하기보다 결정할 수 없습니다), 이들 표기법은 각각의 이름을 갖고 있습니다. 3장에서 소개할 다양한 설계 기법에서도 각각 다른 표기법을 사용하고 있으며 해당 내용을 설명할 때 이 이름을 사용합니다.

이 표기법의 이름은 CSS 설계에 국한되지 않고 프로그래밍 전반에서 공통적으로 사용하므로 꼭 기억해 두시기 바랍니다.

- sub-title과 같이 각 단어를 하이픈으로 연결함 → 하이픈 케이스(Hyphen Case)[또는 케밥 케이스(Kebab Case)]
- sub_title과 같이 각 단어를 언더스코어로 연결함 → 스네이크 케이스(Snake Case)
- subTitle과 같이 두 번째 이후 영단어의 첫 문자를 대문자로 표기함 → 로워 캐멀 케이스(Lower Camel Case)[혹은 캐멀 케이스(Camel Case)]
- SubTitle과 같이 모든 영단어의 첫 문자를 대문자로 표기함 → 어퍼 캐멀 케이스(Upper Camel Case)[혹은 파스칼 케이스(Pascal Case)]

## 2-4 좋은 CSS 설계의 네 가지 목표

그럼 이 책의 본주제인 CSS 설계 이야기로 들어가겠습니다. 우선 추상적으로 '좋은 CSS란 무엇인가'에 대해 생각해 봅니다. 이때 도움이 되는 지침이 '좋은 CSS 설계의 네 가지 목표'인데, 이는 구글 엔지니어인 필립 왈튼(Philip Walton)이 그의 블로그[3]에서 제창한 사고방식입니다. 이는 CSS에 관해 조사해 보면 자주 눈에 들어오는 유명한 사고방식으로 다음과 같습니다.

- 예측 가능하다.
- 재사용 가능하다.
- 유지 보수 가능하다.
- 확장 가능하다.

## 예측 가능하다

'예측 가능하다'란 다시 말해 '스타일링이 기대한 대로 동작하는지', '스타일링 영향 범위를 예측할 수 있는지'를 의미합니다. 새로운 스타일링을 추가하거나 기존 스타일링을 업데이트하더라도 자신이 의도하지 않은 위치에 영향을 주지 않아야 한다는 것입니다.

작은 웹사이트에서는 그다지 문제가 되지 않을 수도 있지만, 수십 페이지 혹은 수백 페이지로 구성된 큰 웹사이트에서 이런 사고방식은 필수입니다.

## 재사용 가능하다

예를 들어, 기존 부품을 다른 위치에서도 사용하고 싶은 경우에 코드를 일일이 다시 작성하거나 덮어쓰지 않아도 '재사용 가능한' 상태를 말합니다. 이를 위해서는 스타일링이 확실하게 추상화되어 있고 적절하게 분리되어 있어야 합니다.

'추상화', '분리'라는 표현은 아직 이미지가 그려지지 않을 수도 있습니다. 뒤에서 소개할 OOCSS를 이해하면 '재사용 가능하다'고 부르는 것이 무엇인지 알 수 있을 것입니다.

---

3  CSS Architecture: https://philipwalton.com/articles/css-architecture/

## 유지 보수 가능하다

새로운 모듈이나 기능을 추가, 변경 혹은 그 배치를 바꿨을 때 기존 CSS를 리팩터링할 필요가 없는 상태가 '유지 보수 가능한' 상태입니다. 예를 들어, 모듈 A를 추가했을 때 기존에 있던 모듈 B에 영향을 주어 파괴하는 상황은 바람직하지 않습니다.

## 확장 가능하다

'확장 가능하다'란 CSS를 다루는 인원 수에 상관하지 않고 문제없이 관리할 수 있는 상태를 의미합니다. 이를 위해서는 CSS 설계 규칙을 알기 쉽게 정의하여 학습 비용이 너무 높지 않은 상태여야 합니다.

처음엔 한 사람이 개발을 시작했다 하더라도 웹사이트가 커지거나 복잡해지면 CSS를 다루는 사람이 자연히 늘어나는 것이 현대의 개발입니다. 그러므로 초반 단계부터 '확장 가능한' 상태의 CSS인지 아닌지 고려해야 합니다.

지금까지 좋은 CSS 설계의 네 가지 목표를 알아봤습니다. 이제부터 CSS 설계를 학습하고자 하는 분들께는 아직 개념이 잡히지 않을 수도 있겠지만, 지금은 그 상태로도 괜찮습니다. 이 책을 따라 실제로 코드를 작성해 본 뒤 다시 이 섹션을 읽어 보면, 이 사고방식이 말하고자 하는 바를 이해할 수 있게 될 것이라 생각합니다!

**CSS 설계 실전과 여덟 가지 포인트**

실제로 앞에서 설명한 '좋은 CSS 설계의 네 가지 목표'를 구현할 때 다양한 시도와 함께 코드를 작성하게 됩니다. 아무런 지표가 없다면 고려할 것이 너무 많아 골치가 아프지만, 사실 그 방법은 다음에 설명할 여덟 가지 중 하나 혹은 그 이상에 해당합니다.

이 책에서 이후 소개할 다음 설계 기법들 역시 반드시 여덟 가지 포인트 중 어딘가에 해당하는 규칙을 갖고 있습니다.

- OOCSS
- SMACSS
- BEM
- PRECSS

이번 장 이후에도 '이 규칙이나 시도가 여덟 가지 포인트 중 무엇에 해당하는가?'를 짚어 볼 예정이니 이 절의 내용은 수시로 확인해 볼 것을 권장합니다.

1. 특성에 따라 CSS를 분류한다.
2. HTML과 스타일링을 느슨하게 결합한다.
3. 영향 범위를 지나치게 넓히지 않는다.
4. 특정한 콘텍스트에 지나치게 의존하지 않는다.
5. 상세도를 지나치게 높이지 않는다.
6. 클래스 이름에서 영향 범위를 유추할 수 있다.
7. 클래스 이름에서 형태, 기능, 역할을 유추할 수 있다.
8. 확장하기 쉽다.

다음 모듈을 사용해 위 여덟 가지 포인트를 실제 어떻게 적용할 것인지 설명합니다(그림 2-7).

**사용자를 고려한 설계로 만족스러운 체험을**

웹사이트 설계는 제공하는 서비스나 퍼소나에 따라 달라집니다. 서비스와 퍼소나에 맞춘 설계를 통해 방문자에게 스트레스를 주지 않는 보다 나은 체험을 만들어 만족감을 높입니다.
우리는 고객의 사이트에 맞는 사용성을 고려하기 때문에 세심한 분석과 의견 청취를 실시함으로써, 만족을 체험할 수 있는 크리에이티브 및 테크놀로지를 설계하고 구현함으로써 지금까지는 없던 기대를 뛰어넘는 사용자 체험을 제공합니다.

**퍼소나란?**
자사 상품, 서비스의 이상적/상징적인 고객 이미지를 말합니다. 접근할 대상을 명확히 함으로써 효율적인 마케팅을 수행할 수 있습니다.

**그림 2-7 CSS 설계 샘플로 사용할 모듈**

모듈이란 사이트 안에서의 재사용을 가정해 한 덩어리로 만든 부품으로 '컴포넌트(Component)'라고 부릅니다. CSS 설계에서는 '컴포넌트', '모듈'은 모두 같은 대상을 가리키는 경우가 많지만, 이 책에서는 '모듈'로 통일합니다.

이 모듈은 다음과 같은 코드로 구현되어 있다고 가정합니다. 리셋 CSS는 css-wipe를 사용하는 것을 전제로 합니다. 미리 말씀드리면 이 코드는 이상적인 코드는 아닙니다(오히려 형편없어서 보고 있으면 기분이 나빠지는 코드입니다!). CSS 설계의 여덟 가지 포인트를 소개하고 설명하면서 이 코드를 PRECSS에 맞춰 리팩터링[4]해 갑니다. PRECSS에 관한 상세한 내용은 3장에서 알아볼 것입니다. 지금 단계에서는 크게 중요하지 않으므로 계속 읽어 주시기 바랍니다.

```html
HTML                                                          2-5.html
<article id="main">
  <div class="module main-module">
    <figure>
      <img src="/assets/img/elements/persona.jpg" alt="사진: 손에 든 스마트폰">
    </figure>
    <div>
      <h2>
        사용자를 고려한 설계로 만족스러운 체험을
      </h2>
      <p>
        웹사이트 설계는 제공하는 서비스나 퍼소나에 따라 달라집니다. 서비스와 퍼소나에 맞춘 설계를
통해 방문자에게 스트레스를 주지 않는 보다 나은 체험을 만들어 만족감을 높입니다.<br>
        우리는 고객의 사이트에 맞는 사용성을 고려하기 때문에 세심한 분석과 의견 청취를 실시함으로
써, 만족을 체험할 수 있는 크리에이티브 및 테크놀로지를 설계하고 구현함으로써 지금까지는 없던 기대
를 뛰어넘는 사용자 체험을 제공합니다.
      </p>
      <h3>퍼소나란?</h3>
      <span>
        자사 상품, 서비스의 이상적/상징적인 고객 이미지를 말합니다. 접근할 대상을 명확히 함으로써
효율적인 마케팅을 수행할 수 있습니다.
      </span>
    </div>
  </div>
</article>
```

---

4   형태나 기능을 변경하지 않고 코드를 개선하는 작업을 가리킵니다.

```css
CSS                                    2-5.css
#main span {
  color: #555;
  font-size: 14px;
}
#main div.module.main-module {
  /* 좌우 가운데 정렬을 위한 지정 */
  max-width: 1200px;
  padding-right: 15px;
  padding-left: 15px;
  margin-right: auto;
  margin-left: auto;
  /* 모듈에 대한 지정 */
  display: flex;
  align-items: center;
  font-family: sans-serif;
  font-size: 16px;
  line-height: 1.5;
}
#main div.module.main-module figure {
  flex: 1 1 25%;
```

```css
  margin-right: 3.33333%;
}
#main div.module.main-module img {
  width: 100%;
  vertical-align: top;
}
#main div.module.main-module div {
  flex: 1 1 68.33333%;
}
#main div.module.main-module h2 {
  margin-bottom: 10px;
  font-size: 18px;
  font-weight: bold;
}
#main div.module.main-module h3 {
  margin-top: 10px;
  margin-bottom: 10px;
  font-size: 16px;
  border-bottom: 1px solid #555;
}
```

## 1. 특성에 따라 CSS를 분류한다

첫 번째는 CSS 분류에 관한 내용으로 다음과 같이 CSS 역할이나 특성에 따라 그룹을 나누는 것입니다.

- 예를 들어, 리셋 CSS나 '링크 텍스트는 빨간색으로 한다 = a { color: red; }'와 같이 사이트 전체에 기반이 되는 베이스 스타일을 '베이스 그룹'으로 만든다.
- 헤더나 푸터 그리고 콘텐츠 영역을 형성하는 스타일링을 '레이아웃 그룹'으로 만든다.

각 설계 기법은 다음 3장에서 자세하게 설명합니다. 이 기법은 SMACSS, PRECSS에서 채용하고 있습니다. 또한 이 분류의 모듈 이름에 추가적으로 접두사를 붙이면 어떤 분류에 해당하는지 눈으로 확인할 수 있습니다. 예를 들어, 레이아웃과 관련한 코드에 대해 SMACSS에서는 'l-'[5], PRECSS에서는 'ly_'라는 접두사를 붙입니다. PRECSS에서는 모듈 분류 시 'el_', 'bl_'과 같은 접두사를 사용합니다.[6]

---

5  클래스 셀렉터를 사용하는 경우입니다.
6  'l-', 'ly_' 모두 layout의 약어입니다. 'el_'은 element, 'bl_'은 block의 약어입니다.

## 모듈 리팩터링

### ■ 베이스 그룹 정의

실제로 모듈의 코드를 특성에 맞게 분류해 봅니다. 먼저 다음 코드를 확인합니다.

```css
#main div.module.main-module {
    /* 좌우 가운데 정렬을 위한 지정 */
    max-width: 1200px;
    padding-right: 15px;
    padding-left: 15px;
    margin-right: auto;
    margin-left: auto;
    /* 모듈에 대한 지정 */
    display: flex;
    align-items: center;
    font-family: sans-serif; /* 이 코드에 주목 */
    font-size: 16px;
    line-height: 1.5;
}
```

베이스 폰트를 지정한 CSS입니다. 베이스 폰트는 기본적으로 이 모듈에만 국한되지 않으며 사이트 전체에 공통으로 적용됩니다. 새로운 모듈을 만들 때마다 폰트를 지정하는 것은 매우 번거로운 작업입니다. 여기에서는 고딕체(sans-serif)를 지정했지만, '사이트 전체의 글씨체를 명조체로 하고 싶다'와 같은 경우에도 모듈별로 지정한다면 수정할 위치가 많아집니다. 따라서 폰트 지정 등은 모듈이 아니라 body 요소에 적용하도록 합니다.

```css
body {
    font-family: sans-serif;
}
```

이외에도 '사이트 내 공통으로 적용할 것', '사이트 베이스로 하면 좋을 만한 것'은 베이스 그룹에 해당합니다. 예를 들면, 반응형 디자인(Responsive Design)을 구성하는 요소의 하나인 플루이드 이미지(Fluid Image)[7] 코드 등도 베이스 그룹이라 할 수 있습니다. 즉, 요소형 셀렉터를 사용해서 스타일링하는 것들입니다.

```css
img {
    max-width: 100%;
    height: auto;
}
```

---

[7] 부모 요소의 폭에 맞춰 이미지를 자동으로 확대, 축소하는 방법입니다.

## ■ 레이아웃 그룹 정의

다음으로 '좌우 가운데 정렬을 위한 설정'이라는 주석이 달린 코드를 확인합니다.

```css
#main div.module.main-module {
    /* 좌우 가운데 정렬을 위한 설정, 이 코드를 주목 */
    max-width: 1200px;
    padding-right: 15px;
    padding-left: 15px;
    margin-right: auto;
    margin-left: auto;
    /* 모듈을 위한 지정 */
    display: flex;
    align-items: center;
    font-family: sans-serif;
    font-size: 16px;
    line-height: 1.5;
}
```

이 코드들을 그림 2-8과 같이 콘텐츠 영역에 대해 모듈을 최대 폭인 1200px에서 좌우 가운데 정렬로 배치하기 위한 코드입니다(padding은 스크린 크기를 맞출 때 좌우가 달라붙지 않도록 여백을 주는 것입니다).

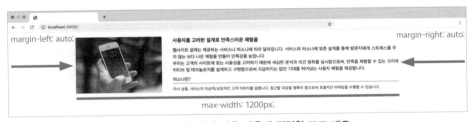

그림 2-8 모듈에 대해 좌우 가운데 정렬한 코드 개요

이후 다른 모듈을 추가해도 모두 좌우 가운데 정렬로 1200px의 콘텐츠 내에 들어가면 좋을 것입니다. 그때마다 모듈별로 max-width와 padding-right, padding-left, margin-right, margin-left를 설정하는 것은 많은 수고가 들뿐더러 번거롭고 불필요한 작업이기도 합니다. 따라서 이들 속성은 레이아웃 그룹, 즉 '주로 위치 조정을 담당하는 코드'로 분리합니다.

이를 위해 레이아웃과 관련한 것을 담당하기 위한 클래스로 'ly_cont'를 새롭게 만들고, 모듈이 아닌 그 한 단계 상위의 콘텐츠 영역 전체를 활용하는 article 요소에 클래스를 추가합니다. 'ly_'는 레이아웃 그룹에 있다는 것을 의미하는 접두사입니다.

```
HTML
<article id="main" class="ly_cont">  <!-- ly_cont를 추가 -->
  <div class="module main-module">
    (생략)
  </div>
</article>
```

그리고 `ly_cont`로 레이아웃과 관련되어 있는 스타일링을 이동합니다.

```
CSS
.ly_cont {
  max-width: 1200px;
  padding-right: 15px;
  padding-left: 15px;
  margin-right: auto;
  margin-left: auto;
}
```

```
#main div.module.main-module {
  display: flex;
  align-items: center;
  font-size: 16px;
  line-height: 1.5;
}
```

이후에는 콘텐츠 영역을 정의하기 위한 `max-width`와 `padding-right`, `padding-left`, `margin-right`, `margin-left`를 매번 설정할 필요가 없으며, 콘텐츠 영역이 1200px에서 변경된 경우에도 `ly_cont`만 수정하면 됩니다. 또한 'ly_'라는 접두사를 사용해서 HTML을 보기만 해도 '이 클래스가 레이아웃을 담당하고 있음'을 한눈에 알 수 있습니다.

## ■ 모듈 그룹 정의

모듈 그룹은 사이트 전체에서 재사용하는 것을 가정하고 있으므로 한눈에 쉽게 들어오도록 모듈 이름에 'bl_'이라는 접두사를 붙입니다('main-module'이라는 클래스 이름은 '5. 상세도를 지나치게 높이지 않는다'에서 설명하므로 지금 단계에서는 신경 쓰지 않아도 좋습니다).

```
HTML
<div class="bl_module main-module">  <!-- bl_이라는 접두사를 붙인다 -->
  (생략)
</div>
```

이를 통해 'bl_'이 붙어 있는 것은 모듈 그룹이며 어떠한 페이지에서도 재사용할 수 있다'는 것을 확인할 수 있습니다.

## ■ 리팩터링 후의 코드

지금까지 수정한 내용을 종합한 코드입니다. CSS에는 그룹을 쉽게 구분할 수 있도록 주석을 추가했습니다.

```html
<article id="main" class="ly_cont">
  <div class="bl_module main-module">
    <figure>
      <img src="/assets/img/elements/persona.jpg" alt="사진: 손에 든 스마트폰">
    </figure>
    <div>
      <h2>
          사용자를 고려한 설계로 만족스러운 체험을
      </h2>
      <p>
          웹사이트 설계는 제공하는 서비스나 퍼소나에 따라 달라집니다. 서비스와 퍼소나에 맞춘 설계를
      통해 방문자에게 스트레스를 주지 않는 보다 나은 체험을 만들어 만족감을 높입니다.<br>
          우리는 고객의 사이트에 맞는 사용성을 고려하기 때문에 세심한 분석과 의견 청취를 실시함으로
      써, 만족을 체험할 수 있는 크리에이티브 및 테크놀로지를 설계하고 구현함으로써 지금까지는 없던 기대
      를 뛰어넘는 사용자 체험을 제공합니다.
      </p>
      <h3>퍼소나란?</h3>
      <span>
          자사 상품, 서비스의 이상적/상징적인 고객 이미지를 말합니다. 접근할 대상을 명확히 함으로써
      효율적인 마케팅을 수행할 수 있습니다.
      </span>
    </div>
  </div>
</article>
```

```css
/* 베이스
   ================================== */

body {
  font-family: sans-serif;
}
/* 레이아웃
   ================================== */
.ly_cont {
  max-width: 1200px;
  padding-right: 15px;
  padding-left: 15px;
  margin-right: auto;
  margin-left: auto;
}
/* 모듈
   ================================== */
#main span {
  color: #555;
  font-size: 14px;
}
#main div.bl_module.main-module {
  display: flex;
  align-items: center;
  font-size: 16px;
  line-height: 1.5;
}
#main div.bl_module.main-module figure {
  flex: 1 1 25%;
  margin-right: 3.33333%;
}
#main div.bl_module.main-module img {
  width: 100%;
  vertical-align: top;
}
#main div.bl_module.main-module div {
  flex: 1 1 68.33333%;
}
#main div.bl_module.main-module h2 {
  margin-bottom: 10px;
  font-size: 18px;
  font-weight: bold;
}
#main div.bl_module.main-module h3 {
  margin-top: 10px;
  margin-bottom: 10px;
  font-size: 16px;
  border-bottom: 1px solid #555;
}
```

이 정도로 코드를 분류한 것만으로도 코드가 보다 깔끔해졌습니다! 뿐만 아니라 다음과 같이 적절하게 분류하면 이후에 발생할 요구 사항이나 수정에도 쉽게 대응할 수 있습니다.

- 사이트 전체에 적용해야 할 스타일은 베이스 그룹
- 레이아웃과 관련 있는 스타일은 레이아웃 그룹
- 사이트 내 페이지들에서 재사용할 수 있는 것은 모듈 그룹

여기에서는 세 개의 그룹으로 분류했지만, 분류의 수나 정의는 설계 기법에 따라 달라집니다.

## 모듈에 대한 레이아웃 지정

지금까지 진행한 것처럼 기본적으로 모듈 자체에는 레이아웃과 관련된 지정은 하지 않는 것이 좋습니다. '레이아웃과 관련된 지정'이란 구체적으로 다음 항목 등을 가리킵니다.

- position(static, relative 제외)
- z-index
- top / right / bottom / left
- float
- width
- margin

모듈 자체에 이 값들을 직접 지정하지 않음으로써 모듈들은 블록 레벨 요소의 특성에 따라 부모 요소의 가로 폭 100%를 채우게 되고, 여러 모듈을 세로로 배치하는 경우에는 상하 여백 없이 붙은 상태가 됩니다. 이 상태에서는 어떤 위치에서 모듈을 사용하더라도 모양이 깨지지 않으며, 레이아웃과 관련한 스타일을 무시하기 위해 CSS 코드를 작성하지 않아도 되므로 재사용성이 매우 높습니다. 하지만 현실적으로 모듈 사이 위아래 여백을 일일이 설정하는 것은 번거로울 수도 있기 때문에 margin-top / margin-bottom 정도는 모듈 자체에 포함시켜도 좋을 것입니다. 이와 관련한 여백 구현 패턴에 관해서는 7장의 칼럼에서 정리했습니다.

모듈에 대한 레이아웃과 관련한 지정에 대해 다소 어려운 이야기를 해보면 '모듈은 해당 모듈 자체에 관한 처리 및 자녀 요소의 스타일링(레이아웃 처리 등)에만 관심을 가져야 하며, '자신이 어디에 어떤 크기로 배치되어야 하는가?'에 관해서는 레이아웃 그룹 혹은 해당 모듈을 사용하는 콘텍스트에 맡긴다'고 할 수 있습니다. 조금 어려운 내용이기는 하나 지금은 전부 이해하지 않아도 괜찮습니다. 다만 '모듈 자체에는 레이아웃과 관련된 지정을 하지 않는다'는 내용이 책 중간중간 등장하므로 그때는 이번 장의 설명을 다시 읽어 보면서 조금씩 이해를 높여 가길 바랍니다.

**COLUMN** '장소, 상황' = '콘텍스트'

앞에서 언급한 '장소, 상황'이라는 단어는 보통 '콘텍스트(직역하면 '문맥')'라고 불립니다. 이 '콘텍스트'라는 용어는 CSS 설계뿐만 아니라 다른 프로그래밍 용어에서도 자주 사용하므로 기억해 두면 분명 도움이 될 것입니다.

## 2. HTML과 스타일링을 느슨하게 결합한다

다음 포인트는 'HTML과 스타일링을 느슨하게 결합한다'입니다. 느슨한 결합이라는 용어가 조금 낯설지도 모르겠습니다. 이는 의미상 'HTML과의 결합이 강하지 않다' 또는 'HTML에 의존하지 않는다' 등으로도 표현할 수 있습니다. 반대로 HTML에 강하게 결합한, 다시 말해 의존하는 상태를 'HTML과 밀접하게 결합해 있다'고 말합니다. '밀접한 결합/느슨한 결합'이라는 말은 CSS 설계에만 국한한 것이 아니라 프로그래밍 전반에서 자주 사용하는 표현이므로 알아 두면 좋습니다. 그럼 HTML과 스타일링을 느슨하게 결합하는 것이 좋은 이유를 지금까지의 코드를 예로 들어 설명합니다.

### 모듈 리팩터링

```html
HTML
<article id="main" class="ly_cont">
  <div class="bl_module main-module">
    (생략)
    <h2>  <!-- 이 코드를 확인 -->
        사용자를 고려한 설계로 만족스러운 체험을
    </h2>
    (생략)
  </div>
</article>
```

```css
CSS
#main div.bl_module.main-module h2 {  /* 이 코드를 확인 */
  margin-bottom: 10px;
  font-size: 18px;
  font-weight: bold;
}
```

h2 요소를 사용한 위치에 주목합니다(그림 2-9).

모듈은 다양한 페이지에서의 재사용을 전제로 하고 있습니다. 하지만 제목 요소는 문서 구조에 영향을 미치며, 사용되는 페이지, 위치 혹은 상황에 따라 h3 혹은 h4로 설정해야 할 때가 있습니다. 이런 변경에도 대응할 수 있는 가장 간단한 방법으로 다음 코드와 같이 그룹 셀렉터를 이용할 수 있습니다.

```css
CSS
#main div.bl_module.main-module h2,
#main div.bl_module.main-module h3,
#main div.bl_module.main-module h4 {
  margin-bottom: 10px;
  font-size: 18px;
  font-weight: bold;
}
```

그러나 이 코드를 사용하면 h3 스타일이 보통 굵기의 텍스트로 표시될 것이라는 예상과 달리 그림 2-10과 같이 '퍼소나란?' 위치가 굵게 표시됩니다.

그림 2-10 그룹 셀렉터 사용 시 의도치 않게 표시가 되는 예

이는 다음 코드와 같이 h3 요소에 대해 스타일링이 중복되기 때문입니다.

```css
CSS
#main div.bl_module.main-module h2,
#main div.bl_module.main-module h3,
#main div.bl_module.main-module h4 {
  margin-bottom: 10px;
  font-size: 18px;
  font-weight: bold; /* 이 스타일링이 '퍼소나
란?'에 적용되어 버림 */
```

```css
}
#main div.bl_module.main-module h3 {
  margin-top: 10px;
  margin-bottom: 10px;
  font-size: 16px;
  border-bottom: 1px solid #555;
}
```

'퍼소나란?'은 h3, h4 양쪽 모두가 될 수 있기 때문에 같은 방법으로는 셀렉터를 h4만으로 할 수도 없습니다. 요소형 셀렉터를 사용하는 한, 이런 복잡하고 번거로운 문제는 항상 따라다닙니다. 이 문제는 매우 간단하게 해결할 수 있습니다. **'요소형 셀렉터를 사용하지 않는다.'** 다시 말해 **'HTML과 스타일링을 약하게 연결(=느슨하게 결합)'** 하면 됩니다. 예를 들면, '사용자를 고려한~'에는 'title'이라는 클래스 이름, '퍼소나란?'에는 'sub-title'이라는 클래스 이름의 클래스 셀렉터를 사용하면 이 문제를 간단히 회피할 수 있습니다.

```
HTML
<article id="main" class="ly_cont">
  <div class="bl_module main-module">
    <h2 class="title">
      사용자를 고려한 설계로 만족스러운 체험을
    </h2>
    (생략)
    <h3 class="sub-title">퍼소나란?</h3>
    (생략)
  </div>
</article>
```

```
CSS
#main div.bl_module.main-module .title {
  margin-bottom: 10px;
  font-size: 18px;
  font-weight: bold;
}
```

```
#main div.bl_module.main-module .sub-title {
  margin-top: 10px;
  margin-bottom: 10px;
  font-size: 16px;
  border-bottom: 1px solid #555;
}
```

이제 각 제목은 어떤 레벨이든 스타일링이 섞이지 않습니다. 제목 요소뿐만 아니라 다른 요소에 대해서도 HTML 요소 이름은 가급적 셀렉터로 사용하지 않는 것이 최선의 선택입니다. 예를 들어, 지금까지 div 요소였던 것이 무언가의 이유로 p 요소로 바뀌면 div 요소에 설정했던 스타일이 적용되지 않기 때문입니다. 따라서 각 셀렉터에 '#main div.bl_module.main-module'이라고 되어 있는 코드에서 'div'를 잘라 냅니다. 이는 '5. 상세도를 지나치게 높이지 않는다'와도 연결됩니다.

```
CSS
#main .bl_module.main-module .title {
  margin-bottom: 10px;
  font-size: 18px;
  font-weight: bold;
}
```

```
#main .bl_module.main-module .sub-title {
  margin-top: 10px;
  margin-bottom: 10px;
  font-size: 16px;
  border-bottom: 1px solid #555;
}
```

## ■ 리팩터링 후의 코드

지금까지 설명한 내용을 포함해서 모듈 내 요소에 대한 스타일링을 전체적으로 클래스 셀렉터를 사용한 방법으로 변경한 코드를 실었습니다. 현실적으로 모든 요소에 클래스를 설정하는 것은 상당한 노력이 드는 작업이기도 합니다. 예를 들어, 다음 코드의 '#main .bl_module.main-module .image-wrapper img {}' 셀렉터와 같이 어느 정도 범위가 교차하는 요소에 관해서는 HTML 요소 이름을 그대로 사용해도 큰 지장은 없습니다. 단, div 요소나 p 요소, span 요소는 모듈 내에서 자주 사용하므로, 이들에 대해서는 확실히 클래스 이름을 설정해 두면, 나중에 모듈을 개선할 필요가 발생했을 때 유용하게 활용할 수 있습니다 ('#main span'은 '3. 영향 범위를 지나치게 넓히지 않는다'에서 설명하기 위해 현재 상태를 유지했습니다).

```html
HTML                                                    2-5-mod-2.html
<article id="main" class="ly_cont">
  <div class="bl_module main-module">
    <figure class="image-wrapper">
      <img src="/assets/img/elements/persona.jpg" alt="사진: 손에 든 스마트폰">
    </figure>
    <div class="body">
      <h2 class="title">
        사용자를 고려한 설계로 만족스러운 체험을
      </h2>
      <p>
        웹사이트 설계는 제공하는 서비스나 퍼소나에 따라 달라집니다. 서비스와 퍼소나에 맞춘 설계를
통해 방문자에게 스트레스를 주지 않는 보다 나은 체험을 만들어 만족감을 높입니다.<br>
        우리는 고객의 사이트에 맞는 사용성을 고려하기 때문에 세심한 분석과 의견 청취를 실시함으로
써, 만족을 체험할 수 있는 크리에이티브 및 테크놀로지를 설계하고 구현함으로써 지금까지는 없던 기대
를 뛰어넘는 사용자 체험을 제공합니다.
      </p>
      <h3 class="sub-title">퍼소나란?</h3>
      <span>
        자사 상품, 서비스의 이상적/상징적인 고객 이미지를 말합니다. 접근할 대상을 명확히 함으로
써 효율적인 마케팅을 수행할 수 있습니다.
      </span>
    </div>
  </div>
</article>
```

```css
/* 베이스, 레이아웃은 변경이 없으므로 생략합니
다 */

/* 모듈
======================================= */
#main span {
  color: #555;
  font-size: 14px;
}
#main .bl_module.main-module {
  display: flex;
  align-items: center;
  font-size: 16px;
  line-height: 1.5;
}
#main .bl_module.main-module .image-wrapper
{
  flex: 1 1 25%;
  margin-right: 3.33333%;
}
```

```css
#main .bl_module.main-module .image-wrapper
img {
  width: 100%;
  vertical-align: top;
}
#main .bl_module.main-module .body {
  flex: 1 1 68.33333%;
}
#main .bl_module.main-module .title {
  margin-bottom: 10px;
  font-size: 18px;
  font-weight: bold;
}
#main .bl_module.main-module .sub-title {
  margin-top: 10px;
  margin-bottom: 10px;
  font-size: 16px;
  border-bottom: 1px solid #555;
}
```

*2-5-mod-2.css*

HTML과 스타일링을 느슨하게 결합하는 것은 '좋은 CSS 설계의 네 가지 목표'에서 소개한 '재사용 가능하다', '유지 보수 가능하다'와도 이어집니다.

## HTML과 스타일링을 밀접하게 결합한 패턴

지금까지의 모듈과는 관계가 없지만, HTML과 스타일링을 밀접하게(강하게) 결합한 패턴을 하나 확인해 봅니다.

```css
a[href="https://google.co.kr"] {
  color: red;
}
```

이 스타일링은 '링크 대상이 https://google.co.kr이라면 문자 색상을 빨간색으로 한다'는 것을 의미합니다. 하지만 뒤에서 'https://www.naver.com의 경우에도 빨갛게 하고 싶다'는 추가 요청이 있다면 어떻게 해야 할까요? 단순하게 생각하면 다음과 같이 그룹 셀렉터를 사용해 대응할 수 있습니다.

```css
a[href="https://google.co.kr"],
a[href="https://www.naver.com"] {
  color: red;
}
```

이런 추가 요청이 있을 때마다 CSS에 해당 내용을 추가하는 것은 번거롭습니다. 속성 셀렉터를 사용하거나, 또는 '특정한 문자열을 가진 경우(링크 대상이 구글 혹은 네이버인 경우)'에는 그룹 셀렉터의 코드를 늘리지 않는 한 다른 문자열 색상을 빨간색으로 하고 싶은 패턴에 대응할 수 없습니다. 그런고로 **속성 셀렉터의 특정값을 사용한 스타일링 또한 기본적으로 피해야 합니다.**

## 3. 영향 범위를 지나치게 넓히지 않는다

다음 포인트는 '영향 범위를 지나치게 넓히지 않는다'입니다. 여기에서는 '지나치게'라는 점이 핵심이며, 확실하게 계산한 결과 영향 범위가 넓은 CSS를 사용한 것이라면 그다지 큰 문제는 없습니다. 베이스 그룹의 코드 등이 이에 해당합니다.

그러나 영향 범위가 넓은 CSS에 불필요한 스타일링 등을 포함하면 상황이 매우 힘들어집니다. 새로운 모듈을 만들 때 불필요한 스타일링을 비활성화하는 코드를 작성해야만 하고, 영향 범위가 넓은 CSS 자체를 수정하는 경우에도 글자 그대로 영향 범위가 넓기 때문에 어디에서 오류가 발생할지 알 수가 없습니다. 한 번이라도 영향 범위가 넓은 코드를 작성하게 되면 프로젝트는 계속 그 부하를 안고 가야만 합니다.[8]

결론부터 우선 이야기하면 다음 중 하나의 해결책을 적용할 수 있습니다.

- 범위를 줄인다(영향 범위를 좁게 한다).
- 영향 범위가 넓은 CSS에 포함되는 스타일링을 가능한 최소한으로 한다.

이 중 '범위를 줄인다'와 관련해 모듈 코드를 사용해서 설명해 봅니다.

### 모듈 리팩터링

이번에는 다음 코드가 문제가 됩니다.

```css
#main span {
    color: #555;
    font-size: 14px;
}
```

화면에 표시되는 부분은 '퍼소나란?'에 이어지는 설명 부분입니다(그림 2-11).

---

8    이는 CSS에만 국한된 것이 아니라, 다른 언어에서도 동일합니다.

**사용자를 고려한 설계로 만족스러운 체험을**

웹사이트 설계는 제공하는 서비스나 퍼소나에 따라 달라집니다. 서비스와 퍼소나에 맞춘 설계를 통해 방문자에게 스트레스를 주지 않는 보다 나은 체험을 만들어 만족감을 높입니다.

우리는 고객의 사이트에 맞는 사용성을 고려하기 때문에 세심한 분석과 의견 청취를 실시함으로써, 만족을 체험할 수 있는 크리에이티브 및 테크놀로지를 설계하고 구현함으로써 지금까지는 없던 기대를 뛰어넘는 사용자 체험을 제공합니다.

**퍼소나란?**

자사 상품, 서비스의 이상적/상징적인 고객 이미지를 말합니다. 접근할 대상을 명확히 함으로써 효율적인 마케팅을 수행할 수 있습니다.

그림 2-11 '#main span'에 해당하는 요소

이 절의 목적은 어디까지나 위 모듈에서 해당 부분의 색을 회색으로 변경하고 폰트 크기를 14px로 설정하는 것입니다. 이를 고려하면 '#main span' 셀렉터는 분명 지나칩니다. 이 상태에서는 위 모듈뿐만 아니라 #main 내의 span 요소는 모두 같은 형태의 스타일을 갖게 됩니다.[9]

만약 '#main 내의 span 요소는 반드시 그 스타일을 유지해야 한다'는 이유나 규칙이 있다면 이 코드 또한 한 번 더 고려해 볼 여지가 있기는 하나, 그렇지 않다면 다음과 같이 범위를 좁히는 것이 좋을 것입니다.

```css
#main .bl_module.main-module span {
  color: #555;
  font-size: 14px;
}
```

하지만 필자가 보기에 이 코드 역시 범위가 조금 넓게 느껴집니다. 왜냐하면 span 요소는 스타일링을 하기 위해 범용적으로 사용하는 경우가 많아서, 모듈 안에 여러 span 요소가 있더라도 각각의 형태는 전혀 다른 경우가 있기 때문입니다. 따라서 다음 코드와 같이 좀 더 범위를 줄이면 보다 안전할 것입니다.

```css
#main .bl_module.main-module .body > span {
  color: #555;
  font-size: 14px;
}
```

이와 같이 범위를 줄이는 경우는 가능한 가장 가까운 부모 요소까지 셀렉터에 포함시키거나, 손자 셀렉터뿐만 아니라 자녀 셀렉터를 사용할 수 있는지 검토하는 것이 중요합니다. 다만 이번 예에 한해서는 결국 '퍼소나란?' 이하의 텍스트에 스타일링을 하는 것이 목적이기 때문에,

---

9　이번 모듈의 해당 부분에서는 span 요소보다 p 요소를 사용하는 것이 적절하지만, 여기에서는 CSS 설계에 관한 설명이 목적이므로 span 요소를 사용합니다.

'2. HTML과 스타일링을 느슨하게 결합한다'에서 설명한 것처럼 span 요소에 'sub-text' 등의 클래스를 설정하고 해당 클래스에 스타일링을 하는 것이 가장 좋은 방법입니다(여기에서는 영향 범위에 관해 이야기하고 있으므로 이대로 진행합니다).

앞에서 설명한 내용의 반복이지만 '영향 범위의 넓이'에 관한 포인트는 다음 두 가지입니다.

- 먼저 범위를 좁힐 수 있는지 검토한다.
- 베이스 스타일 등 영향 범위가 넓은 CSS에 포함된 스타일링은 가급적 최소화한다.

### ■ 리팩터링 후의 코드

리팩터링한 후의 코드는 다음과 같습니다. HTML은 변경된 내용이 없으므로 생략합니다.

```css
CSS                          2-5-mod-3.css
/* 베이스/레이아웃은 변경이 없으므로 생략합니
다 */


/* 모듈
   ==================================== */
#main .bl_module.main-module {
  display: flex;
  align-items: center;
  font-size: 16px;
  line-height: 1.5;
}
#main .bl_module.main-module .image-wrapper {
  flex: 1 1 25%;
  margin-right: 3.33333%;
}
#main .bl_module.main-module .image-
wrapper img {
  width: 100%;
  vertical-align: top;
}
```

```css
}
#main .bl_module.main-module .body {
  flex: 1 1 68.33333%;
}
#main .bl_module.main-module .title {
  margin-bottom: 10px;
  font-size: 18px;
  font-weight: bold;
}
#main .bl_module.main-module .sub-title {
  margin-top: 10px;
  margin-bottom: 10px;
  font-size: 16px;
  border-bottom: 1px solid #555;
}
#main .bl_module.main-module .body > span {
  color: #555;
  font-size: 14px;
}
```

## 4. 특정한 콘텍스트에 지나치게 의존하지 않는다

다음 포인트는 '특정한 콘텍스트에 지나치게 의존하지 않는다'입니다. 콘텍스트란 '위치 혹은 상황'을 의미합니다. 콘텍스트에 의존하는 것이 문제가 되는 이유는 '콘텍스트가 변하면 코드가 동작하지 않게' 되기 때문입니다.

## 모듈 리팩터링

다음 예제에서는 '#main .bl_module.main-module'이라는 셀렉터가 리팩터링 대상입니다. 셀렉터 앞에 '#main'이 붙어 있으므로 이 셀렉터는 '#main이라는 콘텍스트에 의존하게 (#main 안에서만 움직이게)' 됩니다.

시험 삼아 모듈을 #main 밖으로 꺼내 보면 그림 2-12와 같이 스타일이 확실하게 적용되지 않습니다. 코드는 다음과 같습니다.

```html
HTML
<article id="main" class="ly_cont">
  <div class="bl_module main-module">
    (생략)
  </div>
</article>

<!-- #main2를 만들어 본다 -->
<article id="main2" class="ly_cont">
  <div class="bl_module main-module">
    (생략)
  </div>
</article>
```

그림 2-12 #main 안의 모듈(위), #main2 안의 모듈(아래)

모듈은 '사이트 내라면 위치에 관계없이 재사용하고 싶다'는 의미를 전제로 하고 있으므로, '#main 안이 아닌 경우 스타일이 적용되지 않는다'는 것은 바람직한 상황이 아닙니다. 따라서 다음 코드와 같이 #main을 셀렉터에서 빼내서 모듈이 #main에 관계없이 어디서나 사용될 수 있도록 합니다(이는 '5. 상세도를 지나치게 높이지 않는다'와도 연관됩니다).

```css
CSS
.bl_module.main-module {
  display: flex;
  align-items: center;
  font-size: 16px;
  line-height: 1.5;
}
```

덧붙여 콘텐츠 영역의 가로 폭(1200px) 지정과 좌우 가운데 정렬이 적용되어 있는 것은 레이아웃 코드를 확실히 ly_cont 클래스로 분리한 덕분입니다.

## ■ 리팩터링 후의 코드

여기에서도 HTML은 수정하지 않았으므로 CSS만 게재합니다. #main이 셀렉터에서 빠짐으로써 코드가 상당히 깔끔해졌습니다.

```css
CSS                              2-5-mod-4.css
/* 베이스/레이아웃은 변경이 없으므로 생략합니
다 */

/* 모듈
==================================== */
.bl_module.main-module {
  display: flex;
  align-items: center;
  font-size: 16px;
  line-height: 1.5;
}
.bl_module.main-module .image-wrapper {
  flex: 1 1 25%;
  margin-right: 3.33333%;
}
.bl_module.main-module .image-wrapper img {
  width: 100%;
  vertical-align: top;
}

.bl_module.main-module .body {
  flex: 1 1 68.33333%;
}
.bl_module.main-module .title {
  margin-bottom: 10px;
  font-size: 18px;
  font-weight: bold;
}
.bl_module.main-module .sub-title {
  margin-top: 10px;
  margin-bottom: 10px;
  font-size: 16px;
  border-bottom: 1px solid #555;
}
.bl_module.main-module .body > span {
  color: #555;
  font-size: 14px;
}
```

## 5. 상세도를 지나치게 높이지 않는다

이어지는 포인트는 '상세도를 지나치게 높이지 않는다'입니다. 상세도가 높은 CSS는 기본적으로 다음 이유로 그다지 좋지 않습니다.

- 셀렉터를 예측하기 어렵다.
- 다른 요소(부모 요소 등)에 대한 의존도가 높아진다.
- 덮어쓰기가 어렵다.
- 유지 보수에 들어가는 수고가 증가한다.

'기존의 CSS 상세도가 너무 높아서 덮어쓰기 어려워 어쩔 수 없이 !important를 사용한다'와 같은 경험을 해본 적이 있지 않습니까? !important를 사용할수록 덮어쓰기가 어려워지므로 처음부터 가급적 상세도를 억제하는 것이 CSS를 오랫동안 깔끔하게 운용하는 비결입니다.

실제 상세도를 낮추기 위한 기본 팁을 소개하자면 **'셀렉터를 사용할 때는 클래스 셀렉터를 사용한다'** 는 것입니다. ID 셀렉터는 그 자체로 상세도가 높으며 HTML 측의 한 페이지 안에서 동일한 값은 한 번만 사용해야 한다는 제약이 있기 때문에 ID를 스타일링 목적으로 사용해서 얻을 수 있는 장점은 그다지 많지 않습니다.

### 모듈 리팩터링

지금까지의 모듈 코드에는 'main-module'이라는 클래스가 존재했고 CSS 셀렉터도 다음 코드처럼 이 main-module에 포함된 형태였습니다.

```css
CSS
.bl_module.main-module { ... }
```

하지만 클래스가 여럿 붙어 있다고 해서 일부러 셀렉터에까지 여러 클래스를 붙일 필요는 없습니다.[10]

이 샘플의 main-module이라는 클래스 이름은 '#main 안에 있는 모듈' 정도의 의미를 갖고 있는 것으로, main-module 그 자체에 대해 특별한 스타일링을 수행하지는 않습니다. 그리고 '4. 특정한 콘텍스트에 지나치게 의존하지 않는다'에서도 설명했지만, 기본적으로 모듈이 특정한 콘텍스트에 의존하는 것은 상식에 맞지 않으므로 HTML/CSS에서 main-module을 제거합니다. 결과적으로 다음과 같은 코드가 됩니다.

---

10 명확하게 덮어쓰는 등의 의도가 있는 경우엔 다릅니다.

```
CSS
.bl_module { ... }
```

### ■ 리팩터링 후의 코드

다음은 리팩터링 후의 전체 코드입니다. 여기에서는 HTML도 변경하긴 했지만, 'main-module'을 삭제한 정도의 간단한 변경이므로 CSS만 게재합니다. 코드가 점점 아름다워져 갑니다!

```
CSS                          2-5-mod-5.css
/* 베이스/레이아웃은 변경이 없으므로 생략합니
다 */

/* 모듈
 ==================================== */
.bl_module {
  display: flex;
  align-items: center;
  font-size: 16px;
  line-height: 1.5;
}
.bl_module .image-wrapper {
  flex: 1 1 25%;
  margin-right: 3.33333%;
}
.bl_module .image-wrapper img {
  width: 100%;
  vertical-align: top;
}
```

```
.bl_module .body {
  flex: 1 1 68.33333%;
}
.bl_module .title {
  margin-bottom: 10px;
  font-size: 18px;
  font-weight: bold;
}
.bl_module .sub-title {
  margin-top: 10px;
  margin-bottom: 10px;
  font-size: 16px;
  border-bottom: 1px solid #555;
}
.bl_module .body > span {
  color: #555;
  font-size: 14px;
}
```

## 6. 클래스 이름에서 영향 범위를 유추할 수 있다

이번 포인트는 '클래스 이름에서 영향 범위를 유추할 수 있다'입니다. 웹사이트는 그 규모가 커질수록 모듈이나 다른 클래스도 늘어나기 때문에 '이 클래스를 수정하면 어느 정도의 범위에 영향을 미치는가'를 클래스 이름에서 판단할 수 있는 점이 매우 중요합니다.

'3. 영향 범위를 지나치게 넓히지 않는다'에서도 다루었지만 영향 범위가 넓은 코드 또한 때로는 필요하기 때문에 '영향 범위가 넓은 것'이 문제가 아니라, '영향 범위가 좁은지 넓은지 클래스 이름에서 확실하게 알 수 있도록 한다'는 점이 이 절에서 전달하고자 하는 바입니다. 이 포인트를 확인하는 팁은 'HTML만 봤을 때의 영향 범위가 CSS에서의 스타일링과 일치하는가'입니다.

## 모듈 리팩터링

현시점에서의 모듈의 HTML 코드를 다시 확인합니다.

```html
HTML
<article id="main" class="ly_cont">
  <div class="bl_module">
    <figure class="image-wrapper"> ——①
      <img src="/assets/img/elements/persona.jpg" alt="사진: 손에 든 스마트폰">
    </figure>
    <div class="body"> ——②
      <h2 class="title"> ——③
        사용자를 고려한 설계로 만족스러운 체험을
      </h2>
      <p>
        웹사이트 설계는 제공하는 서비스나 퍼소나에 따라 달라집니다. 서비스와 퍼소나에 맞춘 설계를
      통해 방문자에게 스트레스를 주지 않는 보다 나은 체험을 만들어 만족감을 높입니다.<br>
        우리는 고객의 사이트에 맞는 사용성을 고려하기 때문에 세심한 분석과 의견 청취를 실시함으로
      써, 만족을 체험할 수 있는 크리에이티브 및 테크놀로지를 설계하고 구현함으로써 지금까지는 없던 기대
      를 뛰어넘는 사용자 체험을 제공합니다.
      </p>
      <h3 class="sub-title">퍼소나란?</h3> ——④
      <span>
        자사 상품, 서비스의 이상적/상징적인 고객 이미지를 말합니다. 접근할 대상을 명확히 함으로써
      효율적인 마케팅을 수행할 수 있습니다.
      </span>
    </div>
  </div>
</article>
```

필자가 문제라고 생각한 코드에 주석 ❶, ❷, ❸, ❹를 붙였습니다. 이는 모두 모듈의 자녀 요소에 붙인 클래스 이름입니다.

- `image-wrapper`
- `body`
- `title`
- `sub-title`

예를 들어, 'title'이라는 클래스의 경우, 클래스 이름만 보면 이 모듈 밖에서도 제목으로 사용할 수 있을 것 같은 느낌이 듭니다. 하지만 다음 코드와 같이 모듈 밖에서 title 클래스를 사용하면 예상과 다르게 CSS가 적용되지 않습니다(그림 2-13).

```
HTML
<article id="main" class="ly_cont">
  <div class="bl_module">
    (생략)
  </div>


  <!-- 섹션 제목을 만들기 위해 다음 코드를 추가해도 모듈 밖이어서 title CSS가 적용되지 않음 -->
  <h2 class="title">
    디지털 마케팅 지원
  </h2>
</article>
```

사용자를 고려한 설계로 만족스러운 체험을

웹사이트 설계는 제공하는 서비스나 퍼소나에 따라 달라집니다. 서비스와 퍼소나에 맞춘 설계를 통해 방문자에게 스트레스를 주지 않는 보다 나은 체험을 만들어 만족감을 높입니다.
우리는 고객의 사이트에 맞는 사용성을 고려하기 때문에 세심한 분석과 의견 청취를 실시함으로써, 만족을 체험할 수 있는 크리에이티브 및 테크놀로지를 설계하고 구현함으로써 지금까지는 없던 기대를 뛰어넘는 사용자 체험을 제공합니다.

퍼소나란?

자사 상품, 서비스의 이상적/상징적인 고객 이미지를 말합니다. 접근할 대상을 명확히 함으로써 효율적인 마케팅을 수행할 수 있습니다.

디지털 마케팅 지원

그림 2-13 title 클래스를 붙여 추가한 코드 표시

CSS를 확인해 보면 이는 당연한 결과입니다.

```
CSS
.bl_module .title {
  margin-button: 10px;
  font-size: 18px;
  font-weight: bold;
}
```

프로젝트 안에 이런 코드가 산재해 있다면 혼란이 벌어지는 것도 당연합니다. '시험 삼아 클래스를 다른 위치에서 사용해 봤지만 스타일이 적용되지 않는' 상황이 발생할 때마다 CSS 셀렉터가 어떻게 되어 있는지 일일이 확인하는 것은 대단히 번거로운 일입니다.

이런 문제에 대한 기본적인 해결책, 다시 말해 클래스 이름에서 영향 범위를 유추할 수 있도록 하려면 어떻게 해야 할까요? **'모듈의 자녀 요소에는 모듈의 루트 요소의 클래스 이름을 상속시키는'** 방법을 사용하는 것을 추천합니다. 루트 요소란 모듈의 기점이 되는(최상위 부모가 되는) 요소를 의미하며, 이번 예시에서는 <div class="bl_module">이 루트 요소에 해당합니다. bl_module 안에서만 사용될 title은 'bl_module_title'과 같은 이름을 붙입니다.

요약하자면 '자녀 요소의 클래스 이름의 머리에는 모듈 이름을 붙인다'는 것입니다. 이렇게 하면 제목 모듈 부분의 코드는 다음과 같이 되므로 '이 제목의 코드를 모듈 밖으로 꺼내 사용하자'라는 생각은 하지 않게 됩니다.

```
HTML
<div class="bl_module">
  (생략)
  <h2 class="bl_module_title">
    사용자를 고려한 만족스러운 체험을
  </h2>
  (생략)
</div>
```

'모듈 자녀 요소에 모듈 루트 요소의 클래스 이름을 상속시키는' 방법에 따라 모듈에 관계없이 범용적으로 사용하고 싶은 클래스를 눈으로 확인하기 쉬워집니다. 예를 들어, '퍼소나란?'에 적용되어 있는 스타일링을 다른 위치에서도 사용할 수 있도록 한다고 가정해 봅니다. 그 경우에는 'sub-title' 클래스에 모듈명을 붙이지 않고 그대로 둡니다. 그러면 다른 자녀 요소가 클래스 이름에 'bl_module'을 가지고 있는 것에 비해 sub-title은 bl_module을 가지고 있지 않으므로, '이것은 bl_module 밖에서도 사용할 수 있을 것 같다'고 예측할 수 있습니다. 물론 CSS 셀렉터 역시 그에 맞게 바꿔 씁니다.

```
HTML
<div class="bl_module">
  (생략)
    <h2 class="bl_module_title">
      사용자를 고려한 설계로 만족스러운 체험을
    </h2>
    (생략)
    <h3 class="sub-title">
      퍼소나란?
    </h3>
</div>
```

```
CSS
.sub-title {
  margin-top: 10px;
  margin-bottom: 10px;
  font-size: 16px;
  border-bottom: 1px solid #555;
}
```

### ■ 리팩터링 후의 코드

위 내용을 적용해 리팩터링한 코드 전체를 실었습니다. 또한 'image-wrapper', 'sub-title'과 같이 하이픈 케이스를 사용한 부분은 PRECSS 표기 규칙에 따라 'imageWrapper', 'subTitle'과 같이 로워 캐멀 케이스로 변경했습니다.

```html
<article id="main" class="ly_cont">
  <div class="bl_module">
     <figure class="bl_module_imageWrapper">
       <img src="/assets/img/elements/persona.jpg" alt="사진: 손에 든 스마트폰">
     </figure>
     <div class="bl_module_body">
       <h2 class="bl_module_title">
          사용자를 고려한 설계로 만족스러운 체험을
       </h2>
       <p>
          웹사이트 설계는 제공하는 서비스나 퍼소나에 따라 달라집니다. 서비스와 퍼소나에 맞춘 설계를
       통해 방문자에게 스트레스를 주지 않는 보다 나은 체험을 만들어 만족감을 높입니다.<br>
          우리는 고객의 사이트에 맞는 사용성을 고려하기 때문에 세심한 분석과 의견 청취를 실시함으로
       써, 만족을 체험할 수 있는 크리에이티브 및 테크놀로지를 설계하고 구현함으로써 지금까지는 없던 기대
       를 뛰어넘는 사용자 체험을 제공합니다.
       </p>
       <h3 class="subTitle">퍼소나란?</h3>
       <span>
          자사 상품, 서비스의 이상적/상징적인 고객 이미지를 말합니다. 접근할 대상을 명확히 함으로써
       효율적인 마케팅을 수행할 수 있습니다.
       </span>
     </div>
  </div>
</article>
```

CSS
```css
/* 베이스/레이아웃 변경이 없으므로 생략합니다
*/

/* 모듈
   ===================================== */
.bl_module {
  display: flex;
  align-items: center;
  font-size: 16px;
  line-height: 1.5;
}

.bl_module .bl_module_imageWrapper {
  flex: 1 1 25%;
  margin-right: 3.33333%;
}

.bl_module .bl_module_imageWrapper img {
  width: 100%;
  vertical-align: top;
}

.bl_module .bl_module_body {
  flex: 1 1 68.33333%;
}

.bl_module .bl_module_title {
  margin-bottom: 10px;
  font-size: 18px;
  font-weight: bold;
}

.bl_module .bl_module_body > span {
  color: #555;
  font-size: 14px;
}

.subTitle {
  margin-top: 10px;
  margin-bottom: 10px;
  font-size: 16px;
  border-bottom: 1px solid #555;
}
```

여기에서 리팩터링을 한 단계 더 수행합니다. 앞서 설명한 '5. 상세도를 지나치게 높이지 않는다'에 따라 상세도를 낮출 수 있는 여지가 있기 때문입니다. 리팩터링 전의 셀렉터는 '.bl_module .title'이었습니다. 이 상태에서 상세도를 낮추면 '.title'이 되지만, 이 상태로는 모듈 안팎에 관계없이 title 클래스를 사용할 수 있게 되므로 의미가 달라집니다.

하지만 현재의 셀렉터는 '.bl_module .bl_moduel_title'이며 제목 클래스 이름에 모듈 이름을 포함하고 있으므로, 상세도를 낮춰 '.bl_module_title'로 하더라도 계속해서 '모듈 안에서 사용하는 타이틀'임을 확실하게 전달할 수 있습니다. 상세도를 낮춰 리팩터링을 한 코드는 다음과 같습니다.

```css
CSS                              2-5-mod-6.css
/* 베이스/레이아웃은 변경이 없으므로 생략합니
다 */

/* 모듈
  ================================ */
.bl_module {
  display: flex;
  align-items: center;
  font-size: 16px;
  line-height: 1.5;
}
.bl_module_imageWrapper {
  flex: 1 1 25%;
  margin-right: 3.33333%;
}
.bl_module_imageWrapper img {
  width: 100%;
  vertical-align: top;
}
```

```css
.bl_module_body {
  flex: 1 1 68.33333%;
}
.bl_module_title {
  margin-bottom: 10px;
  font-size: 18px;
  font-weight: bold;
}
.bl_module_body > span {
  color: #555;
  font-size: 14px;
}
.subTitle {
  margin-top: 10px;
  margin-bottom: 10px;
  font-size: 16px;
  border-bottom: 1px solid #555;
}
```

코드 형태가 상당히 좋아졌습니다!

## 7. 클래스 이름에서 형태, 기능, 역할을 유추할 수 있다

이전 절에서 설명한 '6. 클래스 이름에서 영향 범위를 유추할 수 있다'와 비슷하지만 이번 포인트는 '클래스 이름에서 형태, 기능, 역할을 유추할 수 있다'입니다. 예를 들면, 다음과 같은 클래스가 각각 있다면 어떻겠습니까?

- title1
- title2
- title3

어느 타이틀이 어떤 역할을 할지 도저히 유추할 수 없습니다. 이 클래스 이름이 다음과 같다면 어떻겠습니까?

- `page-title`
- `section-title`
- `sub-title`

위와 같은 형태라면 CSS나 실제 표시된 내용을 보지 않더라도 어떤 역할을 담당하는지 대략 유추할 수 있습니다.

## 모듈 리팩터링

지금까지 모듈의 코드에서 개선할 포인트는 'bl_module'이라는 클래스였습니다. 앞에서 설명한 것과 같이, 만약 모듈이 늘어나 다음과 같은 클래스가 되었다고 가정해 봅니다.

- `bl_module`
- `bl_module2`
- `bl_module3`

이 경우에는 어떤 모듈이 어떤 형태나 기능을 하는지는 실제 코드를 봐야만 알 수 있습니다. 이런 상황은 그다지 바람직하지 않으므로 각 모듈에 맞춰 이름을 붙이는 것이 중요합니다.

지금까지 리팩터링한 모듈의 형태를 다시 그림 2-14에 표시했습니다. 이런 화면과 텍스트 블록을 가로로 나란히 늘어놓은 모듈을 일반적으로 '미디어(Media)'라고 부릅니다.

**사용자를 고려한 설계로 만족스러운 체험을**

웹사이트 설계는 제공하는 서비스나 퍼소나에 따라 달라집니다. 서비스와 퍼소나에 맞춘 설계를 통해 방문자에게 스트레스를 주지 않는 보다 나은 체험을 만들어 만족감을 높입니다.
우리는 고객의 사이트에 맞는 사용성을 고려하기 때문에 세심한 분석과 의견 청취를 실시함으로써, 만족을 체험할 수 있는 크리에이티브 및 테크놀로지를 설계하고 구현함으로써 지금까지는 없던 기대를 뛰어넘는 사용자 체험을 제공합니다.

**퍼소나란?**

자사 상품, 서비스의 이상적/상징적인 고객 이미지를 말합니다. 접근할 대상을 명확히 함으로써 효율적인 마케팅을 수행할 수 있습니다.

**그림 2-14 일반적으로 미디어라고 불리는 모듈**

그러므로 'bl_module'이라는 클래스 이름은 'bl_media'로 바꿀 수 있습니다. 이외에 카드형 모듈이나 리스트형 모듈이 추가되는 경우에도 각각 다음과 같이 이름을 붙일 수 있습니다.

- `bl_media`
- `bl_card`
- `bl_list`

이제 어떤 모듈인지 간단하게나마 유추할 수 있을 것입니다.

## ■ 리팩터링 후의 코드

2-5-mod-7.html

```html
HTML
<article id="main" class="ly_cont">
  <div class="bl_media">
    <figure class="bl_media_imageWrapper">
      <img src="/assets/img/elements/persona.jpg" alt="사진: 손에 든 스마트폰">
    </figure>
    <div class="bl_media_body">
      <h2 class="bl_media_title">
        사용자를 고려한 설계로 만족스러운 체험을
      </h2>
      <p>
        웹사이트 설계는 제공하는 서비스나 퍼소나에 따라 달라집니다. 서비스와 퍼소나에 맞춘 설계를
통해 방문자에게 스트레스를 주지 않는 보다 나은 체험을 만들어 만족감을 높입니다.<br>
        우리는 고객의 사이트에 맞는 사용성을 고려하기 때문에 세심한 분석과 의견 청취를 실시함으로
써, 만족을 체험할 수 있는 크리에이티브 및 테크놀로지를 설계하고 구현함으로써 지금까지는 없던 기대
를 뛰어넘는 사용자 체험을 제공합니다.
      </p>
      <h3 class="subTitle">퍼소나란?</h3>
      <span>
        자사 상품, 서비스의 이상적/상징적인 고객 이미지를 말합니다. 접근할 대상을 명확히 함으로써
효율적인 마케팅을 수행할 수 있습니다.
      </span>
    </div>
  </div>
</article>
```

```css
CSS
/* 베이스/레이아웃은 변경이 없으므로 생략합니
다 */

/* 모듈
==================================== */
.bl_media {
  display: flex;
  align-items: center;
  font-size: 16px;
  line-height: 1.5;
}

.bl_media_imageWrapper {
  flex: 1 1 25%;
  margin-right: 3.33333%;
}

.bl_media_imageWrapper img {
  width: 100%;
  vertical-align: top;
}
```

```css
.bl_media_body {
  flex: 1 1 68.33333%;
}

.bl_media_title {
  margin-bottom: 10px;
  font-size: 18px;
  font-weight: bold;
}

.bl_media_body > span {
  color: #555;
  font-size: 14px;
}

.subTitle {
  margin-top: 10px;
  margin-bottom: 10px;
  font-size: 16px;
  border-bottom: 1px solid #555;
}
```

## 구체성과 범용성에서 모듈 이름을 고려한다

모듈 이름에 관해 조금 더 깊이 생각해 봅니다. 설명을 위해 여기에서만 '미디어 모듈은 about 페이지의 서비스 소개 부분에서 사용된다'고 가정하겠습니다. 이 모듈의 이름을 고려할 때 크게 다음과 같은 이름을 생각해 볼 수 있습니다.

- `.bl_aboutService`
- `.bl_aboutMedia`
- `.bl_service`
- `.bl_media`
- `.bl_imgTitleText`

필자가 이 중에서 가장 적절하다고 생각하는[11] 것은 물론 '`.bl_media`'입니다. 그 이유는 다음과 같습니다.

- 이름에서 형태, 기능, 역할을 유추할 수 있다.
- 구체성과 범용성의 균형이 맞는다.

이 중에서 두 번째 항목인 '구체성과 범용성'에 관해 구체적으로 알아봅니다. 앞에서 예시를 든 모듈 이름의 경우 실은 위쪽에 있을수록 '구체성'이 강하고 아래쪽에 있을수록 '범용성'이 강해집니다. 그림으로 설명하면 그림 2-15와 같습니다.

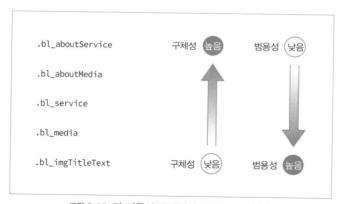

**그림 2-15 각 이름의 구체성과 범용성과의 관계**

이런 형태가 되는 이유는 무엇인지 그리고 `.bl_media`가 가장 적절하다고 생각한 이유가 무엇인지 위에서부터 하나씩 순서대로 설명합니다.

---

11 사이트 내 전체에서 돌려 쓰는 것을 가정한 경우

### ■ bl_aboutService

구체성이 가장 높은 것은 `bl_aboutService`입니다. 그 이유는 'about'라는 단어와 'service' 라는 단어를 모두 포함하고 있기 때문입니다. 앞서 '이 모듈은 about 페이지의 서비스 소개 부분에서 사용하는 것'을 전제로 했습니다. 이 이름은 그야말로 사용되는 상태에 착안해서 붙인 것입니다.

단순하고 이해하기 쉬우나 거꾸로 말하면 'about 페이지의 서비스 소개 부분 이외에는 사용할 수 없다'는 치명적인 약점이 있습니다. '사용할 수 없다'고 하더라도 HTML/CSS 사양의 제한이 있는 것은 아니므로 마음먹으면 다른 위치에서도 사용할 수 있습니다. 하지만 `bl_aboutService`라는 모듈이 연락처 페이지 안에 있는 상태는 어떻게 느껴집니까?

이것은 '결국 모듈 이름에 관계없이 어디서나 사용해도 좋다'는 의미가 됩니다. 그렇다면 'about'와 'service'라는 단어를 굳이 모듈에 포함시킨 의미가 사라지므로 혼란을 일으킵니다. 뒤집어 말하면 'about 페이지의 서비스 소개 부분 이외에는 절대 사용할 수 없다'는 상황에서는 적절한 이름이라고 할 수 있습니다. 하지만 여러 사람이 함께 개발하는 과정에서 '그 위치가 아니면 절대 사용할 수 없다'는 상황 자체를 모두가 확실하게 기억하고 지키는 일은 어려울 것입니다.

### ■ bl_aboutMedia

다음은 `bl_aboutMedia`입니다. 이 이름도 결국 앞에서 설명한 것처럼 'about'라는 단어를 포함하는 한 'about 페이지가 아니면 사용할 수 없다'라는 제약이 생기므로, 모듈 재사용성 과정에서 바람직한 이름은 아닙니다. 강하게 이야기하면 'service'라는 단어가 없는 만큼 '서비스 소개 이외의 위치에서도 사용할 수 있다'는 정도의 자유도는 늘어납니다.

### ■ bl_service

이 이름에서는 'about'라는 단어가 사라지고 'service'만 남았습니다. 즉, 이 모듈의 이름은 '페이지에 관계없이 서비스 소개 부분에 사용할 수 있음'을 의미합니다. 하지만 결국은 '미디어 모듈을 사용하는 위치는 서비스 소개 부분만이라고 한정할 수 없다'는 문제가 도사리고 있습니다.

물론, 개발 시에는 서비스 소개 위치에서만 사용할 수도 있습니다. 하지만 사이트를 공개한 뒤 운용하는 과정에서, 예를 들어, 새롭게 만든 페이지의 '특징 소개(이 경우 자주 사용하는 영어 단어는 feature 등)' 부분에서도 사용하고 싶을 수 있습니다. 이때 모듈의 이름이 `bl_service`인 상태에서는 그 이름과 사용되는 상황 사이에 괴리가 발생합니다.

또한 '페이지 내 서비스 소개 부분에 사용한다'는 의미로 'bl_service'라는 이름을 붙이더라도 다른 사람은 '서비스 [페이지]에 사용하는 것'이라고 오해할 수도 있습니다. 이 클래스 이름에서는 '페이지'인지 '위치'인지 판단할 수 없습니다. 따라서 범용성을 생각하면 이 또한 최적의 이름이라고는 할 수 없습니다.

### ■ bl_media

필자가 생각하는 최적의 이름입니다(접두사를 붙이지 않는 경우에는 'media'). 우선 'about'나 'service'라는 단어를 포함하지 않기 때문에 구체성이 단번에 낮아졌습니다. 즉, 어바웃 등의 특정한 페이지나 서비스 소개 등의 특정한 부분에 관계없이, 웹페이지 안의 어느 위치에서든 신경 쓰지 않고 이 모듈을 사용할 수 있게 됩니다.

또한 bl_media라는 모듈 이름은 이 절의 주제인 '클래스 이름에서 형태, 기능, 역할을 유추할 수 있다'는 점도 만족합니다. 앞서 예시를 든 bl_aboutService나 bl_service의 경우에는 모듈 이름만 봐서는 이들이 어떤 형태인지 정확하게 유추할 수 없었습니다. 이에 비해 일반적으로 media라는 단어는 웹 업계에서 모듈의 이름으로 주로 사용하며 많은 사람들이 대부분 같은 것을 상상할 것입니다.

웹사이트의 규모가 커지고 모듈 수가 증가할수록 '클래스 이름에서 형태, 기능, 역할을 유추할 수 있다'는 중요성은 늘어납니다. 미디어(Media) 외에도 아코디언(Accordion)이나 슬라이더(Slider) 등 일반적으로 사용하는 UI라면 좋지만, 때로는 이에 해당하지 않는 모듈도 나올 수 있을 것입니다. 이런 경우에는 형태를 떠올릴 수 있는 이름을 사용하는 것이 좋습니다.[12]

### ■ bl_imgTitleText

가장 마지막으로 구체성은 완전히 배제하고 범용성에만 특화된 이름으로, 모듈 요소를 순서대로 열거한 것입니다. 앞서 설명한 내용이 반복되는 것 같지만 이런 이름은 다음과 같은 약점을 가집니다.

- 클래스 이름에서 형태, 기능, 역할을 유추할 수 없다.
- 다른 모듈이 늘어날수록 구별이 어려워진다.

두 가지 약점 모두 치명적이므로 이름을 붙이는 방법으로는 권장하지 않습니다.

---

12 필자는 모듈 이름을 고려할 때 Bootstrap(https://getbootstrap.com/docs/4.1/components/buttons/), Material Design(https://material.io/components), Lightning Design System(https://www.lightningdesignsystem.com/components/accordion/) 등의 자료를 자주 참조합니다.

재사용을 전제로 한 모듈에서 필자는 결국 최적의 이름이 다음과 같은 특징을 갖는다고 생각합니다.

1. 콘텍스트가 아니라 형태, 기능, 역할을 기반으로 만든다.
2. Media, Accordion, Slider 등 일반적인 호칭을 사용한다.

## 8. 확장하기 쉽다

마지막 포인트는 '확장하기 쉽다'입니다. 웹사이트는 '공개하면 끝'이 아니라 공개한 후에도 계속 운영해야 하며, 그 과정에서 기존 페이지나 모듈에 대한 변경이 발생하는 일도 드물지 않습니다. 사실 처음부터 모든 변경을 완전히 파악하고 예측하기란 불가능합니다. 그렇다면 페이지나 레이아웃, 모듈 등 각각의 CSS에 대해 '가능한 변경을 견딜 수 있도록 설계해 두는' 것이 효율적입니다. 앞서 설명한 1~7번 포인트는 모두 '변경을 견딜 수 있도록' 설계하는 부분과 연결됩니다. 그렇기 때문에 '확장하기 쉽다'가 가장 마지막 포인트가 됩니다.

코드를 확장하기 쉬운 상태로 유지하면 추가 요구 사항이 있을 때도 하나의 셀렉터와 속성을 추가하는 것만으로 대응을 완료할 수 있는 경우가 많습니다. 확장성과 관련해 다음 두 가지 관점이 있습니다.

- 확장하기 쉬운 클래스 설계를 수행한다(멀티 클래스 설계 채용).
- 확장용으로서 작성하는 클래스는 기능, 역할에 따라 적절한 상세도와 영향 범위를 갖는다.

'확장하기 쉬운 클래스 설계'에 관해 먼저 '싱글 클래스 설계와 멀티 클래스 설계'의 개념을 알아야 하므로 이제까지의 모듈과는 별도로 새로운 버튼 모듈을 예로 들어 설명합니다. 후자인 '적절한 상세도'에 관해서는 모듈 리팩터링 후 알아봅니다.

### 싱글 클래스와 멀티 클래스

- 어떤 모듈의 스타일이 조금만 다른 배리에이션(Variation)을 만든다.
- 혹은 상태의 변화를 구현한다.

위와 같은 경우 그 방법에 따라 크게 싱글 클래스 설계와 멀티 클래스 설계 두 가지로 나눌 수 있습니다. 싱글 클래스 설계란 간단히 말하면, HTML에 대한 모듈 클래스를 항상 하나로 연결하는 방법입니다. 이에 비해 멀티 클래스 설계는 모듈에 관련된 클래스를 형태나 기능, 역할에 따라 적절하게 분할해서 HTML에 여러 모듈의 연결을 허용하는 설계 기법입니다.

그림 2-16과 같은 두 종류의 버튼의 경우를 생각해 봅니다.

그림 2-16 **두 종류의 버튼**

## ■ 싱글 클래스 설계

그림 2-16을 싱글 클래스 설계로 구현한 코드는 다음과 같습니다.[13]

```
HTML                                                    2-5-button-single.html
<a class="el_btnTheme" href="#">기본 버튼</a>
<a class="el_btnWarning" href="#">색이 다른 버튼</a>
```

```
CSS                  2-5-button-single.css
.el_btnTheme {
    display: inline-block;
    width: 300px;
    max-width: 100%;
    padding: 20px 10px;
    background-color: #e25c00; ——❶
    box-shadow: 0 3px 6px rgba(0, 0, 0, .16);
    color: #fff; ——❷
    font-size: 18px;
    line-height: 1.5;
    text-align: center;
    text-decoration: none;
    transition: .25s;
}
```

```
.el_btnWarning {
    display: inline-block;
    width: 300px;
    max-width: 100%;
    padding: 20px 10px;
    background-color: #f1de00; ——❶
    box-shadow: 0 3px 6px rgba(0, 0, 0, .16);
    color: #222; ——❷
    font-size: 18px;
    line-height: 1.5;
    text-align: center;
    text-decoration: none;
    transition:.25s;
}
```

앞에서 설명한 것처럼 HTML에 설정할 클래스는 각각 다음 중 하나입니다.

- el_btnTheme
- el_btnWarning

보시다시피 HTML 측의 클래스 속성이 매우 깔끔합니다. 하지만 CSS 측에서는 많은 코드가 중복되며 배리에이션 수가 늘어날수록 CSS가 비대화되는 단점을 갖고 있습니다. 실제 앞

---

13 'el_'은 'element'의 약자로 작은 모듈을 의미하는 접두사입니다. 자세한 내용은 3장 PRECSS 절에서 설명합니다.

의 예시 코드만 보더라도 background-color(❶)와 color(❷)를 제외한 모든 코드가 el_btnTheme, el_btnWarning에서 완전히 동일합니다.

CSS의 비대화를 피하기 위해 다음과 같이 그룹 셀렉터를 사용할 수도 있습니다.

```css
CSS
.el_btnTheme,
.el_btnWarning {
  display: inline-block;
  width: 300px;
  max-width: 100%;
  padding: 20px 10px;
  box-shadow: 0 3px 6px rgba(0, 0, 0, .16);
  font-size: 18px;
  line-height: 1.5;
  text-align: center;
  text-decoration: none;
  transition: .25s;
}
.el_btnTheme {
  background-color: #e25c00;
  color: #fff;
}
.el_btnWarning {
  background-color: #f1de00;
  color: #222;
}
```

이 책에서 설명할 영역에서 벗어나므로 자세히 설명하지는 않지만, 싱글 클래스 설계를 할 때에는 Sass의 Mixin이나 Extend 기능을 사용하면 보다 효과적으로 개발을 진행할 수 있습니다. 그로 인해 싱글 클래스 설계의 단점이 해소되었다고 생각할 수도 있지만, 실제 단점은 그것뿐만 아니라, 모듈 확장에 대한 유연성이 낮다는 점이 싱글 클래스 설계가 가진 진짜 약점이라고 할 수 있을 것입니다.

예를 들어, 운용 중에 다음과 같은 상황이 발생했다고 가정합니다.

- 각 버튼의 박스 그림자가 없는 패턴
- 그림자는 있지만 문자 색상이 흑백 반전된 패턴(읽기 어려운 점은 차치하더라도)
- 그림자가 없고 문자 색상도 반전된 패턴

이런 요구가 발생하면 어떻게 되겠습니까?(그림 2-17)

그림 2-17 **각양각색의 버튼 패턴**

싱글 클래스 설계는 스타일 수만큼 클래스를 준비해야 하므로 다음 코드와 같이 클래스 수가 급격하게 증가합니다.

```html
HTML
<a class="el_btnTheme" href="#">기본 버튼</a>
<a class="el_btnThemeShadowNone" href="#">기본 버튼(그림자 없음)</a>
<a class="el_btnThemeTextBlack" href="#">기본 버튼(문자 검정색)</a>
<a class="el_btnThemeShadowNoneTextBlack" href="#">기본 버튼(그림자 없음, 문자 검정색)</a>
<a class="el_btnWarning" href="#">색이 다른 버튼</a>
<a class="el_btnWarningShadowNone" href="#">색이 다른 버튼(그림자 없음)</a>
<a class="el_btnWarningTextWhite" href="#">색이 다른 버튼(문자 흰색)</a>
<a class="el_btnWarningShadowNoneTextWhite" href="#">색이 다른 버튼(그림자 없음, 문자 흰색)</a>
```

```css
CSS
.el_btnTheme,
.el_btnWarning,
.el_btnThemeShadowNone,
.el_btnThemeTextBlack,
.el_btnThemeShadowNoneTextBlack,
.el_btnWarningShadowNone,
.el_btnWarningTextWhite,
.el_btnWarningShadowNoneTextWhite {
    display: inline-block;
    width: 300px;
    max-width: 100%;
    padding: 20px 10px;
    box-shadow: 0 3px 6px rgba(0, 0, 0, .16);
    font-size: 18px;
    line-height: 1.5;
    text-align: center;
    text-decoration: none;
    transition:.25s;
}

/* 추가한 코드 */
.el_btnTheme,
.el_btnThemeShadowNone,
.el_btnThemeTextBlack,
.el_btnThemeShadowNoneTextBlack {
    background-color: #e25c00;
    color: #fff;
}
/* 추가한 코드 */
.el_btnThemeShadowNone {
    box-shadow: none;
}
```

```
CSS 계속
/* 추가한 코드 */
.el_btnThemeTextBlack {
  color: #222;
}
/* 추가한 코드 */
.el_btnThemeShadowNoneTextBlack {
  box-shadow: none;
  color: #222;
}
/* 추가한 코드 */
.el_btnWarning,
.el_btnWarningShadowNone,
.el_btnWarningTextWhite,
.el_btnWarningShadowNoneTextWhite {
  background-color: #f1de00;
```

```
  color: #222;
}
/* 추가한 코드 */
.el_btnWarningShadowNone {
  box-shadow: none;
}
/* 추가한 코드 */
.el_btnWarningTextWhite {
  color: #fff;
}
/* 추가한 코드 */
.el_btnWarningShadowNoneTextWhite {
  box-shadow: none;
  color: #fff;
}
```

이것만으로도 코드가 상당히 길어져 버렸습니다. 그룹 셀렉터가 오히려 역효과를 내는 느낌마저 듭니다. 결국 싱글 클래스 설계에서는 '기본 모듈에서 조금만 다른 파생 모듈을 만들고자 하는' 경우라 할지라도 반드시 CSS도 수정해서 전용 클래스를 새로 만들어야만 합니다. 낮은 유연성 때문이라도 최근의 CSS 설계에서는 다음에 설명하는 멀티 클래스 설계가 주류를 이룹니다.

## ■ 멀티 클래스 설계

앞에서의 원래 코드(두 종류 버튼만 있는 코드)를 멀티 클래스 설계로 바꿔 작성한 코드는 다음과 같습니다.[14]

```
HTML
<a class="el_btn hp_theme" href="#">기본 버튼</a>
<a class="el_btn hp_warning" href="#">색이 다른 버튼</a>
```

```
CSS
.el_btn {
  display: inline-block;
  width: 300px;
  max-width: 100%;
  padding: 20px 10px;
  box-shadow: 0 3px 6px rgba(0, 0, 0, .16);
  font-size: 18px;
  line-height: 1.5;
  text-align: center;
  text-decoration: none;
```

```
  transition: .25s;
}
.hp_theme {
  background-color: #e25c00;
  color: #fff;
}
.hp_warning {
  background-color: #f1de00;
  color: #222;
}
```

---

14 'hp_'는 'helper'의 약어로 범용적으로 사용하는 클래스를 의미하는 접두사입니다. 본래 CSS값에 !important를 붙입니다만, 여기에서는 설명이 복잡해지므로 붙이지 않습니다. 자세한 내용은 3장 PRECSS 절에서 설명합니다.

HTML 클래스 속성으로 여러 값을 설정했습니다. 양쪽에서 공통으로 사용하는 el_btn 클래스가 버튼 모듈의 베이스가 되며 hp_theme와 hp_warning 클래스를 각각 추가해 배경 색상을 설정합니다. 두 버튼의 베이스가 되는 el_btn 클래스는 싱글 클래스 설계에서 비대화를 회피하기 위해 공통 부분을 추출해 별도로 기술하는 방법과 비슷합니다. 사실 속성과 값은 완전히 동일합니다.

**싱글 클래스 설계에서 비대화를 회피하기 위해 고안한 코드**

```css
CSS
.el_btnTheme,
.el_btnWarning {
  display: inline-block;
  width: 300px;
  max-width: 100%;
  padding: 20px 10px;
  box-shadow: 0 3px 6px rgba(0, 0, 0, .16);
  font-size: 18px;
  line-height: 1.5;
  text-align: center;
  text-decoration: none;
  transition: .25s;
}
```

도리어 이 코드를 기본 클래스로 다시 분리하는 것이 멀티 클래스 설계의 기본 사고방식입니다. 게다가 멀티 클래스 설계의 경우 여러 클래스를 덧붙이면서 '덮어쓰기'라는 개념도 생기므로 **'주황색 배경 색상과 흰색 문자 색상을 버튼의 기본 클래스로 간주'**할 수도 있습니다. 이 경우, 주황색 버튼에 class="el_btn hp_theme"과 같이 여러 클래스를 사용했던 것을 class="el_btn" 하나로 정리할 수 있습니다. 그 결과 다음 코드와 같이 HTML의 클래스 및 CSS 셀렉터를 하나씩 줄일 수 있습니다.

```html
HTML
<a class="el_btn" href="#">기본 버튼</a>
<a class="el_btn hp_warning" href="#">색이 다른 버튼</a>
```

```css
CSS
.el_btn {
  display: inline-block;
  width: 300px;
  max-width: 100%;
  padding: 20px 10px;
  background-color: #e25c00; /* 베이스 클래스에 추가 */
  box-shadow: 0 3px 6px rgba(0, 0, 0, .16);
  color: #fff; /* 베이스 클래스에 추가 */
  font-size: 18px;
  line-height: 1.5;
  text-align: center;
  text-decoration: none;
  transition: .25s;
}
.hp_warning {
  background-color: #f1de00;
  color: #222;
}
```

멀티 클래스 설계에서도 앞의 싱글 클래스 설계와 마찬가지로 다음과 같은 요구 사항이 발생할 수 있습니다.

- 각 버튼의 박스 그림자가 없는 패턴
- 그림자는 있지만 문자 색상이 흑백 반전된 패턴
- 그림자가 없고 문자 색상도 반전된 패턴

이 경우에도 CSS는 단순한 상태를 유지한 채 구현할 수 있습니다.

```html
HTML                                      2-5-button-multi.html
<a class="el_btn" href="#">기본 버튼</a>
<a class="el_btn hp_bxshNone" href="#">기본 버튼(그림자 없음)</a>
<a class="el_btn hp_textBlack" href="#">기본 버튼(문자 검정색)</a>
<a class="el_btn hp_bxshNone hp_textBlack" href="#">기본 버튼(그림자 없음, 문자 검정
색)</a>
<a class="el_btn hp_warning" href="#">색이 다른 버튼</a>
<a class="el_btn hp_warning hp_bxshNone" href="#">색이 다른 버튼(그림자 없음)</a>
<a class="el_btn hp_warning hp_textWhite" href="#">색이 다른 버튼(문자 흰색)</a>
<a class="el_btn hp_warning hp_bxshNone hp_TextWhite" href="#">색이 다른 버튼(그림자 없음, 문
자 흰색)</a>
```

```css
CSS              2-5-button-multi.css          color: #222;
.el_btn {                                    }
  display: inline-block;
  width: 300px;                              /* 박스 그림자 삭제 */
  max-width: 100%;                           .hp_bxshNone {
  padding: 20px 10px;                          box-shadow: none;
  background-color: #e25c00;                 }
  box-shadow: 0 3px 6px rgba(0, 0, 0, .16);  /* 문자 색상을 검은색으로 */
  font-size: 18px;                           .hp_textBlack {
  line-height: 1.5;                            color: #222;
  text-align: center;                        }
  text-decoration: none;                     /* 문자 색상을 흰색으로 */
  transition: .25s;                          .hp_textWhite {
}                                              color: #fff;
.hp_warning {                                }
  background-color: #f1de00;
}
```

어떻습니까? 싱글 클래스 설계에서는 상당히 긴 코드를 추가했던 것에 비해, 멀티 클래스 설계에서는 극적으로 CSS 코드양을 줄일 수 있습니다. 하지만 HTML의 클래스에 여러 값이 붙어 있기 때문에 코드를 읽기 어려워진 것 또한 사실이므로 사람에 따라서는 복잡하게 느낄 수도 있습니다. 결국 이 부분에 관해서는 트레이드오프가 발생합니다.

- **싱글 클래스 설계** …… HTML은 간단하지만 CSS는 그만큼 복잡해진다.
- **멀티 클래스 설계** …… HTML은 복잡하지만 CSS는 그만큼 간단해진다.

하지만 멀티 클래스 설계에는 단순함 혹은 복잡성과는 다른 기능성이 있습니다. 앞의 예시에서 구현한 .hp_textBlack이라는 클래스는 문자 색상을 검은색으로 설정하는 간단하고 범용적인 클래스 역할을 합니다. 이는 버튼 이외의 대상에도 사용할 수 있기 때문에 다른 위치에서도 '이 부분의 문자 색상만 검은색으로 만들고 싶다', '이 부분의 문자 색상만 흰색으로 만들고 싶다'와 같은 불규칙한 상황에서도 HTML에 클래스를 하나 추가하는 것만으로 작업을 완료할 수 있습니다.[15]

또한 운용 및 유지 보수에 있어서도 부가적인 혜택이 있습니다. 예를 들어, 클라이언트가 '이 부분의 텍스트를 흰색으로 만들고 싶다'고 한 경우 CSS를 편집할 필요 없이 해당 부분의 HTML에 클래스를 추가하기만 하면 요구 사항을 만족시킬 수 있습니다.

웹 개발에 관해 잘 모르는 클라이언트에게 편집할 파일이 적다는 점은 큰 장점이며, 우리 개발자들에게 있어서도 클라이언트가 가급적 파일에 손을 대지 않는 것이 좋습니다. 멀티 클래스 설계는 그런 문제를 해결하는 데도 도움이 됩니다.

이 책에서 소개할 설계 기법은 다음과 같습니다.

- OOCSS
- SMACSS
- BEM
- PRECSS

이들은 모두 명명 방법이나 샘플, 규칙 정도의 차가 있기는 하나 기본적으로는 멀티 클래스 설계를 채용하고 있습니다.

## 모듈 리팩터링

싱글 클래스 설계와 멀티 클래스 설계에 관한 설명이 상당히 길어졌습니다. 이제 미디어 모듈로 돌아와 보겠습니다. 우선 이 절에서는 확장에 관한 것을 살펴볼 예정이므로 리팩터링이 아니라 코드를 추가합니다.

기존 클래스에 대해 무언가 변경을 추가해 덮어쓰기 위한 클래스를 '모디파이어(Modifier)'라고 부릅니다. 멀티 클래스 절에서 사용한 'hp_textBlack'이나 'mb20 (margin-bottom: 20px; 적용)' 등과 같이 주로 한 가지 속성[16]을 변경하기 위한 클래스를 '헬퍼 클래스(Helper Class)' 또는 '유틸리티 클래스(Utility Class)'라고 부릅니다.

---

**15** 물론 활용 시 주의가 필요합니다. 헬퍼 클래스만 붙어 있는 상태는 HTML의 style 속성에 직접 스타일링을 수행하던, 그 옛날의 CSS가 없던 시대의 대응과 비슷합니다.

**16** 때로 두 개나 세 개인 경우도 있습니다. 속성 숫자 자체보다는 '특정한 기능을 제공하거나 속성을 범용적으로 조정하기 위해 존재하는 것'을 헬퍼 클래스라고 볼 수 있습니다.

**사용자를 고려한 설계로 만족스러운 체험을**

웹사이트 설계는 제공하는 서비스나 퍼소나에 따라 달라집니다. 서비스와 퍼소나에 맞춘 설계를 통해 방문자에게 스트레스를 주지 않는 보다 나은 체험을 만들어 만족감을 높입니다.

우리는 고객의 사이트에 맞는 사용성을 고려하기 때문에 세심한 분석과 의견 청취를 실시함으로써, 만족을 체험할 수 있는 크리에이티브 및 테크놀로지를 설계하고 구현함으로써 지금까지는 없던 기대를 뛰어넘는 사용자 체험을 제공합니다.

퍼소나란?

자사 상품, 서비스의 이상적/상징적인 고객 이미지를 말합니다. 접근할 대상을 명확히 함으로써 효율적인 마케팅을 수행할 수 있습니다.

**그림 2-18 모듈을 좌우 반전한 상태**

절 초반에 확장하기 쉬운 관점으로서 '확장용으로서 작성하는 클래스는 기능, 역할에 따라 적절한 상세도와 영향 범위를 갖는다'고 설명했습니다. 먼저 적절하지 않은 패턴부터 소개합니다.

좌우 반전을 할 때는 다음 세 가지를 수행해야 합니다.

- 이미지와 텍스트 블록 치환
- 이미지와 텍스트 블록 사이의 여백 설정(원모듈은 이미지에 `margin-right`를 설정했으므로, 아무 조정도 하지 않으면 이미지와 텍스트 블록이 달라붙어 버림)
- 텍스트를 오른쪽 정렬로 변경

CSS에서 필요한 코드는 각각 다음과 같습니다.

```css
.bl_media {
  display: flex;
  align-items: center;
  font-size: 16px;
  line-height: 1.5;
  /* 다음 행을 추가하고 싶음 */
  flex-direction: row-reverse;
  text-align: right;
}
.bl_media_imageWrapper {
  flex: 1 1 25%;
  margin-right: 3.33333%;
  /* 다음 행으로 덮어쓰고 싶음 */
  margin-right: 0;
}
.bl_media_body {
  flex: 1 1 68.33333%;
  /* 다음 행을 추가하고 싶음 */
  margin-right:3.33333%;
}
```

위 코드를 그대로 사용하면 원래 이미지가 왼쪽 패턴에도 영향을 미치기 때문에, 좌우 반전을 시키고 싶다면 셀렉터를 분리해야 합니다. 조정할 셀렉터는 세 개이므로 각각에 대해 모디파이어를 만들어 봅니다. 자세한 내용은 3장에서 설명합니다만, PRECSS 모디파이어 작성 규칙은 '{원래 클래스 이름}__{모디파이어 이름}'이며 rev는 'reverse(반대)'의 약자입니다.

```
HTML
<div class="bl_media bl_media__rev">
  <figure class="bl_media_imageWrapper bl_media_imageWrapper__rev">
    (생략)
  </figure>
  <div class="bl_media_body bl_media_body__rev">
    (생략)
  </div>
</div>
```

계속해서 이번에 만든 세 개의 모디파이어에 대해 CSS로 스타일링을 합니다.[17]

```
CSS
/* .bl_media 스타일링에 이후 다음 코드 추가
*/
.bl_media__rev {
  flex-direction: row-reverse;
  text-align: right;
}
```

```
.bl_media_imageWrapper__rev {
  margin-right: 0;
}
.bl_media_body__rev {
  margin-right: 3.33333%;
}
```

이것으로 우선 모듈을 좌우로 반전시키는 목적을 달성할 수 있습니다. 또다시 반복하는 설명이지만 이 모디파이어의 상세도는 적절하지 않습니다. 왜냐하면 좌우 반전을 구현하기 위해세 개의 모디파이어를 HTML 측에 추가해야 하기 때문입니다.

이 세 개의 모디파이어를 각각 별도로 사용하는 것도 고려한다면 지금처럼 구현해도 문제가없습니다. 하지만 여기에서의 좌우 반전은 그렇지 않고 반드시 세 개를 한 세트로 사용해야만합니다. 또한 세 개로 나눠져 있는 경우에는 구현 시 하나라도 누락되는 사태가 발생할 수 있습니다. 여러분뿐만 아니라 다른 엔지니어도 수정하는 웹사이트라면 더욱 그렇습니다. 이 상태를 개선하기 위해서는 모디파이어를 하나로 묶는 것이 좋습니다.

HTML, CSS 모두 다음과 같이 수정합니다.

---

17 PRECSS의 본래 모디파이어 규칙에 따르면 상세도를 더 높여야 하지만, 설명이 복잡해지기 때문에 여기에서는 상세도를 높이지 않습니다.

```
HTML
<div class="bl_media bl_media__rev">
  <figure class="bl_media_imageWrapper">
    (생략)
  </figure>
  <div class="bl_media_body">
    (생략)
  </div>
</div>
```

```
CSS
/* .bl_media 스타일링에 이후 다음 코드 추가 */
.bl_media__rev {
  flex-direction: row-reverse;
  text-align: right;
}
.bl_media__rev .bl_media_imageWrapper {
  margin-right: 0;
}
.bl_media__rev .bl_media_body {
  margin-right: 3.33333%;
}
```

이와 같이 모디파이어를 붙이는 위치를 모듈 루트 요소와 묶어 CSS 측에서 손자 셀렉터를 사용함으로써, 좌우 반전을 시키고 싶은 부분은 루트 요소에 클래스 하나를 붙이는 것만으로 작업을 완료할 수 있습니다. 또한 이 방법은 데이터에서 '.bl_media__rev' 문자열을 검색하면, 좌우 반전에 관련된 코드가 모두 검색 결과에 표시되는 장점도 있습니다.

이처럼 '모디파이어를 붙이는 위치(작성하는 모디파이어 수)는 변경을 추가하는 요소의 숫자와 일치시키는 것이 아니라, 제공할 기능(또는 역할)마다 하나씩 만든다'는 것이 모디파이어의 상세도 및 영향 범위를 적절히 유지하는 포인트입니다.

또 한 가지 예로 그림 2-19와 같이 이미지에 테두리 선을 그리는 확장 패턴의 구현을 생각해 봅니다.

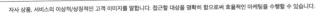

**그림 2-19 이미지에 테두리 선을 설정한 확장 패턴**

이 예시에서는 방금 전까지와는 방법이 완전히 바뀌어 루트 요소에 모디파이어를 붙이는 방법은 권장하지 않습니다.

```
HTML
<div class="bl_media bl_media__imageBordered">
  <figure class="bl_media_imageWrapper">
    (생략)
  </figure>
  (생략)
</div>
```

'이미지에 테두리 선을 붙이고 싶은' 경우 변경 대상이 되는 요소는 이미지뿐입니다. 그런데 루트 요소에 모디파이어를 붙이면 '이미지의 다른 자녀 요소를 모디파이어로 변경할 것 같은' 사실과 다른 예상을 할 수 있게 됩니다. 따라서 이 경우에는 변경 대상이 되는 자녀 요소에 직접 모디파이어를 붙이는 것이 바람직합니다. 이것으로 모디파이어를 HTML에서 추가한 경우의 영향 범위도 예상하기 쉬워집니다.

```html
HTML
<div class="bl_media">
  <figure class="bl_media_imageWrapper bl_media_imageWrapper__bordered">
    (생략)
  </figure>
  (생략)
</div>
```

```css
CSS
.bl_media_imageWrapper__bordered {
  padding: 2px;
  border: 1px solid #aaa;
}
```

위와 같이 '쉬운 확장성'을 보장하기 위해서는 멀티 클래스라는 점을 전제로 하고, 모디파이어를 만들 때도 상세도와 영향 범위를 확실하게 고려해 다음과 같은 상태를 구현하는 것이 이상적이라고 말할 수 있습니다.

- 모디파이어 이름에서 영향 범위(여러 요소를 변경하는지, 한 요소만 변경하는지)를 예측할 수 있다.
- 하나의 모디파이어는 하나의 기능(또는 역할, 변경)과 과하거나 부족함이 없이 연결되어 있다.

## 너무 많은 모디파이어는 때로 혼란을 부른다

지금까지 기본적으로 효율적이라 설명했던 멀티 클래스 설계 역시 마냥 좋아만 할 수 없는 부분도 당연히 존재합니다. 예를 들어, 한 모듈에 대해 모디파이어를 10개 혹은 20개나 만드는 경우 어떤 모디파이어가 어떤 움직임을 하는지 파악하기 어려워 도리어 혼란을 야기하기도 합니다. 그런 경우에는 다음 방법을 사용해 모디파이어 수를 줄이는 것을 검토해 보시기 바랍니다.

- 단순한 덮어쓰기의 경우에는 헬퍼 클래스를 대신 사용할 수 있는지 검토한다.
- 모디파이어를 여러 개 붙인 것을 많이 사용하는 경우에는 새로운 모듈을 만들어 모디파이어들을 덮어쓴다.

이상으로 'CSS 설계 실전과 여덟 가지 포인트'에 관해 긴 내용을 다루었습니다. 여기에서 소개한 여덟 가지 포인트는 결국 각 항목이 완전히 독립된 것이 아니라, 서로 조금씩 연관이 되어 있습니다.

하지만 모든 것을 한 번에 복합적으로 고려하려고 하면 'CSS는 어렵다', 'CSS는 고려할 것이 많아 머리가 복잡하다'와 같은 늪에 빠질 수도 있습니다. 가급적 다른 포인트와의 관계를 의식하지 말고 우선 각각의 포인트에 대해 '왜 이렇게 작성하는 것이 좋은가?'라는 점을 확실히 짚고 넘어가면 될 것입니다.

3장에서 소개할 다양한 설계 기법에 관해서도, 결국 여기에서 설명한 여덟 가지 중 어딘가에 반드시 해당하는 규칙이 형태만 조금씩 바뀌어 등장할 뿐이므로, 지금 모든 것을 완벽하게 이해하지 않아도 괜찮습니다. 이 책을 읽어 가다가 어려운 부분이 있다면 기억을 되새기기 위해 이 장으로 돌아와서 확인하시기 바랍니다. 이 여덟 가지 포인트에서 말하고자 하는 바를 납득할 수 있다면 여러분은 이미 CSS 설계의 비법을 몸에 익힌 것입니다!

# 모듈의 상세도를 고려한다

## 다시 한번 모듈이란

모듈이 무엇인지 다시 한번 정의해 보면 스타일이나 상세도(크기, 단위) 등 웹사이트에 따라 매우 다양하지만 공통적인 것은 '재사용을 전제로 하는 한 덩어리의 단위'라는 것입니다. 이 모듈이라는 개념이 있기에 같은 코드를 여러 차례 작성하지 않고 효율적으로 웹 개발을 할 수 있습니다.

## 모듈의 상세도 불균일함으로 인해 일어나는 문제

모듈을 확실하게 정의하고 운용하면 웹 개발에 극적인 효과를 가져다줍니다. 그러나 이를 누리기 위해서는 상세도의 문제를 넘어야 합니다. 대부분의 사람들은 공통적으로 '웹사이트 안에서 반복해 등장하는 스타일은 가능한 재사용하고 싶다'고 생각합니다. 하지만 '한 모듈의 범위를 어디까지로 볼 것인가'에 관한 생각은 서로 상당히 다릅니다. 그림 2-20과 같은 미디어 모듈의 경우를 생각해 봅니다.

그림 2-20 복합적인 모듈의 예시

두 명의 프로그래머(A와 B)가 있다고 가정해 봅니다. A는 '이것은 하나의 모듈로 이루어진 것이다'라고 생각합니다. 상세도는 당연히 그림 2-21과 같습니다.

그림 2-21 **A가 생각하는 모듈의 상세도**

한편 B는 '미디어 모듈 안에 버튼이 있다. 그러므로 이것은 두 개의 모듈이다'라고 생각했습니다. 이 경우 모듈의 상세도는 그림 2-22와 같이 두 개의 모듈로 구성됩니다. 버튼(여기에서는 임의로 `.el_btn`이라고 합니다)이 `.bl_halfMedia` 안에 삽입되어 있다는 관점입니다. `.el_btn`은 어디까지나 독립된 모듈이므로 `.bl_halfMedia`와 관계없는 위치에서도 자유롭게 사용할 수 있습니다.

그림 2-22 **B가 생각하는 모듈의 상세도**

이처럼 상세도에 관한 인식에 차이가 있으면 한 클래스의 크기, 다시 말해 코드의 구현 방법에도 차이가 생깁니다. 한 프로젝트 안에서 상세도에 관한 여러 가지 인식이 존재한다면 분명 코드 품질이 떨어지고 혼란도 발생하므로 바람직하지 않습니다.

또한 이 인식의 차이는 웹사이트를 실제로 표시하는 것과도 관계가 있습니다. 예를 들어, 이미 버튼을 독립적으로 구현한 상태에서 A가 나중에 합류했다고 가정해 봅니다. 이후 '버튼 색상을 파란색으로 바꾸고' 싶을 경우, 모듈 상세도에 대한 인식이 일치한 상태라면 `.el_btn` 클래스만 변경하면 수월하게 작업을 완료할 수 있습니다. 하지만 인식이 다른 A는 이미지, 텍스트, 버튼을 포함한 한 세트의 모듈을 만들어 .bl_halfMedia를 직접 구현하게 되므로, .el_btn을 파란색으로 변경하더라도 .bl_halfMedia의 버튼은 파란색으로 변경되지 않습니다. 이를 깨닫지 못하면 '버튼 색상이 분명 파란색으로 바뀌어야 하는데 그대로 주황색을 유지하고 있는' 문제가 일어나게 되는 것입니다.

코딩 작업을 한 사람이 수행하는 경우에는 이런 문제를 고려할 필요가 없지만, 여러 엔지니어와 함께 프로젝트를 진행하는 경우에는 '무엇이 모듈이 되는가', '어디까지의 상세도를 하나의 모듈에 담을까'에 관해 서로 확실히 합의함으로써 인식을 맞추는 것이 좋습니다.

## 모듈 상세도에 관한 지침

앞에서의 내용을 바탕으로 모듈 상세도에 관한 지침을 소개합니다만, '이 방법이 절대적으로 옳다'는 것은 아님을 먼저 알아주시기 바랍니다. 프로젝트의 성격에 따라 모듈의 상세도를 최적화하는 방법도 각각 다릅니다. 하지만 필자의 경험에 따르면 최소한 다음과 같은 두 가지 단위를 강하게 의식할 것을 권장합니다.

- **최소 모듈** ······ 버튼이나 라벨, 타이틀 등 간단한 요소(5장에서 설명)
- **복합 모듈** ······ 몇 가지 요소를 포함한 한 덩어리로서의 요소(6장에서 설명)

이 두 가지는 1장에서 소개한 아토믹 디자인과도 통하는 바가 있습니다. 최소 모듈은 아토믹 디자인의 원자(Atoms), 복합 모듈은 분자(Molucules)나 유기체(Organisms)에 해당한다고 할 수 있습니다. 예를 들어, 그림 2-23의 미디어 모듈은 '간단한 하나의 복합 모듈'이 아니라 B의 인식처럼 '복합 모듈 안에 최소 모듈이 삽입되어 있는 상태'로 볼 수 있습니다.

복합 모듈

그림 2-23 **최소 모듈이 복합 모듈 안에 삽입된 미디어 모듈**

이와 같이 버튼을 최소 모듈로 독립시켜 생각하면, 미디어 모듈 바깥에서도 버튼을 사용할 수 있도록 CSS를 설계할 수 있는 길이 보입니다. 이 최소 모듈과 복합 모듈의 구별 및 조합에 관해서는 5장과 7장에서 설명합니다.

또한 모듈을 사용한 디자인에서 자주 보이는 것이 칼럼을 만드는 패턴입니다. 칼럼을 만드는 경우에는 반복해서 나타나는 모듈과, 칼럼을 만들기 위한 모듈을 별도로 구현하는 것이 가장 바람직하다고 생각합니다(그림 2-24).

칼럼을 만드는 모듈

독립된 하나의 모듈

그림 2-24 **카드 모듈이 칼럼을 만드는 경우의 모듈의 상세도**

이 경우의 코드에 관해서는 6장 카드 모듈 절에서 설명합니다.

간혹 CSS 설계 기법에 따라서는 모듈 상세도를 규칙으로 명확하게 규정하기도(PRECSS 등) 합니다. 해당 경우에는 가능한 설계 기법의 규칙에 따라야 할 것입니다. 설계 기법은 사람에 따른 차이를 가능한 없애기 위해 존재하므로 자신의 마음대로 수정하는 것은 권장하지 않습니다. 부득이 수정을 해야만 하는 경우에는 반드시 문서로 남겨 둡니다.

# CSS 설계의 필요성

지금까지 모듈의 상세도에 관한 내용과 CSS 설계의 여덟 가지 포인트를 소개했는데, '한층 코드를 복잡하게 만드는 것뿐 아닌가?'라고 고개를 갸우뚱할 수도 있습니다. 결국 CSS 설계의 필요 여부는 프로젝트의 특성에 달려 있습니다. 예를 들어, 일주일 동안만 공개하는 1페이지짜리와 같은 캠페인 페이지의 경우에는 극단적인 이야기지만 CSS 설계가 필요 없습니다.

하지만 페이지 수가 백여 페이지에 이르는 중간 규모 이상의 안건에 관해서는 'CSS 설계를 지나칠 정도로 꼼꼼하게 해야 한다' 정도로 각인하는 것이 좋습니다. 이 정도 규모가 되면 반드시 모듈에서 고려하지 않았던 방식으로 사용하는 일도 벌어지기 시작하기 때문에 기능을 적절하게 분리해 두는 것이 대단히 좋습니다.

CSS 설계에 관해 다음과 같이 확실히 말할 수 있습니다.

- 작은 규모의 사이트를 고려한 코드를 중간 규모 이상의 프로젝트에 그대로 적용해서는 안 된다(반드시 파탄이 난다).
- 중간 규모 이상의 사이트를 고려해 CSS를 설계한 코드를 작은 규모의 프로젝트에 그대로 적용할 수는 있다.
- 갑자기 중간 규모의 사이트에서 CSS 설계를 적용하려 해도 곧바로는 잘 되지 않는다.

언젠가는 반드시 올 그날을 위해, 규모가 작은 프로젝트부터라도 중간 규모 이상의 웹사이트를 의식해 CSS 설계를 연습해 두시기 바랍니다. 물론 처음에는 어렵게 느껴지겠지만 익숙해지면 시야가 넓어지고 이제까지와는 전혀 다른 상세도의 디자인 구성이 가능해질 것입니다. 무엇보다 여러분이 의도한 대로 설계할 수 있고 갑작스러운 변경에도 견딜 수 있는 웹사이트를 만들었을 때의 기쁨은 남다를 것입니다! CSS 설계도 결국은 작은 일의 반복입니다. 한 번에 되지 않더라도 초조해하지 말고 서서히 익혀 가시기 바랍니다.

CHAPTER

# 3

# 다양한
# 설계 기법

앞 장에서 설명한 CSS 설계 포인트와 함께
이번 장에서는 실제 현장에서 사용하고 있는
OOCSS, SMACSS, BEM, PRECSS에 관해 설명합니다.

이번 장에서는 웹 업계에서 실제 사용하고 있는 여러 CSS 설계 기법을 소개하고 설명합니다. 한데 각 설계 기법에 대해 공식 문서에 실려 있는 모든 사항을 설명하려면 그 분량이 너무 방대해집니다. 그러므로 이 책에서는 각 설계 기법에서의 중요한 사고방식만 골라내서 설명합니다. 특히, 빌드 환경이나 CSS 전처리기에 관해서는 다루지 않으므로[1] 실제 프로젝트에 도입하기 위해 보다 상세한 정보를 알고 싶은 분은 반드시 공식 문서도 함께 읽어 주시기 바랍니다.

이번 장에서 제시하는 예시 코드는 쉽게 설명하는 것을 우선하고 있으므로 다음의 처리를 적용하였습니다.

- 주제와 관련 없는 코드는 생략
- 알기 쉬운 값을 예시에 사용

더불어 각 절의 내용을 설명하면서 2장의 'CSS 설계 실전과 여덟 가지 포인트'에서 소개한 것과 관련 있는 내용은 절 제목 바로 아래에 '연관 포인트'라고 표기합니다. 특히, 2장과 거의 동일한 형태의 문제를 다루는 경우에는 끝에 '★'를 붙였습니다. 예를 들어, 다음과 같이 표기합니다.

**연관 포인트** ├─ 8. 확장하기 쉽다(★)

위처럼 표시된 경우에는 2장의 설명을 다시 한번 읽어 보면 보다 깊이 이해할 수 있을 것입니다.

**연관 포인트** ├─ 8. 확장하기 쉽다

위와 같이 ★가 붙어 있지 않으면 2장에서는 설명하지 않았지만, '확장하기 쉽다'는 사고방식과 통하는 부분이 있다는 것을 의미합니다.

---

1 Sass 등 CSS 전처리기 등은 더욱 강력한 CSS 설계를 도와주지만, CSS 설계 자체와는 또 다른 지식이 필요하기 때문에 9장에서 개요만 간단히 다룹니다.

**OOCSS**

1장과 2장에서도 잠깐 이름이 등장했던 OOCSS[2]는 Object Oriented CSS(객체 지향 CSS)의 약어로 니콜 설리번(Nicole Sullivan)이 제창했습니다.

- 레고(Lego)처럼 자유로운 조합이 가능한 모듈의 집합을 만든다.
- 그 모듈을 조합해 페이지를 만든다.
- 그리하여 신규 페이지를 만드는 경우에도 기본적으로 추가로 CSS를 만들 필요가 없다.

위와 같은 발상으로 제창된 OOCSS는 다른 CSS 설계 기법에도 조금씩 영향을 주었습니다. 이 레고와 같은 모듈을 구현하기 위한 구체적인 수법으로 다음 두 가지 원칙을 들 수 있습니다.

- 스트럭처(구조)와 스킨(화면) 분리
- 컨테이너와 콘텐츠 분리

## 스트럭처와 스킨 분리[3]

**연관 포인트** ᅥ 8. 확장하기 쉽다(★)

'스트럭처와 스킨 분리'에 관해서는 2장에서 소개한 CSS 설계의 여덟 가지 포인트 중 '8. 확장하기 쉽다'에서 설명한 싱글 클래스 설계와 멀티 클래스 설계가 매우 유사합니다. 그림 3-1과 같은 두 종류의 버튼이 있다고 가정해 봅니다.

**그림 3-1** 색이 다른 두 종류의 버튼

특별한 고민 없이 별도 클래스로 구현하면 코드는 다음과 같습니다.

```html
HTML                                                3-2-button.html
<main id="main">
  <button class="btn-general">기본 버튼</button>
  <button class="btn-warning">취소 버튼</button>
</main>
```

---

2  http://oocss.org/, https://www.slideshare.net/stubbornella/object-oriented-css/
3  스트럭처와 스킨의 분리에 관한 설명은 2장의 '싱글 클래스와 멀티 클래스'와 매우 유사합니다.

```
CSS                              3-2-button.css
#main .btn-general {             #main .btn-warning {
  display: inline-block;           display: inline-block;
  width: 300px;                    width: 300px;
  max-width: 100%;                 max-width: 100%;
  padding: 20px 10px;              padding: 20px 10px;
  background-color: #e25c00; ──❶   background-color: #f1de00; ──❶
  box-shadow: 0 3px 6px rgba(0, 0, 0, .16);   box-shadow: 0 3px 6px rgba(0, 0, 0, .16);
  color: #fff; ──❷                 color: #222; ──❷
  font-size: 18px;                 font-size: 18px;
  line-height: 1.5;                line-height: 1.5;
  text-align: center;              text-align: center;
}                                }
```

❶, ❷ 이외의 코드는 동일합니다. 버튼 구성을 보면 '버튼은 구조(가로 길이나 높이 등)와 형태(박스의 그림자나 배경 색상, 문자 색상 등)를 조합해서 만들어진다'고 생각하는 것이 '스트럭처와 스킨을 분리'하는 사고방식입니다('구조'가 스트럭처, '형태'가 스킨에 해당).

스트럭처에 해당하는 속성은 크게 다음과 같습니다.

- width
- height
- padding
- margin

스킨에 해당하는 속성은 크게 다음과 같습니다.

- color
- font
- background
- box-shadow
- text-shadow

위와 같이 구분할 수 있지만 OOCSS에서는 명확하게 결정되어 있는 것은 아닙니다. 이 부분은 너무 이론에 얽매이지 말고 경우에 따라 적절하게 분류하는 방법을 사용해도 무방합니다. 앞의 코드를 기준으로 말하면 공통된 부분은 스트럭처, 공통되지 않은 부분을 스킨이라고 하면 괜찮을 것입니다. '스트럭처와 스킨 분리'에 따라 수정한 코드는 다음과 같습니다.

```
HTML                                                            3-2-button-2.html
<main id="main">
  <button class="btn general">기본 버튼</button>
  <button class="btn warning">취소 버튼</button>
</main>
```

```
CSS                       3-2-button-2.css      /* 스킨 */
/* 스트럭처 */                                    #main .general {
#main .btn {                                       background-color: #e25c00;
  display:inline-block;                            color: #fff;
  width: 300px;                                   }
  max-width: 100%;                                #main .warning {
  padding: 20px 10px;                              background-color: #f1de00;
  box-shadow: 0 3px 6px rgba(0, 0, 0, .16);        color: #222;
  font-size: 18px;                                }
  line-height: 1.5;
  text-align: center;
}
```

이제 다른 색상의 버튼을 추가하더라도 단지 몇 줄의 코드를 삽입하는 것만으로 즉시 구현할
수 있습니다!

## 컨테이너와 콘텐츠 분리

연관
포인트 ├─┤ 4. 특정한 콘텍스트에 지나치게 의존하지 않는다(★)

이번에는 컨테이너와 콘텐츠 분리에 관해 알아봅니다. 컨테이너는 대략 '영역', 콘텐츠는 바로
앞절에서 본 '버튼' 모듈을 생각하면 됩니다. 예를 들어, 바로 앞의 예시에서는 버튼 모듈은 id
속성에 'main'이 지정된 main 요소 안에 포함되어 있습니다.

```
HTML
<main id="main">
  <button class="btn general">기본 버튼</button>
  <button class="btn warning">취소 버튼</button>
</main>
```

```
CSS
/* 스트럭처 */
#main .btn {
  display:inline-block;
  width: 300px;
  max-width: 100%;
  padding: 20px 10px;
  box-shadow: 0 3px 6px rgba(0, 0, 0, .16);
  font-size: 18px;
  line-height: 1.5;
  text-align: center;
}
```

```
/* 스킨 */
#main .general {
  background-color: #e25c00;
  color: #fff;
}
#main .warning {
  background-color: #f1de00;
  color: #222;
}
```

하지만 이 상태에서는 버튼을 main 밖에서 사용하려 해도 그럴 수 없습니다. 이 문제에 대한 해결 방법은 매우 간단합니다. 버튼 모듈을 main 밖에서도 동작하도록 CSS 셀렉터를 수정합니다. 컨테이너와 콘텐츠의 분리라는 것은 다시 말해 '모듈을 가능한 특정한 영역에 의존하지 않도록 한다'는 지침을 의미합니다.

```
HTML                                          3-2-button-3.html
<main id="main">
  <button class="btn general">기본 버튼</button>
  <button class="btn general">취소 버튼</button>
</main>

<!-- main에 의존하지 않으므로, 푸터에도 같은 형태의 버튼을 사용할 수 있음 -->
<footer>
  <button class="btn general">기본 버튼</button>
</footer>
```

```
CSS              3-2-button-3.css
/* 스트럭처 */
.btn { /* #main의 ID 셀렉터를 삭제함 */
  display:inline-block;
  width: 300px;
  max-width: 100%;
  padding: 20px 10px;
  box-shadow: 0 3px 6px rgba(0, 0, 0, .16);
  font-size: 18px;
  line-height: 1.5;
  text-align: center;
}
```

```
/* 스킨 */
.general { /* main의 ID 셀렉터를 삭제함 */
  background-color: #e25c00;
  color: #fff;
}
.warning { /* main의 ID 셀렉터를 삭제함 */
  background-color: #f1de00;
  color: #222;
}
```

## OOCSS 정리

지금까지 OOCSS의 대원칙인 두 가지 사고방식에 관해 설명했습니다. OOCSS의 역사는 매우 길며 명확하게 규칙이라고 불리는 것도 많지 않습니다(공식 사이트를 보면 알 수 있지만 설명도 매우 간략합니다). 사실 이제부터 설명할 CSS 설계 기법들은 기본적으로 크건 작건 OOCSS를 참조하면서 개선을 한 것입니다. 오늘날 OOCSS 한 가지만으로 실질적인 CSS 설계를 수행하는 것은 그다지 현실적이지 않습니다.

그러나 10년 전 제창한 사고방식이 다른 CSS 설계 기법에 녹아들어, 지금까지도 사용되는 것을 생각하면 OOCSS가 표방했던 사고는 CSS 설계에 있어 '하나의 진리'라고 해도 과언이 아니라고 생각합니다. OOCSS는 CSS 설계의 기초 중의 기초이므로 이 내용들을 꼭 기억해 두시기 바랍니다.

**SMACSS**

SMACSS(스맥스)[4]는 Scalable and Modular Architecture for CSS(CSS를 위한 확장 가능한 모듈 아키텍처)의 약어로 조나단 스눅(Jonathan Snook)이 제창했습니다. CSS 코드를 그 역할에 따라 분류한 것이 특징으로 다음 다섯 가지 분류에 따라 각각 규칙을 설정하고 있습니다.

1. 베이스(Base)
2. 레이아웃(Layout)
3. 모듈(Module)
4. 스테이트(State)
5. 테마(Theme)

OOCSS에서 말한 범위는 SMACSS의 '모듈'과 거의 비슷합니다. OOCSS가 거의 모듈만 언급했던 것에 비해 SMACSS는 보다 폭넓고 실제로 웹사이트를 구축하는 데 있어 빼놓을 수 없는 베이스나 레이아웃 코드를 다루는 방법까지 설명하고 있습니다.

## 베이스 규칙

 1. 특성에 따라 CSS를 분류한다(★)

베이스 규칙에서는 프로젝트의 표준 스타일을 정의합니다. 베이스 규칙에서 사용하는 셀렉터는 주로 요소형 셀렉터(body {})이지만 그 외에 다음 셀렉터도 사용합니다.

- 자녀 셀렉터(a > img {} 등)
- 손자 셀렉터(ul li {} 등)
- 의사 클래스(a:hover {} 등)
- 속성 셀렉터(a[href] {} 등)
- 인접 형제 셀렉터(h2 + p {} 등)
- 일반 형제 셀렉터(h2 ~ p {} 등)

그러나 기본 규칙을 너무 많이 정의해 놓으면 영향 범위가 넓어져 CSS 설계 포인트 중 '3. 영향 범위를 지나치게 넓히지 않는다'를 위반하게 되므로 주의합니다. 또한 '프로젝트 내에서 각 요소가 표준으로 어떻게 동작하는가'를 정의하기 위한 규칙이기 때문에, **특정한 상황에서의 사**

---

4  http://smacss.com/

용을 가정하는 **ID 셀렉터나 클래스 셀렉터에는 사용할 수 없습니다.** 같은 이유로 기본 규칙에서는 !important도 사용하지 않습니다.

코드는 대체로 다음과 같습니다.

```css
/* 요소형 셀렉터 예시 */
body {
  background-color: #fff;
}
/* 자녀 셀렉터 예시 */
a > img {
  transition: .25s;
}
```

```
/* 손자 셀렉터 예시 */
ul li {
  margin-bottom: 10px;
}
/* 의사 클래스 예시 */
a:hover {
  text-decoration: underline;
}
```

SMACSS에서는 리셋 CSS도 베이스 규칙으로 포함합니다. 2장에서 소개한 웹에 공개되어 있는 기존의 리셋 CSS를 사용하는 경우에는 그만큼 코드가 길어질 것입니다.[5] 또한 규칙이라 할 수는 없지만 SMACSS에서는 보디(Body)의 배경 색상을 기본 규칙으로 설정하는 것을 강하게 권장합니다. 이는 웹사이트를 보는 사용자가 브라우저 기능을 사용해 배경색을 독자적으로 지정한 경우, 색상에 따라 웹사이트가 정상적으로 보이지 않을 가능성이 있기 때문입니다.[6]

## 레이아웃 규칙

**연관
포인트** 1. 특성에 따라 CSS를 분류한다(★)

레이아웃 규칙은 헤더나 메인 영역, 사이드 바, 푸터 등 웹사이트의 큰 틀을 구성하는 큰 모듈에 관한 규칙입니다. 레이아웃을 구성하는 것의 대부분은 특정 페이지에서 한 차례만 사용되는 것이 많으므로, ID 셀렉터를 활용한 스타일링을 허용합니다. 레이아웃과 관련해서 반복적으로 사용하는 모듈의 경우에는 클래스 셀렉터를 이용합니다.

다음 코드는 레이아웃 규칙 예시입니다.

---

5  조나단 스눅은 하드 리셋 계열 CSS를 사용함에 따라 브라우저가 해석해야 할 코드의 양이 결과적으로 증가하는 것을 걱정하고 있으며 '결점까지도 포함해 정확하게 이해하고 사용해야 한다'고 말하고 있습니다.

6  사용자가 정의한 CSS와 우리들 웹사이트 개발자가 정의한 CSS의 우선순위 규칙에 관해서는 2장 'CSS 기본 상세도와 셀렉터' 절의 '캐스케이딩 기초'에서 설명한 '중요도'를 참고하기 바랍니다.

```
CSS                    3-3-layout-rule.css
/* ID 셀렉터 예시*/
#header {
  width: 1080px;
  margin-right: auto;
  margin-left: auto;
  background-color: #fff;
}
#main {
  width: 1080px;
  margin-right: auto;
  margin-left: auto;
  background-color: #fff;
}
```

```
#footer {
  width: 1080px;
  margin-right: auto;
  margin-left: auto;
  background-color: #eee;
}

/* 클래스 셀렉터 예시 */
.section {
  padding-top: 80px;
  padding-bottom: 80px;
}
```

## 특정한 상황에서 레이아웃이 변경되는 경우

예를 들어, '특정한 페이지에서는 가로 폭을 좁히고 싶은' 경우에는 손자 셀렉터를 이용해 레이아웃 모듈의 스타일을 덮어쓸 수 있습니다. 다음 코드에서는 body 요소에 .l-narrow 클래스를 붙여서 손자 셀렉터를 사용해 헤더, 메인 영역, 푸터의 가로 폭을 좁혔습니다.

```
CSS                    3-3-layout-rule-2.css
.l-narrow #header {
  width: 960px;
}
.l-narrow #main {
  width: 960px;
```

```
}
.l-narrow #footer {
  width:960px;
}
```

이 코드에서 주목할 부분은 .l-narrow에서 접두사 'l-'이 붙어 있다는 점입니다. 레이아웃 규칙에서 클래스 셀렉터를 사용할 때는 'l-'[7]이라는 접두사를 붙이는 것을 권장합니다. 이는 뒤에서 설명할 모듈 규칙이나 스테이트(State) 규칙에 해당하는 모듈과 쉽게 구분할 수 있게 하기 위한 조치입니다. 그런 관점에서 보자면 앞에서의 .section이라는 클래스 이름 역시 SMACSS에서는 .l-section이라는 이름으로 바꾸는 것이 바람직합니다.

```
CSS                    3-3-layout-rule-3.css
/* 클래스 셀렉터 예시 */
.section {
  padding-top: 80px;
  padding-bottom: 80px;
}
```

```
↓
.l-section {
  padding-top: 80px;
  padding-bottom: 80px;
}
```

주의할 것은 이 접두사는 클래스 셀렉터뿐만 아니라 ID 셀렉터에서도 사용할 수 있다는 것입

---

7   SMACSS 문서에는 명확하게 규정하지는 않으나 'l'은 'layout'의 약자라고 생각해도 큰 문제가 없습니다.

니다. 하지만 ID 셀렉터는 레이아웃 규칙에서만 사용되며 한 페이지 안에서의 사용 빈도도 그리 높지 않으므로 접두사를 붙이지 않아도 충분히 구분할 수 있을 것입니다. SMACSS에서는 이 부분의 규칙이 엄격하지 않기 때문에 어떤 방법을 사용하는 것이 좋을지 고민스러울 것입니다. 필자의 경우에는 모든 클래스 셀렉터에 통일하는 것이 알기 쉽기 때문에 이 규칙을 선호합니다(클래스 셀렉터를 사용하므로 반드시 l- 접두사를 붙입니다).[8]

ID 셀렉터를 클래스 셀렉터로 변환한 경우의 CSS의 예시입니다.

```
CSS                          3-3-layout-rule-4.css
.l-header {                           }
  width: 1080px;              .l-section {
  margin-right: auto;           padding-top: 80px;
  margin-left: auto;            padding-bottom: 80px;
  background-color:#fff;      }
}
.l-main {                     /* 가로 폭이 좁아지는 경우 */
  width: 1080px;              .l-narrow .l-header {
  margin-right: auto;           width: 960px;
  margin-left: auto;          }
  background-color: #fff;     .l-narrow .l-main {
}                               width: 960px;
.l-footer {                   }
  width: 1080px;              .l-narrow .l-footer {
  margin-right: auto;           width: 960px;
  margin-left: auto;          }
  background-color: #eee;
}
```

## 모듈 규칙

모듈 규칙에 해당하는 모듈이란, 앞에서 설명한 레이아웃 모듈 안에 배치되는 것을 가정하고 있습니다.

- 타이틀(Title)
- 버튼(Button)
- 카드(Card)
- 내비게이션(Navigation)
- 캐러셀(Carousel)

---

8 ID 셀렉터의 절대적인 이점을 꼽자면 자바스크립트에서 요소를 취득할 때 ID 속성을 경유하는 편이 클래스 속성을 경유할 때보다 성능이 높다는 점입니다.

위와 같이 레이아웃 모듈 안에 배치할 수 있는 개별 모듈이라면 SMACSS에서는 모두 모듈 규칙에 해당합니다.

모듈은 다른 페이지로 이동하거나 다른 레이아웃 안에 삽입하더라도 형태가 부서지거나 달라지지 않고 사용할 수 있어야 합니다. CSS 설계의 허리가 되는 부분이기도 하므로 구현 시에는 '불필요한 코드는 없는가', '이 코드는 다른 레이아웃으로 이동했을 때 영향이 없는가' 등 한층 주의가 필요합니다. 한 페이지 내에서 반복해서 사용되는 상황을 가정하고 있으므로 당연히 ID 셀렉터에서의 구현은 하지 않으며, 모듈의 루트 요소에는 반드시 클래스 셀렉터(HTML에서는 클래스 속성)를 사용합니다.

모듈을 만들 때는 다음과 같은 두 가지 사항에 주의해야 합니다.

- 가급적 요소형 셀렉터를 사용하지 않는다.
- 특정한 콘텍스트에 지나치게 의존하지 않는다.

이 사항들은 SMACSS 공식 문서에서도 다루고 있으므로 각각 설명합니다.

## 가능한 요소형 셀렉터를 사용하지 않는다

 **연관 포인트** 2. HTML과 스타일링을 느슨하게 결합한다(★)

2장 CSS 설계의 여덟 가지 포인트 중 '2. HTML과 스타일링을 느슨하게 결합한다'에 설명한 것과 완전히 같은 이야기입니다. 2장에 이어서 여기에서도 모듈 예시로서 그림 3-2의 미디어 모듈을 사용합니다.

**사용자를 고려한 설계로 만족스러운 체험을**

웹사이트 설계는 제공하는 서비스나 페르소나에 따라 달라집니다. 서비스와 페르소나에 맞춘 설계를 통해 방문자에게 스트레스를 주지 않는 보다 나은 체험을 만들어 만족감을 높입니다.
우리는 고객의 사이트에 맞는 사용성을 고려하기 때문에 세심한 분석과 의견 청취를 실시함으로써, 만족을 체험할 수 있는 크리에이티브 및 테크놀로지를 설계하고 구현함으로써 지금까지는 없던 기대를 뛰어넘는 사용자 체험을 제공합니다.

**페르소나란?**

자사 상품, 서비스의 이상적/상징적인 고객 이미지를 말합니다. 접근할 대상을 명확히 함으로써 효율적인 마케팅을 수행할 수 있습니다.

그림 3-2 **미디어 모듈(2장에서 유용)**

2장과 조금 다르게 미디어 모듈의 코드가 다음과 같다고 가정해 봅니다.

```
HTML
<div class="media">
  <figure>
    <img src="/assets/img/elements/persona.
jpg" alt="사진: 손에 든 스마트폰">
  </figure>
  <div>
```
```
    <p>사용자를 고려한 설계로 만족스러운 체험
을</p>
    <p>(생략)</p>
    <p>퍼소나란?</p>
    <span>(생략)</span>
  </div>
</div>
```

```
CSS
.media {
  display: flex;
  align-items: center;
  font-size: 16px;
  line-height: 1.5;
}
.media figure {
  flex: 1 1 25%;
  margin-right: 3.33333%;
}
.media img {
  width: 100%;
  vertical-align: top;
}
.media div {
  flex: 1 1 68.33333%;
}
```
```
.media p:first-of-type { /* '사용자를 고려한
설계로 만족스러운 체험을'*/
  margin-bottom: 10px;
  font-size: 18px;
  font-weight: bold;
}
.media p:last-of-type { /* '퍼소나란?' */
  margin-top: 10px;
  margin-bottom: 10px;
  font-size: 16px;
  border-bottom: 1px solid #555;
}
.media span {
  color: #555;
  font-size: 14px;
}
```

이 상태에서는 p 요소의 순서가 바뀌면 제목 부분 스타일이 설명문의 p 요소에 해당하게 되거
나, div 요소나 span 요소가 늘어나는 경우 의도치 않게 기존 스타일이 적용되어 버립니다.
이 문제에 대해 SMACSS에서는 다음과 같은 해결책을 제시합니다.

- 요소를 시맨틱(Semantic)[9]으로 한다(시맨틱 요소에만 요소형 셀렉터를 사용한다).
- 요소형 셀렉터를 사용할 때는 자녀 셀렉터를 사용한다.

## ■ 요소를 시맨틱으로 한다(시맨틱 요소에만 요소형 셀렉터를 사용한다)

예를 들면, '사용자를 고려한 설계로 만족스러운 체험을' 부분과 '퍼소나란?' 부분은 제목 요소
를 적용할 수 있을 법합니다. 그것만으로 순서에 관계없이 제목에는 제목용 스타일을 적용할
수 있습니다. 다만 경우에 따라서는 시맨틱 요소로 치환할 수 없는 경우도 있을 것입니다. 특
히 div 요소나 span 요소에는 시맨틱 특성이 없으므로 SMACSS에서는 이 두 요소에는 반드
시 클래스를 붙여서 스타일링을 하는 것을 권장합니다.

---

9  시맨틱은 '의미적, 의미론적'이라는 의미로 브라우저에 요소의 의미나 목적을 명확하게 알려 주는 요소다. 예를 들어, HTML 문서
   의 논리적인 섹션을 나타내는 <div>...</div> 태그는 그대로 기술하는 것이 아니라 <div class="classname">...</div>와 같이
   그 의미를 명확하게 표기할 수 있다.

- 요소를 시맨틱으로 한다.
- div 요소와 span 요소에는 클래스를 붙인다.

이를 구현한 코드는 다음과 같습니다.

```html
HTML
<div class="media">
  <figure>
    <img src="/assets/img/elements/persona.jpg" alt="사진: 손에 든 스마트폰">
  </figure>
  <div class="media-body">
    <h2>사용자를 고려한 설계로 만족스러운 체험을</h2>
    <p>(생략)</p>
    <h3>퍼소나란?</h3>
    <span class="media-sub-text">
      (생략)
    </span>
  </div>
</div>
```

```css
CSS
.media {
  display: flex;
  align-items: center;
  font-size: 16px;
  line-height: 1.5;
}
.media figure {
  flex: 1 1 25%;
  margin-right: 3.33333%;
}
.media img {
  width: 100%;
  vertical-align: top;
}
.media-body {
  flex: 1 1 68.33333%;
```

```css
}
.media h2 {
  margin-bottom: 10px;
  font-size: 18px;
  font-weight: bold;
}
.media h3 {
  margin-top: 10px;
  margin-bottom: 10px;
  font-size: 16px;
  border-bottom: 1px solid #555;
}
.media-sub-text {
  color: #555;
  font-size: 14px;
}
```

SMACSS에서 생각할 수 있는 시맨틱 특성에는 다음 공식이 성립한다고 할 수 있습니다.

div 요소/span 요소 등의 범용적인 요소 < 제목 등의 의미를 가진 요소 < 클래스 속성이 붙은 요소

■ **요소형 셀렉터를 사용할 때는 자녀 셀렉터를 사용한다**

3. 영향 범위를 지나치게 넓히지 않는다(★)

다른 해결책으로 요소형 셀렉터를 사용할 때는 손자 셀렉터가 아닌 자녀 셀렉터를 사용하는 것을 권장합니다. 스타일링의 적용 범위를 바로 아래 요소로 한정함으로써 영향 범위를 필요 이상으로 넓히지 않는 것입니다.[10] 이는 CSS 설계의 여덟 가지 포인트 중 '3. 영향 범위를 지나치게 넓히지 않는다'와도 상통합니다.

이를 구현한 코드는 다음과 같습니다. HTML은 동일하므로 생략합니다.

```css
CSS
.media {
  display: flex;
  align-items: center;
  font-size: 16px;
  line-height: 1.5;
}
.media > figure {
  flex: 1 1 25%;
  margin-right: 3.33333%;
}
.media img { /* 이 스타일링은 범용적이므로,
의도적으로 손자 셀렉터 상태로 사용함 */
  width: 100%;
  vertical-align: top;
}
.media body {
  flex: 1 1 68.33333%;
```

```css
}
.media > h2 {
  margin-bottom: 10px;
  font-size: 18px;
  font-weight: bold;
}
.media > h3 {
  margin-top: 10px;
  margin-bottom: 10px;
  font-size: 16px;
  border-bottom: 1px solid #555;
}
.media-sub-text {
  color: #555;
  font-size: 14px;
}
```

이 상태로는 2장에서도 설명했던 '사용자를 고려한 설계로 만족스러운 체험을'이라는 형태는 그대로 유지하면서 'h2에서 h3으로 변경하고 싶은' 문제를 해결할 수는 없습니다. 결국 스타일링에는 클래스 셀렉터를 사용하는 방법이 가장 안전하고 효율적이라는 것이 필자의 의견입니다.

## 스타일을 덮어쓰기 위한 서브 클래스

4. 특정한 콘텍스트에 지나치게 의존하지 않는다(★)
8. 확장하기 쉽다(★)

모듈 규칙과 관련해 '모듈이 특정한 위치에 있을 때 스타일을 덮어쓰고 싶은' 경우가 적지 않을 것입니다. 이에 관해서는 버튼 모듈을 헤드 안에 배치하는 것을 예로 생각해 봅니다. 레이아웃은 그림 3-3과 같은 이미지입니다.

---

10 물론 의도적으로 손자 셀렉터를 사용하는 경우에는 이 규칙을 무시해도 괜찮습니다.

그림 3-3 **오른쪽 위에 버튼을 배치한 헤더 이미지**

버튼 모듈의 원래 스타일링과 헤더 안에 배치했을 때 스타일링을 덮어쓸 내용은 다음
과 같습니다. 코드를 요약하면 '헤더 안에서는 버튼이 작게 표시되도록' 하는 의도입니다
(.headermenu의 내용은 본론과 관련이 없으므로 생략합니다).

```html
HTML                                        3-3-module-rule-4.html
<header class="l-header">
  <a class="btn" href="#">로그인</a>
  <ul class="headermenu">
    <li><a href="#">회원 정보</a></li>
    (생략)
  </ul>
</header>
```

```css
CSS              3-3-module-rule-4.css
/* 버튼 모듈의 원래 스타일링 */
.btn {
  display: inline-block;
  width: 300px;
  padding: 20px 10px;
  font-size: 18px;
  text-decoration: none;
  text-align: center;
  transition: 0.25s;
  border-width: 0;
  box-shadow: 0 3px 6px rgba(0, 0, 0, 0.16);
  color: #fff;
  background-color: #DD742C;
}

/* 헤더 스타일링 */
```

```css
.l-header {
  max-width: 1230px;
  margin-right: auto;
  margin-left: auto;
  border-bottom: 1px solid #ddd;
  text-align: right;
}

/* 헤더 안에 배치되었을 때의 버튼 모듈 덮어쓰
기 내용 */
.l-header .btn {
  width: 80px;
  padding-top: 10px;
  padding-bottom: 10px;
  font-size: 14px;
}
```

여기까지는 지금 상태로 큰 문제는 없습니다.

### ■ 버튼 추가하기

하지만 이후 '질문을 받기 위한 용도로 버튼을 하나 더 배치하고, 해당 버튼은 조금 크게 표시
하고 싶은' 경우가 생긴다면 어떻게 해야 할까요. 우선 HTML을 다음과 같이 구성합니다.

```html
HTML
<header class="l-header">
  <a class="btn" href="#">로그인</a>
```

```
<a class="btn" href="#">문의 메일 보내기</a> <!-- 문의 버튼 추가 -->
<ul class="headermenu">
  <li><a href="#">회원 정보</a></li>
  (생략)
</ul>
</header>
```

간단하게 CSS에도 다음과 같이 추가해 봅니다.

```
CSS
.l-header .btn:nth-of-type(2) {
  width: 160px;
}
```

그림 3-4와 같이 우선 추가 요구 사항을 만족했습니다.

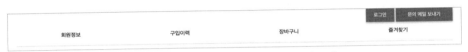

그림 3-4 문의 버튼을 추가하고 조금 크게 표시

## ■ 버튼 순서 바꾸기

앞에서 추가한 CSS는 순서에 의존하는 셀렉터이므로 만약 로그인 버튼과 문의 메일 보내기 버튼의 순서를 바꾼다면 다음과 같이 로그인 버튼이 커지게 됩니다(그림 3-5).

```
HTML
<header class="l-header">
  <a class="btn" href="#">문의 메일 보내기</a> <!-- 로그인 버튼과 순서를 바꿈 -->
  <a class="btn" href="#">로그인</a>
  <ul class="headermenu">
    <li><a href="#">회원정보</a></li>
    (생략)
  </ul>
</header>
```

그림 3-5 로그인 버튼과 문의 버튼을 바꾸면, 두 번째 버튼에 해당하는 로그인 버튼이 커짐

또한 문의 메일 보내기 버튼은 폭이 좁아 한 줄에 들어가지 않아 텍스트가 부적절하게 줄바꿈이 일어난 형태가 됩니다. 최악입니다!

## ■ 서브 클래스 구현

SMACSS에서는 이런 사태를 피하기 위해 모듈에 변화가 있는 경우에는 가능한 '헤더 안에 있는 경우'와 같이 특정 콘텍스트에 의존하는 셀렉터를 사용하지 말고 서브 클래스를 사용해서 해결할 것을 권장하고 있습니다. 서브 클래스란 2장 CSS 설계의 여덟 가지 포인트 중 '8. 확장하기 쉽다'에서 설명했던 Modifier와 같은 것입니다. 서브 클래스를 사용해서 앞의 코드를 이상적으로 구현하면 다음과 같습니다.

```html
HTML                                              3-3-module-rule-4-ex.html
<header class="l-header">
  <a class="btn btn-small" href="#">로그인</a> ——❶
  <a class="btn btn-small btn-long" href="#">문의</a> ——❶
  <ul class="headermenu">
    <li><a href="#">회원정보</a></li>
    (생략)
  </ul>
</header>
```

```css
CSS              3-3-module-rule-4-ex.css
/* 버튼 모듈의 원래 스타일링 */
.btn {
  display: inline-block;
  width: 300px;
  padding: 20px 10px;
  font-size: 18px;
  text-decoration: none;
  text-align: center;
  transition: 0.25s;
  border-width: 0;
  box-shadow: 0 3px 6px rgba(0, 0, 0, 0.16);
  color: #fff;
  background-color: #DD742C;
}
.btn.btn-small { ——❷

  width: 80px;
  padding-top: 10px;
  padding-bottom: 10px;
  font-size: 14px;
}
.btn.btn-long { ——❷
  width: 160px;
}

.l-header {
  max-width: 1230px;
  margin-right: auto;
  margin-left: auto;
  border-bottom: 1px solid #ddd;
  text-align: right;
}
```

❶에서 HTML 측의 클래스 속성에 서브 클래스를 붙였고, CSS에서는 ❷와 같이 셀렉터를 .l-header에 의존하지 않는 형태로 서브 클래스를 구현했습니다.[11] 이제 로그인 버튼과 문의 버튼의 위치를 바꿔도 그림 3-6과 같이 의도한 대로 표시됩니다.

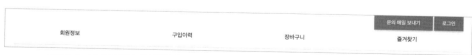

그림 3-6 서브 클래스를 구현하면 로그인 버튼과 문의 버튼을 바꿔도 의도한 대로 표시됨

---

11 눈치 빠른 분들은 '.btn-small'이라는 클래스 이름만 보면 .btn-small이 클래스인지 서브 클래스인지 알 수 없다는 점을 알아챘을 수도 있습니다. 유감이지만 SMACSS에서는 이와 관련한 이름 규칙이 정해져 있지 않습니다. 이를 구별하기 위해서는 '서브 클래스에는 하이픈을 두 개 붙인다'와 같은 개별 규칙을 추가해야 합니다.

또한 이 방법은 헤더에 의존하지 않기 때문에 헤더 밖의 어떤 위치에서도 사용할 수 있습니다. 이는 CSS 설계 여덟 가지 포인트 중 '4. 특정한 콘텍스트에 지나치게 의존하지 않는다'와도 통하는 내용입니다.

## 스테이트 규칙

1. 특성에 따라 CSS를 분류한다(★)
8. 확장하기 쉽다(★)

스테이트(State)는 기존 스타일을 덮어쓰거나 확장하기 위해 사용합니다. '기존 스타일을 덮어쓰고 확장한다'라고 하면 '앞에서 설명한 모듈 규칙 안의 서브 클래스와 같은 것인가?'라고 생각할 수도 있습니다. 하지만 모듈 규칙의 서브 클래스와 스테이트 규칙의 상태 스타일은 다음과 같이 명확하게 구분할 수 있습니다. 특히 두 번째 항목이 중요합니다.

1. 상태 스타일은 레이아웃이나 모듈에 할당할 수 있다.
2. 상태 스타일은 자바스크립트에 의존한다는 의미를 갖는다.

스테이트 규칙에 따른 상태 스타일의 클래스 이름은 모두 'is-'라는 접두사를 붙입니다. 또한 기존 스타일을 모두 덮어써서 상태 스타일을 반영하는 것을 기대하기 때문에 필요한 경우에는 !important 사용도 권장합니다.

간단하게 그림 3-7과 같은 폼을 예시로 생각해 봅니다.

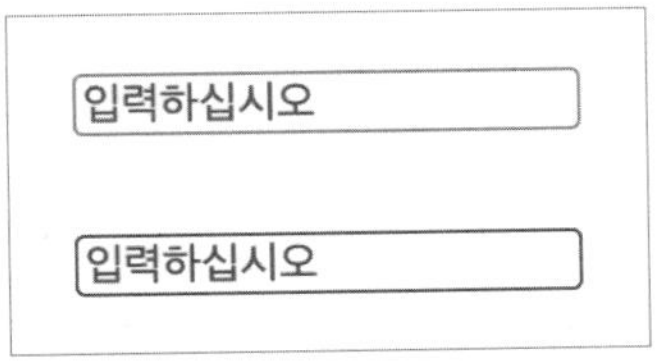

입력하십시오

입력하십시오

그림 3-7 **일반적인 상태(위)와 .is-error 클래스를 붙인 상태(아래)의 폼**

코드는 다음과 같습니다.

```html
HTML
<input class="inputtext" type="text" placeholder="입력하십시오">
<!-- 입력 오류가 있는 경우, 자바스크립트에서 is-error 클래스를 붙임 -->
<input class="inputtext is-error" type="text" placeholder="입력하십시오">
```

```
CSS
.inputtext {
  border: 1px solid #aaa;
  border-radius: 3px;
}
.is-error {
  border-color: #D40152;
}
.is-error::placeholder {
  color: #D40152;
}
```

무언가 오류가 발생한 경우에는 자바스크립트에서 .is-error 클래스를 붙여 그림 3-7의 아래 폼과 같이 테두리 선과 플레이스홀더에 빨간색이 적용됩니다.

알기 쉬운 예시로 그림 3-8의 내비게이션을 확인해 봅니다.

그림 3-8 **활성화된 위치가 하이라이트되는 내비게이션**

코드는 다음과 같습니다.

```
HTML                                              3-3-state-navi-1.html
<ul class="tabnav">
  <li class="is-active"><a href="#">탭 1</a></li>
  <li><a href="#">탭 2</a></li>
  <li><a href="#">탭 3</a></li>
  <li><a href="#">탭 4</a></li>
</ul>
```

```
CSS                    3-3-state-navi-1.css         display: block;
/* 기본 스타일링 */                                   padding: 10px 30px;
.tabnav {                                           text-decoration: none;
  display: flex;                                   }
}
.tabnav > li {                                     /* 활성화 시 스타일링 */
  border-top: 1px solid #aaa;                       .is-active {
  border-right: 1px solid #aaa;                       background-color: #0093FF;
  border-bottom: 1px solid #aaa;                    }
}                                                   .is-active > a {
.tabnav > li:first-child {                            pointer-events: none;
  border-left: 1px solid #aaa;                        color: #fff;
}                                                   }
.tabnav > li > a {
```

.is-active가 붙은 탭 1은 배경 색상과 문자 색상이 변경되며 클릭 이벤트가 발생하지 않도록 설정되어 있습니다. 탭 2~4를 사용자가 클릭하면 자바스크립트에 따라 is-active 클래스가 클릭한 탭으로 이동해 하이라이트시키는 구조입니다.

## 모듈 전용 상태 스타일

연관 포인트 6. 클래스 이름에서 영향 범위를 유추할 수 있다(★)

눈치채신 분도 있을지 모르겠으나 위 두 예시에서 상태 스타일링을 할 때는 특히 모듈 이름이나 자녀(손자) 셀렉터를 사용하지 않았습니다. 그런고로 각각 아래 코드처럼 계획하지 않았던 클래스를 붙이면 그림 3-9와 같이 표시됩니다.

```html
<!-- .inputtext에 계획하지 않은 .is-active를 붙여 봄 -->
<input class="inputtext is-active" type="text" placeholder="입력하십시오"/>

<!-- .tabnav > li에 계획하지 않은 .is-error를 붙여 봄 -->
<ul class="tabnav">
  <li class="is-error"><a href="#">탭 1</a></li>
  <li><a href="#">탭 2</a></li>
  <li><a href="#">탭 3</a></li>
  <li><a href="#">탭 4</a></li>
</ul>
```

그림 3-9 .inputtext, .tabnav > li에 각각 계획하지 않은 상태 스타일을 적용함

물론 .is-error와 .is-active를 모듈에 관계없이 재사용하려는 경우라면 이대로 설계해도 문제가 없습니다. 하지만 이 방식은 모듈과 상태 스타일링이 늘어날수록 관리가 어려워지고 결국 이들을 확실하게 관리하지 못해 혼란이 증가합니다. SMACSS에서는 이 문제를 해결하기 위해 상태 스타일에 모듈 이름을 포함시킬 것을 권장하고 있습니다.

.inputtext, .tabnav는 각각 다음과 같이 구현합니다.

**.inputtext 예시**

```
HTML
<input class="inputtext is-inputtext-error"
type="text" placeholder="입력하십시오">
```

```
CSS
.is-inputtext-error {
    border-color: #D40152;
}
.is-inputtext-error::placeholder {
    color: #D40152;
}
```

**.tabnav 예시**

```
HTML
<ul class="tabnav">
  <li class="is-tabnav-active"><a
href="#">탭 1</a></li>
  <li><a href="#">탭 2</a></li>
  <li><a href="#">탭 3</a></li>
  <li><a href="#">탭 4</a></li>
</ul>
```

```
CSS
.is-tabnav-active {
    background-color: #0093ff;
}
.is-tabnav-active > a {
    pointer-events: none;
    color: #fff;
}
```

이렇게 함으로써 상태 스타일이 본래 계획하지 않은 모듈에 붙는 것을 방지할 수 있습니다.

**.inputtext 예시**

```
CSS
.inputtext.is-error {
    border-color: #D40152;
}
.inputtext.is-eooro::placeholder
{
    color: #D40152;
}
```

**.tabnav 예시**

```
CSS
.tabnav > li.is-active {
    background-color: #0093FF;
}
.tabnav > li.is-active a {
    pointer-events: none:
    color: #fff;
}
```

SMACSS에서 공식으로 권장하고 있는 내용은 아니지만, 해결 방법의 하나로 여러 클래스 셀렉터를 사용할 수 있습니다. HTML은 처음 예시 코드에서 변경하지 않은 상태에서 CSS 셀렉터를 다음과 같이 수정해 상태 스타일이 간섭하는 문제를 쉽게 회피할 수 있습니다.

## 테마 규칙

SMACSS의 가장 마지막 규칙은 테마 규칙입니다. 테마 규칙은 사이트 내 레이아웃이나 색상, 텍스트 처리 등을 일정한 규칙에 따라 덮어쓰는 것으로, 기존의 다양한 스타일링이 덮어쓰기의 대상이 됩니다. 머릿속에 이미지가 확실하게 떠오르지 않을 수 있으므로 네이버(NAVER) 웹사이트를 예로 들어 테마 규칙을 시뮬레이션해 봅니다.[12] 네이버는 기본 상태에서는 흰색 배경을 기준 색상으로 사용하고 있습니다(그림 3-10).

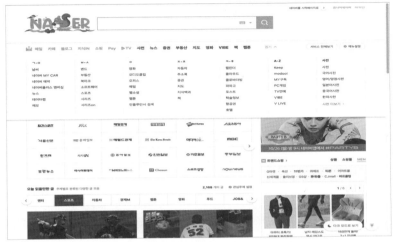

**그림 3-10 네이버 웹사이트. 기본 상태 배색**

이 사이트 오른쪽 아래 '다크 모드로 보기' 버튼을 클릭하면 배색을 변경할 수 있습니다. '다크 모드로 보기' 버튼을 클릭하면 검은색 배경 기준 색상으로 바뀝니다(그림 3-11).

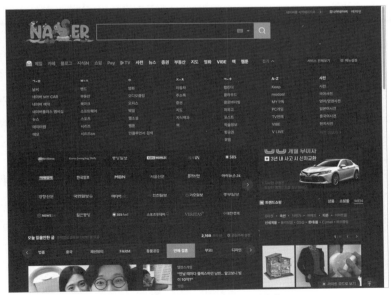

**그림 3-11 검은색 기준 배색으로 변경**

---

**12** 번역 시점에 네이버 웹사이트가 SMACSS의 테마 규칙을 기반으로 구현되어 있다는 것은 아닙니다. 어디까지나 시뮬레이션을 위한 설명입니다.

이를 코드로 나타내 보면 다음과 같습니다.

```
HTML
<head>
  <!-- 기본 상태에서는 light.css를 로딩함 -->
  <link rel="stylesheet" href="light.css"/>
  <!-- 사용자가 오른쪽 아래 '다크 모드로 보기' 버튼을 클릭하면, 자바스크립트 등으로 dark.
css로 전환함 -->
  <link rel="stylesheet" href="dark.css"/>
</head>
```

**dark.css**
```
CSS
.module {
  background-color: #333; /* 검정 */
}
```

**light.css**
```
CSS
.module {
  background-color: #f7f7f7; /* 하양*/
}
```

테마 규칙의 대상이 되는 모듈 수가 그리 많지 않다면 큰 노력 없이도 테마 규칙 대상이 되는 모듈과 그렇지 않은 규칙을 구분할 수 있을 것입니다. 하지만 그렇지 않은 경우, 다시 말해 규모가 큰 테마를 만들 때는 테마 규칙 대상 모듈에 'theme-'라는 접두사를 붙일 것을 권장하고 있습니다.

## SMACSS 정리

SMACSS는 프로젝트에서 고려해야 하는 대부분의 CSS 규칙을 가지고 있습니다. 반면 각 규칙이 그렇게 엄격하지는 않으며 어느 정도 유연함을 발휘하므로 비교적 느슨한 개발을 하는 경우에 적합합니다. 다만 경우에 따라서는 규칙이 너무 유연해서 실제 코드의 지침으로 삼기 어려운 경우도 있습니다. 그때는 모듈 규칙에 OOCSS를 적용하거나 뒤에서 설명할 BEM의 규칙을 일부 적용하는 등 다른 설계 기법과 조합하는 경우도 많습니다.

여담이지만 필자도 CSS 설계를 시작했을 당시에는 SMACSS와 OOCSS를 조합해 저만의 규칙을 만들어 냈습니다(뒤에서 설명할 PRECSS로 발전합니다).

## 3-4 BEM

BEM[13]은 블록(Block), 엘리먼트(Element), 모디파이어(Modifier)의 약어로 얀덱스(Yandex)사가 제창했습니다. 사용자 인터페이스를 독립된 블록으로 분리함으로써 복잡한 페이지에서도 간단하고 신속하게 개발을 수행하는 것이 목적입니다. OOCSS와 같이 기본적으로는 모듈 기반의 방법이지만, 그 내용이 다른 설계 기법에 비해 엄격하고 강력하여 세계적으로도 OOCSS에 필적할 정도로 이름이 알려졌으며 실제로 널리 사용되고 있습니다. 이 책을 읽는 분들 중에도 그 이름을 들어 본 분이 많으리라 생각합니다.

BEM은 그 이름 그대로 모듈을 다음 단위로 분해 및 정의합니다.

- Block
- Element
- Modifier

이들을 합쳐서 'BEM 엔티티(BEM Entity)'라고 부릅니다.

BEM에서 다루는 범위는 CSS에만 국한되지 않기 때문에 이 책에서 모든 내용을 설명할 수는 없습니다. BEM에 흥미가 있고 더 많은 내용을 알고 싶은 분들은 꼭 공식 문서를 참조하시기 바랍니다. 공식 문서를 읽을 때 부담이 덜하도록 샘플 코드의 많은 부분도 공식 문서에서 인용했습니다.

## BEM 기본

Block, Element, Modifier에 관해 각각 설명하기 전에 먼저 BEM 전체에 공통으로 적용되는 기본 규칙에 관해 설명합니다.

### 사용하는 셀렉터와 상세도

2. HTML과 스타일링을 느슨하게 결합한다(★)
5. 상세도를 지나치게 높이지 않는다(★)

BEM에서는 CSS 스타일링에 있어서 요소형 셀렉터나 ID 셀렉터 사용을 권장하지 않습니다. 기본적으로 클래스 셀렉터를 사용합니다.

---

13 https://en.bem.info/

```
HTML
<a class="button" href="#">버튼</a>
```

```
CSS
/* ✕: 요소형 셀렉터를 사용함 */
a { ... }
a.button { ... }

/* ○:  클래스 셀렉터만 사용함 */
.button { ... }
```

이는 상세도를 가능한 균일하게 유지하려는 것이며, 뒤에서 설명할 Modifier나 Mix를 사용한
덮어쓰기를 쉽게 하기 위해서입니다. 그러므로 HTML에 여러 클래스가 붙어 있는 경우에도
상세도는 균일하게 유지하도록 합니다.

```
HTML
<a class="button button_theme_caution" href="#">버튼</a>
```

```
CSS
/* ✕: 상세도가 높아짐 */
.button.button_theme_caution { ... }

/* ○: 상세도를 균일하게 유지함 */
.button_theme_caution { ... }
```

상세도에 관해 예외가 있기는 하나, 우선 '클래스 셀렉터를 사용하고 상세도는 균일하게 유지
한다'라는 것이 BEM의 기본입니다.

## 클래스 이름은 영소문자를 사용하고, 단어는 하이픈으로 연결한다

모든 BEM 엔티티는 클래스 이름에 영소문자를 사용합니다. 'global nav'와 같이 하나 이상
의 단어를 포함하는 경우에는 'global-nav'처럼 각 단어를 하이픈으로 연결하는 하이픈 케이
스로 기술합니다.

# Block 기본

BEM에서는 Block을 '논리적이고 기능적으로 독립한 페이지 모듈'이라고 정의하고 있습니다. 다소 어렵게 들릴 수 있으나 핵심은 '특정한 콘텍스트에 의존하지 않으며 어디에서도 재사용할 수 있는 부품'이라고 이해하면 좋습니다. '어디에서도 재사용할 수 있다'는 상태를 보장하기 위해 Block 자체에 레이아웃에 관한 스타일링(주변에 영향을 미치는 position이나 float, margin 등)을 해서는 안 됩니다. 레이아웃 관련 지정이 필요한 경우에는 뒤에서 설명할 Mix라는 기법을 사용해 구현합니다.

Block의 이름 규칙은 다음과 같습니다.

- Block 이름 규칙(한 단어인 경우)
  block
  예) menu

- Block 이름 규칙(두 단어 이상인 경우)
  block-name
  예) global-nav

클래스 이름은 '그것이 무엇인지' 알 수 있는 의미를 담아서 만듭니다. '형태'를 의미하는 명사는 적절하지 않습니다. 예를 들면, 단순한 빨간 텍스트의 Block 하나라 할지라도 다음과 같이 '무엇인가', '어떤 목적으로 사용하는가'를 의미하는 이름이 적절합니다. '형태'만을 의미하는 이름은 적절하지 않습니다.

```HTML
<!-- X: '형태'를 의미하는 이름이므로 적절하지 않음 -->
<div class="red-text"></div>

<!-- ○: 오류가 발생했음을 의미하므로 적절함 -->
<div class="error"></div>
```

실제 Block의 예로는 그림 3-12와 같은 모듈을 들 수 있습니다.

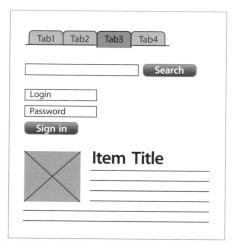

그림 3-12 Block 예시. 위부터 메뉴 Block, 검색 Block, 인증 Block, 미디어 Block

## Element 기본

연관 포인트 ┤ 6. 클래스 이름에서 영향 범위를 유추할 수 있다(★)
7. 클래스 이름에서 형태, 기능, 역할을 유추할 수 있다(★)

Block 다음 단위인 Element는 'Block을 구성하고, Block 외부에서는 독립해서 사용할 수 없는 것'으로 정의되어 있습니다. 앞에서 예시로 든 메뉴 Block은 그림 3-13과 같이 네 개의 Element로 구성되어 있습니다.

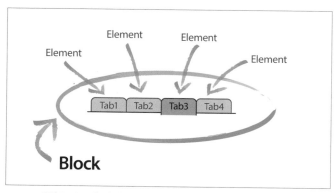

그림 3-13 네 개의 Element로 구성되어 있는 메뉴 Block

Element 클래스 이름은 Block의 이름을 상속받고 언더스코어 두 개를 입력한 뒤 Element 이름을 붙입니다.

- Element 이름 규칙(한 단어인 경우)
  ```
  block__element
  예) menu__item
  ```

- Element 이름 규칙(두 단어 이상인 경우)
  ```
  block-name__element-name
  예) global-nav__link-item
  ```

앞의 메뉴 Block을 코드로 표시하면 다음과 같습니다.

```
HTML
<!-- Block(ul 요소) -->
<ul class="menu">
  <!-- Element (li 요소, a 요소) -->
  <li class="menu__item"><a class="menu__link" href="tab1/">Tab 1</a></li>
  <li class="menu__item"><a class="menu__link" href="tab2/">Tab 2</a></li>
  <li class="menu__item">Tab 3</li>
  <li class="menu__item"><a class="menu__link" href="tab4/">Tab 4</a></li>
</ul>
```

Element 이름에 사용하는 단어 또한 Block과 마찬가지로 '무엇인지'를 의미하는 단어를 사용합니다. 'menu__item'은 '이 Element는 menu의 item이다'처럼 '무엇인지'를 의미하는 적절한 이름입니다. 형태 등을 나타내기 위한 'menu__brown', 'menu__bold' 등의 이름을 사용해서는 안됩니다.

## Element 중첩

 4. 특정한 콘텍스트에 지나치게 의존하지 않는다
5. 상세도를 지나치게 높이지 않는다

한 가지 더 신경 써야 할 사항은 BEM에서는 Element 안에 Element가 중첩(nest)된 이름을 권장하지 않는다는 것입니다. 다음과 같이 Block 내 구조가 변할 가능성이 있기 때문입니다.

- Block 안에서 Element가 이동하는 경우가 있다.
- 몇 가지 Element가 없는 상태에서 사용되는 경우가 있다.
- Element를 뒤에서 추가하는 경우가 있다.

그러므로 다음 코드의 a 요소와 같은 클래스 이름을 붙이는 방법은 가능한 피하도록 합니다.

```HTML
<ul class="menu">
  <!-- X: a 요소가 menu__link가 아니라, menu__item__link와 같이 link가 item 안에 중첩된 클래스
  이름이 되었음 -->
  <li class="menu__item"><a class="menu__item__link" href="tab1/">Tab 1</a></li>
  <!-- O: a 요소가 부모 Element 이름을 포함하지 않고, menu__link로 되어 있음 -->
  <li class="menu__item"><a class="menu__link" href="tab1/">Tab 1</a></li>
  ...
</ul>
```

같은 이유에서 CSS에서 셀렉터를 사용하는 경우에도 자녀(손자) 셀렉터는 사용하지 않음으로 써 상세도를 균일하게 유지하는 것이 BEM의 기본입니다.

```CSS
/* X: Element 상세도가 높음 */
.menu {...}
.menu .menu__item {...}
.menu .menu__item .menu__link {...}
```

```
/* O: Element도 포함함으로써 상세도가 균일함 */
.menu {...}
.menu__item {...}
.menu__link {...}
```

또한 권장하지 않는 것은 어디까지나 '중첩된 이름'일 뿐이며, Element(.menu__item) 안에 Element(.menu__link)가 중첩되어 있는 상태 자체는 문제가 없습니다. 그리고 중첩할 수 있는 최대한의 숫자에 관해서도 상한값을 규정하지 않으므로, 필요에 따라 얼마든지 중첩을 할 수 있습니다.

## Element는 반드시 Block 안에 배치한다

 ⊢ 6. 클래스 이름에서 영향 범위를 유추할 수 있다(★)

'Block을 구성하며 Block 외부에서는 독립해서 사용할 수 없다'는 Element의 정의대로 Element 는 반드시 Block 안에 배치해야 합니다. 그러므로 비록 형태가 같다 하더라도 Element를 Block 밖에서 사용해서는 안 됩니다(예제 코드).

```HTML
<!-- X: Block 밖에 Element를 배치했음 -->
<p class="menu__item"><a class="menu__link" href="tab2/">Tab Link</a></p>

<!-- O: Block 안에 Element를 배치했음 -->
<ul class="menu">
  <li class="menu__item"><a class="menu__link" href="tab1/">Tab 1</a></li>
  <li class="menu__item"><a class="menu__link" href="tab2">Tab 2</a></li>
</ul>
```

## Element는 없어도 괜찮다

Element는 어디까지나 'Block을 구성하는 선택적 요소'라는 위치에 있기 때문에 Block이 반드시 Element를 가져야 하는 것은 아닙니다.

다음 코드는 Element가 없는 Block 예시입니다. .input과 .button은 .search-form의 Element가 아니라 각각 독립된 Block에 있기 때문에 모든 Block이 Element를 갖고 있지 않게 됩니다.

```HTML
<!-- search-form Block -->
<div class="search-form">
  <!-- input Block -->
  <input class="input">
  <!-- box Block -->
  <button class="button"<Search</button>
</div>
```

'Block 안에 Block을 배치해도 되는가?'라고 생각한 분들도 있을지 모르겠습니다. BEM에서는 Block의 중첩을 허용하고 있습니다. 이에 관해서는 이후 'Block 중첩' 절에서 자세히 설명합니다.

## Block, Element 중 어느 쪽으로 구현할 것인가

**연관 포인트** ├ 4. 특정한 콘텍스트에 지나치게 의존하지 않는다

Block을 구현하다 보면 종종 Element의 수가 많아져 복잡해진 경우가 있을 것입니다. 예를 들어, 다소 억지스럽지만 앞의 메뉴 Block 안에 버튼을 구현해 봅니다.

```HTML
<ul class="menu">
  <li class="menu__item">
    <a class="menu__link" href="tab1/">Tab 1</a>
    <!-- 다음을 추가 -->
    <a class="menu__btn" href="lp/"><span class="menu__icon"> ▶ </span>To LP</a>
  </li>
</ul>
```

코드가 다소 복잡해졌습니다. 앞에서 설명한 것처럼 BEM은 Element가 중첩된 이름을 권장하지 않습니다. 그러므로 버튼에만 사용할 수 있는 아이콘임에도 'menu__btn__icon'이 아니라 위 코드와 같이 'menu__icon'으로 설정해야 합니다. 그러나 'menu__icon'이라는 클래스 이름만 보면 버튼과의 연관성을 파악할 수 없습니다.

여러 단어를 사용해 'menu__btn-icon'이라는 이름도 고려해 볼 수 있지만, 애초에 버튼이란 메뉴 Block에 관계없이 다른 위치에서도 사용할 가능성이 높습니다. 이런 경우에는 Element를 Block에 상속시키는 것도 한 방법입니다. 버튼을 Element에서 Block으로 변경한 코드는 다음과 같습니다.

```
HTML
<ul class="menu">
  <li class="menu__item">
    <a class="menu__link" href="tab1/">Tab 1</a>
    <!-- .btn Block을 새롭게 만듦 -->
    <a class="btn" href="lp/"><span class="btn__icon"> ▶ </span>버튼</a>
  </li>
</ul>
```

코드가 보다 깔끔해졌으며 버튼 Block은 메뉴 Block 안에 국한되지 않고 어떤 위치에서나 사용하는 것이 가능해졌습니다. Block 중첩 규칙이나 상세한 내용에 관해서는 이후 'Block 중첩' 절에서 설명합니다.

## Modifier 기본

7. 클래스 이름에서 형태, 기능, 역할을 유추할 수 있다
8. 확장하기 쉽다

Modifier는 'Block 혹은 Element의 모습이나 상태 또는 움직임을 정의하는 것'이라 정의되어 있습니다. 그리고 Block 혹은 Element에 대한 선택 요소이므로 반드시 있어야 하는 것은 아닙니다. Modifier는 단독으로 사용할 수 없으며 반드시 Block이나 Element 클래스 이름이 있는 상태에서, 두 번째 이후 클래스 이름으로 붙여 사용해야 합니다.

```
HTML
<!-- ✕: Modifier를 단독으로 사용함 -->
<a class="button_size_s" href="#">버튼</a>

<!-- ○: 두 번째 클래스 이름으로 Modifier를 붙였음 -->
<a class="button button_size_s" href="#">버튼</a>
```

앞에서 예로 들었던 메뉴 Block의 경우 Tab 3의 활성화 표시를 제어하는 것이 Modifier의 역할입니다(그림 3-14). 코드는 다음과 같습니다.

```
HTML
<ul ="class="menu">
  <li class="menu__item"><a class="menu__link" href="tab1/">Tab 1</a></li>
  <li class="menu__item"><a class="menu__link" href="tab2/">Tab 2</a></li>
  <!-- Modifier 추가 -->
  <li class="menu__item menu__item_actived">Tab 3</a></li>
  <li class="menu__item"><a class="menu__link" href="tab4/">Tab 4</a></li>
</ul>
```

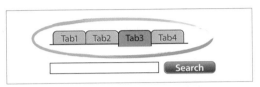

그림 3-14 **Modifier를 사용해 Tab 3을 활성화 상태로 표시**

단순한 활성화 표시뿐만 아니라 그림 3-15와 같이 '탭 레이아웃을 완전히 변경하고 싶은' 경우에도 Modifier를 사용할 수 있습니다. 코드는 다음과 같습니다.

```
HTML
<!-- Modifier 추가 -->
<ul class="menu menu_layout_inline">
  <li class="menu__item"><a class="menu__link" href="tab1/">Tab 1</a></li>
  <li class="menu__item"><a class="menu__link" href="tab2/">Tab 2</a></li>
  <li class="menu__item"><a class="menu__link" href="tab3/">Tab 3</a></li>
  <li class="menu__item"><a class="menu__link" href="tab4/">Tab 4</a></li>
</ul>
```

그림 3-15 **Modifier를 사용해 레이아웃을 변경한 예**

Modifier를 적용할 Block 또는 Element 이름을 상속하고, 언더스코어를 하나 입력한 후 Modifier 이름을 붙입니다. 여러 단어를 포함한 경우에는 Block이나 Element와 같이 하이픈 케이스로 기술합니다.

- Modifier 이름 규칙(한 단어인 경우)
    block__element_modifier
    예) menu__item_actived

- Modifier 이름 규칙(두 단어 이상인 경우)
  block-name__element-name_modifier-name
  예) global-nav__link-item_actived-and-focused

다소 번거롭긴 한데 Modifier에는 '키와 값의 조합'이라는 유형이 있습니다. 여기에 해당하는 경우에는 키와 값을 언더스코어로 구분하는 스네이크 케이스를 이용합니다.

먼저 각 구분 안에 한 단어가 존재하는 경우의 예입니다. 'text_large'라는 부분은 '키와 값'에 해당하므로 단어를 언더스코어로 구분합니다.

- Modifier 이름 규칙(한 단어인 경우)
  예) menu__item_text_large

다음으로 각 구분 안에 여러 단어가 존재하는 경우의 예입니다. 'color-theme_caution'에서는 'color-theme'가 키, 'caution'이 값입니다.

- Modifier 이름 규칙(두 단어 이상인 경우)
  예) global-nav__link-item_color-theme_caution

이 예시에서는 'color-theme' 키에 여러 단어가 포함되어 있으므로 Block이나 Element와 같이 단어는 하이픈으로 구분하고, 키와 값은 언더스코어로 구분합니다. 조금 번거롭습니다. 여기에서는 설명을 위해 'color-theme_caution'이라는 이름을 사용했으나 실제로는 'color'를 생략하고 'theme_caution'으로 만드는 경우가 많습니다. 클래스 이름이 길면 그만큼 읽기 어려워지므로 의미를 손상시키지 않을 정도로 간단하게 생략하는 것이 좋습니다.

Block과 Element 클래스 이름을 붙일 때는 주로 '그것이 무엇인가'라는 점을 중시했지만, Modifier의 이름은 '그것이 어떤가' 하는 점을 중시합니다. '어떤가'라는 말만 들으면 이미지가 잘 그려지지 않을 수도 있는데, 대략 다음과 같은 세 가지 패턴 중 하나에 해당한다고 생각하면 좋을 것입니다.

- 형태 - 크기가 얼마나 되는가? 어떤 색인가? 어떤 테마에 포함되는가? 등
  예)
  size_s(크기가 s)
  theme_caution(테마가 경고 테마. 예를 들면 빨간색으로 강조하여 표시하는 이미지)

- 상태 – 다른 Block(또는 Element)에 비해 무엇이 다른가? 등

  예)

  disabled(사용 불가)

  focused(포커스됨)

  actived(활성화됨)

- 움직임 – 어떤 형태로 움직이는가? 등

  예)

  directions_right-to-left(문장이 오른쪽에서 왼쪽으로)

  position-bottom-right(오른쪽 아래 위치)

Modifier에는 앞의 세 가지 패턴에 공통으로 두 가지 유형이 정의되어 있습니다('키와 값'은 그 유형 중 하나입니다). 그 유형도 함께 고려하면 Modifier의 이름을 정하는 데 곤란한 경우는 없을 것입니다.

## Modifier 유형

연관 포인트 7. 클래스 이름에서 형태, 기능, 역할을 유추할 수 있다(★)

Modifier는 다음과 같이 두 가지 유형으로 구분할 수 있습니다.

- 불값(Boolean)
- 키-값 페어(key-value pair)

### ■ 불값

불값 Modifier는 한 단어로 완결되는 유형입니다. 주로 상태에 관한 지정에 대한 것이 많으며 'disabled(사용 불가)', 'focused(포커스됨)', 'actived(활성화됨)' 등이 이에 해당합니다.

'Modifier 기본' 절에서 가장 먼저 소개한 코드를 다시 반복합니다(그림 3-16).

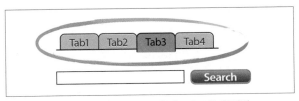

그림 3-16 **Modifier를 사용해 Tab 3을 활성화**

```HTML
<ul class="menu">
  <li class="menu__item"><a class="menu__link" href="tab1/">Tab 1</a></li>
  <li class="menu__item"><a class="menu__link" href="tab2/">Tab 2</a></li>
  <!-- Modifier 추가 -->
  <li class="menu__item menu__item_actived">Tab 3</li>
  <li class="menu__item"><a class="menu__link" href="tab4/">Tab 4</a></li>
</ul>
```

### ■ 키-값 페어

키-값 페어는 주로 형태와 움직임에 관해 지정할 때 사용합니다. Modifier 이름을 지을 때는 '그것이 어떤가'를 중시한다고 설명했습니다. 좀 더 구체적으로 말하면 키-값 페어에서는 '그 Block(또는 Element)의 '무엇'이 '어떤'가가 됩니다. 여기에서의 '무엇'과 '어떤'에 해당하는 것이 키와 값입니다. 메뉴 Block의 코드 예시에서 표시한 Modifier는 'layout이 inline이다'라는 것을 의미하는 키와 값의 조합입니다.

```HTML
/* 모디파이어 추가 */
<ul class="menu menu_layout_inline">
  <li class="menu__item"><a class="menu__link" href="tab1/">Tab 1</a></li>
  <li class="menu__item"><a class="menu__link" href="tab2/">Tab 2</a></li>
  <li class="menu__item"><a class="menu__link" href="tab3/">Tab 3</a></li>
  <li class="menu__item"><a class="menu__link" href="tab4/">Tab 4</a></li>
</ul>
```

그림 3-17 **Modifier를 사용해 레이아웃을 변경한 예**

버튼 Block에 대한 키와 값 페어의 Modifier는 다음과 같이 해석할 수 있습니다.

```HTML
<a class="button button_size_s" href="#">버튼</a>
<!-- button_size_s → 버튼의 '크기(무엇)'가 'S(어떤가)'임 -->
```

그리고 Modifier의 수에 제한이 없으므로 하나의 Block(또는 Element)에 여러 Modifier를 붙일 수도 있습니다.

```HTML
<a class="button button_size_s button_theme_caution button_text_large" href="#">버튼</a>
<!-- button_size_s → 버튼의 '크기'가 'S'임 -->
<!-- button_theme_caution → 버튼의 '테마'가 '경고 테마'임 -->
<!-- button_text_large → 버튼의 '텍스트가' '크다'임 -->
```

다만 같은 스타일을 덮어쓰는 Modifier를 여러 개 사용할 수는 없습니다.

```HTML
<a class="button button_size_s button_size_m" href="#">버튼</a>
<!-- button_size_s → 버튼의 '크기'가 'S'임 -->
<!-- button_size_m → 버튼의 '크기'가 'M'임 -->
```

이 코드 예시에서는 버튼 크기가 S인지 M인지 알 수 없습니다. 이번 코드처럼 단순한 예시의 경우, 즉 키가 동일한 여러 Modifier를 사용한 경우에는 어떤 점이 이상한지 바로 알아차릴 수 있을 것입니다. 하지만 다음 섹션(절, 항목)의 예시와 같이 키가 다른 여러 Modifier를 사용한 경우에는 무엇이 이상한지 알기 어렵습니다.

### ■ Modifier의 책임 범위를 고려한다

연관
포인트 7. 클래스 이름에서 형태, 기능, 역할을 유추할 수 있다

다음은 Modifier에 의한 덮어쓰기 스타일링이 충돌한 코드 예시입니다.

```HTML
<a class="button button_size_s button_bg-color_red" href="#">버튼</a>
<!-- button_size_s → 버튼의 '크기'가 'S'임 -->
<!-- button_bg-color_red → 버튼의 '배경색'이 '빨강'임 -->
```

HTML만 보면 특별한 문제가 없는 듯하지만 실제로 다음과 같이 CSS를 구현할 경우에는 문제가 생깁니다.

```CSS
.button_size_s {
  width: 160px;
}
.button_bg-color_red {
  width: 200px; /* 여기에서 스타일이 충돌한다! */
  background-color: red;
  color: #fff;
}
```

.button_bg-color_red에는 배경색뿐만 아니라 가로 폭도 지정되어 있습니다. 아마도 .button_bg-color_red를 만든 계기였을 빨간색 버튼이 디자인 전체 레이아웃에서는 가로 폭 200px이었을 것입니다. 하지만 HTML에서는 'bg-color'라는 키 이름만으로는 가로 폭도 변경할 것이라고 읽을 수 없습니다. 이처럼 하나의 Modifier에서 여러 스타일을 제어하는 경우에는 스타일 수가 많아질수록 다른 Modifier와 충돌할 가능성이 높아집니다. CSS 설계에서는 '책임'이라는 용어를 자주 사용합니다. 하나의 Modifier에서 많은 스타일을 제어하는 상황은 '책임 범위가 너무 넓다'고 할 수 있습니다.

이번 예시에 대한 개선책으로는 Modifier 이름과 스타일링 제어의 책임 범위를 확실하게 일치시키는 것입니다. 먼저 'size' 키를 가진 Modifier가 일관되게 가로 폭에 관한 지정을 담당하도록 확실하게 책임을 나눕니다. 또한 'bg-color_red'라는 Modifier 이름만으로는 문자 색상을 흰색으로 변경하는 것도 예측할 수 없습니다. 예를 들어, 이름을 'theme_caution[14](경고 테마)'으로 설정하는 것입니다. 이를 통해 이 이름은 배경색뿐만 아니라 색상 변경 전반을 책임 범위로 정합니다.

```HTML
<a class="button button_size_s button_theme_caution" href="#">버튼</a>
```

```CSS
.button_size_s {
  width: 160px;
}
.button_size_m {
  width: 200px;
}
.button_theme_caution {
  background-color: red;
  color: #fff;
}
```

## 하나의 Modifier에서 여러 요소를 변경한다

 8. 확장하기 쉽다(★)

Modifier는 Modifier가 붙은 요소만의 스타일을 변경하는 것이 기본이지만, 경우에 따라서는 이를 고집하는 것이 그다지 좋지 않을 수도 있습니다. 앞의 코드 예시에 조금의 요소를 추가해 버튼 Block 안에 Element가 증가했다고 가정합니다.

---

14 BEM에서는 특히 색에 관해 '형태 그대로'가 아니라 '어떤 의미를 갖는가'를 기준으로 이름을 짓는 것을 중시합니다. 따라서 여기에서는 빨간색이 사용되는 상황을 '경고'라고 가정하고 설명합니다.

```HTML
HTML
<a class="button" href="#">
  <!-- .button__text Element가 늘어남 -->
  <span class="button__text">버튼</span>
</a>
```

이 버튼에 'caution(경고) 테마를 적용해야 하는' 상황을 가정해 봅니다. 배경 색상에 따라 문자 색상도 변경해야 하는 경우, Block과 Element에 각각 Modifier를 붙이는 것은 매우 번거롭습니다.

```HTML
HTML
<!-- △: Modifier를 추가 -->
<a class="button button_theme_caution" href="#">
  <!-- △: 여기에도 Modifier를 추가 -->
  <span class="button__text button__text_theme_caution">버튼</span>
</a>
```

```CSS
CSS
/* △: Modifier마다 스타일링*/
.button_theme_caution {
  background-color: red;
}
```

```CSS
.button__text_theme_caution {
  color: #fff
}
```

배경 색상이 빨간색이 되면 문자 색상이 흰색으로 변하는 것은 아마도 함께 동작할 것입니다(그렇지 않으면 문자가 잘 보이지 않게 됩니다).[15] 이런 경우에는 다음 코드와 같이 한 Modifier에서 자녀(손자) 셀렉터를 사용하는 형태로 다른 요소를 함께 변경할 수 있습니다.

```HTML
HTML
<!-- ○: Modifier는 Block에만 붙임 -->
<a class="button button_theme_caution" href="#">
  <span class="button__text">버튼</span>
</a>
```

```CSS
CSS
.button_theme_caution {
  background-color: red;
}
/* ○: 손자 셀렉터를 사용해 Modifier에서 Element를 변경함 */
.button_theme_caution .button__text {
  color: #fff;
}
```

---

15  이번 예시에서는 .button_theme_caution 속성을 설정해도 CSS의 캐스캐이딩에 의해 .button__text에 적용되지만, BEM의 설명을 위해 여기에서는 캐스캐이딩은 고려하지 않습니다.

이번 예시에서는 요소가 둘뿐이지만, 요소 수가 늘어날수록 이 방법의 효과는 커집니다. 하지만 상세도가 높아지게 되면서 추가적인 덮어쓰기가 어려워지는 경우도 있으므로 자녀(손자) 셀렉터를 활용한 중첩의 수는 가급적 최소한으로 하는 것이 좋습니다.

다음 표에 버튼 Block을 예로 들어 Modifier의 이름을 설정하는 패턴을 정리했습니다. 많은 경우 불값으로 설정하는 것은 상태를 의미하는 Modifier이며, 그 외에는 키와 값의 조합이라는 것을 기억해 주면 좋을 것입니다.

| | 형태 | 상태 | 동작 |
|---|---|---|---|
| 불값 | | button_disabled | |
| 키-값 | button_size_s<br>button_theme_caution | | button_directions_right-to-left |

## Block 중첩

Block은 다른 여러 Block 안에 중첩해서 사용할 수 있습니다. 이 중첩의 수에 특별한 제한은 없으며 원하는 만큼 중첩해서 사용할 수 있습니다. 예를 들어, 그림 3-18과 같이 가장 큰 테두리인 head(헤드) Block이 있고, 그 안에 menu(메뉴), logo(로고), search(검색), auth(인증) 등 여러 Block을 삽입한 형태가 BEM이 권장하는 방법입니다.

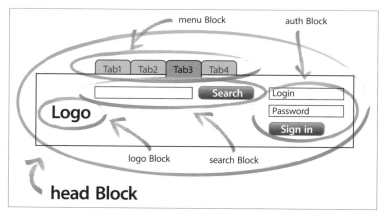

그림 3-18 head Block 안에 다양한 Block을 중첩한 모습

코드 형태는 다음과 같습니다.

```
HTML
<!-- 헤드 Block -->
<header class="head">
  <!-- 중첩된 메뉴 Block -->
  <div class="menu">...</div>
  <!-- 중첩된 로고 Block -->
  <div class="logo">...</div>
  <!-- 중첩된 검색 Block -->
  <form class="search">...</form>
  <!-- 중첩된 인증 Block -->
  <form class="auth">...</form>
</header>
```

Block 안에 Block이 중첩되어 있을 때, 이 코드 예시의 경우에는 '.logo와 .search 사이에 여백을 넣고 싶다'와 같은 요구가 발생할 수 있습니다. .logo 오른쪽에 여백을 넣는 것은 .head 안에 .logo가 있는 경우일 것이므로, 다음 코드와 같이 자녀(손자) 셀렉터를 사용해 스타일링을 할 수 있습니다. 하지만 이 방법은 상세도가 높아지기 때문에 그다지 권장하지는 않습니다.

```
CSS
.head .logo {
  margin-right: 30px;
}
```

다음 절에서 자세히 설명하겠지만 BEM에는 'Mix'라 불리는 기법이 정의되어 있습니다. Block 안의 Block에 무엇인가 스타일링을 하고자 하는 경우에는 다음 코드와 같이 부모 Block의 Element가 되는 클래스 이름을 함께 붙여서 해결합니다.

```
HTML
<header class="head">
  <div class="menu head__menu">...</div>
  <div class="logo head__logo">...</div>
  <form class="search head__search">...</form>
  <form class="auth head__auth">...</form>
</header>
```

## Mix

 4. 특정한 콘텍스트에 지나치게 의존하지 않는다
5. 상세도를 지나치게 높이지 않는다.

BEM에서 Block, Element, Modifier 다음으로 중요하다고 말해도 과언이 아닌 것이 'Mix'라는 사고방식(기법)입니다. Mix는 '단일한 DOM 노드에 다른 여러 BEM 엔티티를 추가한 인스턴스'

라고 정의할 수 있습니다. 오해를 줄이기 위해 풀어서 말하자면 '하나의 HTML 요소에 역할이 다른 여러 클래스가 붙어 있는 상태'를 가리키는 것입니다.

Mix를 사용함으로써 다음을 수행할 수 있습니다.

- 코드를 복제하지 않고도 여러 BEM 엔티티의 동작이나 스타일을 조합한다.
- 기존 BEM 엔티티로부터 새로운 모듈[16]을 만든다.

앞서 예시를 들었던 head Block을 사용해 Mix에 대한 이미지를 그려 봅니다. 그림 3-19와 같이 헤드 Block 안에 menu, logo, search, auth 등 각종 Block이 중첩되어 있습니다.

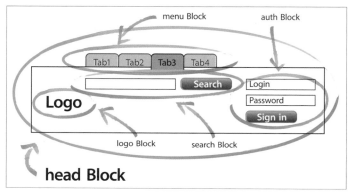

그림 3-19 head Block 안에 다양한 Block이 중첩되어 있는 모습

여기에서 Mix를 사용한 코드는 다음과 같습니다.

```html
HTML
<header class="head">
  <div class="menu head__menu">...</div>
  <div class="logo head__logo">...</div> ——❶
  <form class="search head__search">...</form>
  <form class="auth head__auth">...</form>
</header>
```

.head 안의 요소는 모두 마찬가지이지만 알기 쉽게 ❶을 예로 들어 보면, 동일한 div에 logo(logo Block)와 head__logo(head Block의 logo Element)라는 두 개의 클래스가 붙어 있음을 알 수 있습니다.

---

16 BEM 공식 문서 원문을 보다 더 충실하게 따르면 '의미를 가진 인터페이스 컴포넌트'가 됩니다.

앞의 'Block 중첩' 절과 같이 '.logo와 .search 사이에 여백을 넣고 싶다'는 요구 사항을 Mix를 사용해 구현하기 위해서는 자녀(손자) 셀렉터를 사용한 .logo에서가 아니라 다음과 같이 .head__logo에 스타일링합니다.

```css
CSS
/* X: .logo에 스타일링을 함 */
.head .logo {
  margin-right: 30px;
}
```

```css
/* O: .head__logo에 스타일링을 함 */
.head__logo {
  margin-right: 30px;
}
```

이런 방식을 사용하는 첫 번째 이유는 가급적 상세도를 높이지 않기 위해서입니다. 다음으로 Block의 재사용성을 높이는 것을 들 수 있습니다. logo Block 자체에 margin-right: 30px이 포함되어 있다면 로고를 다른 위치에서 재사용할 때 오른쪽 방향의 여백이 방해가 될 것입니다. 이 경우 일일이 margin-right를 삭제하는 CSS를 만드는 것은 상당히 번거롭습니다. 이때 Mix를 사용해 .head__logo 측에 margin-right를 설정하면 오른쪽 방향의 여백은 logo Block을 사용하는 다른 위치에 영향을 주지 않습니다. 따라서 여백을 일일이 삭제하기 위한 CSS를 만들 필요가 없어지므로 logo Block을 재사용성이 높은 상태로 유지할 수 있습니다.

이외에도 Mix에는 'Block의 독립성을 유지한다'는 장점이 있습니다. 예를 들어, 만에 하나 logo Block이 '.company_logo'라는 Block 이름으로 변경된 경우 전자의 .logo에 스타일링을 한 코드는 그 기능을 수행하지 않습니다. 그러나 후자의 .head__logo로 스타일링을 한 코드는 logo Block의 이름이 '.logo'든 '.company_logo'든 관계없이 적용됩니다. Mix를 사용함으로써 head Block과 logo Block은 '서로 필요 이상 의존하지 않는' 독립성을 확보하게 됩니다.

이 예시에서는 Block과 Element의 Mix였지만 Block과 Block, Element와 Element의 Mix도 사용할 수 있습니다.

## Mix인가 Modifier인가

 **연관 포인트** 4. 특정한 콘텍스트에 지나치게 의존하지 않는다

Block(또는 Element)의 동작이나 스타일을 변경하는 경우 'Mix로 할 것인지 Modifier로 할 것인지' 고민한 경험이 있을 것입니다. 결론부터 미리 말하자면 이는 변경할 속성에 따라 어느 정도 기준을 구분할 수 있습니다.

- Mix를 사용하는 경우 …… position이나 margin 등 '레이아웃(다른 요소와의 위치 관계를 조정하는)과 관련된' 변경의 경우
- Modifier를 사용하는 경우 …… 레이아웃이 아닌, 해당 Block(또는 Element) 안에서 완결되는 변경의 경우

예를 들어, 앞 예시에서 소개한 '.logo와 .search 사이에 여백을 넣고 싶다'는 요구 사항은 '레이아웃(다른 요소와의 위치 관계를 조정하는)과 관련된' 경우에 해당하므로 Mix를 사용하는 것이 적절합니다. 한편 다음과 같이 '.logo에 빨간색 테두리 선을 넣고 싶다'는 요구 사항은 Mix가 아니라 Modifier로 구현하는 것이 재사용 시 유리합니다.

```css
/* O: '다른 요소와의 위치 관계를 조정하는(레이
아웃 포함)' 경우 → Mix를 사용해 스타일링 */
.head__logo {
  margin-right: 30px;
}
```

```
/* O: 해당 Block(또는 Element) 안에서 완결되
는 변경의 경우 → Modifier를 사용해 스타일링 */
.logo_bordered {
  border: 1px solid #000;
}
```

다소 어려운 이야기를 하자면 'logo Block 자체에 관한 것(=테두리 선 넣기)은 logo Block의 책임'이라는 것이 기본입니다. 또 하나 레이아웃에 관한 스타일링은 사용하는 콘텍스트에 따라 달라지므로 logo Block이 여기에 관심을 가져서는 안 됩니다.

그럼 어떻게 해야 할까요. 우선 logo Block을 사용하고자 하는 콘텍스트인 head Block에서 Mix를 해서 '.head__logo'라는 Element를 만듭니다. 이를 통해 logo Block은 해당 Block 내부에 관한 것에만 집중하면 되기 때문에 유지 보수성이나 재사용성의 효율성이 높아집니다(그림 3-20).

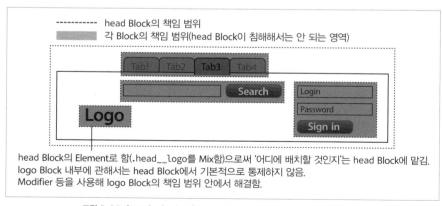

그림 3-20 head Block 및 head Block 내 각 Block과의 관계성

이에 관해서는 2장 CSS 설계의 여덟 가지 포인트 중 '1. 특성에 따라 CSS를 분류한다'에서도 다루었습니다. 이 사고방식은 습득하기에 다소 어려울 수도 있습니다만 'Mix인가, Modifier인가'라는 문제에 관해서는 우선 스타일링의 유형(레이아웃인가 아닌가)을 기준으로 기계적으로 구분해도 괜찮습니다. 경우에 따라 이 케이스에 해당하지 않는 경우도 있겠지만, 이 지침에 따르면 후회하는 일은 거의 없을 것입니다.

## 그룹 셀렉터 대신 Mix

 3. 영향 범위를 지나치게 넓히지 않는다

Mix를 활용하는 또 하나의 예시로 그룹 셀렉터 대신 Mix를 사용하는 방법을 설명합니다. 예를 들어, header와 footer에서 텍스트 스타일이 동일하다고 가정합니다. 이 경우 그룹 셀렉터를 사용한 스타일링의 코드는 다음과 같습니다.

```html
HTML
<header class="header">...</header>
<footer class="footer">...</footer>
```

```css
CSS
.header,
.footer {
    font-family: Arial, sans-serif;
    font-size: 14px;
    color: #000;
}
```

특별한 문제는 없어 보입니다. 그러나 예를 들어, 도중에 header의 폰트 크기를 키우려고 하면 footer의 폰트 크기도 함께 커져 버립니다. BEM에서는 이런 경우 그룹 셀렉터 대신 Mix를 사용할 것을 권장합니다. 이 코드를 Mix로 바꿔서 작성하면 다음과 같습니다.

```html
HTML
<!-- 새로운 Block으로 text를 만들고, header와 footer에 Mix시킴 -->
<header class="header text">...</header>
<footer class="footer text">...</footer>
```

```css
CSS
/* 문자 관련 지정은 textBlock이 담당함 */
.text {
  font-family: Arial, sans-serif;
  font- size: 14px;
  color: #000;
}
```

```css
/* header에만 개별적으로 지정을 할 수 있음 */
.header {
  font-size: 16px;
}
```

텍스트 Block을 새로 만들고 .header와 .footer에 Mix를 한 형태가 되었습니다. 이제 .header와 .footer는 그룹 셀렉터를 사용했을 때처럼 직접 연결되지 않으므로 각각 개별적으로 스타일을 지정할 수 있습니다. 추상적으로 이야기하자면 '.header와 .footer는 각각 Block으로서의 독립성이 높아졌다'고 할 수 있습니다.

다만 앞 예시 코드에서는 CSS 규칙 셋의 순서에 신경을 써야 합니다. 다음 코드와 같이 순서가 바뀌면 .header의 폰트 크기가 의도한 대로 커지지 않습니다.

```css
CSS
.header {
  font-size: 16px;
}
/* X: .text가 뒤로 위치하면 .header의 스타일링이 무효가 됨! */
.text {
  font-family: Arial, sans-serif;
  font-size: 14px;
  color: #000;
}
```

BEM 공식 문서의 설명은 '그룹 셀렉터 대신 Mix를 (사용하라)'에서 멈추지만 필자는 다음 중한 가지를 선택할 것을 권장합니다.

1. 처음부터 그룹 셀렉터를 사용하지 말고 Mix도 무리해서 사용하지 않는다.
2. Mix를 사용해야 하는 경우 한 Block의 Modifier에서 Mix의 덮어쓰기를 수행한다.

위의 각 패턴에서 수정한 코드는 다음과 같습니다.

**1. 처음부터 그룹 셀렉터를 사용하지 말고 Mix도 무리해서 사용하지 않는다**

```html
HTML
<header class="header">...</header>
<footer class="footer">...</footer>
```

```css
CSS
/* O: 각각에 덮어쓰기가 발생할 경우에는 처음부터 구분한다 */
.header {
  font-family: Arial, sans-serif;
  font-size: 16px; /* O: .header는 폰트 크기를 크게 한다 */
  color: #000;
}
.footer {
  font-family: Arial, sans-serif;
  font-size: 14px;
  color: #000;
}
```

**2. Mix를 사용해야 하는 경우**
   한 Block의 Modifier에서 Mix의 덮어쓰기를 수행한다

```html
HTML
<!-- ○: textBlock의 Modifier를 붙인다 -->
<header class="header text text_size_
l">...</header>
<footer class="footer text">...</footer>
```

```css
CSS
.text {
  font-family: Arial, sans-serif;
  font-size: 14px;
  color: #000;
}
/* ○: 새롭게 만든 Block의 Modifier로 만들면
규칙 셋 순서 관리가 편해진다 */
.text_size_l {
  font-size: 16px;
}
```

## Mix에서 처리할 수 없는 경우

### Element 안에 다른 Block을 중첩한다

Mix는 극단적으로 말하면 '하나의 HTML 요소에 역할이 다른 여러 클래스가 붙어 있는 상태'라고 할 수 있습니다. 그렇기 때문에 가끔 다음과 같이 좋지 않은 상황이 발생하는 경우가 있습니다.

- 스타일이 충돌한다.
- HTML 코드 구조상 태그 안에 배치하고 싶다.

이런 경우에는 무리해서 Mix를 사용하는 것이 아니라, 다음과 같이 'button__inner'라는 Element를 새로 만들고 그 안에 다른 Block을 중첩해서 해결할 수 있습니다.

```html
HTML
<button class="button">
  <span class="button__inner">
    <!-- ○: Mix가 아니라 Element 안에 아이콘 Block을 중첩한다 -->
    <span class="icon"></span>
  </span>
</button>
```

```css
CSS
.button__inner {
  margin: auto;
  width: 10px;
}
```

콘텍스트에 의존하는 스타일링을 수행한다

 3. 영향 범위를 지나치게 넓히지 않는다

웹 개발을 하다 보면 일정한 영역에 대해 베이스 스타일을 설정해야 하는 경우도 있습니다. CMS의 WYSIWYG 에디터[17]에서 콘텐츠를 만드는 블로그 본문 등과 같은 영역을 생각하면 이해하기 쉬울 것입니다.

블로그 본문 부분은 우리들 웹 개발자들이 아니라 클라이언트가 변경하는 시스템도 많습니다. 하지만 웹 제작 전문가가 아닌 클라이언트에게 블로그 집필 시에 지정할 클래스 이름을 붙이도록 하는 것은 상식적이지 않습니다. BEM에서는 이런 경우 다음 코드와 같은 스타일링도 허용하고 있습니다.

```CSS
.blog_post p {
  margin-bottom: 20px;
}
```

단, 이 같은 스타일링은 Block의 독립성을 해치며 상세도를 높이기 때문에 예상하지 않았던 스타일 덮어쓰기가 발생할 우려가 있습니다. 아무리 해도 Mix를 사용할 수 없는 경우에만, 이런 스타일링을 하도록 합니다.

## Modifier 이름은 생략해서는 안 된다

BEM은 그 독특한 이름 규칙을 가지고 있는지라 때때로 클래스 이름이 매우 길어지기도 합니다. 특히 Modifier는 대상이 되는 Block 또는 Element의 이름을 앞에 붙이는 규칙 탓에 BEM 중에서도 클래스 이름이 가장 길어집니다. 예를 들어, user-login-button이라는 Block에 size_s라는 Modifier를 붙이는 경우 다음 코드와 같이 클래스 이름이 매우 길어져 버립니다.

```HTML
<a class="user-login-button user-login-button_size_s" href="#">버튼</a>
```

BEM에 어느 정도 익숙해지면 규칙에서 벗어나 'Modifier 이름에서 Block 이름이나 Element 이름을 생략해도 되는 것은 아닌가' 생각할 수도 있겠지만, 다음 세 가지 이유로 Modifier 이름을 생략하는 것은 권장하지 않습니다.

---

**17** 마이크로소프트 워드(Microsoft Word)와 같이 제목이나 굵은 글씨, 항목 쓰기 등을 전용 인터페이스에서 지정할 수 있는 기능을 의미합니다. What You See Is What You Get(보이는 대로 얻는다는 의미)의 약어입니다.

- 이름의 충돌로 인해 Modifier의 상세도가 늘어난다.
- 어떤 클래스에 대한 Modifier인지 분간할 수 없다.
- 코드 검색이 어렵다.

## 이름 충돌로 인해 Modifier의 상세도가 늘어난다

 **H** 5. 상세도를 지나치게 높이지 않는다

앞에서 'size_s'라는 Modifier를 다른 Block에서도 사용하는 경우 생략된 Modifier 이름은 다음과 같습니다.

```html
HTML
<!-- X: 모두 Block 이름을 포함하지 않은 'size_s'라는 Modifier 이름 -->
<a class="user-login-button size_s" href="#">버튼</a>
<img class="hero-image size_s" src="dummy.png">
```

그러나 user-login-button에 대한 size_s와 hero-image에 대한 size_s가 수행하는 스타일 덮어쓰기는 당연히 다른 것이므로, Block 이름의 셀렉터를 함께 사용해 스타일 충돌을 막아야 합니다. 그러다 보니 이번에는 상세도가 증가하는 문제가 발생합니다. BEM에서는 Modifier를 포함해 상세도를 기본적으로 균일하게 유지할 것을 요구합니다.

```css
CSS
/* X: 단순히 지정하는 것만으로는 스타일이 충돌함 */
.size_s {
  padding: 5px; /* user-login-button에 적용할 스타일 */
}
.size_s {
  width: 200px; /* hero-image에 적용할 스타일 */
}

/* X: 스타일이 충돌하지 않도록 하면 상세도가 증가함 */
.user-login-button.size_s {
  padding: 5px;
}
.hero-image.size_s {
  width: 200px;
}
```

상세도를 균일하게 유지하고 Modifier를 Block(또는 Element)별로 확실하게 구분할 수 있다면 Modifier 이름에 Block(또는 Element) 이름을 포함해야만 합니다.

앞의 예시에서는 문제를 부각시키기 위해 size_s 속성에서 padding과 width를 각각 사용했지만, 경우에 따라서는 'user-login-button과 hero-image 모두에 width: 200px;를 적용해야 하는' 상황이 생길 수도 있습니다. 이러한 경우 코드 재사용을 중시한다면 헬퍼 클래스를 만드는 것도 한 가지 방법입니다. width: 200px를 적용하는 헬퍼 클래스를 다음 코드와 같이 만들 수 있습니다.

```html
HTML
<!-- 모두에 w200 헬퍼 클래스를 붙임 -->
<a class="user-login-button w200" href="#">버튼</a>
<img class="hero-image w200" src="dummy.png">
```

```css
CSS
/* Block이나 Element에 관계없이 width를 설정하고 싶으므로, Block(Element) 이름은
포함하지 않음 */
.w200 {
  width: 200px;
}
```

이 헬퍼 클래스는 2장 CSS 설계의 여덟 가지 포인트 중 '8. 확장하기 쉽다'에서도 소개한 것처럼 BEM뿐만 아니라 CSS 개발 전반에 공통적으로 적용됩니다. 오히려 BEM에서는 '헬퍼 클래스를 어떻게 다룰까'라는 점에 대해 명확하게 말하지 않습니다. 다만 헬퍼 클래스도 세 개, 네 개 등 많은 수를 붙이면 style 속성에 스타일을 지정하는 것과 별다른 차이가 없습니다. 헬퍼 클래스에 의존하기 전에 '정말로 공통화할 필요가 있는가? 다른 Modifier로 만드는 편이 설계로서 견고하지 않은가?'라는 질문을 던져보고 여러 헬퍼 클래스를 붙여야 한다면 '하나의 BEM 엔티티로서 정의할 수 있는가?'도 고려해 봅니다.

## 어떤 클래스에 대한 Modifier인지 분간할 수 없다

 ┤ 6. 클래스 이름에서 영향 범위를 유추할 수 있다(★)

두 번째 문제는 Mix 등을 사용해서 하나의 HTML 요소에 여러 클래스를 붙였을 때 발생합니다. 예를 들어, 다음 코드와 같이 user-login-button과 dropdown을 Mix한 경우, HTML만 봐서는 size_s라는 Modifier가 어느 쪽에 대한 지정인지 판단할 수 없습니다. Modifier 이름을 생략하지 않으면 이런 문제는 발생하지 않습니다.

```html
HTML
<!-- X: user-login-button과 dropdown Mix 시, 무엇에 대한 Modifier인지 구분할 수 없음 -->
<a class="user-login-button dropdown size_s" href="#">버튼</a>

<!-- O: Modifier 이름을 생략하지 않았으므로, 무엇에 대한 Modifier인지 구분할 수 있음 -->
<a class="user-login-button dropdown user-login-button_size_s" href="#">버튼</a>
```

### 코드 검색이 어렵다

 6. 클래스 이름에서 영향 범위를 유추할 수 있다

세 번째 문제는 단순합니다. user-login-button과 관계있는 코드를 검색한 경우 확실하게 Modifier 이름에 'user-login-button'이라는 이름을 포함하고 Block, Element와 함께 Modifier도 검색 결과에 표시되도록 할 수 있습니다.

## BEM의 기타 이름 규칙

BEM의 기본 이름 형태는 다음과 같습니다.

```
block-name__elem-name_mod-name_mod-val
```

즉, 다음과 같은 규칙을 가지고 있습니다.

- 영문자 소문자
- Element와 Modifier는 각각 Block 이름을 상속
- 각 항목의 구분 안에 여러 단어가 있는 경우에는 하이픈 한 개
- Block과 Element 구분에는 언더스코어 두 개
- Modifier의 키 구분에는 언더스코어 한 개
- Modifier의 값 구분에도 언더스코어 한 개

하지만 BEM을 도입할 때 이 이름 규칙을 반드시 지켜야만 하는 것은 아닙니다. Block, Element, Modifier 및 단어를 각각 확실하게 구분할 수 있다면 이름 규칙을 적절하게 커스터마이즈해도 괜찮습니다.

BEM에 관한 마지막 설명으로서 BEM 문서에도 포함된 다른 이름 규칙과 'MindBEMding'이라는 블로그 기사[18]에서 유명해진 이름 규칙을 소개합니다.

### 하이픈 두 개를 사용하는 스타일

```
block-name__elem-name--mode-name--mode-val
```

Modifier 전후의 구분 문자를 언더스코어 한 개에서 하이픈 두 개로 변경한 스타일입니다. 그 외의 규칙은 기본 이름 규칙과 같습니다. 단, HTML의 주석 내에 하이픈이 두 개 포함되어 있으면 HTML 검증 시 오류가 발생하는 점에는 주의해야 합니다.

---

18 https://csswizardry.com/2013/01/mindbemding-getting-your-head-round-bem-syntax/

## 캐멀 케이스 스타일

```
blockName__elemName_modeName_modVal
```

여러 단어를 하이픈이 아닌 로워 캐멀 케이스로 입력하는 스타일입니다. 그 외의 규칙은 기본 이름 규칙과 같습니다.[19]

## 리액트 스타일

```
BlockName-ElemName_modeName-modVal
```

다음과 같은 변경 사항이 적용되었습니다. 그 외 규칙은 기본 이름 규칙과 같습니다.

- Block과 Element는 어퍼 캐멀 케이스로 기재
- Modifier는 로워 캐멀 케이스로 기재
- Block과 Element는 하이픈 한 개로 구분

## 이름 공간이 없는 스타일

```
_disabled
```

이 규칙은 Modifier에 한정되어 있습니다. 이것만으로는 알기 어려우므로 다음 HTML에서 사용 예시를 확인합니다. '_disabled'라는 Modifier에 의해 로그인 버튼이 비활성화된 상태입니다.

```HTML
<button class="btn _disabled">로그인</button>
```

이름 규칙으로서는 'Modifier에 Block 이름은 물론 Element 이름도 포함하지 않는다'는 것입니다. 얼핏 보면 단순해서 이해하기 쉽지만, 앞의 'Modifier 이름은 생략해서는 안 된다' 절에서 설명한 것처럼 이 이름 규칙에는 약점이 있습니다. Mix를 사용할 때 Modifier 이름에 Block 이름 또는 Element 이름을 포함하지 않으면, HTML만 봐서는 어떤 클래스에 대한 Modifier인지 판단하기 어렵습니다.

---

19 문서의 예시에서는 'blockName-elemName_modName_modeVal'로 Block과 Element의 구분 문자도 하이픈으로 하나로 변경되어 있지만, 이어지는 설명에는 'Block, Element, Modifier의 구분 문자는 기본 규칙에서 변하지 않는다'고 명확하게 명시되어 있으므로 문서의 예시를 오기로 봅니다.

```
HTML
<header class="header">
  <!-- X: _available이 header__btn에 대한 것인지, login에 대한 것인지 알 수 없음! -->
  <button class="header_btn login _available">로그인</button>
</header>
```

Modifier에 Block 이름 또는 Element 이름이 확실히 상속되어 있다면 이런 상황에는 빠지지 않습니다.

```
HTML
<!-- O: header__btn에 대한 Modifier의 경우 -->
<header class="header">
  <button class="header__btn header__btn_available login">로그인</button>
</header>

<!-- O: login에 대한 Modifier의 경우 -->
<header class="header">
  <button class="header__btn login login_available">로그인</button>
</header>
```

이런 이유로 Modifier에 이름 공간(Namespace)을 붙이지 않은 스타일은 그다지 권장하지 않습니다.

## MindBEMding

마지막으로 MindBEMding을 소개합니다. MindBEMding은 정식적인 이름 규칙의 명칭이 아니라 영국의 CSS Wizardry사가 운영하는 블로그에 투고된 기사[20]의 제목입니다.

규칙은 다음과 같습니다.

    block-name__elem-name--mode-name(--val)

- Modifier 구분은 하이픈 두 개
- Modifier의 키는 생략 가능

그다지 큰 차이는 아니나 중요한 것은 'Modifier의 키는 생략 가능'하다는 점입니다.

BEM 본래의 Modifier 기술 방법과 MindBEMding에서 소개한 Modifier 기술 방법을 비교하면 다음 코드와 같습니다.

---

20 MindBEMding – getting your head round BEM syntax – https://csswizardry.com/2013/01/mindbemding-getting-your-head-round-bem-syntax/

```
HTML
<!-- BEM 본래의 Modifier 기술 방법 -->
<a class="button button_size_s" href="#">버튼</a>

<!-- MindBEMding에서 소개한 Modifier의 기술 방법 -->
<a class="button button--s" href="#">버튼</a>
```

본래의 기술 방법인 'button_size_s'에 비해 MindBEMding에서는 'button—s'로 간단하게 기술합니다. 하지만 이것만으로도 Modifier가 무엇을 하는 것인지 대략 유추할 수 있습니다. 이 단순함 덕분에 BEM 본래의 기술 방법보다도 MindBEMding에서 소개하는 방법을 도입하는 사이트도 어렵지 않게 발견할 수 있습니다.

## BEM 정리

많은 규칙과 사고방식 때문에 'BEM은 어렵다' 혹은 '주의할 것이 너무 많아 혼란스럽다'고 생각할지도 모르겠습니다. 그러나 이만큼 규칙이 많은 것은 BEM이 엄격해서라기보다는 오히려 그렇지 않으면 CSS가 처참한 사태를 야기하기 때문입니다. 이것의 의미는 규칙이 많고 문서가 긴 BEM은 그만큼 신뢰할 수 있다는 반증이기도 합니다.

흥미가 있는 분은 꼭 공식 문서[21]를 확인할 것을 권장합니다. BEM 도입에 관계없이 그 사고방식을 이해하는 것만으로도 반드시 여러분이 프로그래머, 엔지니어로서의 수준을 올리는 데 도움이 될 것입니다.

마지막으로 BEM을 성공시키는 팁과 기존 프로젝트에 BEM을 도입하는 방법을 공식 문서에서 인용합니다.

### BEM을 성공시키는 팁

- DOM 모델이 아니라 Block이라는 단위를 베이스로 사고한다.
- ID 셀렉터와 요소형 셀렉터는 사용하지 않도록 한다.
- 자녀(손자) 셀렉터에서 중첩되는 셀렉터 수는 가급적 적게 한다.
- 이름 충돌을 회피하기 위해 또는 코드에서 정보를 확인할 수 있도록 이름 규칙을 확실히 따라 클래스 이름을 붙인다.
- Block인지, Element인지, Modifier인지를 항상 의식한다.

---

21 https://en.bem.info/methodology/quick-start/

- Block 또는 Element에서 변경이 빈번하게 일어날 것으로 예상되는 스타일 속성은 Modifier로 옮겨 둔다.
- Mix를 적극적으로 사용한다.
- 관리성을 높이기 위해 각각의 Block은 작은 크기로 분할한다.
- Block을 적극적으로 재사용한다.

## 기존 프로젝트에 BEM을 도입하려면

- 새로운 모듈은 BEM에 따라 만들고 필요에 따라 오래된 모듈도 BEM이 되도록 개선한다.
- 기존 코드와 새로운 BEM 코드를 눈으로 구분할 수 있도록 클래스 이름에 'bem-'이라는 접두사를 붙여 두는 것도 효과적이다.

**COLUMN** BEM은 CSS에만 국한되지 않는다

지금까지 BEM의 CSS 설계 관련 부분을 중심으로 설명했습니다. 하지만 BEM은 사실 CSS 설계만을 다루는 방법론은 아닙니다. CSS 설계의 배경에 있는 파일 익스포트 방법이나 파일 구성, 나아가 파일 익스포트 도구도 함께 제공하기 때문에 CSS만이 아닌 HTML이나 자바스크립트도 포함한 모듈 기반 웹 개발 방법'이라 할 수 있습니다.

BEM은 그 자체의 규모가 매우 방대하며 CSS 이외의 대상을 다루는 부분도 많기 때문에 이 책에서는 설명하지 않았으나, 흥미가 있는 분이나 CSS를 포괄하는 모듈 기반 개발 환경을 고려하는 분들은 공식 문서에서 다음 항목을 참고하시기 바랍니다.

- File Structure
- Redefinition Level
- Build
- Declarations

PRECSS[22]는 prefixed CSS(접두사가 붙은 CSS)의 약어로 필자가 개발했습니다. 이름에서 알수 있듯 모든 클래스 이름에 역할을 의미하는 두 글자의 접두사를 붙이는 것이 특징으로 OOCSS, SMACSS, BEM에서 많은 영향을 받았습니다. 지금까지 설명한 설계 기법을 익혔다면 이해하기 쉬울 것입니다.

PRECSS는 CSS를 역할에 따라 다음 여섯 가지 그룹으로 분류하고 각각에 관한 규칙을 정했습니다.

1. 베이스(Base)
2. 레이아웃(Layout)
3. 모듈(Module)
   a. 블록 모듈(Block Module)
   b. 엘리먼트 모듈(Element Module)
4. 헬퍼(Helper)
5. 유니크(Unique)
6. 프로그램(Program)

또한 PRECSS는 베이스 그룹 이외에도 각 그룹의 클래스에 대해 두 글자의 접두사만 붙어 있으면 되므로 개발 요구 사항에 맞춰 독자적으로 그룹을 만들 수도 있습니다.

## 기본 지침

PRECSS는 CSS 설계 기법은 아니지만 실제 프로젝트에서 정의된 코딩 규칙의 가능한 많은 부분을 커버하기 위해 코드 작성 방법이나 클래스 이름에 사용하는 단어에 관한 지침도 다루고 있습니다.

### PRECSS에서 권장하는 코딩 규칙

먼저 코딩 규칙(공백이나 들여쓰기, 줄바꿈 지정 등) 자체에 관해서는 기본적으로 구글 HTML/

---

22 https://precss.io/ja/, 번역 시점(2020년 8월)으로 영어 버전은 유지 보수 중이며 일본어 버전만 제공합니다.

CSS Style Guide[23], Principles of writing consistent, idiomatic CSS[24]을 준수할 것을 권장합니다.[25] 이는 가능한 세계적으로 유명한 규칙을 도입함으로써 다른 사람들이나 회사와 코드를 공유하는 경우에도 되도록 차이가 나지 않도록 하기 위함입니다.

## 이름 규칙

### | 6. 클래스 이름에서 영향 범위를 유추할 수 있다(★)

각 그룹에서 두 글자의 접두사 뒤에는 언더스코어를 사용하고 그 뒤에 클래스 이름을 붙입니다. 그리고 접두사 뒤뿐만 아니라 각 모듈의 자녀 요소 이름에도 언더스코어를 사용합니다. 다시 말해 PRECSS에서 언더스코어는 구조적 계층을 의미하는 역할을 담당합니다. 한 계층 안에 여러 단어를 포함하는 경우에는 앞 문자를 소문자로 기술하는 로워 캐멀 케이스를 사용합니다. 상세도 관리가 복잡해지는 것을 방지하기 위해서 ID 셀렉터는 기본적으로 사용하지 않습니다.

다음은 실제 코드 예시입니다.

```html
<!-- X: 한 계층 안에서 언더스코어를 사용하고 있음 -->
<div class="bl_half_media">...</div>

<!-- O: 한 계층 안에서는 로워 캐멀 케이스를 사용함 -->
<div class="bl_halfMedia">...</div>
```

각 모듈의 자녀 요소는 기본적으로 부모의 이름만 상속받으며 언더스코어 뒤에는 자녀 요소의 이름을 붙입니다. 예를 들어, 자녀 요소 안에 자녀 요소가 중첩되어 있는 경우에도, 중첩된 자녀 요소는 어디까지나 부모의 이름만 상속합니다.

```html
<!-- O: 각 자녀 요소는 중첩된 계층에 관계없이 'bl_halfMedia'만 상속함 -->
<div class="bl_halfMedia">
  <img class="bl_halfMedia_img" sec="example.jpg" alt="">
  <div class="bl_halfMedia_desc">
    <h3 class="bl_halfMedia_ttl">제목이 들어갑니다.</h3>
    <p class="bl_halfMedia_txt">본문이 들어갑니다.</p>
  </div>
</div>
```

---

23 https://google.github.io/styleguide/htmlcssguide.html
24 https://github.com/necolas/idiomatic-css
25 단, 이 책에서는 공간 문제상 가급적 간결한 코드를 지향하는 규칙을 적용하고 있습니다.

단, 다음 항목 중 하나라도 해당하는 경우에는 중첩된 자녀 요소 클래스 이름에 가장 가까운 부모 요소의 이름을 포함시킬 수도 있습니다.

- 부모 자녀 관계를 의도적으로 명확히 정의하고자 하는 경우
- 모듈이 커서 자녀 요소의 이름이 중복되지 않도록 하고자 할 경우

```html
HTML
<div class="bl_halfMedia">
  <img class="bl_halfMedia_img" sec="example.jpg" alt="">
  <div class="bl_halfMedia_desc">
    <!-- O: 'bl_halfMedia_desc' 상속 -->
    <h3 class="bl_halfMedia_desc_ttl">제목이 들어갑니다.</h3>
    <!-- O: 'bl_halfMedia_desc' 상속 -->
    <p class="bl_halfMedia_desc_txt">본문이 들어갑니다.</p>
  </div>
</div>
```

## 범용적으로 사용할 수 있는 단어

- _wrapper
- _inner
- _header
- _body
- _footer

이 단어들은 뒤에서 설명하는 각 그룹 어디에서든 필요에 따라 범용적으로 사용할 수 있습니다. 무언가의 이유로 '_wrapper' 클래스를 모듈 바깥쪽에서 필요로 하는 경우에는 다음과 같이 마크업합니다.

```html
HTML
<div class="bl_halfMedia_wrapper">
  <div class="bl_halfMedia">
    <div class="bl_halfMedia_inner">
      <div class="bl_halfMedia_header">
        ...
      </div>
    </div>
  </div>
</div>
```

## 단어를 생략하는 경우

BEM에서 제창한 모듈 설계 및 이름 규칙은 매우 멋진 아이디어입니다. 하지만 때로는 클래스 이름이 너무 길어지는 경우도 있습니다. PRECSS에서는 의미나 가독성을 해치지 않는 한, 단어를 생략하는 것을 권장합니다. 단어를 생략할 경우에는 구글 HTML/CSS Style Guide[26]의 '4.1.3 ID and Class Name Style'을 기반으로 합니다. 또한 두 단어 이상으로 하나의 의미를 나타내는 단어군은 각각의 앞 글자만 따서 대문자로 표시하는 것을 권장합니다. 단, 어느 정도는 일반적이며 연속된 패턴이 있는 것이 바람직할 것입니다.

다음에 생략어의 예시를 나타냈습니다.

**일반적인 두 단어 이상의 예시**

| 생략 전 | 생략 후 |
| --- | --- |
| mainVisual | MV |

**연속한 패턴을 가진 두 단어 이상의 예시**

| 생략 전 | 생략 후 |
| --- | --- |
| northEurope | NE |
| northAmerica | NA |
| southAmerica | SA |

**그 외 자주 사용되는 생략어**

| 생략 전 | 생략 후 | 생략 전 | 생략 후 |
| --- | --- | --- | --- |
| category(ies) | cat(s) | image | img |
| column | col | number | num |
| content(s) | cont(s) | title | ttl |
| level | lv | text | txt |
| version | v | left | l |
| section | sect | right | r |
| description | desc | small | sm |
| button | btn | medium | md |
| clearfix | cf | large | lg |
| | | reverse | rev |

---

26 https://google.github.io/styleguide/htmlcssguide.html – ID_and_Class_Name_Style

## 시리즈를 만드는 경우

모듈 클래스 이름은 기본적으로 의미가 있거나 목적 또는 움직임을 알 수 있는 것을 권장하지만, 비슷한 모듈이 계속되는 경우에는 일련번호를 붙여 관리하는 것도 허용합니다. 단, 첫 번째 모듈에는 일련번호를 붙이지 않습니다.

```html
HTML
<!-- X: 첫 번째 모듈에 일련번호가 붙어 있음 -->
<div class="bl_halfMedia1">...</div>
<div class="bl_halfMedia2">...</div>
<div class="bl_halfMedia3">...</div>

<!-- O: 첫 번째 모듈에 일련번호가 붙어 있지 않음 -->
<div class="bl_halfMedia">...</div>
<div class="bl_halfMedia2">...</div>
<div class="bl_halfMedia3">...</div>
```

만약 '첫 번째 모듈에 모두 일련번호를 붙이게' 되면 이후 시리즈를 만들 때 첫 번째 모듈에 일련번호를 다시 붙여야 하는 수정 사항이 발생하기 때문입니다. 이를 미리 고려해 모든 모듈에 '1'이라는 일련번호를 붙이는 방법도 있지만, 그 경우에는 도리어 클래스 이름이 장황해집니다.

## 베이스 그룹

1. 특성에 따라 CSS를 분류한다(★)
3. 영향 범위를 지나치게 넓히지 않는다(★)

* 접두사: 없음

베이스 그룹은 SMACSS에서의 베이스 규칙 혹은 뒤의 칼럼에서 소개할 FLOCSS의 Foundation과 거의 동일하며, 리셋 CSS의 규칙 셋이나 기타 프로젝트에서 기본이 되는 스타일링입니다.

```css
CSS
/* 프로젝트에서 기본이 되는 스타일링 예시 */
html {
  font-family: serif;
}
a {
  color: #1565c0;
  text-decoration: none;
}
```

```css
img {
  max-width: 100%;
  vertical-align: top;
}
```

또한 PRECSS에서는 특정 범위 안에서 한정적으로 베이스 스타일을 적용하는 것도 허용합니다. 예를 들어, '헤더 안의 스타일링은 모두 흰색이지만, 푸터 안은 파란색으로 통일하고 싶은' 경우에 한정적인 베이스 스타일을 사용할 수 있습니다. 단, 상세도가 높아지므로 사용할 때는 반드시 주의를 기울여야 합니다.

```css
/* 한정적인 베이스 스타일의 예시 */
.ly_header a {
  color: white;
}
```

```css
.ly_footer a {
  color: blue;
}
```

## 레이아웃 그룹

 1. 특성에 따라 CSS를 분류한다(★)

- 접두사: ly_(layout의 약자)

헤더, 보디 영역, 메인 영역, 사이드 영역, 푸터 등 큰 레이아웃을 형성하는 요소에 사용합니다. 원칙적으로 이 그룹에는 레이아웃과 관련된 스타일링(width, margin, padding, float 등)만 사용할 수 있습니다. 어디까지나 콘텐츠가 들어갈 '테두리'를 정의하는 것뿐이며 콘텐츠는 뒤에서 설명할 모듈 그룹에서 만듭니다. 단, '헤더의 배경 색상은 검정'과 같이 '테두리'와 그 '취급'의 상세도가 일치하는 경우에는 필요에 따라 레이아웃 이외의 스타일링을 수행하는 것도 허용합니다.

레이아웃 그룹에 관해서는 4장에서 실제 이미지와 코드 예시를 통해 설명합니다. 실제 코드를 미리 보고 싶은 분은 4장을 먼저 읽어도 좋습니다.

## 모듈 그룹

PRECSS에서는 재사용성이 높은 코드를 모듈이라는 단위로 관리합니다. 모듈은 크게 다음과 같이 두 가지 상세도로 나누어 정의합니다.

- 블록 모듈
- 엘리먼트 모듈

## 블록 모듈

연관 포인트

6. 클래스 이름에서 영향 범위를 유추할 수 있다(★)

7. 클래스 이름에서 형태, 기능, 역할을 유추할 수 있다(★)

- 접두사: bl_(block의 약어)

블록 모듈은 해당 모듈 특유의 몇 가지 자녀 요소를 가지거나 뒤에서 설명할 엘리먼트 모듈 또는 다른 블록 모듈을 포함할 수 있습니다. BEM에서 예시를 들었던 '여러 Element를 가진 Block'이라 바꿔서 표현할 수도 있습니다. 이 여러 자녀 요소나 엘리먼트 모듈을 한 덩어리로 정리함으로써 다양한 페이지에서 사용할 수 있도록 한 것이 블록 모듈의 기본적인 사고방식입니다. 웹사이트의 핵심을 담당하는 많은 모듈이 이 블록 모듈에 해당합니다.

블록 모듈의 형태(그림 3-21)에 이어서 코드 예시를 소개합니다.

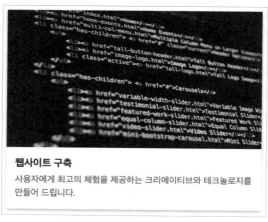

**웹사이트 구축**
사용자에게 최고의 체험을 제공하는 크리에이티브와 테크놀로지를 만들어 드립니다.

그림 3-21 **블록 모듈 예시(카드 모듈)**

```html
HTML                                                    3-5-card-modules.html
<div class="bl_card">
  <figure class="bl_card_imgWrapper">
    <img src="/assets/img/elements/code.jpg" alt="웹사이트 제작">
  </figure>
  <div class="bl_card_body">
    <p class="bl_card_ttl">웹사이트 제작</p>
    <p class="bl_card_txt">사용자에게 최고의 체험을 제공하는 크리에이티브와 테크놀로지를 만들어
드립니다.</p>
  </div>
</div>
```

```css
CSS                    3-5-card-modules.css
.bl_card {
  box-shadow: 0 3px 6px rgba(0, 0, 0, .16);
  font-size: 16px;
  line-height: 1.5;
}
.bl_card_imgWrapper {
  position: relative;
  padding-top: 56.25%;
  overflow: hidden;
}
.bl_card_imgWrapper img {  ——❶
  position: absolute;
  top: 50%;
  width: 100%;
```

```css
    transform: translateY(-50%);
}
.bl_card_body {
  padding: 15px;
}
.bl_card_ttl {
  margin-bottom: 5px;
  font-size: 1.125rem;
  font-weight: bold;
}
.bl_card_txt {
  color: #777;
}
```

PRECSS의 경우 상세도는 기본적으로 클래스 셀렉터 하나로 균일한 상태를 유지하도록 하지만, BEM과 같이 엄격하지는 않습니다. CSS 코드에서 ❶과 같이 범위가 좁혀져 있다면 자녀(손자) 셀렉터도 사용할 수 있습니다.

따라서 리스트와 같은 모듈은 다음과 같이 간단하게 마크업 할 수 있습니다.

```html
HTML
<ul class="bl_bulletList">
  <li>리스트 1</li>
  <li>리스트 2</li>
  <li>리스트 3</li>
</ul>
```

```css
CSS
.bl_bulletList {
  line-height: 1.5;
}
.bl_bulletList > li {
  margin-bottom: 10px;
}
```

### ■ 블록 모듈에 레이아웃 관련 스타일링은 하지 않는다

**연관 포인트** ┤ 1. 특성에 따라 CSS를 분류한다(★)

블록 모듈에는 다른 요소에 영향을 주지 않는 스타일만 적용합니다. 영향을 주는 다른 스타일, 다시 말해 float나 width와 같은 레이아웃 관련 스타일은 블록 모듈 자체에는 적용하지 않습니다. 블록 모듈의 폭은 가능한 초깃값 상태로(대부분 블록 요소이기 때문에 부모 요소의 전체 폭만큼 넓어짐) 사용하는 것이 바람직하다고 말할 수 있습니다.

레이아웃과 관련된 지정을 해야 하는 경우에는 BEM과 마찬가지로 블록 모듈이 사용되는 콘텍스트의 Element로서 스타일을 적용합니다. 그림 3-22와 같은 화면을 만드는 다음 코드를 보면 이해하기 쉬울 것입니다.

그림 3-22 **카드 모듈로 세 개의 칼럼을 만든 예시**

```html
HTML                                        3-5-card-modules-2.html
<div class="bl_3colCardUnit">
  <div class="bl_3colCardUnit_item bl_card">...</div>
  <div class="bl_3colCardUnit_item bl_card">...</div>
  <div class="bl_3colCardUnit_item bl_card">...</div>
</div>
```

```css
CSS                                         3-5-card-modules-2.css
/* O: .bl_card에는 레이아웃 관련된 내용을 지정하지 않음 */
.bl_card {
  box-shadow: 0 3px 6px rgba(0, 0, 0, 0.16);
  font-size: 16px;
  line-height: 1.5;
}

.bl_3colCardUnit {
  display: flex;
}
/* O: 여기에서 레이아웃 관련 내용을 지정함 */
.bl_3colCardUnit_item {
  width: 31.707%;
  margin-right:2.43902%;
}
```

앞서 설명한 '레이아웃과 관련된 지정이 필요한 경우는 블록 모듈을 사용하는 콘텍스트의 Element에서 스타일을 적용한다'는 규칙에 비춰 보면 '블록 모듈(.bl_card)을 사용하는 콘텍스트(.bl_3CardUnit)의 Element(.bl_3ColCardUnit_item)에서 스타일을 적용'하는 셈입니다. CSS 측 역시 레이아웃에 관련된 스타일링은 .bl_card가 아니라 부모 모듈인 .bl_3colCardUnit과 그 자녀 요소(Element)인 .bl_3colCardUnit_item에만 선언하고 있습니다.

이처럼 스타일을 구분함에 따라 .bl_card 모듈은 재사용성이 매우 높은 블록이 되어 범용적으로 재사용할 수 있습니다. 또한 부모 요소의 Element로서가 아니라 부모 요소를 이용한 자녀(손자) 셀렉터로서 스타일링을 할 수도 있습니다. 상세도가 한 단계 높아지지만 이 정도는 구현하는 데 큰 문제가 되지 않습니다.

```html
HTML
<div class="bl_3colCardUnit">
  <div class="bl_card">...</div>
  <div class="bl_card">...</div>
  <div class="bl_card">...</div>
</div>
```

```css
CSS
.bl_card {
  box-shadow: 0 3px 6px rgba(0, 0, 0, 0.16);
  font-size: 16px;
  line-height: 1.5;
}

.bl_3colCardUnit {
  display: flex;
}
/* ○: 여기에서 자녀 셀렉터를 사용해, 레이아웃 관련 내용을 지정함 */
.bl_3colCardUnit > .bl_card {
  width: 31.707%;
  margin-right: 2.43902%;
}
```

레이아웃과 관련된 속성의 예외로 블록 모듈 하나만 사용하는 경우에도 위아래의 여백은 필요할 것입니다. PRECSS에서는 다음과 같이 위아래 여백을 구현하는 방법을 허용합니다.

- 모듈에 직접 설정한다.
- 모듈에 설정하지 않고 헬퍼 클래스를 일일이 HTML 측에 붙인다.

이와 관련한 내용은 뒤에서 나올 헬퍼 클래스 절, 그리고 7장 칼럼에서 자세히 설명합니다.

'레이아웃과 관련 있는 지정은 부모 모듈에서 수행한다'는 원칙을 계속해서 지키는 것은 번거로울지도 모르지만, 이 규칙을 지키면 부트스트랩(Bootstrap) 등 다른 CSS 프레임워크가 제공하는 그리드 시스템(Grid System)과도 간단히 연동할 수 있습니다.

### ■ 블록 모듈에서의 개념, 이름의 상세도

**연관 포인트** 7. 클래스 이름에서 형태, 기능, 역할을 유추할 수 있다(★)

블록 모듈은 레이아웃을 위해 높은 차원의 모듈을 만드는 경우도 있으므로 다음과 같이 블록 모듈의 이름을 정할 때 도움이 되는 지침을 소개합니다.

- Block - 블록 모듈 기본 단위. 그 모듈 특유의 여러 자녀 요소나 엘리먼트 모듈을 포함한다.
- Unit - 블록의 집합(앞 예시에서의 '.bl_3colCardUnit' 등)
- Container - 유닛의 집합

이 이름을 반드시 포함해야만 하는 것은 아니지만 알아보기 어려운 형태로 단어를 줄이는 것은 권장하지 않습니다. 필자는 클래스 이름을 가급적 단순하게 하기 위해 주로 'block'이라는 단어는 생략합니다('bl_cardBlock'이 아니라 'bl_card'를 사용하는 등). 현실적으로 유닛 이상의 단위를 사용하는 경우는 거의 없을 것입니다.

## 엘리먼트 모듈

연관 포인트
4. 특정한 콘텍스트에 지나치게 의존하지 않는다
6. 클래스 이름에서 영향 범위를 유추할 수 있다(★)
7. 클래스 이름에서 형태, 기능, 동작을 유추할 수 있다(★)

- 접두사: el_(element의 약어)

버튼이나 라벨, 제목 등 최소 단위의 모듈로 어디에나 삽입 가능한 모듈입니다. 다음 코드와 같이 매우 범용적인 이름을 사용하는 것을 권장합니다.

```html
<!-- X: 범용적인 이름이 아님 -->
<span class="el_newsLabel">News</span>
<button class="el_submitBtn">전송</button>

<!-- O: 범용적인 이름임 -->
<span class="el_label">News</span>
<button class="el_btn">전송</button>
```

이는 콘텐츠로 들어가는 대상이 무엇이든 클래스 이름과 그 내용에 괴리가 없도록 하기 위함입니다. News 이외의 대상에 'el_newsLabel'을 사용하거나 전송 이외의 버튼에 'el_submitBtn'을 사용하면 혼란스러워지게 마련입니다. 그렇다고 해서 News나 전송 버튼에만 사용하는 것은 아깝다는 느낌이 듭니다.

배경 색상이 바뀌는 등 일정한 법칙을 따라 엘리먼트 모듈이 달라지는 경우에는 OOCSS의 '스트럭처와 스킨 분리' 사고방식 및 BEM과 같이 Modifier를 사용한 확장 패턴을 구현합니다. Modifier 이름 규칙은 해당 모듈의 이름을 상속한 뒤, 언더스코어 두 개를 붙이고 Modifier의 이름을 기입하는 형태입니다. 그 외 Modifier에 관한 것은 뒤에서 다시 설명합니다.

```HTML
<!-- 두 번째 이후의 클래스로서 Modifier를 붙여 확장 패턴을 구현함 -->
<span class="el_label el_label__red">News</span>
<span class="el_label el_label__blue">Blog</span>
```

### ■ 엘리먼트 모듈의 레이아웃 관련 스타일링

블록 모듈과 마찬가지로 엘리먼트 모듈에 대해서도 기본적인 레이아웃 관련 스타일링은 하지 않습니다. 단, 블록 모듈에 비해 엘리먼트 모듈은 그 변형에 한계가 있는 경우가 많습니다. 예를 들면, 버튼 크기의 유형은 사이트 안에서 열 가지 이상이 되는 경우는 적으며 대개 다섯 가지에서 여섯 가지 정도입니다. 엘리먼트 모듈에 직접 width를 지정하거나 Modifier를 사용해 크기를 변경하는 것은 허용합니다.

그러나 Modifier 이름을 붙일 때는 충분한 주의를 기울여야 합니다. 예를 들어, 작은 크기의 버튼을 200px로 해서 다음과 같은 코드를 작성했다고 가정해 봅니다.

```HTML
<button class="el_btn">보내기</button>
<!-- el_btn__w200 Modifier 추가 -->
<button class="el_btn el_btn__w200">보내기</button>
```

```CSS
.el_btn {
  width: 300px;
}

/* Modifier에서 width 속성을 덮어씀 */
.el_btn.el_btn__w200 {
  width: 200px;
```
```CSS
}
@media screen and (max-width: 768px) {
  .el_btn.el_btn__w200 {
    width: 100%; ——❶
  }
}
```

데스크톱 환경에서는 가로 폭을 200px로, 스마트폰 환경에서는[27] 버튼을 쉽게 누를 수 있도록 미디어 쿼리를 사용해 가로 폭을 100%로 하도록 지정했습니다(❶).

하지만 이런 코드를 작성하면 'el_btn__w200'이라고 되어 있지만, 스마트폰에서는 가로 폭이 200px가 아닌' 논리적으로 석연치 않은 상황이 발생합니다. 또한 개발을 진행하다가 '데스크톱 환경에서도 스마트폰에서도 항상 가로 폭 200px'로 지정하는 버튼이 필요할 경우가 생길 수도 있습니다. 이때 Modifier 이름을 'el_btn__w200'으로 하고 싶지만, 이 이름을 사용하면 Modifier

---

27  미디어 쿼리(Media Query)는 본래 '스마트폰인지 PC인지' 등의 '기기'가 아니라 기기의 '특성'에 따라 분기를 하기 위한 것입니다. '스마트폰의 크기'라는 표현은 엄밀히 따지면 썩 적절한 것은 아닙니다. 다만 이 책에서는 CSS 설계를 쉽게 설명하는 것을 우선하기에 예외적으로 이런 표현을 사용합니다.

이름이 완전히 충돌하게 됩니다. 그러므로 크기를 Modifier에서 제어하고자 할 때는 가급적 'small'과 같은 단어를 사용하는 것을 권장합니다(여기에서는 small의 약자인 's'를 사용합니다).

```html
HTML
<button class="el_btn">보내기</button>
<!-- X: Modifier 이름에 구체적인 고정값을 사용함 -->
<button class="el_btn el_btn__w200">보내기</button>
<!-- O: Modifier 이름에 범용적인 키워드를 사용함 -->
<button class="el_btn el_btn__s">보내기</button>
```

```css
CSS
/* X: Modifier 이름에 구체적인 고정값을 사용
함 */
.el_btn.el_btn__w200 {
  width: 200px;
}
@media screen and (max-width: 768px) {
  .el_btn.el_btn__w200 {
    width: 100%;
  }
}
```

```css
/* O: Modifier 이름에 범용적인 키워드를 사용
함 */
.el_btn.el_btn__s {
  width: 200px;
}
@media screen and (max-width: 768px) {
  .el_btn.el_btn__s {
    width: 100%;
  }
}
```

블록 모듈과 마찬가지로 엘리먼트 모듈을 사용하는 콘텍스트의 자녀 요소 클래스를 사용해 스타일링을 하는 것도 물론 가능합니다(다음 코드 중 ❶). 단, 상세도가 동일한 경우에는 선언 순서를 확실히 관리하지 않으면 덮어쓰기를 할 수 없는 경우도 있으니 주의합니다.

상황에 따라서는 여러 클래스 셀렉터를 사용해 상세도를 높이는 것도 허용합니다(다음 코드 중 ❷). 의도적으로 상세도를 높이는 것은 선언 순서에 의존하지 않는 견고하고 확실한 CSS를 작성하는 것과도 일맥상통합니다. 단, 함부로 상세도를 높이거나 상세도가 지나치게 높은 셀렉터에는 주의하시기 바랍니다.

```html
HTML
<header class="bl_headerUtils">
  <a class="bl_headerUtils_btn el_btn" href="#">문의하기</a>
</header>
```

```css
CSS
/* el_btn의 원래(변경 전) 스타일 */
.el_btn {
  width: 300px;
}

/* ❶ 선언순으로 덮어쓰는 경우 */
.bl_headerUtils_btn {
  width: 200px;
}
```

```css
/* ❷ 상세도를 높여 덮어쓰는 경우에는 어떤 방
법이라도 가능함. 후자의 경우 .bl_headerUtils_
bun 클래스가 필요하지 않음 */
.bl_headerUtils_btn.el_btn {
  width:200px;
}

.bl_headerUtils.el_btn {
  width: 200px;
}
```

### ■ 블록 모듈인가 엘리먼트 모듈인가

개발을 진행하는 도중 종종 '이 모듈은 블록인가? 아니면 엘리먼트인가?' 애매한 경우도 있을 것입니다. 다양한 프로젝트 중에서 블록 모듈과 엘리먼트 모듈의 경계를 획일적으로 정의하는 것은 유감스럽게도 불가능합니다. 다만 알기 쉬운 기준으로 '다른 여러 모듈 안에 삽입되어 있는가?'를 사용할 수 있습니다. 다른 모듈 안에 많이 삽입되어 있다면 엘리먼트 모듈로 간주하고 처리하기 쉽게 만들어 두는 것이 좋습니다. 버튼이나 라벨 등은 비교적 그 경향이 강하므로 이들을 떠올려 보면 쉽게 알 수 있을 것입니다. 또한 그 외에도 '루트 요소와 자녀 요소를 포함해 요소 수가 대략 세 개 이내'라는 지침 또한 엘리먼트 모듈로 정의할지 결정하는 데 도움이 됩니다.

이 책 5장 'CSS 설계 모듈집 ① 최소 모듈'에서도 다양한 엘리먼트 모듈의 예시를 소개하므로 참조하시기 바랍니다.

### 모디파이어

┤ 8. 확장하기 쉽다(★)

- 이름 규칙: {기반 클래스 이름}__{모디파이어 이름}

이미 몇 차례 이름이 나왔지만 다음과 같은 경우에는 모디파이어를 사용해 덮어쓰기를 수행합니다.

- 모습이 변한다.
- 크기가 변한다.
- 일정한 규칙에 따라 움직임이 변한다(칼럼 등).

■ **모디파이어 이름 규칙**

7. 클래스 이름에서 형태, 기능, 동작을 유추할 수 있다(★)

'무엇을 하는 모디파이어인가'를 보다 명확하게 하기 위해 모디파이어 이름은 '__backgroundColorRed'와 같이 '__keyValue' 형태를 기본으로 하지만, 'el_btn__red'와 같이 대체적으로 상상이 가능하다면 key는 생략할 수 있습니다. 또한 이름이 길어지지 않도록 하고 싶은 경우에는 에밋(Emmet)이라는 속기법[28]에 기반해 '__backgroundColorRed'를 '__bgcRed'라고 생략할 수도 있습니다.

BEM의 경우는 이름의 '형태'보다 '의미'를 중시하므로 특히 색상에 관해서는 'theme'라는 단어를 포함할 것을 권장하고 있습니다. 예를 들어, 빨간색의 경우에는 경고색으로 간주해 'btn_theme_caution'이라는 이름을 사용합니다.

하지만 현실적으로 모든 색에 의미를 부여하기는 어렵습니다. 그런고로 PRECSS에서는 형태 그대로 'el_btn__red'와 같이 모디파이어 이름을 만드는 것을 허용합니다. 물론 빨간색이 해당 사이트에서 경고를 의미하는 경우에는 'el_btn__cautionColor'와 같이 의미를 가진 모디파이어 이름을 붙이는 것도 권장합니다.

## ■ 모디파이어 적용 대상과 상세도

대부분은 모듈 그룹(블록 모듈과 엘리먼트 모듈)에 사용하지만, 레이아웃 등 다른 그룹에 대해 사용할 수도 있습니다. 다만 모디파이어에서 스타일을 덮어쓸 때는 기본적으로 셀렉터에 여러 클래스를 사용해 상세도를 높이는 것을 권장합니다. '스타일을 덮어쓰는' 것은 의도적인 행동이기 때문에 CSS 로딩 순서에 따라 스타일이 바뀌는 것은 바람직하지 않습니다.

이것도 BEM과 다른 사상입니다. 'CSS가 내 손을 떠나더라도 CSS 규칙 셋의 순서는 절대로 변하지 않는다'라고 확실하게 말할 수 있을까요? 웹 개발자의 형편을 우선하는 것이 아니라 어디까지나 '스타일을 덮어쓴다'는 목적으로 되돌아가 예상치 못한 사태가 발생하더라도 가능한 사이트가 부서지지 않는 것을 우선하기 때문에 이를 규칙으로 삼고 있습니다. 또한 '상태'를 변경할 때에도 물론 모디파이어를 사용할 수 있지만, PRECSS에서는 기본적으로는 뒤에서 설명할 프로그램 그룹에서 변경을 제어하는 것을 권장하고 있습니다.

---

**28** 에밋(Emmet)이란 HTML과 CSS를 효율적으로 개발하기 위한 툴킷입니다. 에디터에 플러그인으로 추가해 사용할 수 있습니다.
에밋 문서: https://docs.emmet.io/
치트 시트: https://docs.emmet.io/cheat-sheet/

```css
CSS
/* X: 무언가의 이유로 선언 순서가 변할 경우,
모디파이어가 잘 동작하지 않음(흰색이 적용됨)
*/
.el_btn__orange {
  background-color: orange;
}
.el_btn {
  background-color: white;
}
```

```css
/* O: 상세도가 높아지므로, 선언 순서가 변해도
모디파이어가 잘 동작함 */
.el_btn {
  background-color: white;
}
.el_btn.el_btn__orange {
  background-color: orange;
}
```

■ 블록 모듈에서의 모디파이어 예시

 8. 확장하기 쉽다(★)

블록 모듈에서 자녀 요소에 모디파이어를 사용해 변경을 하는 경우 다음의 두 가지 방법을 추천합니다.

- 대상이 되는 자녀 요소에만 모디파이어를 적용한다.
- 블록 모듈의 루트 요소에 모디파이어를 적용한다.

전자의 경우에는 일반적인 규칙에 따라 여러 클래스를 지정하고, 후자의 경우에는 모디파이어 이름과 자녀(손자) 셀렉터를 사용해 상세도를 높일 수 있습니다. 후자의 방법은 루트 요소에 부여한 하나의 모디파이어를 사용해 여러 자녀의 스타일을 변경하고자 하는 경우 적합합니다. 여기에 관해서는 2장 CSS 설계의 여덟 가지 포인트 중 '8. 확장하기 쉽다'의 모듈 리팩터링 부분에서 각 패턴의 코드를 설명했습니다. 자세한 내용은 해당 설명을 참조하시기 바랍니다.

## 헬퍼 그룹

7. 클래스 이름에서 형태, 기능, 역할을 유추할 수 있다(★)
8. 확장하기 쉽다(★)

- 접두사: hp_(helper의 약어)

기본적으로 하나의 스타일만으로 '이 부분의 스타일만 조정하고 싶은' 경우에 사용하는 그룹입니다. 헬퍼 클래스를 활용한 덮어쓰기는 매우 의도적이며 분명하게 적용되기를 바라는 것이기 때문에 !important를 추가하는 것을 권장합니다. 이름 규칙에 관해서는 모디파이어와 마찬가지로 'keyValue' 형태이며 생략하는 경우에는 Emmet 속기법을 따를 것을 권장합니다.

- Emmet 속기법에 따른 이름 예시

  hp_marginBottom20

  ↓

  hp_mb20

그 외에 다음과 같은 규칙이 있습니다.

- px 이외의 단위인 경우에는 Emmet 속기법으로 표현(Emmet에 없는 경우에는 알기 쉽게 두문자 사용)
- 소수점은 언더스코어로 표현
- 음수값은 key를 대문자로 표현

또한 이들 규칙은 모디파이어 이름을 정할 때도 유효합니다. 단, 하나의 요소에 대해 헬퍼 클래스를 너무 많이 사용하면 style 속성을 사용하는 것과 그다지 차이가 없으므로 유지 보수성이 떨어지는 HTML이 됩니다. 헬퍼 클래스를 세 개 이상 사용한 경우, 이 헬퍼 클래스의 스타일링을 처음부터 포함한 형태로 모듈화를 검토하는 것이 바람직합니다.

헬퍼 클래스는 기본적으로 한 가지 스타일만을 위한 것이므로 CSS 속성과 값을 한 줄로 기술하는 것을 허용합니다. 또한 움직임이 한정적이고 명확한 경우에는 한 가지 이상의 스타일일지라도 헬퍼 클래스에서 처리할 수도 있습니다.

지금까지 설명한 규칙을 다음 코드에서 확인해 봅니다.

```css
CSS
/* px 이외의 단위인 경우에는 Emmet 속기법으로 표현 */
.hp_mt2e { margin-top: 2em !important; }

/* 소수점은 언더스코어로 표현 */
.hp_mt2_5e { margin-top: 2.5em !important; }

/* 음수값은 key를 대문자로 표현 */
.hp_MT2e { margin-top: -2em !important; }
```

## clearfix에 관해

움직임이 한정적이고 명확한 경우에는 한 가지 이상의 스타일이라도 헬퍼 클래스에서 처리할 수 있다는 규칙에 대입해 보면, float 해제 기법인 clearfix도 헬퍼 그룹에 포함시킬 수 있습니다. 다만 clearfix는 그 자체가 충분히 일반적이고 누가 봐도 역할을 파악할 수 있기 때문에 일부러 접두사를 붙일 필요는 없습니다.

또한 PRECSS에서는 float 해제 시 clearfix 사용을 권장하고 있습니다. 부모 요소에 'overflow: hidden;'을 설정하는 방법도 있지만, overflow 속성은 본래의 용도로 사용되는 경우가 종종 있습니다. 코드만 봤을 때 float 해제를 위한 것인지 overflow 본래의 용도로 스타일링을 한 것인지 판단할 수 없는 상황은 바람직하지 않습니다.

## 헬퍼 확장 그룹을 만든다

PRECSS 설명 초반에 '두 글자의 접두사만 붙어 있으면 되기 때문에 독자적으로 그룹을 만들 수도 있다'고 기술했습니다. 필자는 이 규칙에 의거해 자주 독자적인 그룹으로 데스크톱 화면 폭용 헬퍼 그룹과 태블릿 화면 폭 이하용의 헬퍼 그룹을 각각 'lg_'와 'md_'라는 접두사를 붙여 함께 만듭니다. 예를 들면, '데스크톱 폭에만 맞춰 표시하고 싶다', '태블릿 폭 이하에서만 표시하고 싶다'와 같은 요구 사항을 반영할 때 다음 코드와 같이 헬퍼 클래스를 만듭니다.

```css
/* 데스크톱 폭으로만 표시 */
.lg_only {
  display: block !important;
}
@media screen and (max-width: 768px) {
  .lg_only {
    display: none !important;
  }
}
```

```css
/* 태블릿 폭 이하로만 표시 */
.md_only {
  display: none !important;
}
@media screen and (max-width: 768px) {
  .md_only {
    display: block !important;
  }
}
```

곧이어 독자적인 그룹에 관한 설명을 할 테지만, 이처럼 프로젝트의 요구 사항에 유연하게 대응하면서도 확실하게 그룹 관리를 할 수 있는 것 역시 PRECSS의 특징입니다.

## 모듈 위아래 사이 여백을 구현하는 헬퍼 클래스

모듈 위아래 사이의 여백은 디자인으로 어느 정도 통일되어 있다면 모듈에 직접 스타일링하는 것도 가능하지만, 현실적으로는 완전히 통일되어 있지 않은 경우가 많을 것입니다. 예를 들어, '카드 모듈 다음에 텍스트가 이어지는 경우에는 여백을 20px로 하고 싶지만, 다음 모듈이 이어지는 경우에는 다소 좁아 보이므로 여백을 40px로 하고 싶다'와 같은 디자인적 요구 사항은 지극히 당연한 것입니다. 이런 경우 모듈 자체에 여백을 위한 스타일링을 수행하는 것은 현실적이지 않기 때문에 필자는 자주 헬퍼 클래스를 사용해 구현합니다.

```
HTML
<!-- 데스크톱 폭/태블릿 폭 이하 어느 쪽에도 같은 값을 적용하는 경우 -->
<div class="bl_card hp_mb20">...</div>

<!-- 각각 다른 값을 적용하는 경우 -->
<div class="bl_card lg_mb40 md_mb20">...</div>
```

```
CSS
/* 데스크톱 폭/태블릿 폭 이하 어느 쪽에도 같은        margin-bottom: 40px !important;
값을 적용하는 경우 */                              }
.hp_mb20 {                                      @media screen and (max-width: 768px) {
  margin-bottom: 20px !important;                 .md_mb20 {
}                                                   margin-bottom: 20px !important;
/* 각각 다른 값을 적용하는 경우 */                      }
.lg_mb40 {                                      }
```

또한 '데스크톱 폭에서는 40px, 태블릿 폭 이하에서는 20px'과 같은 조합을 연출하는 경우에는 각 값을 합쳐 하나의 클래스에 모을 수도 있습니다.

```
HTML
<!-- 하나의 클래스로 모은 경우 -->
<div class="bl_card hp_smSpace">...</div>
```

```
CSS
/* 하나의 클래스로 모은 경우 */                        .hp_mdSpace {
.hp_lgSpace {                                     margin-bottom: 60px;
  margin-bottom: 100px;                           }
}                                               }
@media screen and (max-width: 768px) {
  .hp_lgSpace {                                 .hp_smSpace { /* 이번 예시에서 사용하는 스타
    margin-bottom: 80px;                        일은 여기 */
  }                                               margin-bottom: 40px;
}                                               }
                                                @media screen and (max-width: 768px) {
.hp_mdSpace {                                     .hp_smSpace {
  margin-bottom: 80px;                              margin-bottom: 20px;
}                                                 }
@media screen and (max-width: 768px) {          }
```

블록 모듈의 절에서도 언급했지만 이 여백에 관한 내용은 7장 칼럼에서 보다 자세히 설명합니다.

# 유니크 그룹

연관 포인트 | 6. 클래스 이름에서 영향 범위를 유추할 수 있다(★)

- 접두사: un_(unique의 약어)

특정한 한 페이지에만 적용됨을 명시한 그룹입니다. 해당 페이지에서만 사용되므로 업데이트나 운용 시 영향 범위에 신경 쓰지 않고 스타일을 편집할 수 있습니다. 모듈 크기도 작든 크든 관계없습니다. 필자가 아는 한 설계 기법 중 필요가 없어지면 망설임 없이 삭제할 수 있는 CSS의 활용을 허용하는 것은 ECSS[29] 이외에는 없습니다.

예를 들어, PRECSS 문서의 최상위 페이지와 같은 특별한 페이지(그림 3-23)에 사용하는 것도 좋고, 일반적인 페이지 안에서도 모듈 설계에서 벗어난 장소(예를 들면 position: absolute;가 자주 나타나는 위치 등)에 사용하는 것도 좋습니다.

그림 3-23 PRECSS 문서 최상위 페이지(https://precss.io/)

유니크 그룹은 다양한 불규칙성에 대한 만능 회피책입니다. 무언가 곤란한 상황이라면 우선 유니크 그룹을 사용하기 바랍니다. 영향 범위가 명확하므로 언제든 누구라도 망설임 없이 수정할 수 있습니다. 하지만 너무 남용하면 재사용성이 손상되므로 어디까지나 불규칙성에 대한 임시방편임을 유의하시기 바랍니다. 유니크 그룹을 스타일링하는 CSS에는 어느 페이지에서 사용할지를 주석으로 남겨 두는 것이 좋습니다.

---

**29** 이 책에서는 설명하지 않지만 간략하게 말하면 이 책에서 설명하는 설계 기법과는 완전히 다른 '분리해서 관리한다'는 사고방식을 기본으로 하는 설계 기법입니다(https://ecss.io/).

다음 코드는 PRECSS 문서의 최상위 페이지 예시입니다.

```HTML
<div class="un_siteRoot_wrapper">
  <section class="un_siteRoot">
    <figure class="un_siteRoot_logo">
      <img src="images/icon.svg" alt="PRECSS logo">
    </figure>
    <h1 class="un_siteRoot_ttl">PRECSS</h1>
    <p class="un_siteRoot_link">
      <a href="/en/">English(Under Maintenance))</a> / <a href="/ja/">日本語</a>
    </p>
  </section>
</div>
```

```CSS
/* 최상위 페이지(precss.io/)
==================================================================*/
.un_siteRoot_wrapper {
  position: relative;
  top: 33vh;
  text-align: center;
}
.un_siteRoot {
  display: inline-block;
}
.un_siteRoot_logo {
  width: 100px;
  margin: 0 auto;
}
```

## 프로그램 그룹

 1. 특성에 따라 CSS를 분류한다(★)
8. 확장하기 쉽다

PRECSS에서는 자바스크립트 등의 프로그램에서 요소에 붙이거나 상태를 관리할 때, 전용 클래스를 추가함으로써 스타일링과 분리하는 것을 권장합니다. 프로그램 그룹은 다소 특수하며 두 개의 접두사가 존재합니다.

- 접두사: js_(자바스크립트의 약어)
  자바스크립트에서 요소를 얻기 위한 클래스입니다.

- 접두사: is_(영어의 be 동사의 is에서 파생)

  요소의 상태를 관리하기 위한 클래스입니다. 상태 스타일링은 반드시 적용되어야 하는 스타일이므로 !important 사용을 권장합니다.

스테이트 이름은 is_active와 같이 간단하게 기술할 수 있지만 다른 위치에서는 영향을 미치지 않도록 반드시 셀렉터와 여러 클래스로 할 필요가 있습니다. 또한 대응 브라우저나 상황에 관해서는 자바스크립트용 클래스에서가 아닌 커스텀 데이터 속성 혹은 WAI-ARIA를 사용해서 상태를 관리하는 것도 허용합니다.

```html
HTML
<dl class="bl_accordion js_accordion">
  <dt>
    <a class="bl_accordion_ttl js_accordion_ttl" href="#">
      아코디언 타이틀이 들어갑니다.
    </a>
  </dt>
  <!-- 자바스크립트에 의해 is_active가 추가됨 -->
  <dd class="bl_accordion_txt js_accordion_body is_active">
    아코디언 내용이 들어갑니다.
  </dd>
</dl>
```

```css
CSS
.js_accordion_body {
  display: none;
}

/* X: 다른 위치까지 영향을 미칠 가능성이 있음 */
.is_active {
  display: block;
}
/* O: 여러 클래스로 적용 위치를 좁힘 */
.js_accordion_body.is_active {
  display: block;
}
```

그리고 표시/비표시 정도와 같은 단순한 제어에서는 위 코드와 같이 '.js_' 접두사를 가진 클래스에 대한 스타일링으로 충분합니다. 하지만 모듈에 따라서는 '표시/비표시 상태에 따라 아이콘도 변하는' 등 다양한 스타일링이 필요한 경우도 있을 것입니다. 그런 경우에는 .js_ 클래스와 .is_ 클래스를 조합하지 말고, .bl_ 클래스와 .is_ 클래스를 조합해 스타일링을 해보는 것을 제안합니다.

이 예시는 6장의 아코디언 모듈에서 구현하므로 함께 참고하시기 바랍니다. 이 책은 물론 이 절에서의 주요한 주제가 아니므로 간단한 예시만 소개합니다. 자바스크립트는 다음과 같이 기술함으로써 '.js_'와 '.is_' 이외의 접두사에는 의존하지 않도록 합니다.

```JavaScript
$('.js_accordion.js_accordion_ttl').on('click', function() {
  $(this).toggleClass('is_active')
  $(this)
    .parent()
    .next('.js_accordion_body')
    .toggleClass('is_active')
  }
)
```

## 오리지널 그룹

지금까지 소개한 그룹 외에 프로젝트에 따라 접두사와 함께 유연하게 그룹을 추가할 수 있는 것이 PRECSS의 특징입니다. 예를 들어, 오리지널 그리드 레이아웃을 구현한 경우에는 grid의 약어로 '.gr_4', '.gr_6' 혹은 column의 약어로 '.cl_4', '.cl_6'과 같은 접두사를 추가할 수 있습니다. 헬퍼 그룹 절에서 설명한 것처럼 데스크톱 폭에만 유효한 클래스는 '.lg_', 태블릿 폭 이하에만 유효한 클래스는 '.md_', 스마트폰 폭에만 유효한 클래스는 '.sm_'과 같은 이름을 사용하는 것도 좋습니다.

또한 PRECSS의 이름 규칙의 사용은 HTML/CSS/자바스크립트에만 한정되지 않습니다. 템플릿 엔진이나 빌드 환경, 또는 CMS 템플릿에도 PRECSS 이름 규칙을 활용할 수 있습니다. 예를 들면 템플릿 엔진 코드로 WordPress 메서드에 의존한 매크로(Macro)나 믹스인(Mixin)이 있는 경우에는 'wp_'라는 접두사를 통해 이름만 봐도 백엔드 처리가 연결되어 있다는 것을 예측할 수 있습니다. 무버블 타입(Movable Type)이면 'mt_', a-blog CMS면 'ac_', HubSpot CMS면 'hs_'와 같은 상태가 됩니다.

언어나 템플릿 엔진에 따라서는 변수 이름에 하이픈을 사용할 수 없는 것도 있지만, PRECSS에서는 하이픈을 사용하지 않기 때문에 개발 환경 전체에 대한 이름 규칙을 통일할 수도 있습니다. 일정한 법칙을 준수하는 한 PRECSS는 어떤 방식으로 확장해도 좋습니다.

# PRECSS 정리

OOCSS나 SMACSS, BEM의 이점을 적용해 가며 실제 업무를 진행하면서 약점이라고 생각하는 것들을 개선해 나가다가 비교적 나중에 개발한 것이 PRECSS입니다. 덕분에 강력한 모듈 시스템을 유지하면서 불규칙한 요구 사항이 있는 경우에도 대응하기 쉽도록 유연성을 갖추게 되었습니다. 특히 다음과 같이 다른 설계 기법에는 없는 PRECSS만의 특징은 강점이라고 말할 수 있습니다.

- 유니크 그룹이 존재해 영향 범위가 명확한 모듈을 정의할 수 있다.
- 필요에 따라 그룹을 추가함으로써 PRECSS 자체를 확장할 수 있다.
- PRECSS 이름 규칙을 HTML/CSS/자바스크립트 이외의 환경에도 사용할 수 있다.

## COLUMN 일본에서 개발된 CSS 설계 기법, FLOCSS

PRECSS 등장 이전 타니 히로키가 제창한 CSS 설계 기법이 FLOCSS[30]입니다. 일본 내에서 인지도가 매우 높은 기법으로 이 책을 보고 계신 분들 중에도 FLOCSS를 아는 분이 상당수 있으리라 생각합니다.

FLOCSS는 Foundation, Layout, Object의 앞 글자와 CSS를 조합한 이름으로 앞서 설명한 OOCSS나 SMACSS, BEM 그리고 SuitCSS나 MCSS에서도 영향을 받아 개발되었습니다. 아래 세 개의 레이어와 Object 레이어의 자녀 레이어를 활용해 구성합니다. 또한 Layout 이후의 레이어는 각 레이어에 해당하는 요소에 접두사를 붙이는 것이 특징입니다.

1. Foundation
2. Layout(접두사: l-[31])
3. Object
   i. Component(접두사: c-)
   ii. Project(접두사: p-)
   iii. Utility(접두사: u-)

모듈 설계는 BEM을 기본으로 하고 있으나, 셀렉터나 상세도에 관한 규율은 BEM만큼 엄격하지는 않아 프로젝트에 따른 유연한 대응이 가능하다는 점이 FLOCSS의 강점입니다.

또한 Foundation을 제외한 레이어 모듈 전체에 접두사가 붙어 있기 때문에, 코드를 잠깐만 살펴 보더라도 그 역할을 파악할 수 있는 장점이 있습니다. 공식 문서(일본어)를 제공하여 SMACSS와 마찬가지로 쉽게 도입할 수 있으며, SMACSS보다 규칙이 명확하기 때문에 여러 사람이 함께 개발하고 유지보수를 하기 쉽습니다.

또한 타니 히로키가 직접 집필한 『웹 개발자를 위한 CSS 설계 교과서』[32]도 참조하는 것을 권장합니다. 이 책에서는 FLOCSS뿐만 아니라 CSS 설계 전반에 관해 자세히 설명하고 있으므로, 함께 읽어 보면 CSS 설계에 관해 보다 깊이 이해할 수 있을 것입니다.

---

30 https://github.com/hiloki/flocss
31 ID 셀렉터를 사용할 때는 접두사를 붙이지 않습니다.
32 https://book.impress.co.jp/books/1113101128

# CHAPTER 4

# 레이아웃
# 설계

지금까지 CSS 설계의 기본을 다루었으므로
이제 실제적인 코드들을 소개합니다.

## 4-1 4~7장의 코드를 위한 사전 준비

설명에 들어가기 전에 코드를 위한 사전 준비로 다음에 관해 이야기합니다.

- 사용할 리셋 CSS
- 독자적으로 정의한 베이스 스타일
- 사용할 설계 기법

이 내용은 이번 장부터 7장 'CSS 설계 모듈집 ③ 모듈 재사용'까지 공통으로 적용합니다.

## 사용할 리셋 CSS

이 책에서는 리셋 CSS로 하드 리셋 계열의 css-wipe[1]를 사용합니다. 온라인에서 제공하는 샘플 데이터에서는 리셋 CSS로 css-wipe와 Normalize.css를 선택한 경우의 코드 예시를 각각 제공하고 있지만, 책에서는 지면 관계상 css-wipe를 사용했다는 전제로 코드를 설명합니다.

## 독자적으로 정의한 베이스 스타일

이 책에서는 리셋 CSS와 함께 다음과 같은 최소한의 베이스 스타일을 추가했습니다.

```css
body {
    color: #222;
    font-family: sans-serif;
    line-height: 1.5;
}

a {
  color: #0069ff;
}

img {
  max-width: 100%;
  vertical-align: top;
}
```

---

1   https://github.com/stackcss/css-wipe

# 사용하는 설계 기법

BEM에서 언급한 예시와 PRECSS에서 언급한 예시의 두 가지 패턴을 소개하고 설명합니다. 또한 3장에서는 BEM 코드의 이름 규칙에 관해 공식 문서에 기재되어 있는 규칙을 바탕으로 설명했습니다. 하지만 이번 장부터는 다루기 쉽고 본래의 이름 규칙보다 널리 사용하고 있는 MindBEMding 방식을 적용했습니다.

CSS 설계에는 절대적인 정답이 없으며 요구 사항에 따라 최적의 기법도 달라집니다. 또한 요건에 적합한 것은 물론 구현을 하는 사람의 선호도 또한 현실적으로 중요합니다. 두 코드를 비교하면서 각각의 특징을 학습하고 어느 쪽이 요건에 적합한지 또는 여러분이 선호하는지도 확인해 보시기 바랍니다.

각 모듈에서 사용한 아이콘은 폰트 어썸(Font Awesome) 버전 5.6.3(무료 버전)을 사용했습니다.

# 이번 장에서 다루는 샘플

이번 장에서는 그림 4-1의 구조를 샘플로 다루면서 다음 항목에 관해 설명합니다.

- 헤더
- 푸터
- 콘텐츠 영역
    1칼럼 설계
    2칼럼 설계

**그림 4-1** 이 책에서 구축할 레이아웃 구조(1칼럼 콘텐츠 영역 설계 예시)

이번 장에서 공부할 내용은 어디까지나 레이아웃 설계이므로, 각 레이아웃 영역 안에 배치한 모듈의 코드에 관한 설명은 생략합니다. 샘플 데이터에는 모든 코드를 실었으므로 궁금하거나 재사용을 하고자 하는 분은 샘플 데이터를 참조하시기 바랍니다.

각 영역의 폭이나 여백은 그림 4-2와 같으며, 기본적으로 가로 폭은 1200px, 콘텐츠 영역과 헤더, 푸터 사이의 여백은 60px입니다. 레이아웃은 최소 폭을 지정하지 않는 플렉시블 레이아웃(Flexible Layout)입니다.

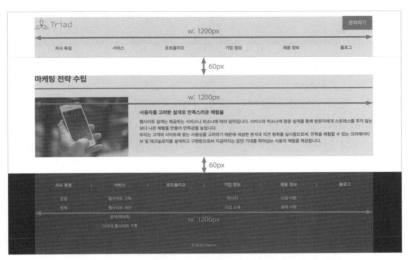

그림 4-2 각 레이아웃 영역의 가로 폭 및 메인 콘텐츠와의 여백

BEM/PRECSS 두 경우 모두 '레이아웃에 관련된 것은 레이아웃용 클래스에 일임한다'는 형태로 책임을 분리하는 것이 좋습니다. 그 안에 들어가는 콘텐츠는 전혀 신경 쓸 필요가 없습니다.

그림 4-3과 같이 각 영역을 색으로 구분하는 것만으로도 레이아웃 설계는 성공입니다. 거꾸로 말하면 색으로 구분할 필요가 없는 스타일링을 포함한 경우 '그 코드는 필요하지 않을 수도 있다'고 의심하는 지표가 됩니다.

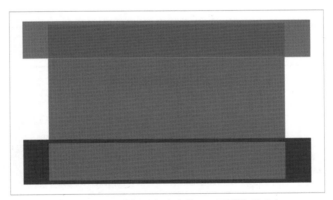

그림 4-3 각 영역을 단순하게 색으로 구분한 이미지

물론 현실적으로는 색으로 구분할 수 있는 것 이외의 코드도 레이아웃에 포함하는 것이 편리할 수 있으니, 어디까지나 레이아웃의 책임 범위를 산정하기 위한 이미지로 봐주시기 바랍니다. 먼저 헤더 코드부터 확인해 봅니다. 코드 자체는 비교적 간단하므로 긴장하지 말고 어깨에 들어간 힘을 빼고 계속 읽어도 좋을 것입니다.

헤더 레이아웃은 그림 4-4와 같이 두 개로 나눠 구현합니다.

- 바깥쪽 …… 헤더 전체를 포괄하는 요소. 위쪽 여백의 확보 및 콘텐츠 영역과의 경계가 되는 테두리(Border)를 구현하기 위해 사용합니다.
- 안쪽 …… 헤더 안에서 콘텐츠 영역과 같은 가로 폭을 구현하기 위해 사용합니다.

또한 안쪽에 위치하고 있는 로고나 버튼, 글로벌 내비게이션에 관해서는 레이아웃 그 자체가 아닌 '레이아웃 영역 내에 배치한 모듈(콘텐츠)'이 올바른 해석입니다. PRECSS에서는 레이아웃의 코드와 함께 'ly_headerLogo' 또는 'ly_headerbtn'과 같이 'ly_' 접두사를 붙여 구현하는 예시를 찾아볼 수 있지만, 이들은 어디까지나 모듈이므로 'bl_' 또는 'el_'이라는 접두사를 붙이는 것이 적절합니다.

BEM에서는 애초에 레이아웃과 모듈을 구분하지 않고, 모두가 기본 단위인 블록이 됩니다. 하지만 그렇다고 해도 레이아웃과 콘텐츠에 얽힌 스타일링을 함께 관리하면 유지 보수성이 떨어지는 CSS가 되므로, 레이아웃과 모듈은 확실하게 구분해야만 합니다.

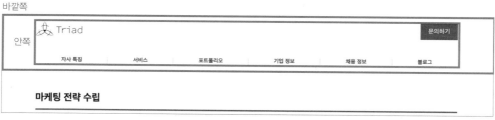

바깥쪽

안쪽

마케팅 전략 수립

**그림 4-4 헤더 레이아웃 구조**

**BEM**

`HTML`  4-3-header-bem.html

```html
<!-- 바깥쪽에 해당하는 요소 -->
<header class="header">
  <!-- 안쪽에 해당하는 요소 -->
  <div class="header__inner">
    <!-- 다음은 레이아웃 안에 배치된 로고, 버튼, 내비게이션이 이어짐 -->
  </div>
  <!-- /.header__inner -->
</header>
```

**PRECSS**

`HTML`  4-3-header-precss.html

```html
<!-- 바깥쪽에 해당하는 요소 -->
<header class="ly_header">
  <!-- 안쪽에 해당하는 요소 -->
  <div class="ly_header_inner">
    <!-- 다음은 레이아웃 안에 배치된 로고, 버튼, 내비게이션이 이어짐 -->
  </div>
  <!-- /.ly_header_inner -->
</header>
```

**BEM** 계속

```
CSS                        4-3-header-bem.css
.header {
  padding-top: 20px;
  border-bottom: 1px solid #ddd;
}
.header__inner { ──❶
  max-width: 1230px;
  padding-right: 15px;
  padding-left: 15px;
  margin-right: auto;
  margin-left: auto;
}
```

**PRECSS** 계속

```
CSS                     4-3-header-precss.css
.ly_header {
  padding-top: 20px;
  border-bottom: 1px solid #ddd;
}
.ly_header_inner{ ──❶
  max-width: 1230px;
  padding-right: 15px;
  padding-left: 15px;
  margin-right: auto;
  margin-left: auto;
}
```

## ❶ .header_inner / .ly_header_inner의 스타일링

콘텐츠 폭은 1200px로 설명했으나 여기에서는 css-wipe를 사용하고 있으므로 모든 요소에 box-sizing: border-box;를 적용했으며, 좌우 padding에 15px씩을 더해 1230px로 스타일링합니다. 이 좌우 padding은 스크린 크기를 줄였을 때 이상하게 보이지 않도록 하기 위한 대응입니다. 그림 4-5의 위쪽은 padding을 설정하지 않은 예시로, 좌우가 브라우저의 양쪽 끝에 붙은 것을 볼 수 있습니다. 이를 해소하기 위해 padding-right와 padding-left에 15px을 적용한 것이 아래입니다.

그림 4-5 padding-right / padding-left 미적용 시(위), padding-right / padding-left 적용 시(아래)

이는 엄밀히 말하면 CSS 설계와는 관계가 없으며 디자인 전체 기준이 확실히 지정되어 있다면 그에 따르면 됩니다. 그러나 대부분의 경우 이 조치를 수행하면 웹사이트의 품질이 향상되므로 알아 두어도 손해는 없을 것입니다.

다음으로 margin-right와 margin-left를 각각 auto로 설정함으로써 좌우 가운데 정렬을 수행합니다.

앞에서 설명한 HTML의 닫는 태그에는 다음 코드처럼 주석이 붙어 있습니다.

```HTML
</div>
<!-- /.header__inner -->
```

여기에는 이유가 있습니다. div 요소는 중첩해서 사용하는 일이 잦고 그 숫자가 많아지면 어떤 열이 태그와 관계가 있는지 알 수 없게 되어 버립니다. 들여쓰기를 적절하게 한 경우라면 그나마 확인이 가능하지만, 들여쓰기가 흐트러지거나 무언가의 이유로 들여쓰기가 삭제되면 div 요소의 짝을 눈으로 확인하기는 매우 어렵습니다. 만에 하나 들여쓰기가 없어져도 눈으로 확인할 수 있도록 닫는 태그에는 가능한 주석을 남기는 습관을 들이는 것도 좋습니다.

다음 코드 예시의 경우 실제로는 닫는 태그가 하나 부족합니다. 주석이 없다면 쉽게 확인할 수 있을까요?

```HTML
<!-- 주석, 들여쓰기 없음 -->
<div class="div1">
<div class="div2">
<div class="div3">
<div class="div4">
<div class="div5">
<div class="div6">
콘텐츠가 들어갑니다
</div>
</div>
</div>
</div>
</div>


<!-- 주석 없음, 들여쓰기 있음 -->
<div class="div1">
  <div class="div2">
    <div class="div3">
      <div class="div4">
        <div class="div5">
          <div class="div6">
            콘텐츠가 들어갑니다
          </div>
```

```HTML
          </div>
        </div>
      </div>
    </div>
</div>


<!-- 주석, 들여쓰기 있음 -->
<div class="div1">
  <div class="div2">
    <div class="div3">
      <div class="div4">
        <div class="div5">
          <div class="div6">
            콘텐츠가 들어갑니다
          </div>
          <!-- /div6 -->
        </div>
        <!-- /div5 -->
      </div>
      <!-- /div4 -->
    </div>
    <!-- /div3 -->
</div>
<!-- /div1 -->
```

'일일이 주석을 붙이기 귀찮다'고 생각하는 분들도 있을지 모르지만 Emmet 속기법을 사용하면 효율성이 크게 올라가므로 걱정할 필요는 없습니다. 앞서 기술한 것처럼 .div1 ~ .div6까지 자동으로 주석을 붙이고자 하는 경우 다음처럼 마지막에 '|c'와 같이 파이프와 알파벳 소문자 c를 기술합니다.

.div1>.div2>.div3>.div4>.div5>.div6|c

# 4-4 푸터

푸터에 관해서도 레이아웃은 그림 4-5와 같이 바깥쪽과 안쪽 둘로 나누어서 구현합니다. 단, 푸터에서는 내비게이션과 저작권 사이에 화면을 가득 채우는 보더(Border)를 넣었습니다. 그 결과 구조적으로는 그림 4-6과 같이 바깥쪽과 안쪽 세트가 위아래로 나란히 놓인 형태가 되었습니다.

그림 4-6 푸터 레이아웃 구조

이 보더를 넣는 것이 다소 번거로울 수도 있지만 '**가로 폭 전체의 레이아웃 영역과 콘텐츠 폭의 레이아웃을 분리한다**'는 점을 확실하게 수행하면 그리 어렵지는 않을 것입니다.

**BEM**

HTML      4-4-footer-bem.html

```html
<footer>
  <!-- 바깥쪽에 해당하는 요소  -->
  <div class="footer">
    <!-- 안쪽에 해당하는 요소 -->
    <div class="footer__inner">
      <!-- 아래는 레이아웃 안에 배치된 내비게
이션이 계속됨 -->
    </div>
    <!--/.footer__inner -->
  </div>
  <!-- /.footer -->
  <!-- 바깥쪽에 해당하는 요소. 여기에 보더를
추가 -->
  <div class="footer footer-border-top-gray">
    <!-- 안쪽에 해당하는 요소 -->
    <div class="footer__inner">
      <small class="footer-copyright">©2019
Triad Inc.</small>
    </div>
    <!-- /.footer__inner -->
  </div>
  <!-- /.footer -->
</footer>
```

**PRECSS**

HTML      4-4-footer-precss.html

```html
<footer>
  <!-- 바깥쪽에 해당하는 요소  -->
  <div class="ly_footer">
    <!-- 안쪽에 해당하는 요소 -->
    <div class="ly_footer_inner">
      <!-- 아래는 레이아웃 안에 배치된 내비게
이션이 계속됨 -->
    </div>
    <!-- /.ly_footer_inner -->
  </div>
  <!-- /.ly_footer -->
  <!-- 바깥쪽에 해당하는 요소. 여기에 보더를
추가 -->
  <div class="ly_footer hp_btGray">
    <!-- 안쪽에 해당하는 요소 -->
    <div class="ly_footer_inner">
      <small class="el_footerCopyright">©2019
Triad Inc.</small>
    </div>
    <!-- /.ly_footer_inner -->
  </div>
  <!-- /.ly_footer -->
</footer>
```

| BEM 계속 | PRECSS 계속 |
|---|---|

```
CSS                    4-4-footer-bem.css
.footer {
  padding-top: 20px;
  padding-bottom: 20px;
  background-color: #222;
}
.footer-border-top-gray { ──❶
  border-top: 1px solid #777;
}
.footer__inner {
  max-width: 1230px;
  padding-right: 15px;
  padding-left: 15px;
  margin-right: auto;
  margin-left: auto;
}
```

```
CSS                  4-4-footer-precss.css
.ly_footer {
  padding-top: 20px;
  padding-bottom: 20px;
  background-color:#222;
}
.ly_footer_inner {
  max-width: 1230px;
  padding-right: 15px;
  padding-left: 15px;
  margin-right: auto;
  margin-left: auto;
}
.hp_btGray { ──❶
  border-top: 1px solid #777 !important;
}
```

## ❶ 보더 구현 방법의 차이

내비게이션과 저작권 사이의 보더를 BEM에서는 footer 모듈의 Modifier로 구현한 것에 비해, PRECSS에서는 헬퍼 클래스로 구현했습니다. 양쪽 모두 좋은 구현 방법입니다. 다만 BEM은 적극적으로 헬퍼 클래스를 사용하기보다는 주로[2] Modifier로 구현을 하고 있습니다. 이 보더를 다른 위치에서도 사용하고 싶은 경우에는 PRECSS의 예처럼 헬퍼 클래스로 구현하는 것이 좋을 것입니다.

## 헤더 안쪽과 푸터 안쪽의 스타일링은 공통화해야만 할까?

헤더의 안쪽(header__inner / ly_header_inner)과 푸터의 안쪽(footer__inner / ly_footer_inner)의 스타일링을 보면 완전히 같은 것을 알 수 있습니다. 그렇다면 다음 코드와 같이 공통 스타일링을 가진 새로운 레이아웃용 클래스를 만드는 것도 가능합니다.

---

2  공식 문서에서는 다루지 않으며 문서 자체의 마크업 또는 BEM을 만든 얀덱스(Ynadex)사의 웹사이트를 확인한 바로는 헬퍼 클래스를 사용하지 않았습니다.

## PRECSS

**HTML**
```html
<header class="ly_header">
  <div class="ly_centered">
    (생략)
  </div>
  <!-- /.ly_centered -->
</header>


<footer>
  <div class="ly_footer">
    <div class="ly_centered">
      (생략)
    </div>
    <!-- /.ly_centered -->
  </div>
  <!-- /.ly_footer -->
  <div class="ly_footer hp_btGray">
    <div class="ly_centered">
      (생략)
    </div>
    <!-- /.ly_centered -->
  </div>
  <!-- /.ly_footer -->
</footer>
```

**CSS**
```css
/* .ly_header_inner, .ly_footer_inner 대신
다음을 사용 */
.ly_centered {
  max-width: 1230px;
  padding-right: 15px;
  padding-left: 15px;
  margin-right: auto;
  margin-left: auto;
}
```

물론 이처럼 같은 코드를 한 클래스로 모으는 것도 좋지만, 필자는 원래의 `ly_header_inner`와 `ly_footer_inner`로 각각 별도로 스타일링한 상태도 좋다고 생각합니다. 이 스타일링은 CSS 파일 안에서 빈번히 나오지 않으므로, 만약 콘텐츠 폭에 변화가 있더라도 수정이 필요한 곳은 `ly_header_inner`와 `ly_footer_inner`를 포함해 고작 몇 군데[3]뿐이기 때문입니다. 그렇다면 무리해서 공통화하지 않는 편이 헤더, 푸터에 개별적인 조정(예를 들면 푸터 안쪽에는 전체적으로 폰트 사이즈를 줄이는 등)이 필요한 경우에 셀렉터를 그대로 이용할 수 있으므로 유지 보수성이 높다고 생각합니다. 그럼에도 공통화하고 싶은 경우에는 셀렉터는 그대로 두고 Sass의 Mixin 등을 이용하는 방법도 있습니다.

이에 관해서는 어느 쪽이 정답이라고 할 수 없으므로 사고 방법으로 참고해 주시기 바랍니다.

---

3    수정해야 할 곳이 많다면 레이아웃이 확실하게 분리되어 있지 않을 가능성이 있습니다.

마지막으로 콘텐츠 영역의 레이아웃 설계에 관해 설명합니다. 또한 이 절에서도 콘텐츠 부분의 코드는 생략하지만, 이번에 사용하는 타이틀 모듈, 미디어 모듈은 각각 이후 5, 6장에 걸쳐 설명합니다.

## 1칼럼 설계

이번 장 초반에서도 설명했지만 1칼럼 설계의 경우에는 그림 4-7과 같이 헤더, 푸터와의 여백을 각각 60px만큼 확보하고, 콘텐츠 폭은 1200px을 그대로 유지합니다(좌우 여백을 포함한 CSS 상의 값은 1230px).

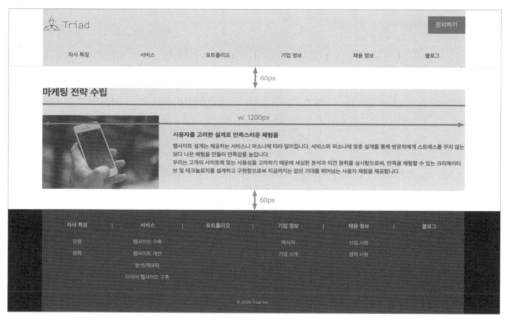

그림 4-7 콘텐츠 영역의 1칼럼 설계 구조

```
HTML          4-5-content-1-col-bem.html
<header class="header">
  (생략)
</header>
<main>
  <article>
    <section class="content">
      <!-- 아래는 레이아웃 안에 배치된 콘텐츠
임 -->
    </section>
  </article>
</main>
<footer>
  (생략)
</footer>
```

```
CSS           4-5-content-1-col-bem.css
.content {
  max-width: 1230px;
  padding: 60px 15px;
  margin-right: auto;
  margin-left: auto;
}
```

```
HTML          4-5-content-1-col-precss.html
<header class="ly_header">
  (생략)
</header>
<main>
  <article>
    <section class="ly_cont">
      <!-- 아래는 레이아웃 안에 배치된 콘텐츠
임 -->
    </section>
  </article>
</main>
<footer>
  (생략)
</footer>
```

```
CSS           4-5-content-1-col-precss.css
.ly_cont {
  max-width: 1230px;
  padding: 60px 15px;
  margin-right: auto;
  margin-left: auto;
}
```

결국 이 자체는 헤더와 푸터 안쪽의 코드가 거의 같으므로 특별히 어려운 부분은 없습니다. 한 가지 눈에 띄는 점이라면 위아래 여백을 margin이 아니라 padding으로 확보했다는 점입니다. 이에 관해서는 다음 배경 색상을 교대로 적용하는 패턴에서 함께 설명합니다.

## 배경 색상을 교대로 적용하는 패턴

콘텐츠 영역의 1칼럼 설계에서 단순하게 배경색이 같은 패턴이 아니라, 섹션별로 배경 색상을 교대로 적용하는 패턴도 생각해 봅니다. 그림 4-8과 같이 배경 색상은 가로 폭만큼 가득 채워지는 형태입니다.

그림 4-8 콘텐츠 영역의 배경 색상을 교대로 적용하는 패턴 예시

코드는 다음과 같습니다.

**BEM**

HTML
```
<header class="header">
  (생략)
</header>
<main>
  <article>
    <section class="content">
      <!-- 아래는 레이아웃 안에 배치된 콘텐츠
임 -->
    </section>
    <section class="background-color-base">
                                            ─①
      <div class="content">
        <!-- 아래는 레이아웃 안에 배치된 콘텐
츠임 -->
      </div>
      <!-- /.content -->
    </section>
  </article>
</main>
<footer>
  (생략)
</footer>
```

**PRECSS**

HTML
```
<header class="ly_header">
  (생략)
</header>
<main>
  <article>
    <section class="ly_cont">
      <!-- 아래는 레이아웃 안에 배치된 콘텐츠
임 -->
    </section>
    <section class="hp_bgcBase"> ──①
      <div class="ly_cont">
        <!-- 아래는 레이아웃 안에 배치된 콘텐
츠임 -->
      </div>
      <!-- /.ly_cont -->
    </section>
  </article>
</main>
<footer>
  (생략)
</footer>
```

| **BEM** 계속 | **PRECSS** 계속 |
|---|---|
| CSS | CSS |
| ```css\n.background-color-base {\n  background-color: #efefef;\n}\n``` | ```css\n.hp_bgcBase {\n  background-color: #efefef !important;\n}\n``` |

### ❶ <section class="background-color-base"> / <section class="hp_bgcBase">

콘텐츠 영역의 클래스를 묶는 코드입니다. 실제 표시와 관련된 내용은 그림 4-9를 보면 이해하기 쉬울 것입니다.

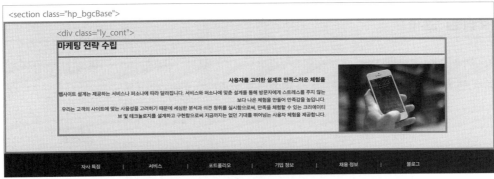

그림 4-9 **배경 색상 클래스와 콘텐츠 영역 클래스의 구조(PRECSS의 경우)**

BEM에서는 새 Block으로 클래스를 만든 것과 달리 PRECSS에서는 헬퍼 클래스로 배경 색상을 설정하는 클래스를 만들었습니다. 푸터의 보더 예시와 마찬가지로 간단한 기능이기 때문입니다.

위아래 여백을 margin이 아닌 padding으로 확보한 것은 배경 색상이 설정되는 것을 확인하기 위해서입니다. 만약 이 위아래 여백을 margin으로 구현하면 그림 4-10과 같이 배경 색상 영역이 의도한 대로 확보되지 않습니다.

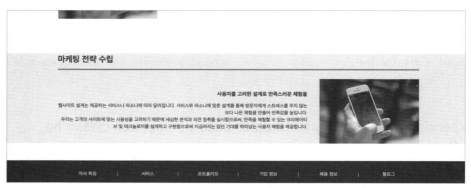

그림 4-10  margin을 사용해 위아래 여백을 구현한 경우

## 2칼럼 설계

마지막 레이아웃 설계는 콘텐츠 영역을 2칼럼으로 구성하는 경우입니다. 그림 4-11과 같은 형태로 블로그 포스트 상세 페이지 등을 떠올리면 이해하기 쉬울 것입니다.

그림 4-11  콘텐츠 영역을 2칼럼으로 설계한 경우

구조는 그림 4-12와 같습니다. 다소 복잡하지만 콘텐츠 영역 자체는 가로 폭 1200px, 위아래 여백 60px로 변화가 없습니다. 스크린 크기가 작아졌을 때 사이드 바도 줄어들면 보기가 어려

워지므로 사이드 바는 260px로 고정합니다. 왼쪽 메인 영역과의 여백은 콘텐츠 폭이 1200px 이상인 경우에는 약 40px이며, 스크린 크기에 따라 콘텐츠 폭이 줄어들 때는 그에 맞춰 40px 에서 조금씩 줄어듭니다. 메인 영역 자체는 1200px에서 사이드 바 가로 폭과 앞에서 설명한 여백을 뺀 값을 자동으로 할당합니다.

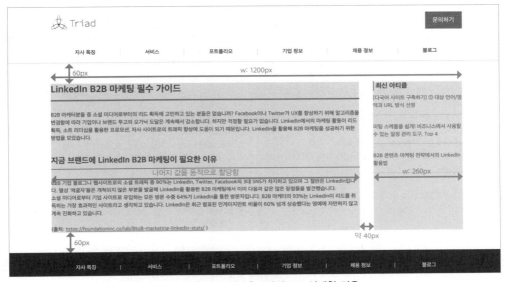

그림 4-12 콘텐츠 영역을 2칼럼으로 설계한 경우

여기에서는 미디어 쿼리를 사용해서 레이아웃 영역을 조정해야 합니다(스마트폰에서 접속한 경 우, 사이드 바가 260px인 상태라면 가독성이 떨어집니다). 메인 영역과 사이드 바를 가로 배치에서 세로 배치로 변경하고, 각각 화면을 가득 채우도록 폭을 넓힙니다(그림 4-13).

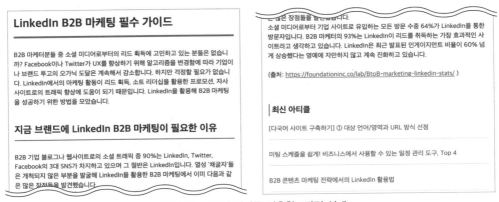

그림 4-13 미디어 쿼리를 적용한 2칼럼 설계

실제 코드는 다음과 같습니다.

**BEM**

`HTML`
```html
<header class="header">
  (생략)
</header>
<div class="content--has-column"> —❶
  <main class="content__main"> —❷
    <article>
      <h2 class="level2-heading">LinkedIn
BtoB 마케팅 필수 가이드</h2>
      <!-- 아래는 레이아웃 안에 배치된 콘텐츠
가 계속됨 -->
    </article>
  </main>
  <aside class="content__side"> —❸
    <h2 class="level4-heading">최신 기사</h2>
  </aside>
</div>
<!-- /.content -->
<footer>
  (생략)
</footer>
```

`CSS`
```css
/* .content 스타일링에 다음을 추가 */
.content--has-column {
  display: flex;
  justify-content: space-between;
}
.content__main {
  flex: 1;
  margin-right: 3.25203%;
}
.content__side {
  flex: 0 0 260px;
}

/* 미디어 쿼리 적용 시 */
@media screen and (max-width: 768px) {
  .content--hasColumn {
    flex-direction: column;
  }
  .content__main {
    margin-right: 0;
    margin-bottom:60px;
  }
}
```

**PRECSS**

`HTML`
```html
<header class="ly_header">
  (생략)
</header>
<div class="ly_cont ly_cont__col"> —❶
  <main class="ly_cont_main"> —❷
    <article>
      <h2 class="el_lv2Heading">LinkedIn
BtoB 마케팅 필수 가이드</h2>
      <!-- 아래는 레이아웃 안에 배치된 콘텐츠
가 계속됨 -->
    </article>
  </main>
  <aside class="ly_cont_side"> —❸
    <h2 class="el_lv4Heading">최신 기사</h2>
  </aside>
</div>
<!-- /.ly_cont -->
<footer>
  (생략)
</footer>
```

`CSS`
```css
/* .ly_cont 스타일링에 다음을 추가 */
.ly_cont.ly_cont__col {
  display: flex;
  justify-content: space-between;
}
.ly_cont_main {
  flex: 1;
  margin-right: 3.25203%;
}
.ly_cont_side {
  flex: 0 0 260px;
}

/* 미디어 쿼리 적용 시 */
@media screen and (max-width: 768px) {
  .ly_cont.ly_cont__col {
    flex-direction: column;
  }
  .ly_cont_main {
    margin-right: 0;
    margin-bottom:60px;
  }
}
```

## ❶ <div class="content--has-column"> / <div class="ly_cont ly_cont__col">

1칼럼 설계 시에는 단순히 콘텐츠 폭의 설정과 좌우 가운데 정렬을 한 요소에 모디파이어를 추가했습니다. 이 모디파이어는 칼럼을 형성할 때 사용하는 것을 고려한 것으로, CSS의 스타일링을 보면 알 수 있듯 display: flex;를 사용해 바로 아래 요소를 가로로 배치하고 있습니다. 뒤는 메인 영역을 형성하는 요소(❷), 사이드 바를 형성하는 요소(❸)를 각각 콘텐츠 영역에 배치하고, 폭이나 여백 등의 스타일링을 수행합니다.

### 포인트는 1칼럼 설계의 콘텐츠 영역을 잘 재사용하는 것

1칼럼 설계와 2칼럼 설계의 코드를 비교해 보면 main 요소나 article 요소, section 요소 등 시맨틱 상태에 따라 변경이 있는 요소는 있지만 'content / ly_cont 클래스 안에 모든 콘텐츠를 포함하고 있다'는 구조는 공통입니다. 이는 매우 중요한 포인트입니다.

- 2칼럼으로 만들기 위해 content / ly_cont 클래스상에 하나의 부모 요소를 추가해야만 한다.
- 또는 아래에 inner와 같은 자녀 요소를 하나 추가해야만 한다.

이런 상황이 되면 레이아웃을 위한 클래스가 늘어나 관리가 번거로워집니다. 가능한 기존 코드를 적절히 재사용함으로써 단순한 상태를 유지하면 오랜 시간이 지나도 비교적 유지 보수가 쉬운 CSS가 됩니다.

이번 장에서는 레이아웃 설계 기법을 설명했습니다. 레이아웃과 콘텐츠의 스타일을 확실하게 분리할 수 있다면 레이아웃 CSS는 자연히 간단해질 것입니다. 초반에도 언급했지만 레이아웃의 기본은 극히 단순한 '4색 정리[4]'가 가능한가'입니다. 4색 이상이면 불필요한 코드를 포함하고 있을 가능성이 있으며, 4색 미만이라면 구분 자체가 불가능하므로 정확히 4색으로 구분되는 것 이상도 이하도 아닙니다. 이번 장 초반의 그림 4-3은 레이아웃의 책임 범위를 가장 극적이고도 적절하게 보여 줍니다. 이미지가 잘 그려지지 않는 분은 한 번 더 확인하시고 '이 정도면 충분하다'라고 생각할 정도로 정독해 주시기 바랍니다.

---

[4]  나라들을 서로 다른 최소 색상으로 구분해서 칠하는 것. https://ko.wikipedia.org/wiki/4색정리

CHAPTER
# 5

# 최소 모듈

이번 장부터 7장까지 CSS 설계 모듈집에 대해 알아봅니다. 그 포문을 여는 이번
장에서는 버튼이나 라벨, 제목 등 웹사이트 안의 다양한 위치에서 사용할 수 있는
최소한의 모듈들을 소개하고 설명합니다.

## 5-1 이번 장 이후의 모듈집 설명 방법

이번 장부터 7장까지는 모듈집으로 구성했습니다. 모듈집에서는 먼저 완성 이미지(완성도)를 확인하고 호버(Hover) 등의 상태 변화나 미디어 쿼리를 적용한 스타일링은 해당 이미지를 함께 게재합니다(완성도나 코드에 미디어 쿼리 적용에 관한 설명이 없는 경우 해당 모듈에는 특별한 미디어 쿼리 설정이 없음을 의미합니다). 게재한 이미지를 구현하는 코드를 소개하면서 CSS 설계의 포인트나 필요에 따라 CSS 속성에 관해 설명합니다. CSS 설계를 실제 모듈에 적용할 때의 코드를 확인하면서 꼭 실제 요구 사항 등에 다시 이용해 보시기 바랍니다.

### 확장 패턴에 관해

모듈에 따라 확장 패턴을 제공하는 경우가 있습니다. 확장 패턴이란 모듈의 기존 마크업을 기반으로 모디파이어를 추가함으로써 형태나 움직임을 변화시킨 버전입니다.

### 배리에이션에 관해

모듈에 따라서는 배리에이션(Variation)을 준비한 것도 있습니다. 모디파이어를 사용해 추가로 작성할 수 있는 확장 패턴과 달리 배리에이션은 완전히 다른 클래스로 처리하는 편이 바람직합니다. '원래의 모듈과 비슷하긴 하나 같은 모디파이어로 확장해서 만들기에는 다소 무리가 있는, 설계적으로 최적의 해결 방법은 아닌' 것을 배리에이션으로 소개합니다.

### BEM과 PRECSS 차이에 관해

CSS에 관해 대부분의 경우는 셀렉터만 다를 뿐 BEM과 PRECSS 사이에 차이는 거의 없습니다. 하지만 간혹 BEM 고유의 표기나 PRECSS 고유의 표기가 있습니다. 또한 각 모듈 안에서 알기 쉽게 설명하기 위해 추가로 코드 예시가 필요한 경우에는 기본적으로 PRECSS에서의 기술 예시를 게재합니다.

## 5-2 최소 모듈 정의

이 책에서 최소 모듈이란 '사이트 안의 어느 위치에서든 반복해서 사용되는 요소'를 가리킵니다. PRECSS에서는 'el_'이라는 접두사를 붙인 엘리먼트 모듈에 해당합니다. 최소 모듈과 그 이상의 모듈을 엄격하게 구분하는 것은 어렵지만, 대부분은 버튼이나 라벨, 문자열 뒤에 붙는 아이콘 등을 떠올리면 이해하기 쉬울 것입니다. 필자는 3장 PRECSS 절에서 설명한 것처럼 '루트 요소와 자녀 요소를 포함해, 대략 요소 수가 세 개 이내'를 지표의 하나로 삼고 있습니다.

## 기본형

완성도

호버 시

주황색 배경에 흰색 문자를 좌우/상하 가운데 정렬로 배치한 간단한 버튼입니다. 모서리는 둥글지 않으며 박스 섀도를 옅게 적용했습니다. 호버 시에는 테두리를 남기고 배경색과 문자색을 반전시킵니다.

**BEM**

HTML      5-3-button-bem.html
```html
<a class="btn" href="#">기본 버튼</a>
```

CSS      5-3-button-bem.css
```css
.btn {
  display: inline-block; ——❶
  width: 300px; ——❷
  max-width: 100%; ——❸
  padding: 20px 10px; ——❹
  background-color: #e25c00;
  border: 2px solid transparent; ——❺
  box-shadow: 0 3px 6px rgba(0, 0, 0, .16);
  color: #fff;
  font-size: 1.125rem; ——❻
  text-align: center;
  text-decoration: none;
  transition: .25s;
}

.btn:focus,
.btn:hover {
```

**PRECSS**

HTML      5-3-button-precss.html
```html
<a class="el_btn" href="#">기본 버튼</a>
```

CSS      5-3-button-precss.css
```css
.el_btn {
  display: inline-block; ——❶
  width: 300px; ——❷
  max-width: 100%; ——❸
  padding: 20px 10px; ——❹
  background-color: #e25c00;
  border: 2px solid transparent; ——❺
  box-shadow: 0 3px 6px rgba(0, 0, 0, .16);
  color: #fff;
  font-size: 1.125rem; ——❻
  text-align: center;
  text-decoration: none;
  transition: .25s;
}

.el_btn:focus,
.el_btn:hover {
```

| BEM 계속 | PRECSS 계속 |
|---|---|
| ```
  background-color: #fff;
  border-color: currentColor;  —⑤
  color: #e25c00;
}
``` | ```
  background-color: #fff;
  border-color: currentColor;  —⑤
  color: #e25c00;
}
``` |

## ❶ display: inline-block

버튼은 그 자체를 사용하는 경우 이외에도 단락 안에서 텍스트와 함께 사용하는 경우도 있습니다. 그리고 많은 경우 단락에 지정된 문자 정렬(text-align)에 맞춰 버튼의 위치도 정렬하는 것이 바람직합니다. 이때 display 속성을 inline-block으로 설정하면 부모 단락의 text-align값을 상속하게 되므로 버튼을 정렬하기 위한 CSS를 일일이 만들 필요가 없습니다. 'CSS를 일일이 만들 필요가 없다'는 점은 개발 수고를 줄이는 것뿐만 아니라, 모디파이어나 불규칙한 지정이 지나치게 늘어나지 않으므로 CSS 설계에서 중요한 사고 방법의 하나입니다.

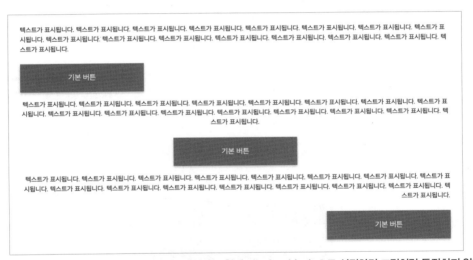

그림 5-1 단락의 text-align 설정을 자동으로 따라가는 형태. display: block;으로 설정하면 그림처럼 동작하지 않음

## ❷ width: 300px;

일반적으로 많은 프로젝트에서 버튼의 크기는 어느 정도 통일되어 있기 때문에, 가로 폭은 width 속성으로 고정합니다. 이는 다시 말해, 긴 텍스트가 들어가는 경우에는 버튼 안에서 줄바꿈이 발생한다는 의미입니다(그림 5-2).

**그림 5-2** 텍스트가 자동으로 줄바꿈된 상태

반대로 버튼 안에서 줄바꿈을 하지 않을 경우에는 `width`가 아니라 `min-width`를 사용합니다. `min-width`를 사용하면 어느 정도 버튼의 크기를 통일시키면서도, 긴 텍스트가 들어간 경우에는 가로 폭을 자동으로 늘려 줍니다(그림 5-3).

**그림 5-3** min-width 사용으로 가로 폭이 자동으로 늘어난 상태

그 외 가로 폭의 최댓값을 지정하고 싶은 경우에는 `max-width`를 함께 사용합니다. 가로 폭을 텍스트 분량에 따라 완전히 조정하고 싶을 때는 아무 속성도 지정하지 않습니다.

### ❸ max-width: 100%;

스크린 크기가 줄었을 때 버튼이 잘려서 보이지 않도록 가로 폭의 최댓값은 부모 박스에 따르도록 합니다. 이 값을 설정하지 않으면 그림 5-4의 아래와 같이 스크린 크기가 줄어든 경우, 콘텐츠 영역을 벗어납니다.

**그림 5-4** 아래 버튼에는 max-width: 100%;를 지정하지 않아 콘텐츠 영역을 벗어남

### ❹ padding: 20px 10px;

버튼의 높이는 71px이지만 이를 `height` 속성으로 설정해서는 안 됩니다. 만약 긴 텍스트가 들어간 경우에는 텍스트가 버튼 바깥으로 벗어나기 때문입니다.

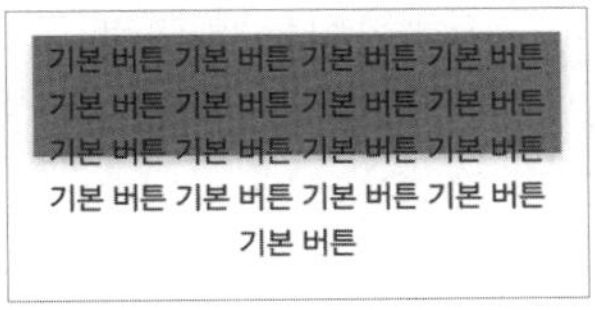

그림 5-5 height 속성으로 높이 설정 시 긴 텍스트가 들어가면 버튼 바깥으로 흘러넘침(이해하기 쉽도록 문자 색상을 검은색으로 변경).

예상치 못한 많은 양의 텍스트가 들어가더라도 최소한의 형태를 담보할 수 있도록 위아래 padding으로 높이를 확보합니다(그림 5-6).

그림 5-6 padding: 20px 10px;로 지정해 많은 양의 텍스트가 들어가도 바깥으로 벗어나지 않음

덧붙여 높이를 확보하는 것만을 목적으로 한다면 min-height를 사용할 수도 있지만, 상하 가운데 정렬을 위한 지정을 하지 않으면 텍스트가 위쪽으로 붙습니다(그림 5-7).

기본 버튼

그림 5-7 min-height만 지정한 경우에는 텍스트가 위쪽으로 붙음

높이 확보와 상하 가운데 정렬을 동시에 수행하는 데는 padding을 활용해 지정하는 방법이 가장 간단하고 좋습니다. 좌우 10px의 padding은 텍스트가 양쪽 끝에 닿을 정도의 길이라도 깔끔하게 보이도록 하기 위한 설정입니다.

## ❺ border: 2px solid transparent;(호버 전), border-color: currentColor;(호버 시)

이 지정은 호버 시의 스타일에 대응한 것입니다. 얼핏 보기에는 호버 시에만 'border: 2px solid currentColor;'를 지정해도 별문제 없을 것 같습니다. 그러나 이렇게 설정하면 호버

시에만 상하좌우에 각각 보더로 4px이 추가되기 때문에, 호버 시에 버튼 크기도 변하는 이상 동작을 일으킵니다(그림 5-8). 호버 시의 버튼이 커진 것을 확실히 알 수 있습니다.

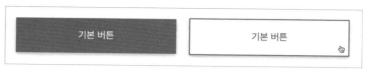

그림 5-8 호버 시에만 border를 지정한 경우의 형태. 호버 시에 버튼 크기가 커짐

이를 방지하기 위해 호버를 하지 않은 상태에서 border를 선언해 미리 버튼 크기를 확보합니다. 보더 색상은 배경 색상과 같은 '#e25c00'을 지정해도 괜찮지만, 이후 다른 색상의 버튼을 만들 경우를 고려하면 덮어써야 할 속성은 가능한 적은 것이 좋으므로 투명인 'transparent'로 지정합니다. 그 뒤 호버 시에는 보더 색상만 다시 설정하면 됩니다.

currentColor라는 값이 익숙하지 않은 분들도 있을 것입니다. 이 값은 다음 기준에 따라 값을 상속합니다.

- 해당 요소 자체에 color 속성값이 설정되어 있으면 그 속성값
- 그렇지 않다면 가장 가까운 부모 요소의 color 속성값

여기에서는 호버 시의 color 속성에 '#e25c00'을 지정했기 때문에 보더에도 같은 색상인 '#e25c00'가 적용됩니다. 여기에서의 예시뿐만 아니라 '문자 색상과 보더 색상을 동일하게 하고 싶은' 경우에도 currentColor를 사용하면, 문자 색상이 변하더라도 보더 색상을 자동으로 바꿀 수 있기 때문에 매우 강력한 CSS가 됩니다.

### ❻ font-size: 1.125rem;

많은 브라우저에서 rem의 기준이 되는 루트 요소(보통 html 요소)의 font-size는 16px입니다. 그리하여 이 1.125rem이라는 값은 18px로 표시될 것으로 예측하여 설정했습니다. 명시적으로 18px로 지정하지 않은 이유는 px는 고정값인지라, 브라우저 폰트 크기 변경 기능이나 사용자가 브라우저에 독자적으로 설정한 CSS가 적용되지 않기 때문입니다. 실제로 브라우저의 폰트 크기 변경 기능을 사용해 글자 크기를 바꿔 보면, rem을 사용한 버튼은 설정 내용을 확실히 반영하는 것을 알 수 있습니다(그림 5-9).

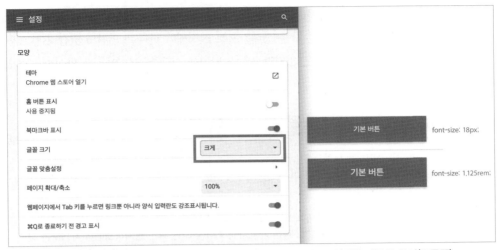

그림 5-9 **구글 크롬의 폰트 크기 변경 기능(왼쪽), px와 rem으로 설정한 버튼의 차이(오른쪽)**

웹사이트를 보는 사용자의 수만큼이나 각각의 사정이나 선호도가 다르므로 가능한 각 사용자의 설정을 받아들일 수 있도록 구현하는 것은 매우 중요합니다. CSS만 보면 `font-size`에는 `rem`을 사용하고 `width`나 `padding` 등 다른 값에는 `px`를 사용하여 값이 혼재하는 것이 신경 쓰이는 분들도 있으리라 생각합니다. 물론 여기에는 확실한 이유가 있습니다. `width`나 `padding`을 `em` 또는 `rem`과 같은 상대값으로 설정하면 그림 5-10과 같이 버튼 자체가 커집니다. 필자는 폰트 크기 변경 기능은 어디까지나 폰트 크기에만 영향을 미쳐야 한다고 생각합니다. 하지만 버튼 자체가 크게 보이도록 하고 싶은 사용자를 위해 많은 브라우저에서는 줌(zoom) 기능도 제공하고 있습니다.

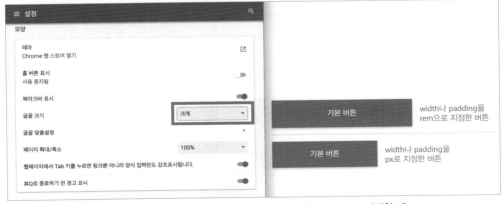

그림 5-10 **width나 padding을 rem으로 지정한 예와 px로 지정한 예**

CSS에서 사용하는 단위에 관해서는 의견이 분분합니다. 모든 값을 고정값으로 설정해야 한다는 의견이 있는가 하면, 반대로 모든 값을 상대값으로 설정해야 한다는 의견도 있습니다. 어떤 것이 정답인지 한마디로 단언할 수는 없지만, 왜 그 단위를 선택했는지 '이유를 확실하게 설명할 수 있는 것'이 중요합니다.

## COLUMN 호버 시 스타일을 포커스 시에도 적용하는 이유

호버 시 스타일링을 수행하는 셀렉터를 보면 ':hover'의 의사 요소뿐만 아니라 ':focus'와 포커스 시의 스타일링도 함께 동일하게 수행합니다. 이 설정은 주로 키보드의 탭 키를 눌러 페이지 이동을 수행하는 사용자를 배려한 것입니다.

특별히 지정하지 않더라도 이벤트를 일으키는 요소에 포커스한 경우에는 브라우저의 기본 스타일의 포커스링이 표시됩니다. 하지만 이 포커스링은 사용자의 시력에 따라 혹은 웹사이트에서 사용하는 배색에 따라 변화를 알아채지 못하는 경우가 있습니다. 그림 5-11의 위는 포커스링 시만 표시한 경우, 아래는 포커스링 시와 함께 호버 시의 스타일링도 적용한 예입니다. 아래쪽이 변화를 더 알아보기 쉽지 않을까요?

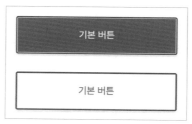

그림 5-11 **포커스링 시만 표시(위), 포커스링 시와 호버 시의 스타일링을 적용해서 표시(아래)**

원래 상태의 변화를 알리고 싶은 시점은 '호버를 했을 때'에서가 아니라 '사용자가 액션을 하고자 하려는 때'입니다. 이 '사용자가 액션을 하고자 하려는' 선택지로서 호버와 포커스는 같으므로 특별한 이유가 없는 한 '호버 시에만 변화를 표시한다'는 것은 논리적이지 않습니다. 또한 이 대응은 결과적으로 눈이나 신체가 자유롭지 않은 사용자에 대한 사용성(Usability) 향상과도 이어집니다. 이런 사용자의 수는 전체적으로 보면 극히 적지만 확실히 존재합니다. 모든 사용자들에게 가능한 평등하게 웹사이트를 제공해야 한다고 생각합니다.[1]

---

1 이는 접근성(Accessibility) 개념과도 이어집니다. 접근성 개념에 관해서는 지면 관계상 설명하지 않으므로 다른 정보를 활용하시기 바랍니다.

## 확장 버튼

### 화살표가 붙은 버튼

완성도

호버 시

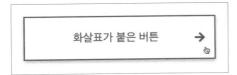

링크 대상을 더욱 강조한 화살표를 붙인 버튼입니다. 화살표는 폰트 어썸의 'arrow-right'를 사용해서 구현했습니다.[2]

**BEM**

HTML      5-3-button-arrow-bem.html
```
<a class="btn btn-arrow-right" href="#">화살
표가 붙은 버튼</a>
```

CSS      5-3-button-arrow-bem.css
```
/* .btn 스타일링 아래 다음 코드 추가 */
.btn-arrow-right {
  position: relative; ──❶
  padding-right: 2em; ──❷
  padding-left: 1.38em; ──❷
}

.btn-arrow-right::after {
  content: '\f061';
  position: absolute;
  top: 50%; ──❸
  right: .83em;
  font-family: 'Font Awesome 5 Free';
  font-weight: 900; ──❹
  transform: translateY(-50%); ──❸
}
```

**PRECSS**

HTML      5-3-button-arrow-precss.html
```
<a class="el_btn el_btn__arrowRight"
href="#">화살표가 붙은 버튼</a>
```

CSS      5-3-button-arrow-precss.css
```
/* .el_btn 스타일링 아래 다음 코드 추가 */
.el_btn.el_btn__arrowRight {
  position: relative; ──❶
  padding-right: 2em; ──❷
  padding-left: 1.38em; ──❷
}

.el_btn.el_btn__arrowRight::after {
  content: '\f061';
  position: absolute;
  top: 50%; ──❸
  right: .83em;
  font-family: 'Font Awesome 5 Free';
  font-weight: 900; ──❹
  transform: translateY(-50%); ──❸
}
```

---

2   https://fontawesome.com/icons/arrow-right?style=solid

### ■ ❶ position: relative;

after 의사 요소로 구현한 아이콘에 position: absolute;를 사용하므로 여기에서는 position: relative;를 사용해 after 의사 요소를 기준점으로 합니다.

### ■ ❷ padding-right: 2em; / padding-left: 1.38em;

아이콘을 배치한 만큼 좌우 여백을 여유 있는 값으로 다시 설정합니다. 이를 수행하지 않으면 텍스트가 늘어났을 때 아이콘과 텍스트가 겹쳐집니다(그림 5-12).

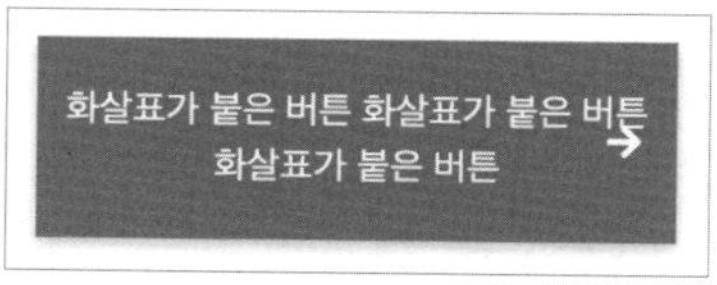

**그림 5-12** 아이콘 폭만큼 여백을 주지 않으면 텍스트가 겹쳐짐

padding-right만 다시 설정하면 텍스트 가운데 정렬의 균형이 맞지 않으므로 padding-left도 함께 설정합니다(그림 5-13).

**그림 5-13** padding-left: 10px;인 버튼(위 줄), padding-left: 1.38em;로 재설정한 버튼(아래 줄). 아래 줄 버튼의 텍스트 가운데 정렬이 자연스러움

또한 단위에 em을 사용한 이유는 폰트 크기가 변하더라도 그 크기 변화에 맞춰 자동으로 좌우 여백을 조정하기 위함입니다. 아이콘 자체는 폰트 크기에 맞춰 자동으로 확대, 축소되므로 좌우 여백도 그에 맞춰 확대, 축소되어야 합니다(그렇지 않으면 앞 예시와 같이 아이콘에 텍스트가 겹쳐지는 사태가 발생합니다).

기본형에서는 px를 사용하는데, 확장 패턴에서는 em을 사용하는 것에 위화감이 있을지도 모르겠습니다. 하지만 다시 생각해 보면 그 역할이 다르다는 걸 알 수 있습니다.

- 기본형 padding-left / padding-right …… 텍스트가 늘어났을 때, 버튼 좌우 끝에 닿아 보이는 것을 방지하기 위해 지정

- 화살표 붙인 버튼의 padding-left / padding-right …… 아이콘과 텍스트가 겹쳐지는 것을 방지하고 텍스트가 가운데 정렬이 되어 보이도록 하기 위해 지정

따라서 적절한 단위도 달라집니다. 설명만으로 이해하려고 하면 어려우므로 샘플 데이터에서 폰트 크기를 변경해 보거나 텍스트양을 바꿔 가면서 위에서 설명한 큰 패턴에 화살표를 붙인 모디파이어를 붙여 보는 등 여러 가지로 테스트해 보기 바랍니다.

### ■ ❸ top: 50%; / transform: translateY (-50%);

position: absolute;를 적용한 요소에 대해 상하 가운데 정렬을 하는 일반적인 방법입니다. top: 50%;만을 적용하면 그림 5-14와 같이 아이콘이 조금 아래쪽으로 어긋난 상태가 됩니다.

그림 5-14  **after 의사 요소와 그 부모 요소의 위치 관계**

여기에 transform: translateY (-50%);을 사용하면 그림 5-15와 같이 이미지가 그려지고 상하 가운데 정렬이 됩니다.

그림 5-15  **translateY (-50%) 설정에 따른 움직임**

### ■ ❹ font-weight: 900;

이 지정은 폰트 어썸의 솔리드(Solid) 스타일(선을 다소 두껍게 그리는 것)의 아이콘을 표시하기 위한 것입니다. '문자를 굵게 표시한다'는 의도는 아닙니다. 폰트 어썸은 버전 5부터 동일한 아이콘이라도 여러 스타일에 대응하고 있으며 font-weight로 스타일을 전환할 수 있습니다. 단, 무료 버전에서는 솔리드와 브랜즈(Brands) 스타일만 사용할 수 있습니다.[3]

### ■ BEM과 PRECSS의 상세도의 차이

CSS 코드를 봤을 때 모디파이어 셀렉터가 BEM에서는 '.btn--arrow-right'와 같이 하나의

---

3  https://fontawesome.com/how-to-use/on-the-web/referencing-icons/basic-use

클래스만 지정한 것에 비해 PRECSS에서는 '.el_btn.el_btn__arrowRight'와 같이 여러 클래스로 지정했습니다. 이는 3장에서도 소개한 것처럼 '모디파이어는 명확하게 덮어쓰기다'라는 PRECSS의 사고방식에 의한 것입니다. BEM의 예시에서는 다음과 같은 위험이 있습니다.

- 만일 모디파이어의 스타일링이 일반적인 경우보다 앞쪽에서 이루어졌을 경우에는 모디파이어가 동작하지 않는다.
- 실수로 버튼과 완전히 관계가 없는 다른 Block에 모디파이어를 지정하더라도 해당 모디파이어의 스타일이 적용되어 버린다.

## 큰 버튼

### 완성도

기본 버튼보다 눈에 잘 띄도록 크기를 약간 키운 버튼입니다. 가로 폭, 높이, 폰트 크기가 각각 조금씩 커집니다. 호버 시 움직임은 기본형과 동일합니다.

**BEM**

| HTML | 5-3-button-large-bem.html |
|---|---|

```
<a class="btn btn--large" href="#"> 큰 버튼
</a>
```

| CSS | 5-3-button-large-bem.css |
|---|---|

```
/* .btn 스타일링 뒤에 다음 코드 추가 */
.btn--large {
  width: 340px;
  padding-top: 25px; ——❶
  padding-bottom: 25px; ——❶
  font-size: 1.375rem;
}
```

**PRECSS**

| HTML | 5-3-button-large-precss.html |
|---|---|

```
<a class="el_btn el_btn__large" href="#"> 큰
버튼 </a>
```

| CSS | 5-3-button-large-precss.css |
|---|---|

```
/* .el_btn 스타일링 뒤에 다음 코드 추가 */
.el_btn.el_btn__large {
  width: 340px;
  padding-top: 25px; ——❶
  padding-bottom: 25px; ——❶
  font-size: 1.375rem;
}
```

■ ❶ padding-top: 25px; / padding-bottom: 25px;

높이를 늘리기 위해서는 원래의 .btn / .el_btn의 스타일과 마찬가지로 height 속성이 아니라 padding-top/ padding-bottom을 사용합니다.

# 색이 다른 버튼

## 완성도

## 호버 시

배경 색상 그리고 호버 시 보더의 색상이 노란색으로 바뀐 버튼입니다. 배경 색상 변화에 따라 가독성을 확보하기 위해 문자색도 검정으로 바꿨습니다. 또한 기본형에서는 호버 시 문자 색상은 보더 색상과 같은 주황색을 사용했지만, 노란색 문자는 가독성이 낮으므로 호버 시에도 검은색을 유지합니다.

---

**BEM**

`HTML`　　　　5-3-button-color-bem.html
```
<a class="btn btn--warning" href="#">색이 다
른 버튼</a>
```

`CSS`　　　　5-3-button-color-bem.css
```
/* .btn 스타일링에 이어 다음 코드 추가 */
.btn--warning {
  background-color: #f1de00;
  color: #222; ——❶
}

.btn--warning:focus,
.btn--warning:hover {
  border-color: #f1de00;
  color:#222; ——❷
}
```

**PRECSS**

`HTML`　　　　5-3-button-color-precss.html
```
<a class="el_btn el_btn__yellow" href="#">색
이 다른 버튼</a>
```

`CSS`　　　　5-3-button-color-precss.css
```
/* .el_btn 스타일링에 이어 다음 코드 추가 */
.el_btn.el_btn__yellow {
  background-color: #f1de00;
  color: #222; ——❶
}

.el_btn.el_btn__yellow:focus,
.el_btn.el_btn__yellow:hover {
  background-color: #fff; ——❸
  border-color: #f1de00;
}
```

---

### ■ ❶ color: #222;(호버 전)

배경 색상이 노란색인 경우에는 문자 색상이 반드시 검은색이 되어야 하므로 배경 색상에 맞춰 문자 색상을 설정합니다.

### ■ ❷ color: #222;(호버 시)

BEM에서만 필요한 코드입니다. 이 코드가 없으면 기본형에 설정된 규칙 셋보다 상세도 순위가 낮아져 호버 시 문자 색상이 주황색이 됩니다.

```css
CSS
/* 기본형 규칙 셋 */
.btn:focus,
.btn:hover {
  background-color: #fff;
  border-color: currentColor;
  color: #e25c00;   /* 2. 주황색이 적용되어 버
림 */
}

/* 모디파이어의 규칙 셋 */
.btn--warning {
```

```css
  background-color: #f1de00;
  color: #222;   /* 1. 검은색이 적용어야 하지
만… */
}

.btn--warning:focus,
.btn--warning:hover {
  border-color: #f1de00;
  color: #222;   /* 3. 여기에서 확실히 덮어씀 */
}
```

### ■ ❸ background-color: #fff;(호버 시)

이 코드는 PRECSS에서만 필요한 코드입니다. 여기에서는 호버 이전의 모디파이어에 background-color를 지정했기 때문에 호버 시 아무것도 지정하지 않으면 호버를 하더라도 배경 색상은 그대로 노란색을 유지합니다.

```css
CSS
/* 기본형 규칙 셋 */
.el_btn:focus,
.el_btn:hover {
  background-color: #fff;   /* 1. 흰색이 적용
되어야 하나… */
  border-color: currentColor;
  color: #e25c00;
}

/* 모디파이어의 규칙 셋 */
.el_btn.el_btn__yellow {
```

```css
  background-color: #f1de00;   /* 2. 노란색이
적용되어 버림 */
  color: #222;
}

.el_btn.el_btn__yellow:focus,
.el_btn.el_btn__yellow:hover {
  background-color:#fff;   /* 3. 여기에서 확
실히 덮어씀 */
  border-color: #f1de00;
}
```

### ■ BEM과 PRECSS에서의 모디파이어 이름의 차이

BEM의 모디파이어 이름이 'warning'인 것에 비해 PRECSS에는 단순하게 'yellow'라고 설정되어 있습니다. 이는 BEM이 특히 색상에 관한 클래스 이름을 정하는 방식에서 보이는 상태 그대로 이름을 붙이는 것을 지양하기 때문입니다. 'warning'은 'theme-warning'의 약자이며 예를 들면 BEM에서는 '노란색은 경고'와 같이 색에 의미를 붙이는 것을 중시하고 있습니다. 하지만 현실적으로 모든 색에 의미를 붙이기는 어려우며, '경고 이외의 의미로 노란색을 사용하는 경우에는 어떻게 해야 하는가?'와 같은 상황에도 대응하기 위해 PRECSS에서는 색상에 크게 의미를 두지 않고 보이는 그대로 범용성이 높은 모디파이어 이름을 허용합니다.

## 배리에이션

### 모서리가 둥근 버튼

완성도

원래 버튼의 모서리를 둥글게 만든 것을 포함해 다음과 같은 차이가 있습니다.

- 박스 섀도가 붙어 있지 않음
- 아래쪽에 짙은 주황색이 들어가 있음
- 높이가 약간 낮음
- 가로 폭이 짧음

이를 btn 클래스 모디파이어인 'btn--rounded / el_btn__rounded'로 만드는 것은 권장하지 않습니다. 'btn--rounded / el_btn__rounded'라는 모디파이어 이름으로는 둥근 모서리 이외의 변경에 관해 예측할 수 없기 때문입니다. 또한 '원래 버튼의 박스 섀도나 높이, 가로 폭을 그대로 둔 채 모서리만 둥글게 한다'는 요구 사항이 나중에 발생할 경우 모디파이어 이름이 완전히 겹치게(덮어쓰게) 됩니다. 'btn--rounded / el_btn__rounded'라는 모디파이어 이름은 원래 이 요구 사항을 위해서 사용해야 합니다.

따라서 여기에서의 둥근 모서리 버튼은 중복된 코드는 있지만 여러 스타일이 다르므로 별도의 클래스로 만듭니다. 구체적으로 몇 개 이상의 스타일이 다르면 별도의 클래스로 만들어야 하는지는 명확히 정하기 어려운 부분이나, 필자의 경우에는 세 개 이상의 스타일 차이가 있으면 별도 클래스로 분리하기 위한 검토를 시작합니다.

**BEM**

HTML     5-3-button-round-bem.html

```html
<a class="rounded-btn" href="#">모서리가 둥
근 버튼</a>
```

CSS     5-3-button-round-bem.css

```css
.rounded-btn {
  display: inline-block;
  width: 236px;
  max-width: 100%;
  padding: 15px 10px;
  background-color: #e25c00;
  border: 2px solid transparent;
  border-bottom-color: #d40152;
  border-radius:10px;
  color: #fff;
  font-size: 1.125rem;
  text-align: center;
  text-decoration: none;
  transition: .25s;
}

.rounded-btn:focus,
.rounded-btn:hover {
  background-color: #fff;
  border-color: currentColor;
  color: #e25c00;
}
```

**PRECSS**

HTML     5-3-button-round-precss.html

```html
<a class="el_roundedBtn" href="#">모서리가
둥근 버튼</a>
```

CSS     5-3-button-round-precss.css

```css
.el_roundedBtn {
  display: inline-block;
  width: 236px;
  max-width:100%;
  padding: 15px 10px;
  background-color: #e25c00;
  border: 2px solid transparent;
  border-bottom-color: #d40152;
  border-radius: 10px;
  color: #fff;
  font-size: 1.125rem;
  text-align: center;
  text-decoration: none;
  transition: .25s;
}

.el_roundedBtn:focus,
.el_roundedBtn:hover {
  background-color: #fff;
  border-color: currentColor;
  color: #e25c00;
}
```

## 기본형

**완성도**

**호버 시**

보더 안에 텍스트가 있고, 그 앞에 텍스트의 내용을 표시하는 아이콘이 붙어 있는 버튼입니다. 호버 시 배경 색상과 문자 색상이 반전됩니다. 다양한 아이콘이 들어갈 것이 예상되므로 기본형 단계에서 확장 패턴까지 모두 고려하는 것이 포인트입니다. 아이콘은 폰트 어썸의 'download'를 사용했습니다.[4]

### BEM

`HTML` 　　5-4-button-icon-small-bem.html

```html
<a class="before-icon-btn--download"
href="#">다운로드</a> ──❶
```

`CSS` 　　5-4-button-icon-small-bem.css

```css
.before-icon-btn {
  position: relative;
  display: inline-block;
  padding: .2em .3em; ──❷
  border: 1px solid currentColor;
  color: #e25c00;
  text-decoration: none;
  transition: .25s;
}

.before-icon-btn:focus,
.before-icon-btn:hover {
  background-color: #e25c00;
  color: #fff;
}

.before-icon-btn::before {
  display: inline-block;
```

### PRECSS

`HTML` 　　5-4-button-icon-small-precss.html

```html
<a class="el_beforeIconBtn el_beforeIconBtn__
download" href="#">다운로드</a> ──❶
```

`CSS` 　　5-4-button-icon-small-precss.css

```css
.el_beforeIconBtn {
  position: relative;
  display: inline-block;
  padding: .2em .3em; ──❷
  border: 1px solid currentColor;
  color: #e25c00;
  text-decoration: none;
  transition: .25s;
}

.el_beforeIconBtn:focus,
.el_beforeIconBtn:hover {
  background-color: #e25c00;
  color: #fff;
}

.el_beforeIconBtn::before {
  display: inline-block;
```

---

4　https://fontawesome.com/icons/download?style=solid

**BEM 계속**
```
    margin-right: .5em;  ──❷
    font-family: 'Font Awesome 5 Free';
    font-weight: 900;
}

.before-icon-btn--download::before {  ──❸
    content: '\f019';
}
```

**PRECSS 계속**
```
    margin-right: .5em;  ──❷
    font-family: 'Font Awesome 5 Free';
    font-weight: 900;
}

.el_beforeIconBtn.el_beforeIconBtn__
download::before {  ──❸
    content: '\f019';
}
```

## ❶ before-icon-btn--download / el_beforeIconBtn__download

앞에서 설명한 것처럼 이 버튼은 다양한 아이콘을 포함할 것으로 예상합니다. 따라서 기본형 단계부터 다운로드 아이콘 전용 모디파이어를 준비하고 뒤에서 설명할 ❸의 방법으로 아이콘을 구현합니다.

## ❷ padding: .2em .3em; / margin-right: .5em;

이 버튼은 실제로는 폰트 크기를 설정하지 않았습니다. 콘텍스트의 폰트 크기에 버튼을 맞추고 싶은 경우가 있기 때문입니다. 앞서 설명한 '화살표가 붙은 버튼'의 확장 패턴도 마찬가지였지만 폰트 크기가 변할 가능성이 있는 모듈은 여백을 px 등으로 고정하지 않고 폰트 크기를 기준으로 하는 상대값으로 설정하는 것이 포인트입니다. 그렇게 하면 폰트 크기를 극단적으로 크게 할지라도 여백의 균형을 확실하게 유지할 수 있습니다.

시험 삼아 여백의 고정값을 다음과 같이 설정한 뒤 폰트 크기를 변경하며 비교해 봅니다.

- 버튼 본체 …… padding: 3px 5px;
- 아이콘 오른쪽 …… .margin-right: 8px;

그림 5-16은 위쪽부터 다음과 같습니다.

- 원래 크기의 모듈(고정값: px)
- 원래 크기의 모듈(상대값: em)
- 폰트 크기를 크게 한 모듈(고정값: px)
- 폰트 크기를 크게 한 모듈(상대값: em)

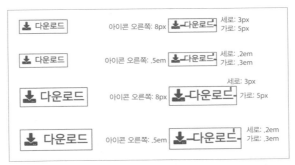

그림 5-16 폰트 크기를 변경한 경우 고정값과 상대값의 비교

원래 크기는 고정값이든 상대값이든 특별한 변화가 없는 것에 반해 폰트 크기가 커졌을 때는 큰 차이가 납니다. 고정값은 폰트 크기를 키워도 여백값 자체는 어디까지나 고정값(px)이기 때문에 테두리 선과 아이콘의 오른쪽이 좁아져 버립니다.

이처럼 폰트 크기가 변할 가능성이 있는 모듈은 여백을 상대값으로 구현해 두면 '변경에 강하며', '수정이 적은' 모듈을 만들 수 있습니다.

## ❸ .before-icon-btn--download::before / .el_beforeIconBtn.el_beforeIconBtn__download::before

❶에서 미리 분리해 둔 다운로드 아이콘 구현용 셀렉터입니다. 직전에 '.before-icon-btn::before / .el_beforeIconBtn::before' 셀렉터를 사용해 before 의사 요소(= 아이콘)에 공통된 스타일링은 완료해 두었습니다. 이제 다운로드 아이콘을 표시하기 위해 content 속성을 설정하기만 하면 됩니다.

## before-icon-btn / el_beforeIconBtn이라는 클래스 이름에 관해

클래스 이름에 붙어 있는 'before'라는 용어가 신경 쓰이는 분들도 있을 것입니다. 클래스 이름을 짧게 만드는 것만 생각한다면 'icon-btn / el_iconBtn'과 같이 'before'라는 단어를 붙이지 않는 클래스 이름을 사용하는 것도 가능합니다. 하지만 이 책에서는 만들지 않지만 같은 형태에서 아이콘이 오른쪽에 붙는 유형의 버튼을 추후 추가할 수도 있을 것입니다(그림 5-17).

다운로드 ⬇

그림 5-17 아이콘이 뒤쪽에 붙은 유형의 버튼

특히 버튼은 이 같은 형태의 배리에이션은 쉽게 일어날 수 있으므로 이 또한 고려해 가능한 고유한 클래스 이름으로 만들어 두는 것이 나중에 덜 곤란합니다. 덧붙여 'before icon'이라는 어순이 영어적으로는 위화감이 있지만 '::before 의사 요소를 사용한 아이콘'이라는 느낌으로 before를 형용사의 입장에서 생각하면 보다 이해하기 쉬울 것입니다.

## 확장 패턴

### 아이콘이 다름

완성도

호버 시

아이콘이 다운로드 아이콘에서 돋보기 아이콘으로 바뀌었습니다. 텍스트양이 줄어들었으며, 그에 맞춰 버튼의 가로 폭도 짧아지지만, 기본 width 속성을 설정하지 않았으므로 특별히 덮어쓰기는 하지 않습니다. 호버 시의 움직임 또한 특별한 변화는 없습니다.

**BEM**

`HTML` 5-4-button-icon-expand-bem.html
```
<a class="before-icon-btn before-icon-btn--
zoom" href="#">확대</a>
```

`CSS` 5-4-button-icon-expand-bem.css
```
/* .before-icon-btn 스타일링에 이어 다음 코드
추가 */
.before-icon-btn--zoom::before {
  content: '\f00e';
  transform: translateY(-6%); ——❶
}
```

**PRECSS**

`HTML` 5-4-button-icon-expand-precss.html
```
<a class="el_beforeIconBtn el_beforeIconBtn__
zoom" href="#">확대</a>
```

`CSS` 5-4-button-icon-expand-precss.css
```
/* .el_beforeIconBtn 스타일링에 이어 다음 코
드 추가 */
.el_beforeIconBtn.el_beforeIconBtn__
zoom::before {
  content: '\f00e';
  transform: translateY(-6%); ——❶
}
```

■ ❶ transform: translateY (-6%);

돋보기 아이콘으로 바꾸면 아이콘이 약간 아래로 내려간 것처럼 보이기 때문에 상하 가운데 정렬이 되도록 조금 위로 올립니다. 원래 클래스 구현에서 '공통 스타일'과 '변경할 스타일(아이콘 부분)'을 확실히 분리했기 때문에 약간의 코드를 추가하는 것만으로 확장 패턴을 만들 수 있습니다. 정말 간단합니다!

## 5-5 아이콘

## 기본형

**완성도**

> 📄 파일이름.pdf

텍스트 앞에 아이콘이 붙어 있는 유형입니다. 링크와 함께 사용하는 경우가 많으나, 모듈로서의 책임 범위는 어디까지나 '아이콘을 붙이는 것'입니다. 그렇기 때문에 호버 시 동작은 이 모듈에서 구현하지 않습니다. 완성도에 밑줄이 그어져 있는 것은 브라우저의 기본 스타일로 인한 것입니다.

**BEM**

HTML                                   5-5-icon-bem.html
```html
<span class="before-icon before-icon--pdf">
<a href="#">파일이름.pdf</a></span> ——❶
```

CSS                                    5-5-icon-bem.css
```css
.before-icon::before {
  display: inline-block;
  margin-right: .3em; ——❷
  color: #e25c00;
  font-family: 'Font Awesome 5 Free';
  font-weight: 400; ——❸
}

.before-icon--pdf::before {
  content: '\f1c1';
}
```

**PRECSS**

HTML                                   5-5-icon-precss.html
```html
<span class="el_beforeIcon el_beforeIcon__
pdf"><a href="#">파일이름.pdf</a></span>
                                              ——❶
```

CSS                                    5-5-icon-precss.css
```css
.el_beforeIcon::before {
  display: inline-block;
  margin-right: .3em; ——❷
  color: #e25c00;
  font-family: 'Font Awesome 5 Free';
  font-weight: 400; ——❸
}

.el_beforeIcon.el_beforeIcon__pdf::before {
  content: '\f1c1';
}
```

### ❶ span 요소

초반에 '호버 시 움직임은 이 모듈에서는 구현하지 않는다'고 설명했습니다. 하지만 현실적으로 a 요소와 함께 사용하는 것이 많다는 사실도 무시할 수는 없습니다. 이 클래스는 before 의사 요소를 만들 수 있는 요소인 경우에는 하나로 작업이 완료되므로 원래대로라면 다음과 같이 마크업하는 것이 이상적입니다.

HTML
```html
<a class="el_beforeIcon el_beforeIcon__pdf" href="#">파일이름.pdf</a>
```

그러나 a 요소 안에 before 의사 요소를 만들면 인터넷 익스플로러(Internet Explorer)에서는 그림 5-18과 같이 아이콘에도 밑줄이 생겨 버립니다.[5]

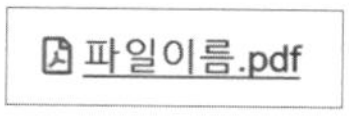

📄 파일이름.pdf

**그림 5-18 인터넷 익스플로러에서만 발생하는 현상으로 아이콘에도 밑줄이 들어감**

굉장히 세세한 부분이기는 하지만, 이 문제를 회피하기 위해 a 요소의 텍스트 앞에 아이콘을 표시하고 싶은 경우에는 다른 요소를 부모로 만든 뒤 해당 요소에 모듈 클래스를 설정합니다. 물론 a 요소 이외에서 사용하는 경우에는 다음과 같이 하나의 요소만으로 사용할 수 있습니다.

```HTML
<span class="el_beforeIcon el_beforeIcon__pdf">파일이름.pdf</span>
```

### ❷ margin-right: .3em;

이 코드는 앞에서 아이콘을 붙인 작은 버튼 '.before-icon-btn / el_beforeIconBtn' 모듈과 마찬가지로 폰트 크기가 변하더라도 아이콘과 텍스트 사이를 적절하게 띄우기 위한 스타일링입니다.

### ❸ font-weight: 400;

이 코드 역시 폰트 어썸의 아이콘을 표시하기 위한 지정이며 '폰트를 보통 굵기로 표시한다'는 의미는 아닙니다.

## 확장 패턴

## 아이콘이 다름

### 완성도

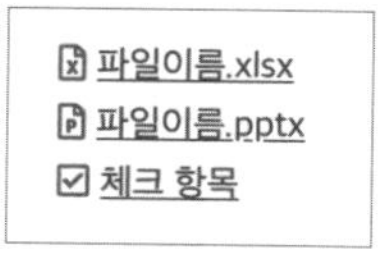

📄 파일이름.xlsx
📄 파일이름.pptx
☑ 체크 항목

---

5   반대로 말하면 인터넷 익스플로러를 지원하지 않는 경우에는 이상적인 마크업을 사용할 수 있습니다.

앞쪽의 아이콘이 각각 변하는 패턴입니다. 이는 매우 간단하면서도 전형적인 패턴이므로 한꺼번에 설명합니다.

**BEM**

`HTML`        5-5-icon-expand-bem.html
```html
<span class="before-icon before-icon--
excel"><a href="#">파일이름.xlsx</a></span>
<span class="before-icon before-icon--power-
point"><a href="#">파일이름.pptx</a></span>
<span class="before-icon before-icon--check-
square"><a href="#">체크 항목</a></span>
```

`CSS`        5-5-icon-expand-bem.css
```css
/* .before-icon 스타일링에 이어 다음 코드 추
가 */
.before-icon--excel::before {
  content: '\f1c3';
}

.before-icon--power-point::before {
  content: '\f1c4';
}

.before-icon--check-square::before {
  content: '\f14a';
}
```

**PRECSS**

`HTML`        5-5-icon-expand-precss.html
```html
<span class="el_beforeIcon el_beforeIcon__
excel"><a href="#">파일이름.xlsx</a></span>
<span class="el_beforeIcon el_beforeIcon__
PP"><a href="#">파일이름.pptx</a></span>
<span class="el_beforeIcon el_beforeIcon__
checkSquare"><a href="#">체크 항목</a>
</span>
```

`CSS`        5-5-icon-expand-precss.css
```css
/* .el_beforeIcon 스타일링에 이어 다음 코드
추가 */
.el_beforeIcon.el_beforeIcon__excel::before
{
  content: '\f1c3';
}

.el_beforeIcon.el_beforeIcon__PP::before {
  content: '\f1c4';
}

.el_beforeIcon.el_beforeIcon__
checkSquare::before {
  content: '\f14a';
}
```

## ■ BEM과 PRECSS에서의 이름 규칙의 차이

파워포인트(PowerPoint) 아이콘을 표시하고 있는 클래스 이름을 보면 BEM에서는 'power-point'라는 모디파이어 이름을 사용했지만, PRECSS에서는 'PP'라는 약어를 사용한 것을 알 수 있습니다. 이는 각 설계 기법 사고의 차이에 따른 것으로 BEM은 클래스 이름이 가진 '의미'를 중요하게 여기기 때문에 단어를 많이 생략한 표기 방법은 적어도 BEM 공식 문서 내에서는 찾아볼 수 없습니다.

이에 비해 PRECSS는 개발자가 쉽게 개발하는 것을 보장하고자 하기 때문에 단어를 생략할 수도 있습니다. 이번 예시의 경우 PRECSS 문서에도 있는 '두 단어 이상이 하나의 의미를 갖게 되는 단어 모음은 각각의 두문자를 대문자만으로 표현한다'라는 단어 생략 지침에 기반한 것입니다.

하지만 단어의 과도한 생략은 때로 다른 개발자를 곤란하게 하는 원인이 되기도 합니다. 이번 경우에는 'excel' 이름을 가진 모디파이어가 이미 존재하며, 아이콘에도 'PP'라는 이름이 붙

어 있어 파워포인트임을 연상할 수 있으므로 이 이름을 사용했습니다. 그러나 아무런 콘텍스트도 없이 일반적이지 않은 단어를 생략하는 것에는 주의해야 합니다.

## 아이콘이 다름(CSS를 활용한 아이콘 구현)

### 완성도

> < 돌아가기

표시 자체는 다른 모디파이어와 특별히 다르지 않은 것 같지만, 이번 화살표는 폰트 어썸을 사용하지 않고 CSS에서 구현했습니다. 이런 단순한 도형은 CSS로 구현함으로써 다음과 같은 장점을 얻을 수 있습니다.

- 아이콘 폰트 파일을 로딩할 필요가 없어 빠르게 표시할 수 있다.
- 아이콘 두께를 마음대로 변경할 수 있다.

**BEM**

HTML  5-5-icon-expand-2-bem.html
```html
<span class="before-icon before-icon--
chevron-left"><a href="#">돌아가기</a></
span>
```

CSS  5-5-icon-expand-2-bem.css
```css
/ .before-icon 스타일링에 이어서 아래 코드 추
가 */
.before-icon--chevron-left::before {
  content: '';
  width: .375em;
  height: .375em;
  border-bottom: .125em solid #e25c00; —❶
  border-left: .125em solid #e25c00; —❶
  transform: rotate(45deg) translateY
(-30%); —❷
}
```

**PRECSS**

HTML  5-5-icon-expand-2-precss.html
```html
<span class="el_beforeIcon el_beforeIcon__
chevLeft"><a href="#">돌아가기</a></span>
```

CSS  5-5-icon-expand-2-precss.css
```css
/* .el_beforeIcon 스타일링에 이어서 아래 코드
추가 */
.el_beforeIcon.el_beforeIcon__
chevLeft::before {
  content: '';
  width: .375em;
  height: .375em;
  border-bottom: .125em solid #e25c00; —❶
  border-left: .125em solid #e25c00; —❶
  transform: rotate(45deg) translateY
(-30%); —❷
}
```

■ ❶ border-bottom: .125em solid #e25c00; / border-left: .125em solid #e25c00;

먼저 왼쪽 화살표의 기본이 되는 도형을 border-bottom / border-left 속성을 사용해 구현합니다. ❷의 transform 속성을 적용하기 전에는 그림 5-19와 같이 단순한 버튼이 그려집니다.

> ∟ 돌아가기

그림 5-19 border-bottom과 border-left 속성을 적용한 상태

■ ❷ transform: rotate (45deg) translateY (-30%);

❶에서 그린 보더를 수정해 왼쪽 방향 화살표로 만듭니다. 먼저 'rotate (45deg)'를 적용하면 그림 5-20과 같이 됩니다.

< 돌아가기

그림 5-20 transform: rotate (45deg);만 적용한 상태

이 상태에서도 충분히 화살표로 보이지만 자세히 보면 텍스트에 비해 조금 아래로 치우친 것을 알 수 있습니다. 이를 텍스트와 상하 가운데 정렬을 하기 위해 'translateY (-30%)'를 적용합니다. 이 두 값에 의해 왼쪽 화살표가 텍스트와 상하 가운데 정렬된 아이콘을 구현할 수 있습니다.

## COLUMN 속성 기술 순서

보더를 구현할 때 다음 순서대로 코드를 작성합니다.

1. border-bottom
2. border-left

위 순서에는 이유가 있습니다. 이는 CSS의 속기법의 적용 순서에 근거한 것입니다. CSS에서 네 방향에 값을 설정할 수 있는 속성들은 속기법을 사용해 다음과 같이 기술할 수 있습니다. 알기 쉽게 margin을 예로 들겠습니다.

```CSS
margin: 10px 20px 30px 40px;
```

이는 다음을 의미합니다.

```CSS
margin-top: 10px;
margin-right: 20px;
margin-bottom: 30px;
margin-left: 40px;
```

이 속기법을 사용하면 위쪽부터 시계 방향으로 네 방향 값이 할당됩니다. 이번 절처럼 속기법을 사용하지 않는 경우에도 CSS의 이 움직임에 따라 속기법의 전개 순서대로 기술해 두면, 다른 사람이 봐도 위화감이 없는 높은 품질의 코드를 작성할 수 있습니다. 또한 CSS 속성의 순서를 사전에 정의한 대로 정렬해 주는 CSScomb[6]이라는 편리한 도구도 있습니다. CSScomb에 관해서는 9장에서 설명합니다.

---

6 https://github.com/csscomb/csscomb.js

## 배리에이션

### 뒤쪽 아이콘

#### 완성도

앞으로 가기 >

지금까지는 앞쪽에 붙어 있던 아이콘이 끝으로 이동했습니다. 이에 따라 아이콘을 그릴 때 사용하는 의사 요소 또한 before에서 after로 바뀌므로 별도 클래스로 구현합니다. 그 외에 기본적인 사고방식이나 구현 방법은 앞쪽에 아이콘이 붙었을 때와 동일합니다.

**BEM**

HTML　　　　　5-5-icon-expand-3-bem.html
```
<span class="after-icon after-icon--chevron-
right"><a href="#">앞으로 가기</a></span>
```

CSS　　　　　5-5-icon-expand-3-bem.css
```css
.after-icon::after {
  display: inline-block;
  margin-left: .3em;
  color: #e25c00;
  font-family: 'Font Awesome 5 Free';
  font-weight: 900;
}

.after-icon--chevron-right::after {
  content: '';
  width: .375em;
  height: .375em;
  border-top: .125em solid #e25c00;
  border-right: .125em solid #e25c00;
  transform: rotate (45deg);
}
```

**PRECSS**

HTML　　　　　5-5-icon-expand-3-precss.html
```
<span class="el_afterIcon el_afterIcon__
chevRight"><a href="#">앞으로 가기</a></
span>
```

CSS　　　　　5-5-icon-expand-3-precss.css
```css
.el_afterIcon::after {
  display: inline-block;
  margin-left: .3em;
  color: #e25c00;
  font-family: 'Font Awesome 5 Free';
  font-weight: 900;
}

.el_afterIcon.el_afterIcon__chevRight::after
{
  content: '';
  width: .375em;
  height: .375em;
  border-top: .125em solid #e25c00;
  border-right: .125em solid #e25c00;
  transform: rotate (45deg);
}
```

## 기본형

완성도

NEWS

블로그 기사 등에 자주 붙어 있는 카테고리 이름이나 태그 이름을 표시할 때 사용하는 모듈입니다. 일반적으로 라벨이라고 부르지만 때로 '배지(badge)'라고 지칭하는 경우도 있습니다. 다양한 문자열이 들어갈 것으로 예상하기 때문에 가로 폭은 문자 수에 맞춰서 변합니다.

**BEM**

```
HTML                    5-6-label-bem.html
<span class="label">NEWS</span>
```

```
CSS                     5-6-label-bem.css
.label {
  display: inline-block;
  padding: .2em .3em;     ①
  background-color: #e25c00;
  color: #fff;
  font-size: .75rem;
  font-weight: bold;
}
```

**PRECSS**

```
HTML                   5-6-label-precss.html
<span class="el_label">NEWS</span>
```

```
CSS                   5-6-label-precss.css
.el_label {
  display: inline-block;
  padding: .2em .3em;     ①
  background-color: #e25c00;
  color: #fff;
  font-size: .75rem;
  font-weight: bold;
}
```

**① padding: .2em .3em;**

버튼에서와 마찬가지로 높이와 가로 폭은 height가 아닌 padding으로 확보합니다. 또한 라벨의 경우에는 거의 폰트 크기를 변경해서 사용하지 않지만, 만일의 경우 그 요구 사항에도 대응할 수 있도록 여백은 고정값이 아닌 상대값 em을 사용해서 확보합니다.

## 확장 패턴

### 색이 다른 버튼

완성도

PRESS RELEASE

배경 색상이 주황색에서 노란색으로 바뀐 패턴입니다. 배경 색상의 변화와 함께 가독성을 확보하기 위해 문자 색상도 흰색에서 검은색으로 변경합니다.

**BEM**

```
HTML          5-6-label-ex-color-bem.html
<span class="label label--warning">PRESS
RELEASE</span>
```

```css
CSS           5-6-label-ex-color-bem.css
/* .label 스타일링에 이어 다음 코드 추가 */
.label--warning {
  background-color: #f1de00;
  color: #000;
}
```

**PRECSS**

```
HTML          5-6-label-ex-color-precss.html
<span class="el_label el_label__yellow">PRESS
RELEASE</span>
```

```css
CSS           5-6-label-ex-color-precss.css
/* .el_label 스타일링에 이어 다음 코드 추가 */
.el_label.el_label__yellow {
  background-color: #f1de00;
  color: #000;
}
```

### 링크

완성도

호버 시

라벨을 링크로 만든 패턴입니다. 호버 시는 버튼과 마찬가지로 배경 색상과 문자 색상이 반전되며 보더가 추가됩니다. 지금까지의 클래스에 호버 시의 스타일만을 적용하면 a 요소가 아닌 경우에도 호버 이벤트가 활성화되므로 다소 주의가 필요합니다.

```
HTML                    5-6-label-ex-link-bem.html
<a class="label label--link" href="#">NEWS</
a> ──❶

CSS                     5-6-label-ex-link-bem.css
/* .label 스타일링에 이어 다음 코드 추가 */
.label {
  border: 2px solid transparent; ──❷
}

.label--link { ──❸
  text-decoration: none;
  transition: .25s;
}

.label--link:focus,
.label--link:hover {
  background-color: #fff;
  border-color: currentColor;
  color: #e25c00;
}
```

```
HTML                    5-6-label-ex-link-precss.html
<a class="el_label" href="#">NEWS</a> ──❶

CSS                     5-6-label-ex-link-precss.css
/* .el_label 스타일링에 이어 다음 코드 추가
*/
.el_label {
  border: 2px solid transparent; ──❷
}

a.el_label { ──❸
  text-decoration: none;
  transition: .25s;
}

a.el_label:focus,
a.el_label:hover {
  background-color: #fff;
  border-color: currentColor;
  color: #e25c00;
}
```

### ■ ❶ label-link(BEM 전용 클래스)

먼저 HTML이 눈에 띄게 차이가 납니다. BEM은 '상세도는 균일하게, 스타일링은 클래스에'
가 기본이므로 링크가 된 경우의 움직임의 스타일링 역시 클래스에서 수행합니다. 이에 비해
PRECSS는 그만큼 엄격하게 고정되어 있지 않기 때문에 a 요소를 셀렉터로서 사용할 수도 있
습니다. 이 차이는 ❸의 셀렉터의 차이로 나타납니다.

### ■ ❷ border; 2px solid transparent;

호버 시 보더가 남아 있도록 하기 위한 지정입니다. 한 가지 주목할 부분은 호버용 셀렉터(❸의
.label--link / a.el_label)에서가 아니라 각각 기본형 셀렉터에 스타일링을 한 점입니다. 이런
형태로 구현한 이유는 보더를 붙이는 스타일을 호버용 클래스에 지정할 경우 그림 5-21과 같
이 버튼 크기가 변하기 때문입니다. 실제로 호버를 해보면 보더만큼 라벨 크기가 늘어나는 것
을 알 수 있습니다.

```
CSS
.el_label {
  border: 2px solid transparent; /* 이 행을 추가 */
  text-decoration: none;
  transition: .25s;
}
```

보더만큼 크기가 늘어난 범위

그림 5-21 **왼쪽부터 .el_btn, a.el_btn, a.el_btn(호버 시)**

그러나 링크로 만들었다고 해서 라벨 크기가 커지는 것은 바람직하지 않습니다. 이 차이를 없애기 위해 기본형의 셀렉터에 border를 설정합니다.

### ■ ❸ .label--link / a.el_label

❶ 처리에 의해 셀렉터가 BEM과 PRECSS에서 각각 달라집니다. 예를 들어, 버튼인 경우에는 a 요소 외에 button 요소를 사용할 수도 있으므로 BEM과 같이 클래스 기반으로 스타일링을 하는 방법이 차후 수정할 요소가 적을 수도 있습니다. 하지만 이번 예시에서는 라벨이 button 요소가 되지 않으므로 PRECSS에서는 a 요소를 그대로 셀렉터로 사용합니다.

물론 PRECSS에서도 '.el_label__link'라는 모디파이어를 클래스 기반으로 만들 수도 있으므로 만일의 경우 button 요소가 된다 하더라도 다음 코드와 같이 그룹 셀렉터를 사용할 수도 있습니다. 어떤 방법을 사용할 것인지는 상황에 따라 판단해야 합니다.

```css
CSS
/* 원래 셀렉터 */
a.el_laebl {...}

/* 클래스 셀렉터 사용 예시 */
.el_label.el_label__link {...}

/* 그룹 셀렉터 사용 예시 */
a.el_label,
button.el_label {...}
```

## 배리에이션

### 타원형 라벨

**완성도**

상하좌우 모서리가 없는 타원형 패턴입니다. 앞의 기본형과 스타일링은 대동소이하므로 기본형을 베이스로 모디파이어를 사용해 구현할지, 배리에이션으로 별도 클래스로 구현할지 고민스러운 지점입니다.

이 모듈을 사용하는 형태를 곰곰이 생각해 보니, '타원형 라벨만 일괄적으로 크기를 변경해야 하는' 상황이 발생할 수도 있을 듯합니다. 또한 타원형 라벨을 많이 사용하는 경우, 그때마다 '.el_label .el_label__rounded'와 같이 모디파이어를 추가하는 것은 다소 번거로우므로 여기에서는 배리에이션으로 별도 클래스로 구현합니다.

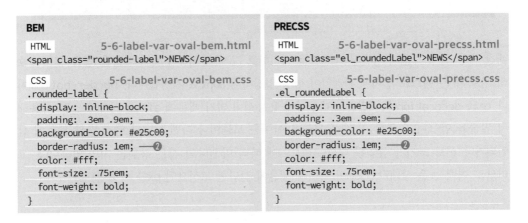

■ ❶ padding: .3em .9em;

기본형과 다른 코드 중 첫 번째입니다. 타원으로 했을 때 좁아 보이지 않도록 여백을 조금 늘린 형태로 조정했습니다.

■ ❷ border-radius: 1em;

기본형과 다른 코드 중 두 번째입니다. 단위로 em을 사용해 위아래가 찌그러지지 않는 상태로 타원형을 구현할 수 있습니다.

## 기본형

완성도

페이지 제목

배경 색상 위에 가운데 정렬된 텍스트를 배치하고 그 아래 1px 두께의 밑줄을 넣습니다. 밑줄의 가로 폭은 텍스트 길이에 관계없이 항상 일정하게 80px로 지정합니다. border-bottom이나 text-decoration에는 밑줄 스타일링에 융통성이 없기 때문에 after 의사 요소를 사용해서 밑줄을 만듭니다. 또한 이 제목 모듈은 아이콘 모듈이나 라벨 모델과 달리 다른 모듈에 삽입되거나 '폰트 크기가 삽입된 대상(콘텍스트)에 따라 바뀐다'와 같은 경우는 거의 없습니다. 그러므로 여백 등은 상대값인 em이 아니라 계산이 간단한 고정값인 px를 사용합니다.

### BEM

```
HTML                    5-7-title-bem.html
<h1 class="level1-heading">
  <span class="level1-heading__inner">페이지
제목</span> ──❶
</h1>
```

```
CSS                      5-7-title-bem.css
.level1-heading {
  padding: 30px 10px;
  background-color: #e25c00;
  color: #fff;
  font-size: 1.75rem;
  text-align: center;
}

.level1-heading__inner {
  position: relative;
  display: inline-block; ──❷
  transform: translateY(-20%); ──❷
}

.level1-heading__inner::after {
  content: '';
```

### PRECSS

```
HTML                  5-7-title-precss.html
<h1 class="el_lv1Heading">
  <span>페이지 제목</span> ──❶
</h1>
```

```
CSS                    5-7-title-precss.css
.el_lv1Heading {
  padding: 30px 10px;
  background-color: #e25c00;
  color: #fff;
  font-size: 1.75rem;
  text-align: center;
}

.el_lv1Heading > span {
  position: relative;
  display: inline-block; ──❷
  transform: translateY(-20%); ──❷
}

.el_lv1Heading > span::after {
  content: '';
```

### ❶ .level1-heading__inner / span 요소

BEM에서는 span 요소에 클래스를 설정하는 것에 비해 PRECSS에서는 span 요소에 클래스를 설정하지 않고 CSS에서도 자녀 셀렉터로 span을 사용합니다. 이는 엄격함을 중시하는 BEM과 어느 정도 유연함을 허용하는 PRECSS의 차이에 따른 것입니다.

### ❷ display inline-block; / transform: translateY (-20%);

텍스트 아래 밑줄이 있기 때문에 단순한 상하 가운데 정렬(텍스트에 대해 상하 가운데 정렬)을 하면 텍스트와 밑줄 세트가 아래로 치우쳐 보입니다(그림 5-22). 텍스트와 밑줄을 세트로 상하 가운데 정렬한 것으로 보이기 위해 transform: translateY (-20%);를 설정합니다. transform 속성을 활성화하기 위해 display: inline-bock;을 함께 적용합니다.

그림 5-22 텍스트에 대해 단순한 상하 가운데 정렬을 적용한 예(위), 텍스트와 밑줄 세트가 상하 가운데 정렬로 보이도록 보정한 모듈(아래)

### ❸ left: 50%; / transform: translateX (-50%);

버튼 모듈의 확장 패턴 '아이콘이 붙은 버튼'에서는 position: absolute;를 활용해 상하 가운데 정렬을 설명했습니다. 이를 좌우 가운데 정렬에 적용한 패턴입니다. 기본적인 구조는 버튼의 경우와 같습니다(그림 5-23).

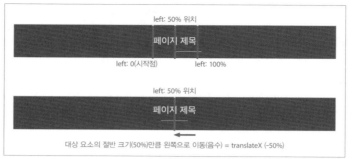

그림 5-23 **after 의사 요소와 그 부모 요소의 위치 관계 및 translateX (-50%)의 움직임**

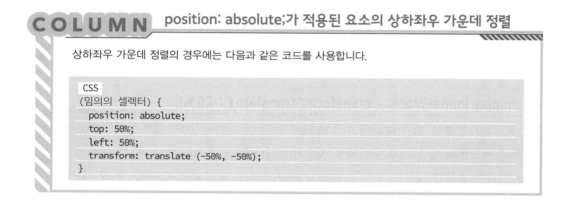

상하좌우 가운데 정렬의 경우에는 다음과 같은 코드를 사용합니다.

```css
(임의의 셀렉터) {
  position: absolute;
  top: 50%;
  left: 50%;
  transform: translate (-50%, -50%);
}
```

## 배리에이션

지금까지의 배리에이션 패턴과 달리 제목에서는 각 제목 레벨을 배리에이션으로 설명합니다. 스타일링이 공통되지는 않으나 모듈명에 일련번호 규칙이 있기 때문입니다.

### 제목 레벨 2

완성도

| 제목 2 |
| --- |

큰 폰트 크기, 굵은 텍스트 아래 테마 색상의 밑줄을 붙입니다. 주로 콘텐츠 영역의 섹션 제목으로 사용하는 이미지입니다.

**BEM**

| HTML | 5-7-title-2-bem.html |
|---|---|

```html
<h2 class="level2-heading">
  제목 2
</h2>
```

| CSS | 5-7-title-2-bem.css |
|---|---|

```css
.level2-heading {
  padding-bottom: 10px;
  border-bottom: 4px solid #e25c00;
  font-size: 1.75rem;
  font-weight: bold;
}
```

**PRECSS**

| HTML | 5-7-title-2-precss.html |
|---|---|

```html
<h2 class="el_lv2Heading">
  제목 2
</h2>
```

| CSS | 5-7-title-2-precss.css |
|---|---|

```css
.el_lv2Heading {
  padding-bottom: 10px;
  border-bottom: 4px solid #e25c00;
  font-size: 1.75rem;
  font-weight: bold;
}
```

## COLUMN  제목과 여백의 관계

재사용성과 범용성을 확보하기 위해 margin을 포함해 '레이아웃에 관한 스타일링'은 원칙적으로는 모듈 자체에 적용해서는 안 됩니다. 하지만 '제목을 사용하는 상황'은 '새로운 섹션을 만들고자 하는' 상황에 해당하며 '섹션과 섹션 사이에는 반드시 정해진 값의 여백을 적용한다'는 디자인 규칙이 정해진 경우가 많습니다. 예를 들어, '섹션 사이는 반드시 100px를 떨어뜨린다'는 디자인 규칙이 있다면 제목 모듈에 margin-top: 100px;을 적용하는 것도 한 가지 방법입니다. 이를 통해 섹션 사이의 여백 규칙을 지킬 수 있습니다.

또한 필자의 경험상 섹션 사이뿐만 아니라 제목에 이어지는 요소에 대해서도 여백이 통일되어 있는 것을 자주 발견합니다. 그런 때는 margin-bottom을 동시에 적용하면 여백과 관련된 규칙을 보다 쉽고 확실하게 지킬 수 있습니다(그림 5-24).

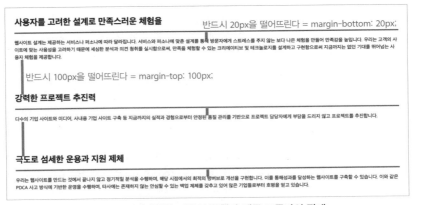

그림 5-24 디자인상 여백의 규칙과 제목 모듈과의 관계

```
CSS
.el_lv2Heading {
    padding-bottom: 10px;
    margin-top: 100px; /* 추가 */
    margin-bottom: 20px; /* 추가 */
    border-bottom: 4px solid #e25c00;
    font-size: 1.75rem;
    font-weight: bold;
}
```

텍스트와 여백의 간격

앞의 칼럼에서 '섹션 사이는 반드시 100px을 떨어뜨린다'는 요구 사항을 만족시키기 위해 margin-top: 100px;라는 스타일링을 수행했습니다. 하지만 실제로 떨어진 거리는 100px 이상이 됩니다. 이는 line-height와 관련된 사양 때문입니다.[7] 예를 들어, 이번 예시에서는 font-size: 1.75rem;(일반적으로 28px로 표시됨)으로 스타일링을 수행하고 있으며, line-height값은 body 요소에 대해 설정한 베이스 스타일로부터 1.5를 상속받습니다. 이 설정에 따라 실제로 그려지는 모습은 그림 5-25와 같습니다.

그림 5-25 **font-size와 line-height에서 도출한 값**

어떻게 표시되는지 이해가 되십니까? 여기에서는 line-height에 1.5라는 실수를 지정했으므로 line-height는 28px(font-size) * 1.5 = 42px이 됩니다. 그리고 줄 위아래에는 line-height - font-size 에서 계산한 값(여기에서는 14px)이 각각 할당됩니다. 이번 예시에서는 7px이며 이 부분을 하프리딩(Half-leading)이라고 부릅니다. 다시 말해. margin-top: 100px;을 지정하더라도 여기에 하프리딩 7px이 더해져서 실제로 위쪽에 그려지는 간격은 107px이 됩니다. 7px 정도라면 그리 위화감이 많지 않을 수도 있습니다. 하지만 line-height 또는 font-size가 커질수록 하프리딩값 또한 커지므로 상황에 따라서는 예상했던 것보다 공간이 훨씬 많이 비어 보이게 됩니다.

따라서 텍스트 위아래의 여백값을 엄밀하게 설정하고자 하는 경우에는 하프리딩값을 고려해서 margin 등을 설정해야 합니다. 이번 예시에서는 margin-top: 93px;로 실제 100px의 여백이 생기도록 합니다. 덧붙여 그림 5-26에서도 알 수 있듯이 이번 예시에는 밑줄이 있기 때문에 margin-bottom에 영향을 미치지 않습니다. 대신 padding-bottom에 영향을 주며 CSS에서는 padding-bottom: 10px;로 지정했지만, 실제로는 17px의 여백이 텍스트와 밑줄 사이에 들어갑니다.

---

7    꼭 이해해야 할 CSS에서의 인라인 레이아웃(Inline Layout) 구조[https://html5experts.jp/takazudo/13339/(일본어)]

제목 모듈 자체에 상하 여백을 확보하기 위해 margin-top / margin-bottom을 설정하지 않는 경우도 있을 것입니다. 필자는 그런 경우에 여백을 비교적 엄격하게 표현하기 위해 'margin-top: -7px;'로 음수의 하프리딩값을 제목 모듈에 설정해 두곤 합니다. 이렇게 해두면 다른 모듈의 margin-bottom으로 여백을 채울 때도 뒤에 이어지는 제목 모듈의 하프리딩을 일일이 신경 쓰지 않아도 됩니다(물론 '다음에 반드시 제목 모듈이 온다'라고 할 수는 없습니다만).

지금까지 설명한 내용은 다음 코드 및 그림 5-26과 같습니다.

```css
CSS
.el_txt {
  margin-bottom: 100px;
}
.el_lv2Heading {
  margin-top: -7px;
}
```

**사용자를 고려한 설계로 만족스러운 체험을**

웹사이트 설계는 제공하는 서비스나 퍼소나에 따라 달라집니다. 서비스와 퍼소나에 맞춘 설계를 통해 방문자에게 스트레스를 주지 않는 보다 나은 체험을 만들어 만족감을 높입니다. 우리는 고객의 사이트에 맞는 사용성을 고려하기 때문에 세심한 분석과 의견 청취를 실시함으로써, 만족을 체험할 수 있는 크리에이티브 및 테크놀로지를 설계하고 구현함으로써 지금까지는 없던 기대를 뛰어넘는 사용자 체험을 제공합니다.

margin-bottom: 100px;

margin-top: -7px;

**강력한 프로젝트 추진력**

다수의 기업 사이트와 미디어, 사내용 기업 사이트 구축 등 지금까지의 실적과 경험으로부터 안정된 품질 관리를 기반으로 프로젝트 담당자에게 부담을 드리지 않고 프로젝트를 추진합니다.

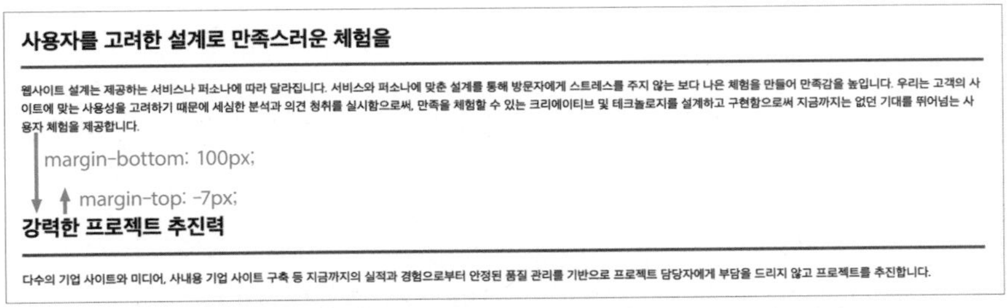

그림 5-26 margin에 음수값을 넣어 미리 제목 모듈에 적용한 예시

이같은 형태로 그림 5-26에서는 깔끔하게 '거의 100px'의 여백을 넣었습니다. '거의'라고 말한 것은 결국 .el_txt 측에서도 아래쪽의 하프리딩만큼 여백이 100px에 추가되기 때문입니다. 이를 모두 엄격하게 지정하는 것은 현실적이지 않으므로 '본문 정도의 font-size와 line-height는 오차 범위 이내(이므로 대응하지 않는다)'라는 정도로 마무리를 해도 좋을 것입니다.

여담이지만 어떤 경우에든 하프리딩을 일일이 계산하는 것은 번거롭기 때문에 필자는 하프리딩 연산용 함수를 Sass에 만들어서 계산을 자동화했습니다. 단, 이 책의 주제에서는 벗어나므로 Sass에 관한 설명은 생략합니다.

## 제목 레벨 3

완성도

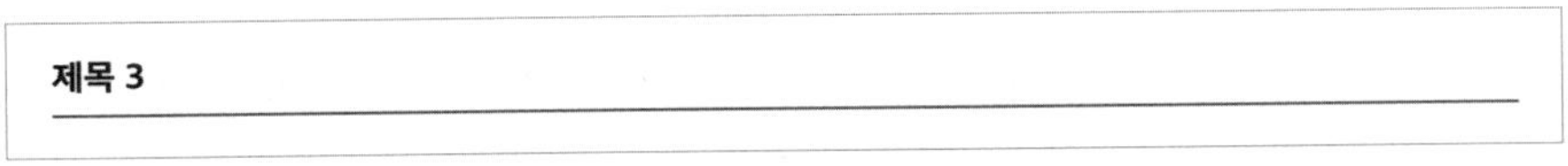

제목 3

제목 2에 비해 폰트 크기가 다소 작아지고 밑줄도 조금 얇습니다. 제목 2에 이어지는 작은 제목으로 사용하는 형태입니다.

**BEM**

```
HTML                    5-7-title-3-bem.html
<h3 class="level3-heading">
  제목 3
</h3>
```

```
CSS                     5-7-title-3-bem.css
.level3-heading {
  padding-bottom: 6px;
  border-bottom: 2px solid #e25c00;
  font-size: 1.5rem;
  font-weight: bold;
}
```

**PRECSS**

```
HTML                    5-7-title-3-precss.html
<h3 class="el_lv3Heading">
  제목 3
</h3>
```

```
CSS                     5-7-title-3-precss.css
.el_lv3Heading {
  padding-bottom: 6px;
  border-bottom: 2px solid #e25c00;
  font-size: 1.5rem;
  font-weight: bold;
}
```

## 제목 레벨 4

완성도

제목 4

지금까지의 제목들과는 달리 밑줄이 아니라 왼쪽에 세로선을 붙여 형태를 조금 바꾸었습니다.

**BEM**

```
HTML                    5-7-title-4-bem.html
<h4 class="level4-heading">
  제목 4
</h4>
```

```
CSS                     5-7-title-4-bem.css
.level4-heading {
  padding-left: 6px;
  border-left: 2px solid #e25c00;
  font-size: 1.25rem;
  font-weight: bold;
}
```

**PRECSS**

```
HTML                    5-7-title-4-precss.html
<h4 class="el_lv4Heading">
  제목 4
</h4>
```

```
CSS                     5-7-title-4-precss.css
.el_lv4Heading {
  padding-left: 6px;
  border-left: 2px solid #e25c00;
  font-size: 1.25rem;
  font-weight: bold;
}
```

## 제목 레벨 5

완성도

제목 5

제목의 세로선을 빼고 더욱 간략히 했습니다. 단, 본문과는 차별성을 두기 위해 문자 색상을
테마 색상으로 하고 두껍게 스타일링했습니다.

**BEM**

`HTML`  5-7-title-5-bem.html
```html
<h5 class="level5-heading">
  제목 5
</h5>
```

`CSS`  5-7-title-5-bem.css
```css
.level5-heading {
  color: #e25c00;
  font-size: 1.125rem;
  font-weight: bold;
}
```

**PRECSS**

`HTML`  5-7-title-5-precss.html
```html
<h5 class="el_lv5Heading">
  제목 5
</h5>
```

`CSS`  5-7-title-5-precss.css
```css
.el_lv5Heading {
  color: #e25c00;
  font-size: 1.125rem;
  font-weight: bold;
}
```

## 제목 레벨 6

### 완성도

제목 6

한층 안정된 형태의 제목입니다. 제목 레벨 6이 되면 제목이라기보다는 오히려 본문에 가까우므로 본문 폰트보다 약간 큰 정도로만 스타일링하고 화려함을 억제합니다.

**BEM**

`HTML`  5-7-title-6-bem.html
```html
<h6 class="level6-heading">
  제목 6
</h6>
```

`CSS`  5-7-title-6-bem.css
```css
.level6-heading {
  font-size: 1.125rem;
}
```

**PRECSS**

`HTML`  5-7-title-6-precss.html
```html
<h6 class="el_lv6Heading">
  제목 6
</h6>
```

`CSS`  5-7-title-6-precss.css
```css
.el_lv6Heading {
  font-size: 1.125rem;
}
```

## 5-8 주석

### 기본형

완성도

> ※ 주석이 들어갑니다.

문자 색상을 빨간색으로 한 모듈입니다. 문장 중간 등 주의를 환기하고 싶은 경우에 사용합니다. 문자 색상 이외의 변경은 없습니다.

**BEM**

HTML        5-8-comment-bem.html
```html
<strong class="caution-text">
  ※ 주석이 들어갑니다.
</strong>
```

CSS        5-8-comment-bem.css
```css
.caution-text {
  color: #d40152;
}
```

**PRECSS**

HTML        5-8-comment-precss.html
```html
<strong class="el_caution">
  ※ 주석이 들어갑니다.
</strong>
```

CSS        5-8-comment-precss.css
```css
.el_caution {
  color: #d40152;
}
```

### COLUMN 헬퍼 클래스는 안 되는가?

문자 색상을 빨간색으로 변경하기만 하는 모듈인데, '굳이 'caution'이라는 이름으로 클래스를 만들지 않고 '.red-text / .hp_red'처럼 헬퍼 클래스로 만드는 것은 안 되는가?'라고 생각하는 분들도 있을 것입니다. 확실히 형태만 보자면 그런 이름의 헬퍼 클래스를 만들어도 별문제가 없어 보입니다. 한데 이 클래스는 '주의 환기를 일으키고자 할 때' 사용하는 것입니다. 그렇다면 클래스 이름도 가능한 시맨틱한(의미 있는) 것으로 지정하는 것이 더욱 효율적입니다. 예를 들어, 도중에 '빨간 글자가 아니라 굵은 글자로 하고 싶다'고 할 때 '.red-text / .hp_red'라는 이름의 헬퍼 클래스에 굵은 문자를 지정하는 font-weight: bold;를 추가할 수는 없는 노릇입니다(이름과 일치하지 않는 헬퍼 클래스 이름은 혼란의 원인이 됩니다).

만약 CSS 속성이 하나뿐일지라도 다음과 같은 경우라면 하나의 독립 모듈로 만드는 것이 좋습니다.

1. 사용하는 상황에 명확한 의도가 있는 경우(이 절에서는 주의 환기를 하고자 함)
2. 도중에 변경하는 경우, 해당 클래스가 부여된 다른 요소에도 변경을 적용해야 하는 경우

## 배리에이션

### 보충

완성도

※ 주석이 들어갑니다.

보충이나 덧붙임 등 텍스트를 다소 조심스럽게 표시하고 싶은 경우에 사용하는 모듈입니다.
문자 색상은 본문에서 변경하지 않고 폰트 크기를 약간 작게 설정합니다.

**BEM**

HTML
```
<p class="note-text">
  ※ 주석이 들어갑니다.
</p>
```

CSS
```
.note-text {
  font-size: .75rem;
}
```

**PRECSS**

HTML
```
<p class="el_note">
  ※ 주석이 들어갑니다.
</p>
```

CSS
```
.el_note {
  font-size: .75rem;
}
```

CSS 설계 모듈집 ②

# 복합 모듈

6장에서는 '몇 개 정도의 자녀 요소를 가진 한 덩어리 모듈'인
복합 모듈에 관해 설명합니다.
지금까지의 모듈에 비해 약간 복잡하지만 코드를 하나하나 분해해 보면
기본은 동일하다는 것을 알 수 있습니다.

이 책에서 복합 모듈은 '몇 개 정도의 자녀 요소를 가진 한 덩어리의 모듈'을 의미합니다. 앞 장의 최소 모듈이 대체로 단일한 요소인 것에 반해, 복합 모듈은 모듈의 루트 요소 안에 몇 가지 자녀 요소가 존재합니다. 부트스트랩(Bootstrap)에서의 카드나 점보트론(Jumbotron)을 떠올리면 알기 쉽습니다(그림 6-1). PRECSS에서는 'bl_' 접두사가 붙은 블록 모듈이 이에 해당합니다.

그림 6-1 부트스트랩 카드(왼쪽), 점보트론(오른쪽)

## 기본형

### 완성도

**사용자를 고려한 설계로 만족스러운 체험을**

웹사이트 설계는 제공하는 서비스나 퍼소나에 따라 달라집니다. 서비스와 퍼소나에 맞춘 설계를 통해 방문자에게 스트레스를 주지 않는 보다 나은 체험을 만들어 만족감을 높입니다.

우리는 고객의 사이트에 맞는 사용성을 고려하기 때문에 세심한 분석과 의견 청취를 실시함으로써, 만족을 체험할 수 있는 크리에이티브 및 테크놀로지를 설계하고 구현함으로써 지금까지는 없던 기대를 뛰어넘는 사용자 체험을 제공합니다.

### 미디어 쿼리 적용 시

**사용자를 고려한 설계로 만족스러운 체험을**

웹사이트 설계는 제공하는 서비스나 퍼소나에 따라 달라집니다. 서비스와 퍼소나에 맞춘 설계를 통해 방문자에게 스트레스를 주지 않는 보다 나은 체험을 만들어 만족감을 높입니다.

우리는 고객의 사이트에 맞는 사용성을 고려하기 때문에 세심한 분석과 의견 청취를 실시함으로써, 만족을 체험할 수 있는 크리에이티브 및 테크놀로지를 설계하고 구현함으로써 지금까지는 없던 기대를 뛰어넘는 사용자 체험을 제공합니다.

왼쪽에 이미지, 오른쪽에 텍스트를 배치한 모듈을 일반적으로 '미디어'라고 부릅니다. 텍스트는 제목과 설명문으로 구성되어 있으며, 미디어 쿼리 적용 시에는 이미지와 텍스트를 세로로 배치합니다.

6-2-media-bem.html

```html
<div class="media">
  <figure class="media__img-wrapper">
    <img class="media__img" alt="사진: 손
에 든 스마트폰" src="/assets/img/elements/
persona.jpg">
  </figure>
  <div class="media__body">
    <h3 class="media__title">
      사용자를 고려한 설계로 만족스러운 체험을
    </h3>
    <p class="media__text">
      웹사이트 설계는 제공하는 서비스나 퍼소나
에 따라 달라집니다. 서비스와 퍼소나에 맞춘 설
계를 통해 방문자에게 스트레스를 주지 않는 보다
나은 체험을 만들어 만족감을 높입니다.<br>
      우리는 고객의 사이트에 맞는 사용성을 고
려하기 때문에 세심한 분석과 의견 청취를 실시함
으로써, 만족을 체험할 수 있는 크리에이티브 및
테크놀로지를 설계하고 구현함으로써 지금까지는
없던 기대를 뛰어넘는 사용자 체험을 제공합니다.
    </p>
  </div>
  <!-- /.media__body -->
</div>
<!-- /.media -->
```

CSS 6-2-media-bem.css

```css
.media {
  display: flex; —❶
  align-items: center; —❶
}
.media__img-wrapper {
  flex: 0 1 27.58333%; —❷
  margin-right: 3.33333%; —❸
}
.media__img {
  width: 100%;
}
.media__body {
  flex: 1; —❷
}
/* 가장 마지막 요소의 여백 초기화 */
.media__body > *:last-child {
  margin-bottom: 0; —❹
}
.media__title {
  margin-bottom: 10px;
  font-size: 1.125rem;
  font-weight: bold;
}
/* 미디어 쿼리 적용 시*/
```

6-2-media-precss.html

```html
<div class="bl_media">
  <figure class="bl_media_imgWrapper">
    <img alt="사진: 손에 든 스마트폰" src="/
assets/img/elements/persona.jpg">
  </figure>
  <div class="bl_media_body">
    <h3 class="bl_media_ttl">
      사용자를 고려한 설계로 만족스러운 체험을
    </h3>
    <p class="bl_media_txt">
      웹사이트 설계는 제공하는 서비스나 퍼소나
에 따라 달라집니다. 서비스와 퍼소나에 맞춘 설
계를 통해 방문자에게 스트레스를 주지 않는 보다
나은 체험을 만들어 만족감을 높입니다.<br>
      우리는 고객의 사이트에 맞는 사용성을 고
려하기 때문에 세심한 분석과 의견 청취를 실시함
으로써, 만족을 체험할 수 있는 크리에이티브 및
테크놀로지를 설계하고 구현함으로써 지금까지는
없던 기대를 뛰어넘는 사용자 체험을 제공합니다.
    </p>
  </div>
  <!-- /.bl_media_body -->
</div>
<!-- /.bl_media -->
```

CSS 6-2-media-precss.css

```css
.bl_media {
  display: flex; —❶
  align-items: center; —❶
}
.bl_media_imgWrapper {
  flex: 0 1 27.58333%; —❷
  margin-right: 3.33333%; —❸
}
.bl_media_imgWrapper > img {
  width: 100%;
}
.bl_media_body {
  flex: 1; —❷
}
/* 가장 마지막 요소의 여백 초기화 */
.bl_media_body > *:last-child {
  margin-bottom: 0; —❹
}
.bl_media_ttl {
  margin-bottom: 10px;
  font-size: 1.125rem;
  font-weight: bold;
}
/* 미디어 쿼리 적용 시*/
```

```
BEM 계속
@media screen and (max-width: 768px) {
  .media {
    display: block; ──⑤
  }
  .media__img-wrapper {
    margin-right: 0;
    margin-bottom: 20px;
  }
}
```

```
PRECSS 계속
@media screen and (max-width: 768px) {
  .bl_media {
    display: block; ──⑤
  }
  .bl_media_imgWrapper {
    margin-right: 0;
    margin-bottom: 20px;
  }
}
```

## ❶ display: flex;, align-items: center;

화면과 텍스트를 가로로 배열하고 상하 가운데 정렬을 위해 플렉스박스(Flexbox)를 사용합니다. 이미지와 텍스트를 위로 붙이고자 하는 경우에는 align-items 속성을 flex-start, 아래로 붙이고자 하는 경우에는 flex-end를 지정합니다.

## ❷ flex: 0 1 27.58333%; / flex: 1;

스크린 크기를 축소할 때 이미지 및 텍스트 양쪽을 자연스럽게 축소하기 위해 지정합니다. flex란 플렉스박스 관련 속성의 속기법으로 'flex: 0 1 27.58333%;'은 다음을 순서대로 한 줄로 지정한 것입니다.

- flex-grow: 0;
- flex-shrink: 1;
- flex-basis: 27.58333%

flex-grow의 초깃값은 0, flex-shrink의 초깃값은 1이므로 이 코드는 실질적으로 flex-basis의 값을 지정하기 위한 코드입니다. flex-basis 속성을 단독으로 사용할 수도 있지만 flex(속기법 속성)의 사용을 권장하고 있습니다.[1]

값을 하나만 지정한 경우에는 단위 유무에 따라 적용되는 속성이 다릅니다.

- flex: 1;(단위 없음) → flex-grow: 1;
- flex: 10%;(단위 있음) → flex-basis: 10%;

값이 하나인 경우 브라우저에 따라 해석이 잘 되지 않는 경우가 있습니다. 다소 번거롭기는 하나 이번과 같이 각 값의 초깃값도 지정하는 것이 확실합니다.

---

1   https://drafts.csswg.org/css-flexbox-1/ - flex-grow-property

### ❸ margin-right: 3.33333%;

이 값은 완성도 이미지와 텍스트의 여백인 40을 메인의 가로 폭인 1200px로 나눈 값입니다 (40/1200). 좌우 여백을 %로 지정하여 스크린 크기를 축소하면 여백도 작아지기 때문에 위화 감이 없는 반응형 디자인을 구축할 수 있습니다.

### ❹ margin-bottom: 0;

이 코드는 대단히 중요하므로 주의 깊게 살펴봅니다. 이 코드는 .media__body / .bl_media_ body 안의 가장 마지막 자녀 요소 아래쪽 여백을 제거합니다.

```css
.media__body > *:last_child {
  margin-bottom: 0;
}
.bl_media_body > *:last-child {
  margin-bottom: 0;
}
```

이번 예시에서는 설명문이 위 셀렉터 요소에 해당합니다.

**그림 6-2 body 안의 가장 마지막 자녀 요소인 설명문**

그러나 이 설명문은 애초에 margin-bottom이 설정되어 있지 않기 때문에 위 코드의 유무 에 따라 특별히 효과가 변하지는 않습니다. 그렇다면 왜 이 코드가 중요할까요? 이 코드는 '요 소가 늘거나 줄었을 때' 그 위력을 발휘합니다. 예를 들어, 설명문이 없는 패턴으로 미디어 모 듈을 사용하는 경우에는 당연히 이미지와 타이틀을 표시하게 됩니다. 하지만 타이틀에는 margin-bottom: 10px;가 설정되어 있기 때문에 아무 처리 없이 설명문을 삭제하면 타이틀 이 상하 가운데 정렬에서 10px 정도 위로 치우치게 됩니다(그림 6-3).

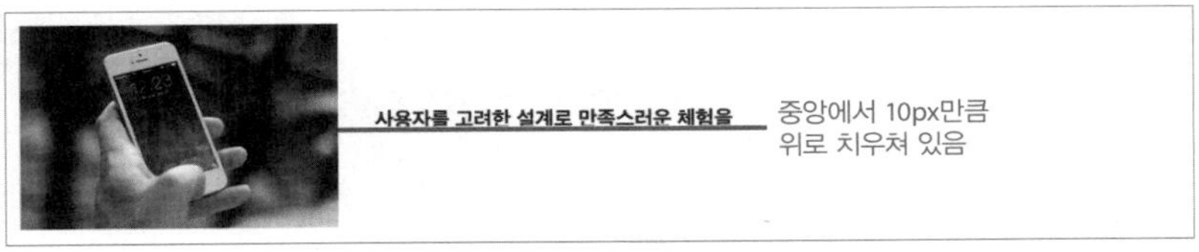

중앙에서 10px만큼
위로 치우쳐 있음

그림 6-3 margin-bottom: 0;이 적용되지 않은 코드

여기에서 위 코드를 미리 넣어 두면 그림 6-4와 같이 확실히 상하 가운데 정렬을 구현할 수 있습니다.

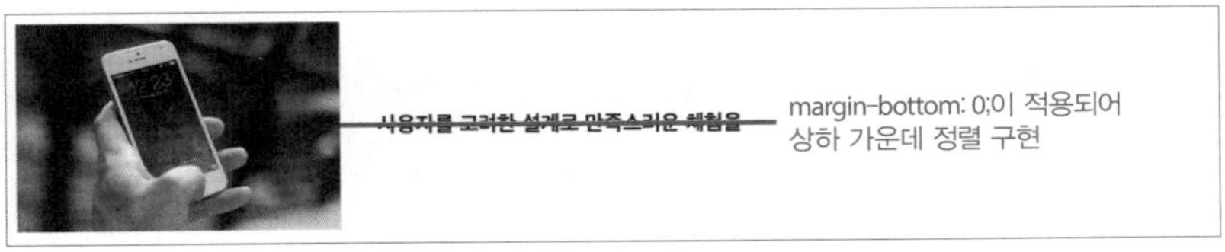

margin-bottom: 0;이 적용되어
상하 가운데 정렬 구현

그림 6-4 margin-bottom: 0;이 적용된 코드

이렇게 미리 가장 마지막 자녀 요소의 여백을 채우는 설정을 해두면 요소가 늘어나거나 줄어드는 경우에도 자동적으로 상하 여백을 제어할 수 있습니다. 이 코드 작성 방법은 미디어 모듈뿐만 아니라 다른 복합 모듈에서도 동일하므로 꼭 기억해 두시기 바랍니다.

## ❺ display: block;

미디어 쿼리 적용 시는 이미지가 위, 텍스트가 아래에 위치하는 세로 배치 레이아웃이 되므로 display값을 block으로 설정해서 플렉스박스를 해제합니다.

이번 예시에서 다음과 같이 매우 상세한 수치를 지정했습니다.

- `flex: 0 1 27.58333%;`
- `margin-right: 3.33333%;`

그런데 이 소수점 이하 자릿수는 어디까지 유효할까요? 결론부터 미리 말하자면 '브라우에 따라 다릅니다'. 필자가 집필 시점에 `margin-right`를 샘플로 확인해 본 바로는 다음 브라우저에서는 CSS 지정에 따라 3.33333%가 적용되었습니다.

- 구글 크롬(맥 OS, 윈도우)
- 파이어폭스(맥 OS, 윈도우)
- 사파리

하지만 다음 브라우저에서는 '3.33%'로 소수점 세 자리 이후는 버리고 적용했습니다.

- 인터넷 익스플로러
- 엣지(Edge)

또한 CSS에서 '3.33333%'를 지정하더라도 실제 계산되는 px값은 브라우저에 따라 서로 다르다는 것을 확인했습니다.

- 구글 크롬: 39.984px
- 파이어폭스: 39.9833px
- 사파리: 39.98px

위의 상황은 이번 예시와 같이 '3.33333%'처럼 소수점 다섯 번째 자리까지 명시[2]한 경우뿐만 아니라 어중간한 상대값에서는 모두 일어날 수 있습니다. 이 오차로 인해 브라우저에 따라서는 단락이 발생하기도 하며, 모든 브라우저에서 통일된 값으로 연산되는 것이 아님을 알아 두시기 바랍니다.

## 확장 패턴

## 반대 위치

### 완성도

**사용자를 고려한 설계로 만족스러운 체험을**

웹사이트 설계는 제공하는 서비스나 퍼소나에 따라 달라집니다. 서비스와 퍼소나에 맞춘 설계를 통해 방문자에게 스트레스를 주지 않는 보다 나은 체험을 만들어 만족감을 높입니다. 우리는 고객의 사이트에 맞는 사용성을 고려하기 때문에 세심한 분석과 의견 청취를 실시함으로써, 만족을 체험할 수 있는 크리에이티브 및 테크놀로지를 설계하고 구현함으로써 지금까지는 없던 기대를 뛰어넘는 사용자 체험을 제공합니다.

---

2   덧붙여 필자는 이 자릿수를 직접 정하지 않고 기본적으로 Sass의 출력에 맡깁니다.

## 미디어 쿼리 적용 시

**사용자를 고려한 설계로 만족스러운 체험을**

웹사이트 설계는 제공하는 서비스나 퍼소나에 따라 달라집니다. 서비스
와 퍼소나에 맞춘 설계를 통해 방문자에게 스트레스를 주지 않는 보다
나은 체험을 만들어 만족감을 높입니다.
우리는 고객의 사이트에 맞는 사용성을 고려하기 때문에 세심한 분석과
의견 청취를 실시함으로써, 만족을 체험할 수 있는 크리에이티브 및 테
크놀로지를 설계하고 구현함으로써 지금까지는 없던 기대를 뛰어넘는
사용자 체험을 제공합니다.

일반적인 미디어와 반대되는 레이아웃으로 이미지를 오른쪽, 텍스트를 왼쪽에 배치합니다. 그
에 따라 텍스트를 오른쪽 정렬로 변경합니다. 미디어 쿼리 적용 시 화면과 텍스트 레이아웃은
변하지 않지만 텍스트는 오른쪽 정렬을 계속 유지합니다.

### BEM

`HTML`　　　　6-2-media-reverse-bem.html
```html
<div class="media media--reverse">
  <!-- 이후 기본형과 동일 -->
</div>
<!-- /.media media--reverse -->
```

`CSS`　　　　6-2-media-reverse-bem.css
```css
/* media 스타일링 이후에 다음 코드 추가 */
.media--reverse {
  flex-direction: row-reverse; ──❶
}

.media--reverse .media__img-wrapper {
  margin-right: 0; ──❷
}
.media--reverse .media__body {
  margin-right: 3.33333%; ──❷
  text-align: right;
}
/* 미디어 쿼리 적용 시 */
@media screen and (max-width: 768px) {
  .media--reverse .media__body {
    margin-right: 0; ──❸
  }
}
```

### PRECSS

`HTML`　　　　6-2-media-reverse-precss.html
```html
<div class="bl_media bl_media__rev">
  <!-- 이후 기본형과 동일 -->
</div>
<!-- /.bl_media bl_media__rev -->
```

`CSS`　　　　6-2-media-reverse-precss.css
```css
/* .bl_media 스타일링 아래 다음 코드 추가 */
.bl_media.bl_media__rev {
  flex-direction: row-reverse; ──❶
}

.bl_media__rev .bl_media_imgWrapper {
  margin-right: 0; ──❷
}
.bl_media__rev .bl_media_body {
  margin-right: 3.33333%; ──❷
  text-align: right;
}
/* 미디어 쿼리 적용 시 */
@media screen and (max-width: 768px) {
  .bl_media__rev .bl_media_body {
    margin-right: 0; ──❸
  }
}
```

### ■ ❶ flex-diretion: row-reverse;

좌우 치환에는 `flex-direction` 속성에 `row-reverse`(가로 배열 레이아웃 시 오른쪽에서 왼쪽으로)를 지정합니다.

### ■ ❷ margin-right: 0; margin-right: 3.33333%;

좌우 여백 지정을 가능한 `margin-right`로 통일하기 위해 이미지의 `margin-right`에는 0, 텍스트에 `margin-right`를 부여합니다. 좌우 여백의 확보를 위해 `margin-left`를 사용할 수도 있습니다. 중요한 것은 '프로젝트 안에서 혼재하도록 하는 것이 아니라 가급적 어느 한쪽으로 통일한다'는 점입니다.

### ■ ❸ margin-right: 0;

좌우를 치환하는 모디파이어를 붙인 경우에도 미디어 쿼리 적용 시는 요소들이 세로로 배치되므로 불필요한 `margin`은 제거합니다.

## 배리에이션

### 이미지를 가로 폭 절반에 채우기

완성도

이미지 크기를 스크린의 약 절반 정도 크기로 만드는 패턴으로, 다른 스크린과 기본적으로 다르지 않습니다. 하지만 필자의 경험상 웹사이트 운용과 함께 이미지를 가로 폭 절반 사이즈로 만든 미디어는 기본형에는 영향을 주지 않도록 별도의 확장을 하는 경우가 많습니다. 처음부터 기본형과는 다른 대상으로 고려하는 것이 관리가 쉽기 때문에 이 책에서도 별도 모듈로 설명합니다.

## 미디어 쿼리 적용 시

**사용자를 고려한 설계로 만족스러운 체험을**

웹사이트 설계는 제공하는 서비스나 퍼소나에 따라 달라집니다. 서비스와 퍼소나에 맞춘 설계를 통해 방문자에게 스트레스를 주지 않는 보다 나은 체험을 만들어 만족감을 높입니다.
우리는 고객의 사이트에 맞는 사용성을 고려하기 때문에 세심한 분석과 의견 청취를 실시함으로써, 만족을 체험할 수 있는 크리에이티브 및 테크놀로지를 설계하고 구현함으로써 지금까지는 없던 기대를 뛰어넘는 사용자 체험을 제공합니다.

미디어 쿼리 적용 시에도 기본형 미디어에서 변하지 않습니다.

### BEM

`HTML` 6-2-media-half-bem.html

```html
<div class="half-media">
  <figure class="half-media__img-wrapper">
    <img class="half-media__img" alt="사진:
손에 든 스마트폰" src="/assets/img/elements/
persona.jpg">
  </figure>
  <div class="half-media__body">
    <h3 class="half-media__title">
      사용자를 고려한 설계로 만족스러운 체험을
    </h3>
    <p class="half-media__text">
      웹사이트 설계는 제공하는 서비스나 퍼소나
에 따라 달라집니다. 서비스와 퍼소나에 맞춘 설
계를 통해 방문자에게 스트레스를 주지 않는 보다
나은 체험을 만들어 만족감을 높입니다.<br>
      우리는 고객의 사이트에 맞는 사용성을 고
려하기 때문에 세심한 분석과 의견 청취를 실시함
으로써, 만족을 체험할 수 있는 크리에이티브 및
테크놀로지를 설계하고 구현함으로써 지금까지는
없던 기대를 뛰어넘는 사용자 체험을 제공합니다.
    </p>
  </div>
  <!-- /.half-media__body -->
</div>
<!-- /.half-media -->
```

### PRECSS

`HTML` 6-2-media-half-precss.html

```html
<div class="bl_halfMedia">
  <figure class="bl_halfMedia_imgWrapper">
    <img alt="사진: 손에 든 스마트폰" src="/
assets/img/elements/persona.jpg">
  </figure>
  <div class="bl_halfMedia_body">
    <h3 class="bl_halfMedia_ttl">
      사용자를 고려한 설계로 만족스러운 체험을
    </h3>
    <p class="bl_halfMedia_txt">
      웹사이트 설계는 제공하는 서비스나 퍼소나
에 따라 달라집니다. 서비스와 퍼소나에 맞춘 설
계를 통해 방문자에게 스트레스를 주지 않는 보다
나은 체험을 만들어 만족감을 높입니다.<br>
      우리는 고객의 사이트에 맞는 사용성을 고
려하기 때문에 세심한 분석과 의견 청취를 실시함
으로써, 만족을 체험할 수 있는 크리에이티브 및
테크놀로지를 설계하고 구현함으로써 지금까지는
없던 기대를 뛰어넘는 사용자 체험을 제공합니다.
    </p>
  </div>
  <!-- /.bl_halfMedia_body -->
</div>
<!-- /.bl_halfMedia -->
```

```css
.half-media {
  display: flex;
  align-items: center;
}
.half-media__img-wrapper {
  flex: 0 1 48.33333%; ──❶
  margin-right: 3.33333%;
}
.half-media__img {
  width: 100%;
}
.half-media__body {
  flex: 1;
}
.half-media__body > *:last-child {
  margin-bottom: 0;
}
.half-media__title {
  margin-bottom: 10px;
  font-size: 1.125rem;
  font-weight: bold;
}
/* 미디어 쿼리 적용 시 */
@media screen and (max-width: 768px) {
  .half-media {
    display: block;
  }
  .half-media__img-wrapper {
    margin-right: 0;
    margin-bottom: 20px;
  }
}
```

```css
.bl_halfMedia {
  display: flex;
  align-items: center;
}
.bl_halfMedia_imgWrapper {
  flex: 0 1 48.33333%; ──❶
  margin-right: 3.33333%;
}
.bl_halfMedia_imgWrapper > img {
  width: 100%;
}
.bl_halfMedia_body {
  flex: 1;
}
.bl_halfMedia_body > *:last-child {
  margin-bottom: 0;
}
.bl_halfMedia_ttl {
  margin-bottom: 10px;
  font-size: 1.125rem;
  font-weight: bold;
}
/* 미디어 쿼리 적용 시 */
@media screen and (max-width: 768px) {
  .bl_halfMedia {
    display: block;
  }
  .bl_halfMedia_imgWrapper {
    margin-right: 0;
    margin-bottom: 20px;
  }
}
```

## ❶ flex: 0 1 48.3333%;

단순히 50%로 설정하지 않은 이유는 이미지와 텍스트 사이의 여백(약 40px)을 이미지와 텍스트에 배분하기 위해서입니다. 여기에서는 콘텐츠 폭이 1200px이므로 그 절반인 600px 그리고 여백 40px을 양분한 20px을 600px에서 뺍니다. 즉, 다음과 같이 계산합니다.

580 / 1200 * 100 = 48.33333...

다른 코드는 기본형 미디어에서 특별한 변화는 없습니다.

## 기본형

완성도

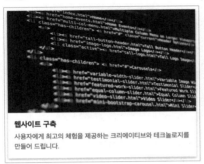

**웹사이트 구축**
사용자에게 최고의 체험을 제공하는 크리에이티브와 테크놀로지를 만들어 드립니다.

위쪽에 이미지가 있고, 아래쪽에 텍스트가 이어지는 형태의 모듈을 일반적으로 '카드'라고 부릅니다. 텍스트는 제목만 있거나 설명문만 있는 경우도 있지만, 이 책에서는 제목과 본문이 모두 있는 패턴을 설명합니다. 특히 스크린 크기가 좁은 경우에도 문제가 없도록 표시하기 위해 미디어 쿼리에는 특별한 설정을 하지 않습니다. 덧붙여 이 상태에서는 부모 요소의 가로 폭을 가득 채우도록 했지만 문제는 없습니다. 크기 제어에 관해서는 확장 패턴인 '3칼럼'에서 다시 설명합니다.

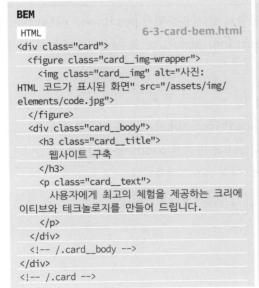

**BEM**

HTML     6-3-card-bem.html
```html
<div class="card">
  <figure class="card__img-wrapper">
    <img class="card__img" alt="사진:
HTML 코드가 표시된 화면" src="/assets/img/
elements/code.jpg">
  </figure>
  <div class="card__body">
    <h3 class="card__title">
      웹사이트 구축
    </h3>
    <p class="card__text">
      사용자에게 최고의 체험을 제공하는 크리에
이티브와 테크놀로지를 만들어 드립니다.
    </p>
  </div>
  <!-- /.card__body -->
</div>
<!-- /.card -->
```

**PRECSS**

HTML     6-3-card-precss.html
```html
<div class="bl_card">
  <figure class="bl_card_imgWrapper">
    <img alt="사진: HTML 코드가 표시된 화면"
src="/assets/img/elements/code.jpg">
  </figure>
  <div class="bl_card_body">
    <h3 class="bl_card_ttl">
      웹사이트 구축
    </h3>
    <p class="bl_card_txt">
      사용자에게 최고의 체험을 제공하는 크리에
이티브와 테크놀로지를 만들어 드립니다.
    </p>
  </div>
  <!-- /.bl_card_body -->
</div>
<!-- /.bl_card -->
```

```
CSS                        6-3-card-bem.css
.card {
  box-shadow: 0 3px 6px rgba(0, 0, 0, .16);
}
.card__img-wrapper { ──❶
  position: relative;
  padding-top: 56.25%;
  overflow: hidden;
}
.card__img { ──❷
  position: absolute;
  top: 50%;
  width: 100%;
  transform: translateY(-50%);
}
.card__body {
  padding: 15px;
}
.card__body > *:last-child {
  margin-bottom: 0;
}
.card__title {
  margin-bottom: 5px;
  font-size: 1.125rem;
  font-weight: bold;
}
.card__text {
  color: #777;
}
```

```
CSS                      6-3-card-precss.css
.bl_card {
  box-shadow: 0 3px 6px rgba(0, 0, 0, .16);
}
.bl_card_imgWrapper { ──❶
  position: relative;
  padding-top: 56.25%;
  overflow: hidden;
}
.bl_card_imgWrapper > img { ──❷
  position: absolute;
  top: 50%;
  width: 100%;
  transform: translateY(-50%);
}
.bl_card_body {
  padding: 15px;
}
.bl_card_body > *:last-child {
  margin-bottom: 0;
}
.bl_card_ttl {
  margin-bottom: 5px;
  font-size: 1.125rem;
  font-weight: bold;
}
.bl_card_txt {
  color: #777;
}
```

## ❶ .card__img-wrapper / .bl_card_imgWrapper에 대한 지정

이미지를 다루는 데에서는 약간의 기술을 사용하고 있습니다. 먼저 position: relative; 입니다. 이는 ❷에서 설명할 이미지 측에서 position: absolute;를 사용하기 때문에 이미지의 시작점이 이 요소가 되도록 지정했습니다.

다음으로 padding-top: 56.25%;입니다. 이것은 이미지 표시 영역으로서의 높이를 확보하기 위한 코드입니다. ❷에서 설명할 이미지에 position: absolute;를 사용하고 있으므로 height를 사용해서는 높이를 잘 확보할 수 없습니다. 따라서 padding-top을 사용합니다. 56.25%를 지정함으로써 이미지 가로세로 비율을 대략 16:9로 맞춥니다.

마지막으로 overflow: hidden;입니다. 이 속성도 뒤에서 설명할 이미지 잘라 내기 (Trimming)를 위해 사용했습니다.

## ❷ .card__img / .bl_card_imgWrapper > img에 대한 지정

❶을 포함해 이 부분의 일련의 코드는 이미지를 상하 가운데 정렬 및 잘라 내기를 위한 기법입니다.

- position: absolute;
- top: 50%;
- transform: translateY (-50%);

이 세 가지 속성을 지정함으로써 이미지 상하 위치를 조정하고 width: 100%;를 지정해 가로 폭 가득 표시되도록 합니다. 이 설정에 따라 이후 예상치 못했던 크기의 이미지가 섬네일로 사용되더라도 어느 정도까지는 자동으로 상하 가운데 정렬 및 잘라 내기를 할 수 있습니다.

그림 6-5의 왼쪽은 지금까지의 코드가 적용된 상태입니다. 오른쪽은 .card__img-wrapper / .bl_card_imgWrapper의 overflow: hidden;을 제외한 상태, 다시 말해 원래 이미지 크기입니다. 상하 가운데 정렬 및 CSS에서의 잘라 내기가 적용되어 있음을 확인할 수 있습니다.

그림 6-5 CSS로 잘라 내기가 적용된 상태(왼쪽), 원래 이미지 크기(오른쪽)

'어떤 이미지가 들어가더라도 가능한 위화감이 없는 형태를 유지하고 싶다'라는 것은 실은 꽤 번거로운 일로 카드 모듈에서 소개한 방법에도 한도가 있습니다(가로 폭이 극단적으로 긴 이미지에는 대응할 수 없습니다(그림 6-6).

그림 6-6 가로 폭이 극단적으로 긴 이미지가 들어간 경우 지금까지의 코드로는 대응할 수 없음

이런 경우에 사용할 수 있는 방법으로 object-fit[3] 속성과 background-size[4] 속성이 있습니다.

## object-fit 속성

object-fit 속성은 img 요소나 video 요소에 적용할 수 있으며, 각각 다음과 같이 동작합니다.

- contain …… 가로세로 비율(Aspect Ratio)을 유지한 상태로 표시 영역을 채우도록 확대/축소합니다.
- cover …… 가로세로 비율을 유지한 상태로 표시 영역 전체를 채우도록 확대/축소합니다.
- fill …… 가로세로 비율을 무시하고 표시 영역 전체를 채우도록 늘립니다.
- none …… 확대/축소를 하지 않습니다.
- scale-down …… contain 혹은 none에서 실제 사이즈가 작아지는 방법을 사용합니다.

각 적용 결과는 그림 6-7과 같습니다. 왼쪽부터 contain, cover, fill, none, scale-down입니다(움직임을 알기 쉽도록 계속 가로 폭이 긴 이미지를 사용합니다).

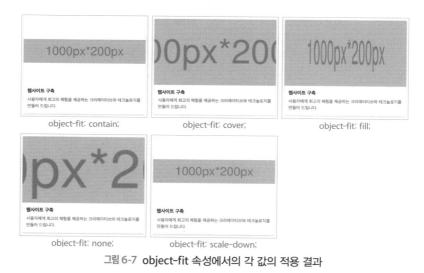

그림 6-7 object-fit 속성에서의 각 값의 적용 결과

---

3   https://developer.mozilla.org/ko/docs/Web/CSS/object-fit
4   https://developer.mozilla.org/ko/docs/Web/CSS/background-size

object-fit 속성 이외의 코드는 다음과 같습니다.

```css
CSS
.bl_card_imgWrapper {
  position: relative;
  padding-top: 56.25%;
}
.bl_card_imgWrapper > img {
  position: absolute;
  top: 50%;
  width: 100%;
  height: 100%;
  object-fit: contain / cover / fill / none / scale-down;
  transform: translateY(-50%);
}
```

매우 편리한 속성이지만 비교적 새로운 속성이기도 해서 인터넷 익스플로러를 포함한 오래된 브라우저에서는 동작하지 않습니다.

## background-size 속성

background-size 속성은 배경 이미지 크기를 조정하기 위한 속성입니다. 표시하고자 하는 이미지를 배경 이미지로 설정해야 하기 때문에 HTML 구조를 변경해야 합니다. 또한 배경 이미지를 설정할 때는 img 요소를 사용하지 않으므로 머신리더블(Machine-Readable)하지 않습니다. SEO나 접근성 보장에 있어서는 다소 비효율적이므로 background-size 속성을 사용할 때는 '콘텐츠로 인식되지 않아도 문제없는가'를 잘 확인해야 합니다. 각 속성값은 다음과 같이 동작합니다.

- contain …… 가로세로 비율을 유지한 상태에서 표시 영역을 채우도록 확대/축소합니다.
- cover …… 가로세로 비율을 유지한 상태에서 표시 영역 전체를 채우도록 확대/축소합니다.
- auto …… 가로세로 비율을 유지하도록 적절한 방향으로 확대/축소합니다.
- <length …… 지정한 길이가 되도록 확대/축소합니다. 값을 하나만 설정한 경우에는 가로 폭에 대한 지정으로 인식하며, 높이는 auto가 적용됩니다. 값을 두 개 설정한 경우에는 가로 폭, 높이 순서로 값이 적용됩니다. 값은 공백으로 구분합니다.
- <percentage …… 지정된 비율이 되도록 확대/축소합니다. 적용 규칙은 <length>와 같습니다.

여기에서는 object-fit 속성과 비교하기 위해 contain, cover, auto를 적용한 때의 움직임을 그림 6-8에 표시합니다.

background-size: contain;  background-size: cover;  background-size: auto;

그림 6-8 background-size의 각 값을 적용한 예시

background-size 속성 이외의 코드는 다음과 같습니다. CMS 등의 시스템과 연동할 때 이미지 경로가 CSS 측에 있으면 불편하므로 필자는 자주 background-image 속성만 HTML 측에 기술합니다.

```html
HTML
<div class="bl_card">
    <div class="bl_card_imgWrapper" style="background-image: url(http://placehold.
jp/1000x200.png?text=1000px*200px)">
    </div>
    <div class="bl_card_body">
        <h3 class="bl_card_ttl">
            웹사이트 구축
        </h3>
        <p class="bl_card_txt">
            사용자에게 최고의 체험을 제공하는 크리에이티브와 테크놀로지를 만들어 드립니다.
        </p>
    </div>
    <!-- /.bl_card_body -->
</div>
<!-- /.bl_card -->
```

```css
CSS
.bl_card_imgWrapper {
    position: relative;
    padding-top: 56.25%;
    background-repeat: no-repeat;
    background-position: center center;
    background-size: contain / cover / auto;
}
```

background-size는 object-fit과 달리 인터넷 익스플로러를 포함한 오래된 브라우저에도 대응하므로 브라우저에 따라 사용하지 못하는 경우는 거의 없습니다. 하지만 역시 img 요소가 아닌 배경 이미지가 되므로 머신리더블하지 않다는 점은 고민이 되는 지점입니다.

## COLUMN 새로운 구조 도입 여부를 검토할 수 있는 Can I use

앞에서 'object-fit은 인터넷 익스플로러를 포함한 오래된 브라우저에서 동작하지 않는다'고 설명했지만, 속성 대응 상황을 판단할 때는 Can I use[5]라는 웹서비스가 도움이 됩니다. 시험 삼아 object-fit을 Can I use에서 검색해 보면 그림 6-9와 같은 화면이 나타나는데, 여기에서 브라우저별로 해당 속성의 대응 상황을 확인할 수 있습니다.

---

5    https://caniuse.com/

앞에서 'object-fit은 인터넷 익스플로러를 포함한 오래된 브라우저에서 동작하지 않는다'고 설명했지만, 속성 대응 상황을 판단할 때는 Can I use[5]라는 웹서비스가 도움이 됩니다. 시험 삼아 object-fit을 Can I use에서 검색해 보면 그림 6-9와 같은 화면이 나타나는데, 여기에서 브라우저별로 해당 속성의 대응 상황을 확인할 수 있습니다.

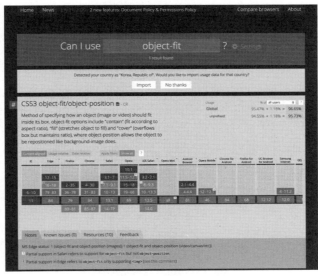

그림 6-9 Can I use에서 object-fit을 검색한 결과

Can I use는 HTML, CSS는 물론 자바스크립트 구조에 관해서도 확인할 수 있습니다. 매우 편리한 서비스이므로 꼭 활용해 보시기 바랍니다.

# 확장 패턴

## 배지 붙이기

### 완성도

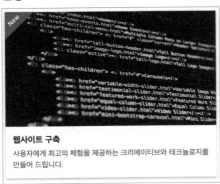

**웹사이트 구축**
사용자에게 최고의 체험을 제공하는 크리에이티브와 테크놀로지를 만들어 드립니다.

왼쪽 위에 'New'라는 배지를 붙인 패턴입니다. 최신 기사 등 눈에 띄도록 강조하고 싶은 카드에 사용하면 효과적입니다.

**BEM**

```
HTML                          6-3-badge-bem.html
<div class="card">
  <b class="card__badge"> ——❶
    <span class="card__badge-text">New</
span>
  </b> <!-- 아래는 기본형과 동일 -->
</div>
<!-- /.card -->
```

```
CSS                           6-3-badge-bem.css
/* .card 스타일링에 이어 다음 코드 추가 */
.card__badge {
  position: relative;
}
.card__badge::after { ——❷
  content: '';
  position: absolute;
  z-index: 1;
  top: 0;
  left: 0;
  width: 0;
  height: 0;
  border-width: 3.75rem 3.75rem 0 0;
  border-style: solid;
  border-color: #e25c00 transparent
transparent transparent;
}
.card__badge-text {
  position: absolute;
  z-index: 2;
  top: .5rem;
  left: .3125rem;
  color: #fff;
  font-size: .875rem;
  font-weight: bold;
  transform: rotate(-45deg); ——❸
}
```

**PRECSS**

```
HTML                         6-3-badge-precss.html
<div class="bl_card">
  <b class="bl_card_badge"> ——❶
    <span class="bl_card_badge_txt">New</
span>
  </b> <!-- 아래는 기본형과 동일 -->
</div>
<!-- /.bl_card -->
```

```
CSS                          6-3-badge-precss.css
/* .card 스타일링에 이어 다음 코드 추가 */
.bl_card_badge {
  position: relative;
}
.bl_card_badge::after { ——❷
  content: '';
  position: absolute;
  z-index: 1;
  top: 0;
  left: 0;
  width: 0;
  height: 0;
  border-width: 3.75rem 3.75rem 0 0;
  border-style: solid;
  border-color: #e25c00 transparent
transparent transparent;
}
.bl_card_badge_txt {
  position: absolute;
  z-index: 2;
  top: .5rem;
  left: .3125rem;
  color: #fff;
  font-size: .875rem;
  font-weight: bold;
  transform: rotate(-45deg); ——❸
}
```

■ ❶ <b class="card__badge"> / <b class="bl_card_badge">

배지를 구현하기 위해 추가한 요소입니다. after 의사 요소로 삼각형을 그린 뒤 자녀 span 요소에서 'New'라는 문자열을 출력합니다. 실은 before 의사 요소도 구사하면 자녀 span 요소를 추가하지 않고 이 요소만으로 배지를 구현할 수도 있습니다. 그러나 정보가 CSS에 있으면 머신리더블하지 않아 바람직하지 않습니다. 콘텐츠는 확실히 HTML에 기술하는 것이 가장 좋습니다. HTML로 기술하면 상황에 맞춰 텍스트도 간단하게 변경할 수 있습니다.

■ ❷ .card__badge::after / .bl_card_badge::after에 대한 지정

배지 배경의 삼각형을 만듭니다. content 속성에서 height 속성까지는 실제 화면에 무언가를 그리는 것이 아니라 요소를 생성하고 위치를 결정하기 위한 지정으로 이것만으로는 아무것도 표시되지 않습니다. 정확한 표현은 아니지만, 이미지상으로는 '투명하며 크기가 0인, 점과 같은 요소를 생성한다'고 생각해 주시기 바랍니다.

```css
content: '';
position: absolute;
z-index: 1;
top: 0;
left: 0;
width: 0;
height: 0;
```

실제 삼각형을 생성하는 것은 그 뒤 border 관련 속성입니다.

```css
border-width: 3.75rem 3.75rem 0 0;
border-style: solid;
borer-color: #e25c00 transparent transparent transparent;
```

이 코드로 어떻게 삼각형이 만들어지는지 의아하게 생각하는 분들도 있을 것입니다. 그러나 원리를 확실히 설명하자면 그것만으로도 꽤 길어지므로 이 책에서는 생략합니다. 또한 이처럼 'CSS에서 다소 복잡한 일을 하는' 경우에는 대부분 제너레이터가 존재합니다. 삼각형도 예외는 아니며 CSS Triangle Generator[6]를 포함해 다양한 제너레이터를 공개하고 있으므로, 스스로 처음부터 쓸 필요 없이 원리를 세세하게 이해하지 않아도 큰 문제가 되지 않습니다.

■ ❸ transform: rotate (-45deg);

배지 배경인 삼각형의 방향에 맞춰 텍스트를 회전시킵니다.

---

6   http://apps.eky.hk/css-triangle-generator/

# 링크

## 완성도

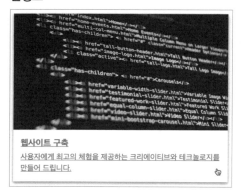

**웹사이트 구축**
사용자에게 최고의 체험을 제공하는 크리에이티브와 테크놀로지를
만들어 드립니다.

카드가 링크로 동작하는 패턴입니다. 호버 시에는 카드 전체가 약간 반투명하게 되면서 문자
색상이 변하고 텍스트에도 밑줄이 그어집니다.

| BEM | PRECSS |
|---|---|

**BEM**

HTML     6-3-card-link-bem.html
```html
<a class="card card--link" href="#"> ——❶
  <!-- 아래는 기본형과 동일 -->
</a>
```

CSS     6-3-card-link-bem.css
```css
/* .card 스타일링에 이어 아래 코드를 추가 */
.card--link {
  display: block;
  color: currentColor;
  text-decoration: none;
  transition: .25s;
}
.card--link .card__title,
.card--link .card__text {
  transition: .25s;
}
.card--link:focus,
.card--link:hover {
  opacity: .75;
}
.card--link:focus .card__title,
.card--link:focus .card__text,
.card--link:hover .card__title,
.card--link:hover .card__text {
  color: #e25c00;
  text-decoration: underline;
}
```

**PRECSS**

HTML     6-3-card-link-precss.html
```html
<a class="bl_card" href="#"> ——❶
  <!-- 아래는 기본형과 동일 -->
</a>
```

CSS     6-3-card-link-precss.css
```css
/* .bl_card 스타일링 아래 다음 코드 추가 */
a.bl_card {
  display: block;
  color: currentColor;
  text-decoration: none;
  transition: .25s;
}
a.bl_card .bl_card_ttl,
a.bl_card .bl_card_txt {
  transition: .25s;
}
a.bl_card:focus,
a.bl_card:hover {
  opacity: .75;
}
a.bl_card:focus .bl_card_ttl,
a.bl_card:focus .bl_card_txt,
a.bl_card:hover .bl_card_ttl,
a.bl_card:hover .bl_card_txt {
  color: #e25c00;
  text-decoration: underline;
}
```

■ ❶ `<a class="card card--link" href="#"> / <a class="bl_card" href="#">`

HTML4 계열까지는 a 요소 안에 블록 레벨 요소(div 요소나 p 요소 등)를 설정할 수 없었습니다. 하지만 HTML5부터는 설정 가능하므로[7] 모듈 루트 요소를 div 요소에서 a 요소로 바꿔 쓸 수 있습니다.

## ■ BEM에서 그룹 셀렉터는 얼마나 허용할 것인가?

BEM은 기본적으로 그룹 셀렉터 대신 Mix 기법을 사용할 것을 권장합니다. 예를 들면 .card__title, .card__text에 관련된 코드를 Mix를 이용해 바꿔 쓰면 다음과 같습니다.

```css
CSS
/* 원래 코드 */
.card--link .card__titile,
.card--link .card__text {
  transition: .25s;
}

/* Mix를 사용해 치환한 코드 */
.card__animation-element {
  transition: .25s;
}
```

즉 .card__title, .card__text에는 transition을 설정하지 않고 그 전용 클래스를 새롭게 만드는 방식입니다. 하지만 이 '.card__animation-element'는 카드가 링크가 아닐 경우에는 붙이지 못하므로 '링크일 때만 .card__animation-element를 추가로 붙인다'는 처리가 늘어났습니다.

다음과 같은 의사 클래스 등에서도 그룹 셀렉터를 이용하고 있지만, 이런 예는 오히려 그룹 셀렉터로 만들어야 할 사례입니다.

```css
CSS
.card--link:focus,
.card--link:hover {
  opacity: .75px;
}
```

'그룹 셀렉터 대신에 Mix를 사용'하는 것이 BEM의 권장 사항이기는 하지만, 오히려 이를 준

---

7   '블록 레벨 요소', '인라인 요소'라는 구분은 HTML4 계열까지의 것으로 HTML5부터는 '콘텐츠 카테고리'라는 사고방식에서 상세히 요소를 구분하고 있습니다. 다만 '블록 레벨 요소는 부모 요소 가득 넓힌다' 등 CSS에서 표시되는 것은 HTML에서도 변하지 않습니다

수하는 것이 비효율적인 경우도 있습니다. Mix의 사용을 권장하는 것을 곧이곧대로 받아들여 그룹 셀렉터를 완전히 사용하지 않는 것보다는 상황에 따라 그룹 셀렉터가 적절한지 Mix가 적절한지 판단하는 것이 좋습니다.

## 3칼럼

### 완성도

**웹사이트 구축**
사용자에게 최고의 체험을 제공하는 크리에이티브와 테크놀로지를 만들어 드립니다.

**디지털 마케팅 지원**
자사의 마케팅을 지원하는 최적의 디지털 마케팅 도구 도입을 지원합니다.

**분석/리포팅**
사용자의 행동을 분석해 보다 나은 사이트를 만들기 위한 아이디어를 제안합니다.

### 미디어 쿼리 적용 시

**웹사이트 구축**
사용자에게 최고의 체험을 제공하는 크리에이티브와 테크놀로지를 만들어 드립니다.

**디지털 마케팅 지원**
자사의 마케팅을 지원하는 최적의 디지털 마케팅 도구 도입을 지원합니다.

**분석/리포팅**
사용자의 행동을 분석해 보다 나은 사이트를 만들기 위한 아이디어를 제안합니다.

지금까지의 카드 모듈을 가로로 배치하여 3칼럼을 구성하는 패턴입니다. 실제 사용하는 방법으로는 지금까지 알아본 단일 카드보다는 이 예시와 같이 가로로 배치하는 경우가 대부분일 것입니다. 미디어 쿼리 적용 시에는 가로 배치가 세로 배치로 바뀝니다.

## BEM

HTML        6-3-card-3-col-bem.html

```html
<div class="cards cards--col3"> ──❶
  <div class="cards__item card"> ──❷
    <!-- 이 부분은 기본형과 동일함 -->
  </div>
  <!-- /.card -->
  <!-- 이후 <div class="cards__item card">를
2회 반복함 -->
</div>
<!-- /.cards -->
```

CSS        6-3-card-3-col-bem.css

```css
/* wrapper 모듈에 대한 지정 */
.cards {
  display: flex;
  flex-wrap: wrap;
}
.cards--col3 {
  margin-bottom: -30px; ──❸
}
/* 각 카드에 대한 지정 */
.cards--col3 > .cards__item {
  width: 31.707%;
  margin-right: 2.43902%;
  margin-bottom: 30px; ──❸
}
.cards--col3 > .cards__item:nth-of-type(3n)
{
  margin-right: 0; ──❹
}
/* 미디어 쿼리 적용 시 */
@media screen and (max-width: 768px) {
  .cards--col3 {
    margin-bottom: -20px;
  }
  .cards > .cards__item { ──❺
    width: 100%;
    margin-right: 0;
    margin-bottom: 20px;
  }
}
```

## PRECSS

HTML        6-3-card-3-col-precss.html

```html
<div class="bl_cardUnit bl_cardUnit__col3">
                                        ──❶
  <div class="bl_card"> ──❷
    <!-- 이 부분은 기본형과 동일함 -->
  </div>
  <!-- /.bl_card -->
  <!-- 이후 <div class="bl_card">를 2회 반복
함 -->
</div>
<!-- /.bl_cardUnit bl_cardUnit__col3 -->
```

CSS        6-3-card-3-col-precss.css

```css
/* bl_cardUnit 모듈에 대한 지정 */
.bl_cardUnit {
  display: flex;
  flex-wrap: wrap;
}
.bl_cardUnit.bl_cardUnit__col3 {
  margin-bottom: -30px; ──❸
}
/* 각 카드에 대한 지정 */
.bl_cardUnit__col3 > .bl_card {
  width: 31.707%;
  margin-right: 2.43902%;
  margin-bottom: 30px; ──❸
}
.bl_cardUnit__col3 > .bl_card:nth-of-
type(3n) {
  margin-right: 0; ──❹
}
/* 미디어 쿼리 적용 시 */
@media screen and (max-width: 768px) {
  .bl_cardUnit.bl_cardUnit__col3 {
    margin-bottom: -20px;
  }
  .bl_cardUnit > .bl_card { ──❺
    width: 100%;
    margin-right: 0;
    margin-bottom: 20px;
  }
}
```

## ■ ❶ <div class="cards cards--col3"> / <div class="bl_cardUnit bl_cardUnit__col3">

지금까지 살펴본 바에 따르면 카드 모듈을 가로로 배치할 때 주로 가로 폭과 상하좌우 사이의 여백(거터(Gutter)라고 합니다)을 제어해야 했습니다. 이를 다음과 같이 거터 모듈에 직접 지정하면 거터 모듈의 재사용성이 현저하게 떨어집니다.

```css
/* X: 권장하지 않는 코드 */
.bl_card {
  width: 31.707%;
  margin-bottom: 30px;
  margin-right: 2.43902%;
}
```

또한 이번 예시에서는 display: flex;를 사용했지만 만약 이것이 display: inline-block; 이나 float: left;를 사용한 방법이라 하더라도 부모 요소 없이 구현하기는 곤란할 것입니다. 필자는 ❶의 부모 요소를 종종 '래퍼(Wrapper)[8] 모듈'이라고 부릅니다.

3장에서도 설명한 것처럼 애초에 복합 모듈 자체에 레이아웃과 관련된 스타일링을 수행하는 것은 바람직하지 않습니다. 이번 예시와 같이 칼럼을 만드는 등의 레이아웃 변경이 필요한 경우에는 래퍼 모듈을 준비하는 방법 등을 활용해 반드시 한 단계 상위 부모 요소로부터 제어하도록 합니다.

또한 BEM, PRECSS 모두 모디파이어로 'col3'이라는 이름을 사용한 것은 칼럼 수가 다른 패턴의 확장을 쉽게 하도록 하기 위해서입니다. 이후 4칼럼 패턴의 경우에 관해서도 설명합니다.

## ■ ❷ <div class="cards__item card"> / <div class="bl_card">

카드 모듈 레이아웃을 제어하기 위해 BEM에서는 래퍼 모듈인 cards의 자녀 요소인 cards__item을 Mix하고 있습니다. 이에 비해 PRECSS는 BEM만큼 엄격하지 않으므로 .bl_card를 그대로 자녀 셀렉터로 사용합니다.

## ■ ❸ margin-bottom: -30px; / margin-bottom: 30px;

위아래 여백을 확보하기 위한 스타일링입니다. margin-bottom: -30px;는 래퍼 모듈에 대한 지정, margin-bottom: 30px;는 각 카드에 대한 지정입니다. 하지만 '왜 카드에서 비운 30px 만큼 래퍼 모듈 측에서는 -30px로 지정하는가?'라고 생각하는 분들도 상당수 있으리라 예상하는바 순서에 따라 설명합니다.[9]

---

8  '포함하다', '포괄하다'라는 의미입니다.

9  이해를 쉽게 하기 위해 요소를 하나씩 늘려 갑니다. 또한 상하 여백에 관계없는 코드는 여기에서는 생략합니다.

```
CSS
.bl_cardUnit__col3 > .bl_card {
  margin-bottom: 30px;
}
```

그림 6-10 margin-bottom으로 위아래 여백을 확보한 예

여기까지는 아무 문제가 없어 보입니다. 하지만 실제로 margin-bottom: 30px;는 두 번째 줄에 있는 네 번째 카드에도 적용되므로 실제로는 아래쪽에 불필요한 여백이 30px만큼 생겨 버립니다(그림 6-11).

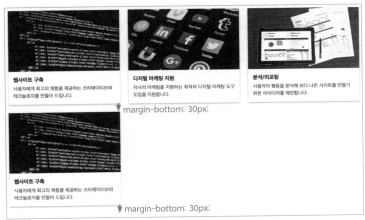

그림 6-11 네 번째 카드에도 margin-bottom이 적용되어 아래쪽으로 불필요한 여백 30px이 생김

필요 없는 아래쪽 여백 30px을 없애기 위해서 '가장 마지막 행의 카드 모듈 하단의 여백을 0으로 설정'하는 방법은 어떨까요? 이번 예시에서 margin-bottom: 0;을 적용할 카드는 네 번째

카드이므로 간단하게 다음과 같이 nth-of-type 의사 클래스를 사용하는 방법을 모두 생각하셨을 것입니다.

```css
CSS
.bl_cardUnit__col3 > .bl_card:nth-of-type(4) {
  margin-bottom: 0;
}
```

하지만 카드는 늘어나거나 줄어들기 때문에 그림 6-12처럼 요소가 하나 더 늘어나면 앞의 방법은 무용지물이 됩니다.

그림 6-12 요소는 늘어나거나 줄어들기 때문에 :nth-child(4)를 사용한 지정은 의미 없음

nth-child나 nth-of-type 의사 클래스를 사용해 '몇 줄이 되었든(한 줄만 있더라도) 가장 마지막 줄의 카드의 margin-bottom은 0으로 설정한다'를 수행하는 것은 매우 어려우며 현실적이지도 않습니다. 발상을 조금 바꿔서 래퍼 모듈에 대해 동일하게 30px만큼 margin-bottom: -30px;로 지정합니다. 머릿속에 바로 이미지가 그려지지 않을 수도 있는데, 실제로는 6-13과 같이 확실히 30px가 제거되어 여백 관리를 깔끔하게 할 수 있습니다.

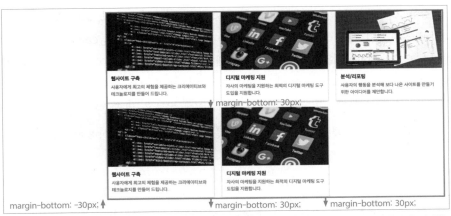

margin-bottom: -30px;

margin-bottom: 30px;

margin-bottom: 30px;

margin-bottom: 30px;

그림 6-13 래퍼 모듈에 margin-bottom: -30px;를 설정해 줄 수에 관계없이 여백을 확실하게 제거함

### ■ ❹ margin-right: 0;

이 지정은 칼럼 오른쪽 끝에 위치한 카드의 **margin-right**를 0으로 설정함으로써 칼럼이 떨어지는 것을 방지하는 역할을 합니다. 여기에서는 세 개의 칼럼이 있으므로 셀렉터에 추가한 **nth-of-type** 의사 클래스를 3n으로 지정합니다. 3n은 3의 배수의 카드에 해당하므로 세 번째, 여섯 번째, 아홉 번째……와 같이 늘어나더라도 각 행의 마지막 오른쪽 카드에 적용됩니다.

margin-right: 2.43902%;

margin-right: 2.43902%;

margin-right: 0;

그림 6-14 오른쪽 마지막 카드에 margin-right: 0;이 적용되어 칼럼이 떨어지는 것을 방지

### ■ ❺ .cards > .cards__item / .bl_cardUnit > .bl_card 셀렉터(미디어 쿼리 적용 시)

미디어 쿼리 적용 시에 각 카드에 대해 다음 스타일링을 적용했습니다.

- `width: 100%;`
- `margin-bottom: 20px;`
- `margin-right: 0;`

보통의 경우 .card--col3 > .cards__item / .bl_cardUnit__col3 > .bl_card 셀렉터를 사용하는 것에 비해 미디어 쿼리 적용 시에는 .cards > .cards__item / .bl_cardUnit > .bl_card 와 같이 'col3' 모디파이어를 포함하지 않는 형태가 됩니다. 여기에는 이유가 있습니다. 일반적인 경우에는 3칼럼이든 뒤에서 설명할 4칼럼이든 미디어 쿼리 적용 시에는 반드시 1칼럼이 되기 때문입니다. 만약 이 시점에서 'col3'이라는 모디파이어 이름을 셀렉터에 포함하게 되면, 다른 칼럼을 구현할 때 미디어 쿼리를 적용하는 경우 일일이 그룹 셀렉터를 사용해야만 합니다.

```css
/* ×: 권장하지 않는 코드 (PRECSS의 경우) */
@media screen and (max-width: 768px) {
  .bl_cardUnit__col2 > .bl_card,
  .bl_cardUnit__col3 > .bl_card,
  .bl_cardUnit__col4 > .bl_card,
  .bl_cardUnit__col5 > .bl_card,
  .bl_cardUnit__col6 > .bl_card {
    width: 100%;
    margin-right: 0;
    margin-bottom: 20px;
  }
}
```

```css
}
/* o: 이번 구현 예시 코드 */
/* 칼럼 수의 모디파이어를 포함하지 않으므로,
칼럼 수와 관계가 없음 */
@media screen and (max-width: 768px) {
  .bl_cardUnit > .bl_card {
    width: 100%;
    margin-right: 0;
    margin-bottom: 20px;
  }
}
```

이것은 '칼럼 수의 모디파이어 이름과 연결해야 하는 속성은 아닌가? 연결하지 않아야만 하는 속성은 아닌가?'에 대해 확실히 고려한 뒤 작성한 코드입니다. 상당히 어려운 사고방식이기는 하지만, 이 같은 설계를 확실히 해두면 확장성과 유지 보수성이 매우 높은 CSS를 만들 수 있습니다. 계속해서 4칼럼 패턴에 관한 설명을 이어 갑니다.

## 4칼럼

### 완성도

앞의 3칼럼에서 4칼럼으로 변경된 패턴입니다. 칼럼 수가 바뀐 것뿐이며 카드 모듈 자체는 변경되지 않습니다.

## 미디어 쿼리 적용 시

### BEM

HTML          6-3-card-4-col-bem.html

```html
<div class="cards cards--col4"> ——❶
  <div class="cards__item card">
    <!-- 이하 부분은 기본형과 동일함 -->
  </div>
  <!-- /.card -->
  <!-- 이후 <div class="cards__item card">를
3회 반복 -->
</div>
<!-- /.cards cards--col4 -->
```

CSS          6-3-card-4-col-bem.css

```css
/* .cards 스타일링에 이어 다음 코드 추가 */

/* 래퍼 모듈에 대해 지정 */
.cards--col4 {
  margin-bottom: -20px; ——❷
}
/* 각 카드에 대해 지정 */
.cards--col4 > .cards__item {
  width: 23.78%; ——❷
  margin-right: 1.62602%; ——❷
  margin-bottom: 20px; ——❷
}
.cards--col4 > .cards__item:nth-of-type(4n)
{
  margin-right: 0; ——❸
}
```

### PRECSS

HTML          6-3-card-4-col-precss.html

```html
<div class="bl_cardUnit bl_cardUnit__col4">
——❶
  <div class="bl_card">
    <!-- 이하 부분은 기본형과 동일함 -->
  </div>
  <!-- /.bl_card -->
  <!-- 이후 <div class="bl_card">를 3회 반복
-->
</div>
<!-- /.bl_cardUnit bl_cardUnit__col4 -->
```

CSS          6-3-card-4-col-precss.css

```css
/* .bl_cardUint 스타일링에 이어 다음 코드 추
가 */

/* 래퍼 모듈에 대해 지정 */
.bl_cardUnit.bl_cardUnit__col4 {
  margin-bottom: -20px; ——❷
}
/* 각 카드에 대해 지정 */
.bl_cardUnit__col4 > .bl_card {
  width: 23.78%; ——❷
  margin-right: 1.62602%; ——❷
  margin-bottom: 20px; ——❷
}
.bl_cardUnit__col4 > .bl_card:nth-of-
type(4n) {
  margin-right: 0; ——❸
}
```

## ■ ❶ <div class="cards cards--col4"> / <div class="bl_cardUnit bl_cardUnit__col4">

3칼럼 패턴과 비교해 'col3'이라는 모디파이어 이름을 'col4'와 같이 4칼럼을 의미하는 숫자로 변경했습니다. 뒤는 '다국어 웹사이트 구축'이라는 카드 모듈이 늘어난 것뿐으로 기본적으로 HTML 변경은 없습니다.

- 카드 모듈은 그 자체를 독립된 하나의 모듈로 취급한다.
- 칼럼을 만들 때는 전용 래퍼 모듈을 만들고, 그 래퍼 모듈에서 카드 모듈의 레이아웃을 지정한다.
- 예를 들어, 3칼럼인 경우에는 3칼럼용 모디파이어를 만들고, 그 모디파이어로부터 카드 모듈의 가로 폭이나 여백값을 설정한다.
- 미디어 쿼리 적용 시의 스타일이 칼럼 수에 관계없이 동일한 경우에는 셀렉터에 칼럼 수의 모디파이어를 포함시키지 않는다.

위 사항들을 철저하게 수행한 결과 이번 예시에서와 같이 4칼럼으로 변경하고 싶은 경우에도 기존 코드를 편집하지 않고 최소한의 노력으로 4칼럼을 만들어 냈습니다.

## ■ ❷ 각 가로 폭이나 여백 등의 지정

4칼럼으로 만드는 것과 함께 가로 폭을 줄이고 그에 맞춰 여백도 조금 줄였습니다.

## ■ ❸ margin-rignt: 0;

이 또한 3칼럼의 경우와 같이 오른쪽 끝 여백의 `margin-right`를 삭제해서 칼럼이 떨어지는 것을 막기 위한 지정입니다. 4칼럼이므로 `nth-of-type`에 4n을 지정해서 네 번째마다 `margin-right: 0;`이 적용되도록 했습니다.

앞에서 전용 래퍼 모듈을 사용하여 칼럼을 만드는 패턴에 관해 알아보았는데, 다른 그리드 시스템과 연동해서 사용할 수도 있습니다. 카드 모듈 자체에는 레이아웃과 관련된 스타일링을 하지 않았으므로, 예를 들어, 부트스트랩 등의 경우에는 다음과 같이 그리드 시스템과 여러분이 구현한 모듈을 조합할 수 있습니다. 다른 프레임워크와 유연하게 연동할 수 있다는 점은 재사용성이 높은 모듈이 주는 혜택 입니다.

```css
CSS
<article class="container">
  <section class="row">
    <div class="col">
      <div class="bl_card">...</div>
    </div>
    <div class="col">
      <div class="bl_card">...</div>
    </div>
    <div class="col">
      <div class="bl_card">...</div>
    </div>
  </section>
</article>
```

## 기본형

완성도

| 이름 | 홍길동 |
|---|---|
| 소속 | 주식회사 24-7 / 주식회사 제이팁 |
| 직종 | 테크니컬 디렉터 / 시니어 엔지니어 |
| 특기 분야 | CSS 설계, HubSpot CMS |

제목과 그에 대응하는 셀을 수평 방향으로 배치한 간단한 테이블입니다. 제목에는 배경 색상을 넣고 굵게 표시함으로써 일반 셀과 차별화합니다.

**BEM**

`HTML`     6-4-table-horizontal-bem.html
```html
<div class="horizontal-table"> ——❶
  <table class="horizontal-table__inner">
    <tbody class="horizontal-table__body">
      <tr class="horizontal-table__row">
        <th class="horizontal-table__
header">이름</th>
        <td class="horizontal-table__text">
홍길동</td>
      </tr>
      <!-- 이후 <tr class="horizontal-table_
row">를 3회 반복 -->
    </tbody>
  </table>
</div>
<!-- /.horizontal-table -->
```

`CSS`     6-4-table-horizontal-bem.css
```css
.horizontal-table {
  border: 1px solid #ddd;
}
.horizontal-table__inner {
  width: 100%;
}
.horizontal-table__header {
  width: 20%;
  padding: 15px;
  background-color: #efefef;
  border-bottom: 1px solid #ddd;
  font-weight: bold;
}
```

**PRECSS**

`HTML`     6-4-table-horizontal-precss.html
```html
<div class="bl_horizTable"> ——❶
  <table>
    <tbody>
      <tr>
        <th>이름</th>
        <td>홍길동</td>
      </tr>
      <!-- 이후 <tr>을 3회 반복 -->
    </tbody>
  </table>
</div>
<!-- /.bl_horizTable -->
```

`CSS`     6-4-table-horizontal-precss.css
```css
.bl_horizTable {
  border: 1px solid #ddd;
}
.bl_horizTable table {
  width: 100%;
}
.bl_horizTable th {
  width: 20%;
  padding: 15px;
  background-color: #efefef;
  border-bottom: 1px solid #ddd;
  font-weight: bold;
}
```

```
BEM 계속
  vertical-align: middle;
}
.horizontal-table__text {
  padding: 15px;
  border-bottom: 1px solid #ddd;
}
.horizontal-table__row:last-child
.horizontal-table__header,
.horizontal-table__row:last-child
.horizontal-table__text {
  border-bottom-width: 0; ——❷
}
```

```
PRECSS 계속
  vertical-align: middle;
}
.bl_horizTable td {
  padding: 15px;
  border-bottom: 1px solid #ddd;
}
.bl_horizTable tr:last-child th,
.bl_horizTable tr:last-child td {
  border-bottom-width: 0; ——❷
}
```

## ❶ <div class=horizontal-table"> / <div class="bl_horizTable">

이 클래스에 적용되어 있는 CSS의 경우 현 상태에서는 border: 1px solid #ddd;뿐이므로 'border를 이 바로 아래의 table 요소에 적용해 div 요소를 없앨 수 있지 않을까'라고 생각할 수도 있습니다. 실제로도 그렇기는 하지만, 사실 이 div 요소는 뒤에서 설명할 확장 패턴 '미디어 쿼리 시 스크롤'을 위해 필요한 것입니다. 자세한 것은 해당 부분에서 설명합니다.

## ❷ border-bottom-width: 0;

바깥쪽 테두리인 네 변의 보더는 모듈 루트 요소인 div에 적용되어 있으며, 각 행의 아래쪽 선은 각각 th, td 요소에 적용되어 있습니다. 그러나 가장 마지막 행은 바깥쪽 테두리의 보더와 겹치므로 이를 회피하기 위해 border-bottom-width: 0;을 지정합니다. 이 설명을 그림으로 나타내면 그림 6-15와 같습니다.

그림 6-15 각 요소에 대한 border 속성 설정

## 확장 패턴

### 미디어 쿼리 시 스크롤

완성도(미디어 쿼리 적용 시)

| 이름 | 홍길동 |
|------|--------|
| 소속 | 주식회사 24-7 / 주식회사 제이럽 |
| 직종 | 테크니컬 디렉터 / 시니어 엔지니어 |
| 특기 분야 | CSS 설계, HubSpot CMS, CSS 설계, HubSpot CMS, CSS |

미디어 쿼리 적용 시에만 변경을 적용하는 패턴입니다. 스크린 크기가 줄어들면 줄바꿈을 하지 않고 테이블 안에 수평 스크롤을 시켜 가독성을 확보합니다.

**BEM**

HTML  6-4-table-horizontal-bem-ex.html

```html
<div class="horizontal-table horizontal-
table--md-scroll">
  <!-- 이후는 기본형과 동일함 -->
</div>
<!-- /.horizontal-table horizontal-table--
md-scroll -->
```

CSS  6-4-table-horizontal-bem-ex.css

```css
/* .horizontal-table 스타일링에 이어 다음 코
드 추가 */
@media screen and (max-width: 768px) {
  .horizontal-table--md-scroll { —❶
    border-right-width: 0;
    overflow-x: auto;
  }
  .horizontal-table--md-scroll .horizontal-
table__header,
  .horizontal-table--md-scroll .horizontal-
table__text {
    white-space: nowrap; —❷
  }
  .horizontal-table--md-scroll .horizontal-
table__text {
    border-right: 1px solid #ddd; —❸
  }
}
```

**PRECSS**

HTML  6-4-table-horizontal-precss-ex.html

```html
<div class="bl_horizTable bl_horizTable__
mdScroll">
  <!-- 이후는 기본형과 동일함 -->
</div>
<!-- /.bl_horizTable bl_horizTable__mdScroll
-->
```

CSS  6-4-table-horizontal-precss-ex.css

```css
/* .bl_horizTable 스타일링에 이어 다음 코드
추가*/
@media screen and (max-width: 768px) {
  .bl_horizTable.bl_horizTable__mdScroll {
—❶
    border-right-width: 0;
    overflow-x: auto;
  }
  .bl_horizTable.bl_horizTable__mdScroll th,
  .bl_horizTable.bl_horizTable__mdScroll td
{
    white-space: nowrap; —❷
  }
  .bl_horizTable.bl_horizTable__mdScroll td
{
    border-right: 1px solid #ddd; —❸
  }
}
```

## ❶ 모디파이어에 대한 지정

래퍼 모듈의 모디파이어에 overflow-x: auto;를 지정해서 가로 스크롤을 구현합니다. 또한 border-right-width: 0;을 지정해서 오른쪽 보더를 지워 수평 방향으로 스크롤할 수 있음을 표시합니다(그림 6-16).

그림 6-16 **오른쪽 보더를 지워서 스크롤 가능함을 표시**

## ❷ white-space: nowrap;

제목과 셀에서 각 텍스트의 줄바꿈을 방지하기 위한 지정입니다. 이를 지정하면 ❶의 래퍼 모듈에 대한 overflow-x: auto;에 의해 자연스러운 수평 스크롤을 구현할 수 있습니다. 시험 삼아 white-space: nowrap;을 비활성화해 보면 그림 6-17과 같이 래퍼 모듈의 가로 폭에 맞도록 문자가 줄바꿈되므로 스크롤이 구현되지 않습니다.

그림 6-17 **white-space: nowrap;이 적용되지 않은 예(위), 적용된 예(아래)**

## ❸ border-right: 1px solid #ddd;

각 행의 오른쪽 끝 셀에 대한 지정입니다. 스크롤 가능함을 표시하기 위해 ❶의 래퍼 모듈에 대해 오른쪽 보더를 지웠습니다. 하지만 오른쪽 보더가 없는 상태에서는 스크롤이 오른쪽 끝에 도달하더라도 여전히 스크롤 가능한 것처럼 보입니다. 그리하여 스크롤이 완료된 것을 확실하게 표시하기 위해서 이를 지정합니다(그림 6-18).

그림 6-18 각 행의 오른쪽 끝 셀의 오른쪽에 보더를 설정해 스크롤이 완료되었음을 알림

## ■ div 요소의 필요성

여기에서 다시 기본형의 div 요소와 그 바로 아래의 HTML/CSS를 확인해 봅니다.

```HTML
<div class="bl_horizTable">
  <table>
    ...
  </table>
</div>
```

```CSS
.bl_hoizTable {
  border: 1px solid #ddd;
}
.bl_horizTable table {
  width: 100%;
}
```

이 부분만 보면 'bl_horizTable'이라는 클래스 이름을 table 요소에 붙여서 border 속성도 table 요소에 적용되도록 하면 div 요소는 없어도 무방할 듯합니다. div 요소를 삭제한 경우의 코드는 다음과 같습니다.

```HTML
<table class="bl_horizTable">
  ...
</table>
```

```CSS
.bl_horizTable {
  border: 1px solid #ddd;
  width: 100%;
}
```

다음으로 미디어 쿼리 시 스크롤을 수행하는 확장 패턴의 HTML/CSS를 다시 살펴봅니다.

## 미디어 쿼리 시 스크롤을 수행하는 확장 패턴

```html
HTML
<div class="bl_horizTable bl_horizTable__
mdScroll">
  <table>
    ...
  </table>
</div>
```

```css
CSS
@media screen and (max-width: 768px) {
  .bl_horizTable.bl_horizTable__mdScroll {
    overflow-x: auto;
    border-right-width: 0;
  }
}
```

overflow-x: auto; 지정은 table 요소의 부모 요소에 지정해야만 스크롤 움직임을 구현할 수 있기 때문에 이 패턴에서는 반드시 래퍼 모듈인 div 요소가 있어야 합니다. 즉, 필요가 없다고 해서 기본형에서 div 요소를 없애면 아래와 같이 모디파이어를 추가하더라도 원하는 움직임을 구현할 수 없습니다.

## 이 코드는 동작하지 않음

```html
HTML
<table class="bl_horizTable bl_horizTable__
mdScroll">
  ...
</table>
```

```css
CSS
.bl_horizTable {
  border: 1px solid #ddd;
  width: 100%;
}
@media screen and (max-width: 768) {
  .bl_horizTable.bl_horizTable__mdScroll {
    overflow-x: auto;
    border-right-width: 0;
  }
}
```

모디파이어의 기본 원칙은 '모디파이어를 붙이거나 떼는 것만으로 모듈을 변경할 수 있다'입니다. 모디파이어를 사용할 때 HTML의 구조도 바꿔야 한다는 것은 모디파이어로서는 이치에 맞지 않습니다. 다른 작업자 또한 HTML 구조를 수정해야 한다는 점은 알지 못할 것입니다.

기본형만 봤을 때는 다소 불필요한 코드로 보일지라도 때로는 모디파이어와 합친 HTML 구조를 채용하는 것이 유용할 때도 있다는 점에 유의하시기 바랍니다. 실질적으로도 처음부터 모디파이어의 구조를 완전히 계산해서 기본형 코드를 작성하기는 어렵기 때문에 모디파이어가 필요한 시점에 기본형 코드를 수정하는 흐름으로 진행합니다.

수평 방향의 스크롤에서 특히 스마트폰을 사용하는 경우 브라우저에 따라 관성 스크롤[10]이 되지 않는 경우가 있습니다. 그런 경우에는 -webkit-overflow-scrolling 속성값을 touch로 지정해 관성 스크롤을 활성화할 수 있습니다. 이번 코드에서는 다음과 같이 작성합니다.

```CSS
.bl_horizTable.bl_horizTable__mdScroll {
  border-right-width: 0;
  overflow-x: auto;
  -webkit-overflow-scrolling: touch;
}
```

하지만 이 속성은 표준 사양이 아니기 때문에 정식으로 지원하는 브라우저 역시 집필 시점에서는 iOS 의 사파리뿐입니다. 다른 브라우저에서 예상치 못한 움직임을 보일 가능성이 있으므로, 대상 브라우저 에서 충분한 검증을 거친 후 사용하시기 바랍니다.

---

10 스와이프(Swipe)의 세기에 따라 스크롤 속도나 양이 달라지는 기능. 예를 들어, 화면을 튕기듯 스와이프하면 스크롤 속도가 빨라지고 양도 많아집니다.

테이블(수직)

## 기본형

### 완성도

| 이름 | 소속 | 직종 | 특기 분야 |
|------|------|------|-----------|
| 홍길동 | 주식회사 24-7 / 주식회사 제이펍 | 테크니컬 디렉터 / 시니어 엔지니어 | CSS 설계, HubSpot CMS |
| 김하나 | 주식회사 제이펍 | 엔지니어 | Vue.js / Nuxt.js |
| 이현이 | 주식회사 제이펍 | 엔지니어 | Adobe XD |

### 미디어 쿼리 시

| 이름 | 소속 | 직¿ |
|------|------|------|
| 홍길동 | 주식회사 24-7 / 주식회사 제이펍 | 테크니컬 디렉터 / |
| 김하나 | 주식회사 제이펍 | 엔지ㄴ |
| 이현이 | 주식회사 제이펍 | 엔지ㄴ |

제목 및 그에 관련한 셀을 수직 방향으로 배치한 간단한 테이블입니다. 제목이나 일반 셀 스타일은 수평 방향의 테이블과 다르지 않습니다. 가로 방향으로 길어질 수밖에 없으므로, 미디어 쿼리를 적용할 때는 수평 방향의 테이블에 확장 패턴에서 소개한 테이블 내 스크롤을 기본형에서도 적용합니다.

**BEM**

`HTML`     6-5-table-vertical-bem.html

```html
<div class="vertical-table">
  <table class="vertical-table__inner">
    <thead class="vertical-table__headers">
      <tr class="vertical-table__header-
row">
        <th class="vertical-table__header">
이름</th>
        <th class="vertical-table__header">
소속</th>
        <th class="vertical-table__header">
직종</th>
        <th class="vertical-table__header">
특기 분야</th>
      </tr>
    </thead>
    <tbody class="vertical-table__body">
      <tr class="vertical-table__body-row">
```

**PRECSS**

`HTML`     6-5-table-vertical-precss.html

```html
<div class="bl_vertTable">
  <table>
    <thead>
      <tr>
        <th>이름</th>
        <th>소속</th>
        <th>직종</th>
        <th>특기 분야</th>
      </tr>
    </thead>
    <tbody>
      <tr>
        <td>홍길동</td>
        <td>주식회사 24-7 / 주식회사 제이펍</
td>
        <td>테크니컬 디렉터 / 시니어 엔지니어
</td>
```

**BEM 계속**

```
        <td class="vertical-table__text">홍
길동</td>
            <td class="vertical-table__text">주
식회사 24-7 / 주식회사 제이펍</td>
            <td class="vertical-table__text">테
크니컬 디렉터 / 시니어 엔지니어</td>
            <td class="vertical-table__text">CSS
설계, HubSpot CMS</td>
        </tr>
        <!-- 이후 <tr class="vertical-table__
body-row">를 2회 반복 -->
      </tbody>
    </table>
</div>
<!-- /.vertical-table -->
```

`CSS`　　　　　　6-5-table-vertical-bem.css

```css
.vertical-table {
  border: 1px solid #ddd;
}
.vertical-table__inner {
  width: 100%;
  text-align: center;
  table-layout: fixed;
}
.vertical-table__header-row {
  background-color: #efefef;
}
.vertical-table__header {
  padding: 15px;
  border-right: 1px solid #ddd;
  border-bottom: 1px solid #ddd;
  font-weight: bold;
  vertical-align: middle;
}
.vertical-table__text {
  padding: 15px;
  border-right: 1px solid #ddd;
  border-bottom: 1px solid #ddd;
  vertical-align: middle;
}
.vertical-table__header:last-child,
.vertical-table__text:last-child {
  border-right-width: 0; ──❶
}
.vertical-table__body-row:last-child
.vertical-table__text {
  border-bottom-width: 0; ──❷
}
/* 미디어 쿼리 적용 시 */
@media screen and (max-width: 768px) {
  .vertical-table {
    border-right-width: 0;
```

**PRECSS 계속**

```
      <td>CSS 설계, HubSpot CMS</td>
    </tr>
    <!-- 이후 <tr>을 2회 반복 -->
  </tbody>
</table>
</div>
<!-- /.bl_vertTable -->
```

`CSS`　　　　　6-5-table-vertical-precss.css

```css
.bl_vertTable {
  border: 1px solid #ddd;
}
.bl_vertTable table {
  width: 100%;
  text-align: center;
  table-layout: fixed;
}
.bl_vertTable thead tr {
  background-color: #efefef;
}
.bl_vertTable th {
  padding: 15px;
  border-right: 1px solid #ddd;
  border-bottom: 1px solid #ddd;
  font-weight: bold;
  vertical-align: middle;
}
.bl_vertTable td {
  padding: 15px;
  border-right: 1px solid #ddd;
  border-bottom: 1px solid #ddd;
  vertical-align: middle;
}
.bl_vertTable th:last-child,
.bl_vertTable td:last-child {
  border-right-width: 0; ──❶
}
.bl_vertTable tbody tr:last-child td {
  border-bottom-width: 0; ──❷
}
/* 미디어 쿼리 적용 시 */
@media screen and (max-width: 768px) {
  .bl_vertTable {
    border-right-width: 0;
    overflow-x: auto;
```

```
BEM 계속
    overflow-x: auto;
  }
  .vertical-table__inner {
    width: auto;
    min-width: 100%;
  }
  .vertical-table__header,
  .vertical-table__text {
    white-space: nowrap;
  }
  .vertical-table__header:last-child,
  .vertical-table__text:last-child {
    border-right-width: 1px;
  }
}
```

```
PRECSS 계속
  }
  .bl_vertTable table {
    width: auto;
    min-width: 100%;
  }
  .bl_vertTable th,
  .bl_vertTable td {
    white-space: nowrap;
  }
  .bl_vertTable th:last-child,
  .bl_vertTable td:last-child {
    border-right-width: 1px;
  }
}
```

## ❶ border-right-width: 0;

(표의) 네 변은 모듈의 루트 요소에서 border를 설정하고 있으므로 각 행의 가장 마지막 셀 오른쪽의 보더를 표시하지 않음으로써 보더와 겹치지 않도록 합니다(그림 6-19).

| border: 1px solid #ddd;(모듈 루트 요소에 대한 지정) | | | | |
|---|---|---|---|---|
| 이름 | 소속 | 직종 | 특기 분야 | border-right-width: 0; |
| 홍길동 | 주식회사 24-7 / 주식회사 제이립 | 테크니컬 디렉터 / 시니어 엔지니어 | CSS 설계, HubSpot CMS | border-right-width: 0; |
| 김하나 | 주식회사 제이립 | 엔지니어 | Vue.js / Nuxt.js | border-right-width: 0; |
| 이현이 | 주식회사 제이립 | 엔지니어 | Adobe XD | border-right-width: 0; |

그림 6-19 table 요소에 대한 border의 지정 및 각 행의 마지막 셀에 대한 border-right 지정

## ❷ border-bottom-width: 0;

❶과 같이 가장 마지막 행의 셀 아래쪽 보더를 표시하지 않음으로써 table 요소에 설정한 border와 겹치지 않도록 합니다.

| border: 1px solid #ddd;(table 요소에 대한 지정) | | | |
|---|---|---|---|
| 이름 | 소속 | 직종 | 특기 분야 |
| 홍길동 | 주식회사 24-7 / 주식회사 제이립 | 테크니컬 디렉터 / 시니어 엔지니어 | CSS 설계, HubSpot CMS |
| 김하나 | 주식회사 제이립 | 엔지니어 | Vue.js / Nuxt.js |
| 이현이 | 주식회사 제이립 | 엔지니어 | Adobe XD |
| border-bottom-width: 0; | border-bottom-width: 0; | border-bottom-width: 0; | border-bottom-width: 0; |

그림 6-20 table 요소에 대한 border 지정 및 각 행의 마지막 셀에 대한 border-bottom 지정

## 기본형

### 완성도

| 이름 | 소속 | 직종 | 특기 분야 |
|------|------|------|-----------|
| 홍길동 | 주식회사 24-7 / 주식회사 제이펍 | 테크니컬 디렉터 / 시니어 엔지니어 | CSS 설계, HubSpot CMS |
| 김하나 | 주식회사 제이펍 | 엔지니어 | Vue.js / Nuxt.js |
| 이현이 | 주식회사 제이펍 | 엔지니어 | Adobe XD |

### 미디어 쿼리 적용 시

첫 번째 행은 수평 방향 전체가 제목, 두 번째 행 이후는 첫 번째 셀이 제목이 되는 테이블입니다. 미디어 쿼리 적용 시에는 첫 번째 열을 고정해서 표시합니다.

**BEM**

`HTML`　　　　6-6-table-cross-bem.html

```
<div class="cross-table">
  <table class="cross-table__inner">
    <thead class="cross-table__headers">
      <tr class="cross-table__header-row">
        <th class="cross-table__header
cross-table__header--md-sticky">이름</th>
——①
        <th class="cross-table__header">소속
</th>
        <th class="cross-table__header">직종
</th>
        <th class="cross-table__header">특기
분야</th>
      </tr>
    </thead>
    <tbody class="cross-table__body">
      <tr class="cross-table__body-row">
        <th class="cross-table__header
cross-table__header--md-sticky">홍길동</th>
——①
```

**PRECSS**

`HTML`　　　　6-6-table-cross-precss.html

```
<div class="bl_crossTable">
  <table>
    <thead>
      <tr>
        <th class="bl_crossTable_mdSticky">
이름</th> ——①
        <th>소속</th>
        <th>직종</th>
        <th>특기 분야</th>
      </tr>
    </thead>
    <tbody>
      <tr>
        <th class="bl_crossTable_mdSticky">
홍길동</th> ——①
        <td>주식회사 24-7 / 주식회사 제이펍</
td>
        <td>테크니컬 디렉터 / 시니어 엔지니어
</td>
        <td>CSS 설계, HubSpot CMS</td>
```

```
            <td class="cross-table__text">주식회
사 24-7 / 주식회사 제이펍</td>
            <td class="cross-table__text">테크니
컬 디렉터 / 시니어 엔지니어</td>
            <td class="cross-table__text">CSS 설
계, HubSpot CMS</td>
        </tr>
        <!-- 이후 <tr class="cross-table__
body-row">를 2회 반복 -->
    </tbody>
  </table>
</div>
<!-- /.cross-table -->
```

CSS            6-6-table-cross-bem.css

```css
.cross-table {
  border: 1px solid #ddd;
}
.cross-table__inner {
  width: 100%;
  text-align: center;
  table-layout: fixed;
}
.cross-table__header {
  padding: 15px;
  background-color: #efefef;
  border-right: 1px solid #ddd;
  border-bottom: 1px solid #ddd;
  font-weight: bold;
  vertical-align: middle;
}
.cross-table__text {
  padding: 15px;
  border-right: 1px solid #ddd;
  border-bottom: 1px solid #ddd;
  vertical-align: middle;
}
.cross-table__header:last-child,
.cross-table__text:last-child {
  border-right-width: 0;
}
.cross-table__body-row:last-child .cross-
table__header,
.cross-table__body-row:last-child .cross-
table__text {
  border-bottom-width: 0;
}
/* 미디어 쿼리 적용 시 */
@media screen and (max-width: 768px) {
  .cross-table {
    border-right-width: 0;
    overflow-x: auto;
  }
```

```
    </tr>
  </tbody>
  </table>
</div>
<!-- /.bl_crossTable -->
```

CSS            6-6-table-cross-precss.css

```css
.bl_crossTable {
  border: 1px solid #ddd;
}
.bl_crossTable table {
  width: 100%;
  text-align: center;
  table-layout: fixed;
}
.bl_crossTable th {
  padding: 15px;
  background-color: #efefef;
  border-right: 1px solid #ddd;
  border-bottom: 1px solid #ddd;
  font-weight: bold;
  vertical-align: middle;
}
.bl_crossTable td {
  padding: 15px;
  border-right: 1px solid #ddd;
  border-bottom: 1px solid #ddd;
  vertical-align: middle;
}
.bl_crossTable th:last-child,
.bl_crossTable td:last-child {
  border-right-width: 0;
}
.bl_crossTable tbody tr:last-child th,
.bl_crossTable tbody tr:last-child td {
  border-bottom-width: 0;
}
/* 미디어 쿼리 적용 시 */
@media screen and (max-width: 768px) {
  .bl_crossTable {
    border-right-width: 0;
    overflow-x: auto;
  }
  .bl_crossTable table {
    width: auto;
```

```
BEM 계속
  .cross-table__inner {
    width: auto;
    min-width: 100%;
  }
  .cross-table__header,
  .cross-table__text {
    white-space: nowrap;
  }
  .cross-table__header:last-child,
  .cross-table__text:last-child {
    border-right-width: 1px;
  }
  .cross-table__header--md-sticky {
    position: -webkit-sticky; ──❷
    position: sticky; ──❷
    left: 0; ──❷
  }
}
```

```
PRECSS 계속
    min-width: 100%;
  }
  .bl_crossTable th,
  .bl_crossTable td {
    white-space: nowrap;
  }
  .bl_crossTable th:last-child,
  .bl_crossTable td:last-child {
    border-right-width: 1px;
  }
  .bl_crossTable_mdSticky {
    position: -webkit-sticky; ──❷
    position: sticky; ──❷
    left: 0; ──❷
  }
}
```

## ❶ <th class="cross-table__header cross-table__header--md-sticky"> / <th class="bl_crossTable_mdSticky">

미디어 쿼리 적용 시 고정할 제목에 대한 클래스 지정입니다. 클래스를 사용하지 않고 nth-of-type 의사 클래스 등에서 지정할 수도 있습니다. 하지만 다음과 같이 큰 장점은 없으므로 클래스로 명시적으로 구현합니다.

- CSS가 복잡해진다.
- HTML에서 움직임을 읽기 어렵다.

## ❷ position: sticky; / left: 0;

위치를 고정하기 위한 지정입니다. position: sticky;는 새롭게 추가된 사양이기 때문에 집필 시점에서는 지원하는 브라우저에 편차가 존재했으며 -webkit-의 벤더 접두사가 필요합니다. 주요한 접속 환경으로는 iOS의 사파리, 안드로이드의 구글 크롬은 어지간히 오래된 버전이 아니면 지원하고 있기 때문에 동작하는 데 별문제가 없을 것입니다.

먼저 position; sticky;로 '특정 위치에 고정해 표시한다'는 것을 지정한 뒤, left: 0;으로 '왼쪽의 0 위치에 배치'라고 지정합니다. 이 지정에 의해 스크롤을 수행하면 그림 6-21과 같이 움직입니다.

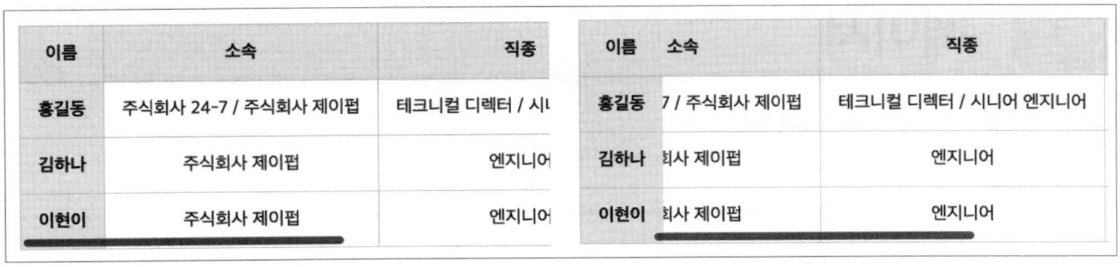

| 이름 | 소속 | 직종 | | 이름 | 소속 | 직종 |
|---|---|---|---|---|---|---|
| 홍길동 | 주식회사 24-7 / 주식회사 제이펍 | 테크니컬 디렉터 / 시ㄴ | | 홍길동 | 7 / 주식회사 제이펍 | 테크니컬 디렉터 / 시니어 엔지니어 |
| 김하나 | 주식회사 제이펍 | 엔지니어 | | 김하나 | 회사 제이펍 | 엔지니어 |
| 이현이 | 주식회사 제이펍 | 엔지니어 | | 이현이 | 회사 제이펍 | 엔지니어 |

그림 6-21 스크롤 하기 전 표시(왼쪽), 스크롤 중 표시(오른쪽)

페이저

## 기본형

완성도

호버 시

페이저 가로 폭이 콘텐츠 폭을 넘는 경우

페이지를 이동하기 위한 모듈입니다. 화살표가 두 개 겹쳐진 것은 각각 가장 첫 페이지와 가장 마지막 페이지, 화살표가 하나인 것은 각각 이전 페이지와 다음 페이지로의 이동을 가정합니다. 페이저 가로 폭이 콘텐츠 폭을 넘는 경우에는 수평 스크롤을 하도록 합니다. 화면 크기가 좁아져도 이 움직임은 유지되므로 미디어 쿼리는 설정하지 않습니다.

아이콘은 폰트 어썸의 것으로 왼쪽부터 다음과 같습니다.

- angle-double-left[11]
- angle-left[12]
- angle-right[13]
- angle-double-right[14]

---

11  https://fontawesome.com/icons/angle-double-left?style=solid

12  https://fontawesome.com/icons/angle-left?style=solid

13  https://fontawesome.com/icons/angle-right?style=solid

14  https://fontawesome.com/icons/angle-double-right?style=solid

## BEM

HTML        6-7-pager-bem.html

```html
<nav class="pager">
  <ul class="pager__inner">
    <li class="pager__item">
      <a class="pager__link" href="#">
        <i class="fas fa-angle-double-
left"></i>
      </a>
    </li>
    <li class="pager__item">
      <a class="pager__link" href="#">
        <i class="fas fa-angle-left"></i>
      </a>
    </li>
    <li class="pager__item">
      <span class="pager__link pager__link--
active">1</span>
    </li>
    <li class="pager__item">
      <a class="pager__link" href="#">2</a>
    </li>
    <li class="pager__item">
      <a class="pager__link" href="#">3</a>
    </li>
    <li class="pager__item">
      <a class="pager__link" href="#">
        <i class="fas fa-angle-right"></i>
      </a>
    </li>
    <li class="pager__item">
      <a class="bl_pager_link" href="#">
        <i class="fas fa-angle-right"></i>
      </a>
    </li>
  </ul>
</nav>
```

CSS        6-7-pager-bem.css

```css
.pager { ──①
  display: flex;
  overflow-x: auto;
}
.pager__inner { ──①
  display: flex;
  margin-right: auto;
  margin-left: auto;
}
.pager__inner > *:last-child {
  margin-right: 0;
}
.pager__item {
  margin-right: 15px; ──②
```

## PRECSS

HTML        6-7-pager-precss.html

```html
<nav class="bl_pager">
  <ul class="bl_pager_inner">
    <li>
      <a class="pager__link" href="#">
        <i class="fas fa-angle-double-
left"></i>
      </a>
    </li>
    <li>
      <a class="pager__link" href="#">
        <i class="fas fa-angle-left"></i>
      </a>
    </li>
    <li>
      <span class="bl_pager_link is_
active">1</span>
    </li>
    <li>
      <a class="bl_pager_link" href="#">2</
a>
    </li>
    <li>
      <a class="bl_pager_link" href="#">3</
a>
    </li>
    <li>
      <a class="bl_pager_link" href="#">
        <i class="fas fa-angle-right"></i>
      </a>
    </li>
    <li>
      <a class="bl_pager_link" href="#">
        <i class="fas fa-angle-double-
right"></i>
      </a>
    </li>
  </ul>
</nav>
```

CSS        6-7-pager-precss.css

```css
.bl_pager { ──①
  display: flex;
  overflow-x: auto;
}
.bl_pager_inner { ──①
  display: flex;
  margin-right: auto;
  margin-left: auto;
}
.bl_pager_inner > *:last-child {
  margin-right: 0;
}
.bl_pager_inner > li {
```

```
}
.pager__link {
  display: flex; ——❸
  align-items: center; ——❸
  justify-content: center; ——❸
  width: 40px;
  height: 40px;
  border: 1px solid currentColor;
  color: #e25c00;
  text-decoration: none;
  transition: .25s;
}
.pager__link:focus,
.pager__link:hover {
  background-color: #e25c00;
  color: #fff;
  opacity: .75;
}
.pager__link--active {
  background-color: #e25c00;
  color: #fff;
  pointer-events: none; ——❹
}
```

```
    margin-right: 15px; ——❷
}
.bl_pager_link {
  display: flex; ——❸
  align-items: center; ——❸
  justify-content: center; ——❸
  width: 40px;
  height: 40px;
  border: 1px solid currentColor;
  color: #e25c00;
  text-decoration: none;
  transition: .25s;
}
.bl_pager_link:focus,
.bl_pager_link:hover {
  background-color: #e25c00;
  color: #fff;
  opacity: .75;
}
.bl_pager_link.is_active {
  background-color: #e25c00;
  color: #fff;
  pointer-events: none; ——❹
}
```

## ❶ 루트 요소와 그 바로 아래 자녀 요소에 대한 지정

다소 이상한 코드 기술법으로 보일 수도 있으나, 이 코드는 '좌우 가운데 정렬을 하면서, 가로 폭이 콘텐츠 영역을 벗어나는 경우에는 수평 스크롤을 수행'하도록 구현한 것입니다. 이런 형태로 기술한 이유는 만약 다음 코드와 같이 단순하게 구현한 경우, 수평 스크롤 시 모든 콘텐츠에 접근할 수 없는 오류가 발생하기 때문입니다(그림 6-22).

```
CSS
/* 오류가 발생하는 코드 예시 */
.b_pager {
  overflow-x: auto;
}
.bl_pager_inner {
  display: flex;
  justify-content: center;
}
```

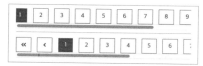

그림 6-22 오류가 발생해 왼쪽 끝 콘텐츠가 보이지 않음(위), 원래 기대하는 움직임(아래)

그럼 이 오류를 해결하기 위한 코드를 A, B, C로 나눠 각각 설명합니다.

```css
.bl_pager {
  display: flex; /* A */
  overflow-x: auto; /* C */
}
.bl_pager_inner {
  display: flex; /* B */
  margin-right: auto; /* A */
  margin-left: auto: /* A */
}
```

먼저 A입니다. 루트 요소에 대해 `display: flex;`와 그 바로 아래 요소에 대해 `margin-right: auto;`와 `margin-left: auto;`로 좌우 가운데 정렬을 수행합니다. 이 단계에서는 그림 6-23의 위와 같이 표시됩니다.

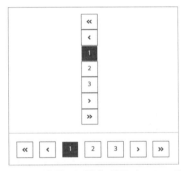

그림 6-23 A 코드만 적용한 상태(위), 최종적으로 표시할 모습(아래)

다음으로 B의 `display: flex;`를 적용해서 그림 6-24의 아래 형태처럼 페이저 항목을 각각 가로로 배치합니다. 마지막으로 페이저의 가로 폭인 콘텐츠 폭을 넘는 경우 수평 스크롤을 하기 위해 C의 `overflow-x: auto;`를 적용합니다. 이번 절 초반에서도 언급한 것처럼 수평 스크롤의 움직임은 스마트폰 등 화면 크기가 좁은 경우뿐만 아니라 데스크톱 환경 등 화면 크기가 넓은 경우에도 유효합니다. 예를 들어, 다음과 같이 페이저 항목이 매우 긴 경우에는 스크린 크기가 넓은 경우에도 수평 스크롤을 활성화합니다(그림 6-24).

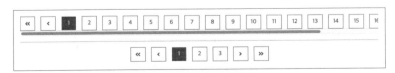

그림 6-24 페이저 항목 수가 많은 경우(위), 지금까지와 같은 항목 수인 경우(아래)

**❷ margin-right: 15px;**

지금까지 다른 모듈은 플렉시블 레이아웃(Flexible Layout)[15]에 따라 좌우 여백을 0%로 지정했지만, 여기에서는 구체적으로 px을 사용해 고정값으로 지정합니다. 다시 말해 이 페이지의 클릭 가능한 범위는 매우 좁기 때문에 어떤 스크린 크기에서도 반드시 여백을 15px 비워 둠으로써 잘못된 클릭이나 탭을 방지한다는 뜻입니다. 같은 이유로 폭과 높이도 40px의 고정값으로 설정합니다.

**❸ 링크에 대한 display: flex; 관련 설정**

❸에 지정된 셀렉터는 그림 6-25에 표시한 요소를 가리킵니다.

그림 6-25 .pager__link / .bl_pager_link에 해당하는 요소

이 요소에 대한 다음 항목의 지정은 '숫자를 좌우/상하 가운데 정렬에 따라 배치한다'는 것을 의미합니다.

- display: flex;
- align-items: center;
- justify-content: center;

display: flex;는 모듈이나 그 자녀 요소 단위에서의 레이아웃이라는 이미지가 있지만 이처럼 자녀 요소 안에서의 콘텐츠 배치에도 사용할 수 있다는 점을 기억해 두면 향후 도움이 될 것입니다.

**❹ pointer-events: none;**

활성화된 요소에 대한 지정입니다. pointer-events 속성을 none으로 설정하면 호버나 포커스, 클릭 등 포인터 관련 이벤트 대상에서 제외할 수 있습니다.[16] 이를 통해 액티브 요소(여기에서는 span 요소)에 대해 호버 시의 CSS가 적용되는 것을 자연스럽게 회피할 수 있습니다.

반대로 이 속성을 사용하지 않을 경우에는 설령 span 요소라 할지라도 호버 스타일이 클래스

---

15  스크린 크기에 맞춰 요소의 가로 폭이 변하지만, 최대 폭은 설정해 두는 레이아웃 기법입니다.

16  자녀 요소에 별도의 값을 지정한 경우에는 자녀 요소가 이벤트 대상이 됩니다. 자세한 내용은 링크를 참조하시기 바랍니다.
    https://developer.mozilla.org/ko/docs/Web/CSS/pointer-events

셀렉터에 대해 설정되기 때문에 다음 코드와 같이 '액티브 요소에 대한 호버 스타일을 비활성화한다'는 CSS를 추가해야 합니다.

```css
/* 보통의 호버 스타일 */
.bl_pager_link:focus,
.bl_pager_link:hover {
  background-color: #e25c00;
  color: #fff;
  opacity: .75;
}

/* 호버 스타일 비활성화 */
.bl_pager_link.is_active:focus,
.bl_pager_link.is_active:hover {
  opacity: 1;
}
```

속성 자체는 단 한 줄이지만 일일이 셀렉터를 만들어 준비하는 것은 상당히 번거롭습니다. 그런 때 편리한 것이 pointer-events 속성이므로 이 역시 기억해 두면 편리할 것입니다.

## 기본형

완성도

호버 시

미디어 쿼리 적용 시

미디어 쿼리 적용 전 여러 행이 되는 경우

카테고리 등을 나열하고 클릭하면 해당 페이지로 이동하거나 해당 콘텐츠로 전환하는 것을 고려한 탭 형태의 내비게이션입니다. 미디어 쿼리 적용 시에는 수평 스크롤을 수행합니다. 단, 페이저와는 다르게 이 모듈은 여러 행이 되어도 크게 부자연스럽지 않으므로, 수평 스크롤은 미디어 쿼리 적용 시에만 반영합니다.

**BEM**

`HTML`  6-8-navi-bem.html

```
<nav class="tab-navigation">
  <ul class="tab-navigation__inner">
    <li class="tab-navigation__item">
      <span class="tab-navigation__link tab-
navigation__link--active">계약 및 절차 소개
</span>
    </li>
    <li class="tab-navigation__item">
      <a class="tab-navigation__link"
href="#">제품 소개</a>
```

**PRECSS**

`HTML`  6-8-navi-precss.html

```
<nav class="bl_tabNav">
  <ul class="bl_tabNav_inner">
    <li>
      <span class="bl_tabNav_link is_
active">계약 및 절차 소개</span>
    </li>
    <li>
      <a class="bl_tabNav_link" href="#">제
품 소개</a>
    </li>
```

## BEM 계속

```
    </li>
    <li class="tab-navigation__item">
      <a class="tab-navigation__link"
href="#">캠페인 소개</a>
    </li>
    <li class="tab-navigation__item">
      <a class="tab-navigation__link"
href="#">회원 기능 소개</a>
    </li>
    <li class="tab-navigation__item">
      <a class="tab-navigation__link"
href="#">각종 절차 소개</a>
    </li>
  </ul>
</nav>
```

CSS                                    6-8-navi-bem.css

```
.tab-navigation__inner {
  display: flex;
  align-items: center;
  flex-wrap: wrap; ──❶
  justify-content: center;
  margin-bottom: -10px;
}
.tab-navigation__link {
  display: inline-block;
  padding-right: 30px;
  padding-bottom: 10px;
  padding-left: 30px;
  margin-bottom: 10px;
  border-bottom: 4px solid #efefef;
  color: #777;
  text-decoration: none;
  transition: .25s;
}
.tab-navigation__link:focus,
.tab-navigation__link:hover {
  border-bottom-color: currentColor;
  color: #e25c00;
  opacity: .75;
}
.tab-navigation__link--active {
  border-bottom-color: currentColor;
  color: #e25c00;
  pointer-events: none;
}
/* 미디어 쿼리 적용 시 */
@media screen and (max-width: 768px) {
  .tab-navigation {
    overflow-x: auto;
  }
  .tab-navigation__inner {
    flex-wrap: nowrap; ──❷
```

## PRECSS 계속

```
    <li>
      <a class="bl_tabNav_link" href="#">캠
페인 소개</a>
    </li>
    <li>
      <a class="bl_tabNav_link" href="#">회
원 기능 소개</a>
    </li>
    <li>
      <a class="bl_tabNav_link" href="#">각
종 절차 소개</a>
    </li>
  </ul>
</nav>
```

CSS                                    6-8-navi-precss.css

```
.bl_tabNav_inner {
  display: flex;
  align-items: center;
  flex-wrap: wrap; ──❶
  justify-content: center;
  margin-bottom: -10px;
}
.bl_tabNav_link {
  display: inline-block;
  padding-right: 30px;
  padding-bottom: 10px;
  padding-left: 30px;
  margin-bottom: 10px;
  border-bottom: 4px solid #efefef;
  color: #777;
  text-decoration: none;
  transition: .25s;
}
.bl_tabNav_link:focus,
.bl_tabNav_link:hover {
  border-bottom-color: currentColor;
  color: #e25c00;
  opacity: .75;
}
.bl_tabNav_link.is_active {
  border-bottom-color: currentColor;
  color: #e25c00;
  pointer-events: none;
}
/* 미디어 쿼리 적용 시 */
@media screen and (max-width: 768px) {
  .bl_tabNav {
    overflow-x: auto;
  }
  .bl_tabNav_inner {
    flex-wrap: nowrap; ──❷
```

**BEM 계속**

```
    justify-content: flex-start; ——❷
    margin-bottom: 0;
    white-space: nowrap;
  }
}
```

**PRECSS 계속**

```
    justify-content: flex-start; ——❷
    margin-bottom: 0;
    white-space: nowrap;
  }
}
```

## ❶ flex-wrap: wrap;

스크린 크기가 줄어드는 등 모듈 가로 폭이 콘텐츠 폭을 넘어서는 경우 글자를 잘라 내도록 지정합니다. 참고로 이 속성과 값을 설정하지 않은 경우 그림 6-26과 같이 표시됩니다.

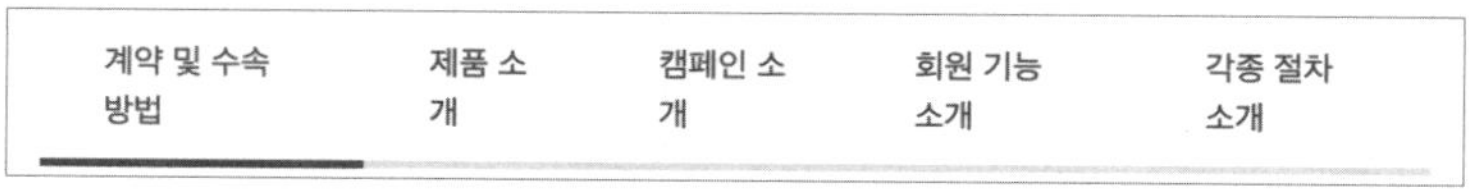

계약 및 수속 방법
제품 소개
캠페인 소개
회원 기능 소개
각종 절차 소개


그림 6-26 flex-wrap: wrap;을 설정하지 않은 경우의 표시

## ❷ flex-wrap: nowrap; / justify-content: flex-start;

미디어 쿼리 적용 시 수평 스크롤을 수행하기 위한 지정입니다. 먼저 `flex-wrap: nowrap;`으로 줄바꿈을 해제해 내비게이션 가로 폭이 콘텐츠 폭을 넘어서더라도 관계없이 한 줄을 유지하도록 합니다. 단, 페이저 항목에서도 설명한 것처럼 이것만으로는 수평 스크롤이 되었을 때 접근할 수 없는 콘텐츠가 되어 버립니다. 이를 해소하기 위해 `justify-content: flex-start;`를 설정합니다(그림 6-27).

방법
제품 소개
캠페인 소개
회원 기능 소개
계약 및 수속 방법
제품 소개
캠페인 소개
회원 기능


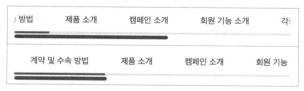

그림 6-27 justify-content: flex-start;를 설정하지 않은 상태(위), justify-content: flex-start;를 설정한 상태(아래)

6-9

# 6-9 CTA

## 기본형

완성도

> **편하게 문의주십시오.**
>
> 당사 서비스나 제품에 관해 궁금한 점은 편하게 문의주십시오.
> → 문의하기

CTA란 'Call To Action'의 약어로 사용자의 구체적인 행동을 환기하기 위한 인터페이스를 의미합니다. 이 모듈은 사용자가 문의하도록 유도하기 위한 것으로 배경색과 테두리 선, 제목이 눈에 띄도록 스타일링합니다.

**BEM**

`HTML`                    6-9-cta-bem.html

```html
<div class="cta-area">
  <h2 class="cta-area__title">
    편하게 문의주십시오.
  </h2>
  <p class="cta-area__text">
    당사 서비스나 제품에 관해 궁금한 점은 편하
게 문의주십시오.<br>
    <a href="#">→ 문의하기</a>
  </p>
</div>
<!-- /.cta-area -->
```

`CSS`                    6-9-cta-bem.css

```css
.cta-area {
  padding: 30px;
  background-color: rgba(221, 116, 44, .05);
  ──❶
  border: 1px solid #e25c00;
  text-align: center;
}
.cta-area > *:last-child {
  margin-bottom: 0;
}
.cta-area__title {
  padding-bottom: 10px;
```

**PRECSS**

`HTML`                    6-9-cta-precss.html

```html
<div class="bl_cta">
  <h2 class="bl_cta_ttl">
    편하게 문의주십시오.
  </h2>
  <p class="bl_cta_txt">
    당사 서비스나 제품에 관해 궁금한 점은 편하
게 문의주십시오.<br>
    <a href="#" data-ol-has-click-
handler="">→ 문의하기</a>
  </p>
</div>
<!-- /.bl_cta -->
```

`CSS`                    6-9-cta-precss.css

```css
.bl_cta {
  padding: 30px;
  background-color: rgba(221, 116, 44, .05);
  ──❶
  border: 1px solid #e25c00;
  text-align: center;
}
.bl_cta > *:last-child {
  margin-bottom: 0;
}
.bl_cta_ttl {
  padding-bottom: 10px;
```

**BEM** 계속

```
    margin-top: -6px;
    margin-bottom: 40px;
    border-bottom: 1px solid currentColor;
    color: #e25c00;
    font-size: 1.5rem;
    font-weight: bold;
}
```

**PRECSS** 계속

```
    margin-top: -6px;
    margin-bottom: 40px;
    border-bottom: 1px solid currentColor;
    color: #e25c00;
    font-size: 1.5rem;
    font-weight: bold;
}
```

### ❶ background-color: rgba (221, 116, 44, .05);

주황색 반투명 배경 색상을 지정합니다. rgba라는 것은 'Red Green Blue Alpha(투명도)'의 두문자로 가장 마지막 값이 투명도에 해당합니다. 여기에서는 맨 앞의 0을 생략하고 .05로 기술했습니다. 즉, 투명도 5%인 주황색을 배경 색상으로 설정한 것입니다. #ffffff 등 일반적으로 사용하는 16진법에서 RGB 형식으로 색상을 변환하는 도구는 에디터에 탑재되어 있거나 웹에 많이 공개되어 있으니[17] 이들을 활용할 수 있습니다. 덧붙여 CSS에서는 투명도를 지정하지 않은 형태의 RGB 형식으로 'background-color: rbg(221, 116, 44);'라고 기술할 수도 있습니다.

### BEM과 PRECSS의 클래스 이름의 차이

BEM의 클래스 이름은 '.cta-area'이며 PRECSS의 클래스 이름은 '.bl_cta'입니다. 먼저 BEM이 이런 이름을 사용하는 이유를 살펴봅니다. 'cta'라는 단어는 버튼을 가리키는 경우가 많아서 '-area'를 붙이지 않으면 혼동 또는 충돌할 가능성이 있습니다. 반면 PRECSS에서는 '-area'라는 단어를 포함하지 않은 것은 'bl_'이라는 접두사가 여러 자녀 요소를 포함하는 것을 의미하여 버튼과 혼동할 일이 없습니다. 만약 CTA 버튼을 추가하더라도, 이때는 모듈 상세도에서 el_이라는 접두사가 붙은 'el_cta'라는 클래스 이름이 되므로 'bl_cta'와 혼동하거나 충돌하지 않습니다. 물론 PRECSS에서 'bl_ctaArea'라는 이름을 붙여도 문제는 없지만, 접두사에는 이런 장점이 있는 것을 기억해 두면 좋을 것입니다.

---

**17** 예: https://www.rgbtohex.net/hextorgb/

## 6-10 가격표

## 기본형

### 완성도

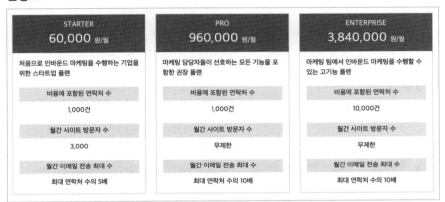

| STARTER<br>60,000 원/월 | PRO<br>960,000 원/월 | ENTERPRISE<br>3,840,000 원/월 |
| --- | --- | --- |
| 처음으로 인바운드 마케팅을 수행하는 기업을 위한 스타트업 플랜 | 마케팅 담당자들이 선호하는 모든 기능을 포함한 권장 플랜 | 마케팅 팀에서 인바운드 마케팅을 수행할 수 있는 고기능 플랜 |
| 비용에 포함된 연락처 수 | 비용에 포함된 연락처 수 | 비용에 포함된 연락처 수 |
| 1,000건 | 1,000건 | 10,000건 |
| 월간 사이트 방문자 수 | 월간 사이트 방문자 수 | 월간 사이트 방문자 수 |
| 3,000 | 무제한 | 무제한 |
| 월간 이메일 전송 최대 수 | 월간 이메일 전송 최대 수 | 월간 이메일 전송 최대 수 |
| 최대 연락처 수의 5배 | 최대 연락처 수의 10배 | 최대 연락처 수의 10배 |

### 미디어 쿼리 적용 시

| STARTER<br>60,000 원/월 |
| --- |
| 처음으로 인바운드 마케팅을 수행하는 기업을 위한 스타트업 플랜 |
| 비용에 포함된 연락처 수 |
| 1,000건 |
| 월간 사이트 방문자 수 |
| 3,000 |
| 월간 이메일 전송 최대 수 |
| 최대 연락처 수의 5배 |

| PRO<br>960,000 원/월 |
| --- |
| 마케팅 담당자들이 선호하는 모든 기능을 포함한 권장 플랜 |
| 비용에 포함된 연락처 수 |
| 1,000건 |
| 월간 사이트 방문자 수 |
| 무제한 |
| 월간 이메일 전송 최대 수 |
| 최대 연락처 수의 10배 |

| ENTERPRISE<br>3,840,000 원/월 |
| --- |
| 마케팅 팀에서 인바운드 마케팅을 수행할 수 있는 고기능 플랜 |
| 비용에 포함된 연락처 수 |
| 10,000건 |

플랜(가격 정책)별로 가격과 기능을 소개하는 모듈입니다. 헤더 부분은 색을 칠한 뒤 제목과 요금을 기재하고 그 아래에 이어지는 박스에서 텍스트와 정의 목록을 사용해 보충 설명을 합니다.

**BEM**

HTML      6-10-price-bem.html

```html
<ul class="price-boxes"> ——❶
  <li class="price-boxes__item price-box">
——❶
    <div class="price-box__header">
      <p class="price-box__title">STARTER</
p>
      <p class="price-box__price">
        60,000<span class="price-box__price-
unit">원/월</span>
      </p>
    </div>
    <!-- /.price-box__header -->
    <div class="price-box__body">
      <p class="price-box__lead">
        처음으로 인바운드 마케팅을 수행하는 기
업을 위한 스타트업 플랜
      </p>
      <dl class="price-box__features">
        <dt class="price-box__features-
header">
          비용에 포함된 연락처 수
        </dt>
        <dd class="price-box__features-text">
          1,000건
        </dd>
        <dt class="price-box__features-
header">
          월간 사이트 방문자 수
        </dt>
        <dd class="price-box__features-text">
          3,000
        </dd>
        <dt class="price-box__features-
header">
          월간 이메일 전송 최대 수
        </dt>
        <dd class="price-box__features-text">
          최대 연락처 수의 5배
        </dd>
      </dl>
    </div>
    <!-- /.price-box__body -->
  </li>
  <!-- 이후 <li class="price-boxes__item
price-box">를 2회 반복 -->
</ul>
```

**PRECSS**

HTML      6-10-price-precss.html

```html
<ul class="bl_priceUnit"> ——❶
  <li class="bl_price"> ——❶
    <div class="bl_price_header">
      <p class="bl_price_ttl">STARTER</p>
      <p class="bl_price_price">
        60,000<span>원/월</span>
      </p>
    </div>
    <!-- /.bl_price_header -->
    <div class="bl_price_body">
      <p class="bl_price_lead">
        처음으로 인바운드 마케팅을 수행하는
기업을 위한 스타트업 플랜
      </p>
      <dl class="bl_price_features">
        <dt>
          비용에 포함된 연락처 수
        </dt>
        <dd>
          1,000건
        </dd>
        <dt>
          월간 사이트 방문자 수
        </dt>
        <dd>
          3,000
        </dd>
        <dt>
          월간 이메일 전송 최대 수
        </dt>
        <dd>
          최대 연락처 수의 5배
        </dd>
      </dl>
    </div>
    <!-- /.bl_price_body -->
  </li>
  <!-- 이후 <li class="bl_price">를 2회 반복
-->
</ul>
```

```
CSS                          6-10-price-bem.css
/* 래퍼 모듈에 대해 지정 */
.price-boxes {
  display: flex;
  align-items: flex-start;
  justify-content: center;
}
.price-boxes__item {
  flex: 1; —❷
  margin-right: 2.43902%;
}
.price-boxes__item:last-child {
  margin-right: 0;
}
/* 미디어 쿼리 적용 시 */
@media screen and (max-width: 768px) {
  .price-boxes {
    display: block;
  }
  .price-boxes__item {
    margin-right: 0;
    margin-bottom: 30px;
  }
  .price-boxes__item:last-child {
    margin-bottom: 0;
  }
}


/* 각각의 박스에 대해 지정 */
.price-box {
  border: 1px solid #ddd;
}
.price-box__header {
  padding: 10px;
  background-color: #e25c00;
  color: #fff;
  text-align: center;
}
.price-box__title {
  font-size: 1.125rem;
}
.price-box__price {
  font-size: 1.875rem;
}
.price-box__price-unit {
  font-size: 1rem;
}
.price-box__body {
  padding: 15px;
}
.price-box__body > *:last-child {
  margin-bottom: 0;
}
```

```
CSS                        6-10-price-precss.css
/* 래퍼 모듈에 대해 지정 */
.bl_priceUnit {
  display: flex;
  align-items: flex-start;
  justify-content: center;
}
.bl_priceUnit .bl_price {
  flex: 1; —❷
  margin-right: 2.43902%;
}
.bl_priceUnit .bl_price:last-child {
  margin-right: 0;
}
/* 미디어 쿼리 적용 시 */
@media screen and (max-width: 768px) {
  .bl_priceUnit {
    display: block;
  }
  .bl_priceUnit .bl_price {
    margin-right: 0;
    margin-bottom: 30px;
  }
  .bl_priceUnit .bl_price:last-child {
    margin-bottom: 0;
  }
}


/* 각각의 박스에 대해 지정 */
.bl_price {
  border: 1px solid #ddd;
}
.bl_price_header {
  padding: 10px;
  background-color: #e25c00;
  color: #fff;
  text-align: center;
}
.bl_price_ttl {
  font-size: 1.125rem;
}
.bl_price_price {
  font-size: 1.875rem;
}
.bl_price_price span {
  font-size: 1rem;
}
.bl_price_body {
  padding: 15px;
}
.bl_price_body > *:last-child {
  margin-bottom: 0;
}
```

<table>
<tr><td>

**BEM 계속**

```css
.price-box__lead {
  margin-bottom: 20px;
}
.price-box__features {
  text-align: center;
}
.price-box__features > *:last-child {
  margin-bottom: 0;
}
.price-box__features-header {
  padding: 5px;
  margin-bottom: 10px;
  background-color: #efefef;
}
.price-box__features-text {
  margin-bottom: 20px;
}
```

</td><td>

**PRECSS 계속**

```css
.bl_price_lead {
  margin-bottom: 20px;
}
.bl_price_features {
  text-align: center;
}
.bl_price_features > *:last-child {
  margin-bottom: 0;
}
.bl_price_features dt {
  padding: 5px;
  margin-bottom: 10px;
  background-color: #efefef;
}
.bl_price_features dd {
  margin-bottom: 20px;
}
```

</td></tr>
</table>

❶ <ul class="price-boxes">, <li class="price-boxes__item price-box"> / <ul class="bl_priceUnit">, <li class="bl_price">

.price-boxes__item과 .bl_price는 각 플랜의 콘텐츠를 표시하는 부분이며, .price-boxes와 .bl_priceUnit은 이를 레이아웃하기 위한 래퍼 모듈입니다. 카드 모듈의 경우와 마찬가지로 '모듈 본체'와 '레이아웃'은 확실히 분리해 둡니다.

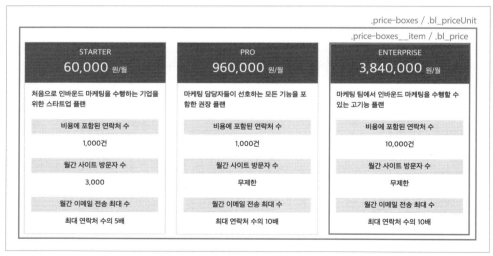

그림 6-28 래퍼 모듈과 모듈 본체의 관계

### ❷ flex: 1;

각 플랜을 같은 폭으로 표시하기 위한 지정입니다. flex: 1;은 속기법에 의한 것으로 단위 없이 하나의 값만 기술하는 경우에는 flex-grow에 대한 지정입니다. 다시 말해 여기에서는 flex-grow: 1;을 의미합니다.

## 배리에이션

### 가격표 테이블

**완성도**

| | STARTER<br>60,000 원/월 | PRO<br>960,000 원/월 | ENTERPRISE<br>3,840,000 원/월 |
|---|---|---|---|
| 비용에 포함된 연락처 수 | 1,000건 | 1,000건 | 10,000건 |
| 월간 사이트 방문자 수 | 3,000 | 무제한 | 무제한 |
| 월간 이메일 전송 최대 수 | 최대 연락처 수의 5배 | 최대 연락처 수의 10배 | 최대 연락처 수의 10배 |

**미디어 쿼리 적용 시**

| | STARTER<br>60,000 원/월 | PRO<br>960,000 원/월 | 3 |
|---|---|---|---|
| 비용에 포함된 연락처 수 | 1,000건 | 1,000건 | |
| 월간 사이트 방문자 수 | 3,000 | 무제한 | |
| 월간 이메일 전송 최대 수 | 최대 연락처 수의 5배 | 최대 연락처 수의 10배 | |

요금표가 수직/수평 방향 각각에 제목을 가진 테이블이 된 패턴입니다. 플랜 이름과 요금 부분은 기본형과 같은 스타일이지만[18] 반대로 말하면 그 이외의 공통점은 없으므로 다른 모듈로 만듭니다.

---

18 '기본형과 이 테이블 패턴의 플랜 이름 및 요금 부분은 반드시 같은 스타일이어야만 한다'와 같은 상황의 경우에는 이 부분은 '.price-header / .bl_priceHeader'라는 이름으로 하나의 독립된 모듈로 추출하는 방법도 고려해 볼 수 있습니다.

```html
<div class="price-table">
  <table class="price-table__inner">
    <thead class="price-table__headers">
      <tr class="price-table__header-row">
        <th> </th>
        <th class="price-table__header">
          <p class="price-table__header-
title">STARTER</p>
          <p class="price-table__price">
            60,000<span class="price-table__
price-unit">원/월</span>
          </p>
        </th>
        <th class="price-table__header">
          <p class="price-table__header-
title">PRO</p>
          <p class="price-table__price">
            960,000<span class="price-
table__price-unit">원/월</span>
          </p>
        </th>
        <th class="price-table__header">
          <p class="price-table__header-
title">ENTERPRISE</p>
          <p class="price-table__price">
            3,840,000<span class="price-
table__price-unit">원/월</span>
          </p>
        </th>
      </tr>
    </thead>
    <tbody class="price-table__body">
      <tr class="price-table__body-row">
        <th class="price-table__body-title">
비용에 포함된 <br class="only-md">연락처 수</
th> —❶
        <td class="price-table__body-
text">1,000건</td>
        <td class="price-table__body-
text">1,000건</td>
        <td class="price-table__body-
text">10,000건</td>
      </tr>
      <tr class="price-table__body-row">
        <th class="price-table__body-title">
월간 사이트 <br class="only-md">방문자 수</
th>
        <td class="price-table__body-
text">3,000</td>
        <td class="price-table__body-text">
무제한</td>
```

```html
<div class="bl_priceTable">
  <table>
    <thead>
      <tr>
        <th> </th>
        <th class="bl_priceTable_header">
          <p class="bl_priceTable_
headerTtl">STARTER</p>
          <p class="bl_priceTable_price">
            60,000<span>원/월</span>
          </p>
        </th>
        <th class="bl_priceTable_header">
          <p class="bl_priceTable_
headerTtl">PRO</p>
          <p class="bl_priceTable_price">
            960,000<span>원/월</span>
          </p>
        </th>
        <th class="bl_priceTable_header">
          <p class="bl_priceTable_
headerTtl">ENTERPRISE</p>
          <p class="bl_priceTable_price">
            3,840,000<span>원/월</span>
          </p>
        </th>
      </tr>
    </thead>
    <tbody>
      <tr>
        <th class="bl_priceTable_bodyTtl">
비용에 포함된 <br class="md_only">연락처 수</
th> —❶
        <td>1,000건</td>
        <td>1,000건</td>
        <td>10,000건</td>
      </tr>
      <tr>
        <th class="bl_priceTable_bodyTtl">월
간 사이트 <br class="md_only">방문자 수</th>
        <td>3,000</td>
        <td>무제한</td>
        <td>무제한</td>
      </tr>
      <tr>
        <th class="bl_priceTable_bodyTtl">월
간 이메일 <br class="md_only">전송 최대 수</
th>
        <td>최대 연락처 수의 5배</td>
        <td>최대 연락처 수의 10배</td>
        <td>최대 연락처 수의 10배</td>
```

```
        <td class="price-table__body-text">
무제한</td>
      </tr>
      <tr class="price-table__body-row">
        <th class="price-table__body-title">
월간 이메일 <br class="only-md">전송 최대 수
</th>
        <td class="price-table__body-text">
최대 연락처 수의 5배</td>
        <td class="price-table__body-text">
최대 연락처 수의 10배</td>
        <td class="price-table__body-text">
최대 연락처 수의 10배</td>
      </tr>
    </tbody>
  </table>
</div>
<!-- /.price-table -->
```

`CSS`                    6-10-price-table-bem.css

```
/* 헬퍼 클래스 */
.only-md { ——❶
  display: none;
}
@media screen and (max-width: 768px) {
  .only-md {
    display: block;
  }
}

.price-table__inner {
  width: 100%;
  table-layout: fixed;
}
.price-table__header {
  padding: 10px;
  background-color: #e25c00;
  border-right: 1px solid currentColor;
  color: #fff;
  text-align: center;
}
.price-table__header:last-child {
  border-right-width: 0;
}
.price-table__header-title {
  font-size: 1.125rem;
}
.price-table__price {
  font-size: 1.875rem;
}
.price-table__price-unit {
  font-size: 1rem;
```

```
    </tr>
  </tbody>
</table>
</div>
<!-- /.bl_priceTable -->
```

`CSS`                    6-10-price-table-precss.css

```
/* 래퍼 클래스 */
.md_only { ——❶
  display: none !important;
}
@media screen and (max-width: 768px) {
  .md_only {
    display: block !important;
  }
}

.bl_priceTable table {
  width: 100%;
  table-layout: fixed;
}
.bl_priceTable_header {
  padding: 10px;
  background-color: #e25c00;
  border-right: 1px solid currentColor;
  color: #fff;
  text-align: center;
}
.bl_priceTable_header:last-child {
  border-right-width: 0;
}
.bl_priceTable_headerTtl {
  font-size: 1.125rem;
}
.bl_priceTable_price {
  font-size: 1.875rem;
}
.bl_priceTable_price span {
  font-size: 1rem;
```

```
}
.price-table__body-title {
  padding: 10px;
  border-top: 1px solid #ddd;
  border-left: 1px solid #ddd;
  font-weight: bold;
  text-align: right;
  vertical-align: middle;
}
.price-table__body-text {
  padding: 10px;
  border-top: 1px solid #ddd;
  border-left: 1px solid #ddd;
  text-align: center;
  vertical-align: middle;
}
.price-table__body-text:last-child {
  border-right: 1px solid #ddd; ——❷
}
.price-table__body-row:last-child .price-
table__body-title,
.price-table__body-row:last-child .price-
table__body-text {
  border-bottom: 1px solid #ddd; ——❸
}
/* 미디어 쿼리 적용 시 */
@media screen and (max-width: 768px) {
  .price-table {
    overflow-x: auto;
  }
  .price-table__inner {
    width: auto;
    white-space: nowrap;
  }
  .price-table__body-title { ——❹
    position: -webkit-sticky;
    position: sticky;
    left: 0;
    background-color: #fff;
    box-shadow: 1px 0 #ddd;
    font-size: .875rem;
  }
}
```

```
}
.bl_priceTable_bodyTtl {
  padding: 10px;
  border-top: 1px solid #ddd;
  border-left: 1px solid #ddd;
  font-weight: bold;
  text-align: right;
  vertical-align: middle;
}
.bl_priceTable td {
  padding: 10px;
  border-top: 1px solid #ddd;
  border-left: 1px solid #ddd;
  text-align: center;
  vertical-align: middle;
}
.bl_priceTable td:last-child {
  border-right: 1px solid #ddd; ——❷
}
.bl_priceTable tr:last-child > * {
  border-bottom: 1px solid #ddd; ——❸
}
@media screen and (max-width: 768px) {
  .bl_priceTable {
    overflow-x: auto;
  }
  .bl_priceTable table {
    width: auto;
    white-space: nowrap;
  }
  .bl_priceTable_bodyTtl { ——❹
    position: -webkit-sticky;
    position: sticky;
    left: 0;
    background-color: #fff;
    box-shadow: 1px 0 #ddd;
    font-size: .875rem;
  }
}
```

## ■ ❶ 헬퍼 클래스 '.only-md / .md_only'

수평 방향 제목 문장 중간에 '.only-md / .md_only'라는 헬퍼 클래스를 붙인 줄바꿈 태그를
넣었습니다. 다음과 같이 이 헬퍼 클래스를 지정함으로써 이 헬퍼 클래스가 붙은 요소는 미디
어 쿼리 적용 시에만 가시화됩니다.

**PRECSS의 경우**

CSS
```
.md_only {
  display: none !important;
}

@media screen and (max-width: 768px) {
  .md_only {
  display: block !important;
  }
}
```

이 클래스를 줄바꿈 태그에 붙이면 '미디어 쿼리 적용 시에만 줄바꿈한다'와 같이 움직입니다(그림 6-29).

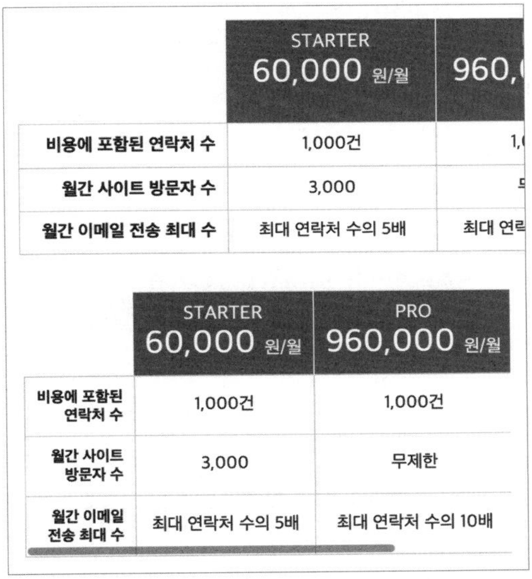

| | STARTER 60,000 원/월 | 960,( |
|---|---|---|
| 비용에 포함된 연락처 수 | 1,000건 | 1,( |
| 월간 사이트 방문자 수 | 3,000 | 므 |
| 월간 이메일 전송 최대 수 | 최대 연락처 수의 5배 | 최대 연리 |

| | STARTER 60,000 원/월 | PRO 960,000 원/월 |
|---|---|---|
| 비용에 포함된 연락처 수 | 1,000건 | 1,000건 |
| 월간 사이트 방문자 수 | 3,000 | 무제한 |
| 월간 이메일 전송 최대 수 | 최대 연락처 수의 5배 | 최대 연락처 수의 10배 |

그림 6-29 기본 상태(위), 미디어 쿼리 적용 시 줄바꿈 실행(아래)

BEM에서는 클래스 이름을 가능한 영어의 본래 문법에 맞추기 위해 'only-md'라고 붙였습니다. 그에 비해 PRECSS에서는 어순이 반대인 'md_only'라고 이름 붙였습니다. 그 이유는 'md_'라는 단어를 접두사로 보고 있으며, 'PRECSS에서 새로운 그룹을 만든다'는 의미가 있기 때문입니다. 그에 따라 'md_mb20(margin-bottom: 20px;의 헬퍼 클래스)' 등 '미디엄 사이즈(중간 크기)에만 적용하고 싶은' 다른 헬퍼 클래스 등을 만들 때도 'md_'라는 접두사를 사용해 '미디엄 사이즈를 대상으로 한다'는 것을 명확히 합니다.

여기에서의 줄바꿈 제어 방법은 요금표 테이블에 한정되지 않고 어떤 화면에서도 유효하므로 기억해 두시면 언젠가는 도움이 될 것이라 생각합니다.

### ■ ❷ border-right: 1px solid #ddd;

속성과 값 자체는 간단하지만 여러 셀렉터가 붙어 있어 만일을 위해 설명합니다. 그림 6-30과 같이 각 행의 가장 마지막 셀 우측의 보더를 설정합니다.

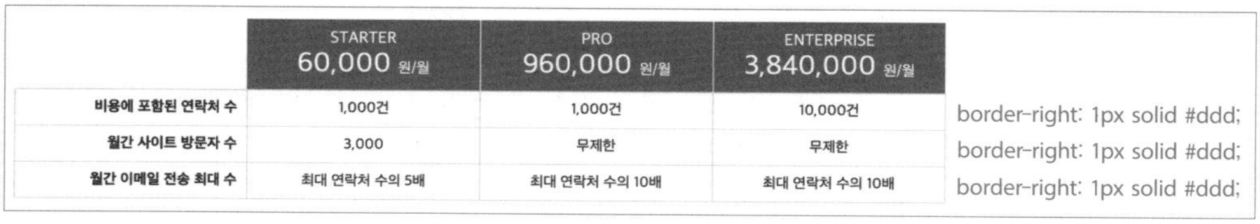

| | STARTER 60,000 원/월 | PRO 960,000 원/월 | ENTERPRISE 3,840,000 원/월 | |
|---|---|---|---|---|
| 비용에 포함된 연락처 수 | 1,000건 | 1,000건 | 10,000건 | border-right: 1px solid #ddd; |
| 월간 사이트 방문자 수 | 3,000 | 무제한 | 무제한 | border-right: 1px solid #ddd; |
| 월간 이메일 전송 최대 수 | 최대 연락처 수의 5배 | 최대 연락처 수의 10배 | 최대 연락처 수의 10배 | border-right: 1px solid #ddd; |

그림 6-30 border-right를 붙이는 대상이 되는 각 행의 가장 마지막 td 요소

### ■ ❸ border-bottom: 1px solid #ddd;

이 역시도 ❷와 마찬가지로 속성과 값 자체는 간단합니다. 가장 마지막 행의 제목과 보통 셀 각각에 대해 아래쪽 보더를 설정합니다.

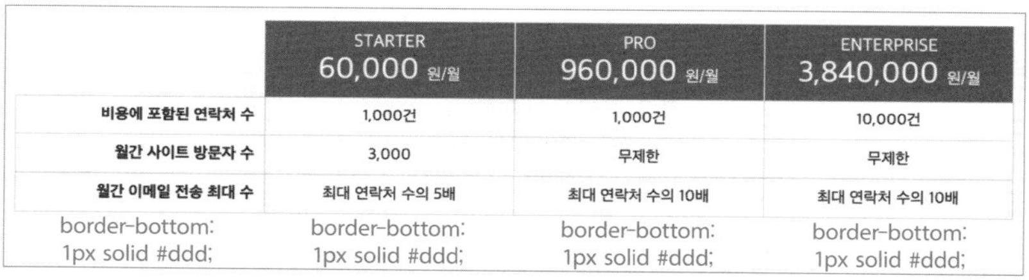

| | STARTER 60,000 원/월 | PRO 960,000 원/월 | ENTERPRISE 3,840,000 원/월 |
|---|---|---|---|
| 비용에 포함된 연락처 수 | 1,000건 | 1,000건 | 10,000건 |
| 월간 사이트 방문자 수 | 3,000 | 무제한 | 무제한 |
| 월간 이메일 전송 최대 수 | 최대 연락처 수의 5배 | 최대 연락처 수의 10배 | 최대 연락처 수의 10배 |
| border-bottom: 1px solid #ddd; | border-bottom: 1px solid #ddd; | border-bottom: 1px solid #ddd; | border-bottom: 1px solid #ddd; |

그림 6-31 border-bottom을 붙일 대상이 되는 가장 마지막 행 요소

### ■ ❹ .price-table__body-title / .bl_priceTable_bodyTtl로의 지정(미디어 쿼리 적용 시)

마지막으로 수평 방향의 제목에 대한 미디어 쿼리 적용 시 지정에 관해 설명합니다. 먼저 테이블 모듈의 경우와 마찬가지로 다음과 같이 왼쪽에 고정하여 표시하도록 설정합니다.

- `position: -webkit-sticky;`
- `position: sticky;`
- `left: 0;`

또한 이때 배경 색상을 설정하지 않으면 아래쪽에 겹쳐진 콘텐츠가 비쳐 보이기 때문에 `background-color: #fff;`를 사용해 배경 색상을 흰색으로 설정합니다. 그 뒤에 특별히 기술해야 하는 속성은 box-shadow: 1px 0 #ddd;입니다. 여기에선 border-right 대신에 box-shadow를 사용했습니다. 그 이유는 집필 시점에서는 position: sticky;와 left: 0; 을 지정한 요소에 border-right를 설정하더라도 조금만 스크롤하면 의도대로 표시되지 않았기 때문입니다(그림 6-32).

그림 6-32 border-right를 설정하고 스크롤한 상태[오른쪽 보더가 사라져 버림(위)], box-shadow를 사용해 border-right와 같은 형태를 재현한 상태(아래)

## 기본형

완성도

자주 보는 질문 페이지나 FAQ 페이지 등 질문/답변 형식의 콘텐츠를 담는 모듈입니다. 먼저 질문의 Q 아이콘과 질문 제목을 표시하고, 그 아래 대답 A 아이콘과 일반적인 크기의 텍스트가 이어집니다. 각각 Q&A 아래에는 보더를 넣어 구분하기 쉽게 표시합니다.

**BEM**

HTML　　　　　　　　　　　6-11-faq-bem.html

```
<dl class="faq">
  <dt class="faq__row faq__row--question">
                                            ①
    <span class="faq__icon faq__icon--
question">Q</span>
    <span class="faq__question-text">어떤
CMS를 개발한 실적이 있습니까?</span>
  </dt>
  <dd class="faq__row faq__row--answer">
    <span class="faq__icon faq__icon--
answer">A</span>
    <div class="faq__answer-body"> ——②
      <p class="faq__answer-text">
        WordPress, Movable Type, HubSpot
CMS, Sitecore를 개발했습니다.
      </p>
    </div>
    <!-- /.faq__answer-body -->
  </dd>
  <!-- 아래는 <dt class="faq__row faq__row--
question">과 <dd class="faq__row faq__row--
answer">를 반복 -->
</dl>
```

**PRECSS**

HTML　　　　　　　　　　　6-11-faq-precss.html

```
<dl class="bl_faq">
  <dt class="bl_faq_q">
    <span class="bl_faq_icon">Q</span>
    <span class="bl_faq_q_txt">어떤 CMS를 개
발한 실적이 있습니까?</span>
  </dt>
  <dd class="bl_faq_a">
    <span class="bl_faq_icon">A</span>
    <div class="bl_faq_a_body"> ——②
      <p class="bl_faq_a_txt">
        WordPress, Movable Type, HubSpot
CMS, Sitecore를 개발했습니다.
      </p>
    </div>
    <!-- /.bl_faq_a_body -->
  </dd>
  <!-- 아래는 <dt class="bl_faq_q">과 <dd
class="bl_faq_a">를 반복 -->
</dl>
```

CSS　　　　　　　　　　　　6-11-faq-bem.css

```css
.faq > *:last-child {
  margin-bottom: 0;
}
.faq__row { ──❸
  position: relative;
  display: flex;
  align-items: flex-start;
  box-sizing: content-box;
  min-height: 45px;
  padding-left: 60px;
}
.faq__row--question {
  margin-bottom: 15px;
  font-size: 1.125rem;
  font-weight: bold;
}
.faq__question-text {
  padding-top: 12px;
}
.faq__row--answer {
  padding-bottom: 20px;
  margin-bottom: 20px;
  border-bottom: 1px solid #ddd;
}
.faq__icon { ──❹
  position: absolute;
  top: 0;
  left: 0;
  width: 45px;
  height: 45px;
  border-radius: 50%;
  font-weight: normal;
  line-height: 45px;
  text-align: center;
}
.faq__icon--question {
  background-color: #e25c00;
  color: #fff;
}
.faq__icon--answer {
  background: #efefef;
  color: #e25c00;
}
.faq__answer-body {
  padding-top: 12px;
}
.faq__answer-body > *:last-child {
  margin-bottom: 0;
}
.faq__answer-text {
  margin-bottom: 20px;
}
```

CSS　　　　　　　　　　6-11-faq-precss.css

```css
.bl_faq > *:last-child {
  margin-bottom: 0;
}
.bl_faq_q,
.bl_faq_a { ──❸
  position: relative;
  display: flex;
  align-items: flex-start;
  box-sizing: content-box;
  min-height: 45px;
  padding-left: 60px;
}
.bl_faq_q {
  margin-bottom: 15px;
  font-size: 1.125rem;
  font-weight: bold;
}
.bl_faq_q_txt {
  padding-top: 12px;
}
.bl_faq_a {
  padding-bottom: 20px;
  margin-bottom: 20px;
  border-bottom: 1px solid #ddd;
}
.bl_faq_icon { ──❹
  position: absolute;
  top: 0;
  left: 0;
  width: 45px;
  height: 45px;
  border-radius: 50%;
  font-weight: normal;
  line-height: 45px;
  text-align: center;
}
.bl_faq_q .bl_faq_icon {
  background-color: #e25c00;
  color: #fff;
}
.bl_faq_a .bl_faq_icon {
  background: #efefef;
  color: #e25c00;
}
.bl_faq_a_body {
  padding-top: 12px;
}
.bl_faq_a_body > *:last-child {
  margin-bottom: 0;
}
.bl_faq_a_txt {
  margin-bottom: 20px;
}
```

## ❶ faq__row 클래스

이 클래스는 BEM에만 존재합니다. 동일한 요소에 대해 PRECSS에서는 다음과 같은 그룹 셀렉터를 사용해 스타일링합니다.

```css
CSS
.bl_faq_q,
.bl_faq_a {...}
```

BEM에서는 기본적으로 그룹 셀렉터보다 Mix 이용을 권장합니다. 그런고로 .fq_row라는 모듈의 자녀 요소 클래스를 새롭게 만들고 PRECSS에서 그룹 셀렉터에 대해 수행한 스타일링은 .faq_row에서 지정합니다. 스타일링 내용 자체는 ❸에서 이어서 설명합니다.

## ❷ .faq__answer-body / .bl_faq_a_body

dd 요소 안을 뜯어보면 .faq__answer-body 또는 .bl_faq_a_body 클래스가 붙어 있는 div 요소는 다소 장황하게 느껴질 수도 있습니다. 실제 이 div 요소를 생략하고 다음과 같이 코드를 작성하더라도 지금 단계에서는 동일하게 표시됩니다.

```html
HTML
<!-- 원래 코드 -->
<dd class="bl_faq_a">
  <span class="bl_faq_icon">A</span>
  <div class="bl_faq_a_body">
    <p class="bl_faq_a_txt">
      WordPress, Movable Type, HubSpot CMS, Sitecore를 개발했습니다.
    </p>
  </div>
  <!-- /.bl_faq_a_body -->
</dd>

<!-- div 요소를 생략한 코드>
<dd class="bl_faq_a">
  <span class="bl_faq_icon">A</span>
  <p class="bl_faq_a_txt">
    WordPress, Movable Type, HubSpot CMS, Sitecore를 개발했습니다.
  </p>
</dd>
```

하지만 다음과 같이 요소가 늘어난 경우 텍스트가 아래에 이어질 것이라는 예상과 달리 그림 6-33과 같이 가로로 배치됩니다. 이는 dd 요소에 display: flex;를 적용함에 따라 그 바로 아래에 있는 요소가 각각 플렉스 아이템으로 취급받는 것이 원인입니다.

```HTML
HTML
<!-- 요소가 늘어난 경우 -->
<dd class="bl_faq_a">
  <span class="bl_faq_icon">A</span>
  <p class="bl_faq_a_txt">
    WordPress, Movable Type, HubSpot CMS, Sitecore를 개발했습니다.
  </p>
  <p class="bl_faq_a_txt"> <!-- 늘어난 요소 -->
    OOCSS를 시작으로 SMACSS, BEM, FLOCSS, PRECSS 일체에 대응할 수 있습니다. 어떤 기법을 사용할
것인지는 요구사항 특성에 따라 결정합니다.
  </p>
</dd>
```

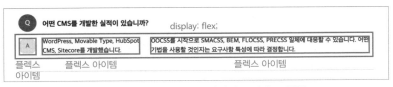

그림 6-33 텍스트가 가로로 배치된 표시와 그 원인

여기에서 dd 요소의 바로 아래 div 요소를 배치하고, 그 안에 자녀 요소로서 다른 요소를 여
럿 배치함으로써 콘텐츠를 세로로 배치할 수 있습니다.

그림 6-34 div 요소를 배치한 경우의 구조

이번 예시에서는 p 요소를 늘려 보았습니다. 7장에서는 url 요소를 추가한 예시를 설명합니
다. 이처럼 '향후 다른 요소가 포함될 가능성이 있는' 부분에 관해서는 다소 장황할 수 있지
만, 여러 자녀 요소를 가질 수 있도록 해두면 모듈의 확장성과 유연성이 높아집니다.

### ❸ .faq__row / .bl_faq_q, .bl_faq_a에 대한 지정

먼저 position: relative;는 Q와 A 아이콘을 배치하기 위해 ❹에서 position: absolute;를
사용했기 때문에 해당 아이콘을 기점으로 삼기 위한 지정입니다. 다음으로 display: flex;
로 아이콘과 텍스트를 가로로 배치한 뒤, align-items: flex-start;에서 상하 위치를 시작
점 정렬로 설정합니다. 간단하게 시작점 정렬만 하면 그림 6-35의 예와 같이 위로 치우치기 때

문에, 질문 타이틀 그리고 대답 텍스트의 위쪽에 각각 padding-top: 12px;를 설정해 위치를 조정합니다.

그림 6-35 padding-top을 설정하지 않은 경우 예(위), padding-top: 12px;를 설정한 예(아래)

플렉스 아이템을 상하 가운데 정렬하기 위해 이번 예에서는 align-items: center;도 유효하다고 생각할 수 있겠지만, 콘텐츠가 증가한 경우에는 그림 6-36과 같이 다소 위쪽으로 치우치게 됩니다.

그림 6-36 align-items: center;만 적용(위), align-items: flex-start;와 질문 제목, 대답 테스트에 padding-top: 12px;를 지정해 조합한 경우(아래)

실제 align-items: center;를 설정한 상태에서 질문 제목과 대답 텍스트에 padding-top: 12px;를 설정해도 예상한 대로 상하 가운데 정렬을 할 수 있으나, '아이콘과 질문 제목과 대답 텍스트를 상하 가운데 정렬(align-items: center;)한 뒤 padding-top으로 위치를 조정'하는 것보다 '시작점 정렬(align-times: flex-start;)로 설정한 뒤 padding-top으로 위치를 조정'하는 방법이 실제적인 표현에 가까우므로[19] 여기에서는 align-items값으로 flex-start를 적용하고 있습니다.

마지막 세 줄의 코드는 아이콘 표시 위치를 확보하기 위한 지정입니다.

---

19  아이콘 부분은 position: absolute;로 위치를 제어해 시작점 정렬을 하고 있기 때문에 align-items값은 실제는 관계없습니다. 하지만 '시작점 정렬'이라는 점에서 flex-start 쪽이 더 가까운 이미지라는 의미입니다.

- box-sizing: content-box;
- min-height: 45px;
- padding-left: 60px;

### ❹ .faq__icon / .bl_faq_icon에 대한 지정

다음 세 가지 지정으로 아이콘 표시 위치를 왼쪽으로 설정합니다.

- position: absolute;
- top: 0;
- left: 0;

다음 두 가지 지정으로 아이콘 가로 폭을 45px 크기로 설정하고, border-radious: 50%;를 지정해 정사각형에서 원형으로 변경합니다(그림 6-37).

- width: 45px;
- height: 45px;

그림 6-37 border-radius를 설정하기 전(왼쪽), border-radius: 50%; 설정 상태(오른쪽)

마지막으로 확인해야 할 것은 line-height: 45px;입니다. line-height값을 height와 동일하게 설정함으로써 간단히 상하 가운데 정렬을 수행할 수 있습니다. 단, 두 줄 이상에서는 상하 가운데 정렬이 깨지게 되므로 범용성이 그다지 뛰어나지는 않으나 이번 예시와 같이 문자의 수가 정해져 있는 경우에는 간단하고 효과적인 방법입니다.

## 기본형

### 완성도

### 호버 시

처음에 제목 부분이 표시되어 있고, 제목을 클릭하면 그에 대응하는 콘텐츠를 나타내는 모듈입니다. 콘텐츠 부분을 열고 닫는 경우 자바스크립트의 사용을 예상하지만, 이 책의 범위를 벗어나기 때문에 자바스크립트의 로직에 관해서는 다루지 않습니다. '제목 부분을 클릭하면 자바스크립트에 의해 제목과 콘텐츠 요소 양쪽에 액티브 클래스가 붙어 있는' 움직임을 고려해서 모듈을 설정합니다. 또한 PRECSS에서는 자바스크립트로 요소에 붙이기 위한 '.js_'라는 접두사를 준비합니다. '.js_' 접두사를 구현하는 예에 관해서는 3장의 PRECSS 프로그램 그룹 절을 참조하시기 바랍니다.

**BEM**

HTML      6-12-accordion-bem.html

```html
<dl class="accordion">
  <dt class="accordion__title">
    <button class="accordion__btn"
type="button">어떤 CMS를 개발한 실적이 있습니
까?</button> ——❶
  </dt>
  <dd class="accordion__body">
    <p class="accordion__text">
      WordPress, Movable Type, HubSpot CMS,
Sitecore를 개발했습니다.
    </p>
  </dd>
  <!-- 아래는 콘텐츠가 열린 상태 -->
  <dt class="accordion__title">
```

**PRECSS**

HTML      6-12-accordion-precss.html

```html
<dl class="bl_accordion">
  <dt>
    <button class="bl_accordion_btn"
type="button">어떤 CMS를 개발한 실적이 있습니
까?</button> ——❶
  </dt>
  <dd class="bl_accordion_body">
    <p class="bl_accordion_txt">
      WordPress, Movable Type, HubSpot CMS,
Sitecore를 개발했습니다.
    </p>
  </dd>
  <!-- 아래는 콘텐츠가 열린 상태 -->
  <dt>
```

## BEM 계속

```
    <button class="accordion__btn
accordion__btn--active" type="button">어떤
CMS를 개발한 실적이 있습니까?</button>
  </dt>
  <dd class="accordion__body accordion__
body--active">
    <p class="accordion__text">
    WordPress, Movable Type, HubSpot CMS,
Sitecore를 개발했습니다.
    </p>
  </dd>
</dl>
```

CSS          6-12-accordion-bem.css

```
.accordion__body + .accordion__title {
  margin-top: 20px; ——❷
}
.accordion__btn {
  position: relative;
  display: block; ——❸
  width: 100%; ——❸
  padding: 10px 40px 10px 15px;
  background-color: #e25c00;
  border: 2px solid #e25c00;
  color: #fff;
  font-size: 1.125rem;
  text-align: left;
  cursor: pointer; ——❹
  transition: .25s;
}
.accordion__btn::before { ——❺
  content: '';
  position: absolute;
  top: 50%;
  right: 15px;
  display: block;
  width: 20px;
  height: 2px;
  background-color: currentColor;
  transform: translateY(-50%);
}
.accordion__btn::after { ——❻
  content: '';
  position: absolute;
  top: 50%;
  right: 24px;
  display: block;
  width: 2px;
  height: 20px;
  background-color: currentColor;
  transform: translateY(-50%);
}
```

## PRECSS 계속

```
    <button class="bl_accordion_btn is_
active" type="button">어떤 CMS를 개발한 실적
이 있습니까?</button>
  </dt>
  <dd class="bl_accordion_body is_active">
    <p class="bl_accordion_txt">
    WordPress, Movable Type, HubSpot CMS,
Sitecore를 개발했습니다.
    </p>
  </dd>
</dl>
```

CSS          6-12-accordion-precss.css

```
.bl_accordion_body + dt {
  margin-top: 20px; ——❷
}
.bl_accordion_btn {
  position: relative;
  display: block; ——❸
  width: 100%; ——❸
  padding: 10px 40px 10px 15px;
  background-color: #e25c00;
  border: 2px solid #e25c00;
  color: #fff;
  font-size: 1.125rem;
  text-align: left;
  cursor: pointer; ——❹
  transition: .25s;
}
.bl_accordion_btn::before { ——❺
  content: '';
  position: absolute;
  top: 50%;
  right: 15px;
  display: block;
  width: 20px;
  height: 2px;
  background-color: currentColor;
  transform: translateY(-50%);
}
.bl_accordion_btn::after { ——❻
  content: '';
  position: absolute;
  top: 50%;
  right: 24px;
  display: block;
  width: 2px;
  height: 20px;
  background-color: currentColor;
  transform: translateY(-50%);
}
```

```
BEM 계속

.accordion__btn:focus,
.accordion__btn:hover {
  background-color: #fff;
  color: #e25c00;
}
.accordion__btn--active::after {
  content: none; ——❼
}
.accordion__body {
  display: none; ——❽
  padding: 15px;
  border: 1px solid #ddd;
}
.accordion__body > *:last-child {
  margin-bottom: 0;
}
.accordion__body--active {
  display: block;
}
.accordion__text {
  margin-bottom: 20px;
}
```

```
PRECSS 계속

.bl_accordion_btn:focus,
.bl_accordion_btn:hover {
  background-color: #fff;
  color: #e25c00;
}
.bl_accordion_btn.is_active::after {
  content: none; ——❼
}
.bl_accordion_body {
  display: none; ——❽
  padding: 15px;
  border: 1px solid #ddd;
}
.bl_accordion_body > *:last-child {
  margin-bottom: 0;
}
.bl_accordion_body.is_active {
  display: block;
}
.bl_accordion_txt {
  margin-bottom: 20px;
}
```

## ❼ button 요소

CSS를 활용한 스타일링과 자바스크립트를 활용한 이벤트 등록만을 고려한다면 dt 요소만으로도 충분히 구현을 할 수 있습니다. 하지만 HTML은 '의미를 붙이는' 언어이고 dt 요소는 본래 '클릭할 수 있다는 의미'를 갖고 있지는 않으므로 button 요소를 사용해서' 클릭 가능하다는 것을 머신리더블하게 명확히 기술합니다.

button 요소를 폼 등으로 사용하는 것이 아니라 이번과 같이 독자적으로 이벤트를 설정하고자 하는 경우에는 type 속성에 'button'을 설정합니다.

## ❽ margin-top: 20px;

셀렉터를 보면 '.accordion__body + .accordion__title / .bl_accordion_body + dt'라고 되어 있습니다. 이는 '두 번째 이후의 제목에 margin-top: 20px;를 설정한다'는 것을 의미합니다. 한데 '지금까지 margin-bottom을 기본으로 사용했는데, 왜 여기에서는 margin-top을 사용하는가?'라는 의문을 가질 수도 있습니다. 그 이유를 설명하면 margin-bottom의 적용대상이 되는 아코디언의 콘텐츠 부분은 아코디언이 열리지 않는 상태에서는 display: none;이 적용되기 때문입니다. display: none;이 걸려 있는 요소는 margin값이 산출되지 않으므로 그림 6-38과 같이 아코디언이 열려 있지 않는 한, 위아래 요소가 붙어 버리게 됩니다.

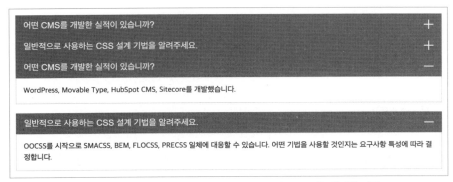

그림 6-38 아코디언의 콘텐츠 요소에 margin-bottom을 설정한 경우

이를 '두 번째 이후의 제목에 margin-top: 20px;를 설정한다'와 같이 지정함으로써 그림 6-39처럼 아코디언이 붙지 않는 상황에서도 확실히 위아래 여백을 확보할 수 있습니다.

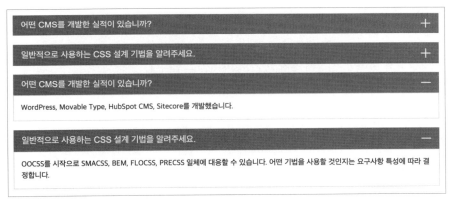

그림 6-39 두 번째 이후의 제목에 margin-top을 설정한 경우

### ❸ display: block; / width: 100%;

button 요소에 대한 조정 스타일입니다. button 요소의 display 속성의 초깃값은 inline-block이며 또한 width 속성이 auto로 설정되어 있으므로 가로 폭 100%인 블록 박스로 하기 위해 제목에 두 가지를 지정합니다.

### ❹ cursor: pointer;

클릭할 수 있는 요소임을 명시하기 위해 cursor를 pointer로 설정합니다. 값을 pointer로 설정하지 않은 경우(기본값인 'default'가 적용됨)와 설정한 경우의 차이는 그림 6-40과 같습니다.

그림 6-40 cursor를 pointer로 설정하지 않은 경우[기본값인 'default'가 적용됨(위)], cursor: pointer;를 설정한 경우(아래)

## ❺ .accordion__btn::before / .bl_accordion_btn::before에 대한 지정

before 의사 요소를 이용한 셀렉터에서는 플러스, 마이너스 아이콘 양쪽의 가로 막대기를 생성합니다. 우선 content: ''; 의사 요소를 빈 상태로 만듭니다. 그 뒤 다음 세 개 항목을 지정해 오른쪽에서 15px, 상하 가운데 위치에 배치합니다.

- position: absolute;
- top: 50%;
- right: 15px;

그 뒤 다음 네 개 항목을 지정해 실제로 가로 막대를 그립니다.

- display: block;
- width: 20px;
- height: 2px;
- background-color: #fff;

가장 먼저 정확히 상하 가운데 위치시키기 위해 transform: translateY (-50%);로 요소의 절반 크기만큼 위 방향으로 위치를 수정합니다.

## ❻ .accordion__btn::after / .bl_accordion_btn::after에 대한 지정

after 의사 요소를 이용한 셀렉터는 플러스 아이콘의 세로 막대를 생성합니다. 가로 막대와 마찬가지로 우선 content: '';로 의사 요소를 빈 상태로 생성합니다. 그 뒤 다음 세 개 항목을 지정해 오른쪽에서 24px, 상하 가운데 위치에 배치합니다.

- position: absolute;
- top: 50%;
- right: 24px;

그 뒤 다음 네 개 항목을 지정해 실제로 막대를 그립니다.

- display: block;
- width: 2px;
- height: 20px;
- background-color: #fff;

가로 막대와 마찬가지로 가장 마지막에 상하 가운데 위치 보정을 위해 transform: translateY (-50%);로 설정합니다.

## ❼ content: none;

제목이 활성화된 경우, 다시 말해 아코디언이 열린 상태에 대한 지정입니다. after 의사 요소로 생성한 것은 플러스 아이콘의 세로 막대입니다. 이를 content: none;으로 설정하면 의사 요소가 생성되지 않으므로 세로 막대가 사라져서 가로 막대만 남습니다. 결과적으로 마이너스 아이콘이 됩니다.

## ❽ display: none;

아코디언 콘텐츠 부분은 초기 상태에서는 닫혀 있으므로 disply: none;을 설정해서 표시되지 않도록 합니다.

# COLUMN 아코디언 열고 닫기 버튼에 a 요소를 사용하는 것이 적절한가?

이번에는 열고 닫기 버튼 부분에 button 요소를 사용했습니다. 클릭 가능한 이런 인터페이스를 구현할 때는 a 요소를 사용하는 방법도 자주 볼 수 있습니다. a 요소의 본래 목적은 하이퍼링크(Hyperlink)를 설정하기 위한 것이며 그 대상은 다음과 같습니다.[20]

- 다른 웹페이지
- 파일
- 같은 페이지 내 특정 위치
- 전자 메일 주소
- 또는 다른 URL

이 정의에 기반해 이번 아코디언의 예시를 생각해 보면 열고 닫기 버튼이 가리키는 콘텐츠는 '동일 페이지 내 특정 위치'라고 볼 수 있기 때문에 a 요소로 구현하는 것도 적절하다고 말할 수 있을 것입니다. 단, a 요소를 사용하는 경우에는 대응하는 아코디언 콘텐츠에 id 속성을 설정하고, 그 id 속성값을 a 요소의 href 속성으로 설정함으로써 콘텐츠의 대응을 명확히 해야 합니다.

'클릭 이벤트는 어떤 것이라도 a 요소를 사용한다'는 풍조도 종종 보이지만 인터페이스에 따라서는 a 요소가 적절하지 않은 경우도 있습니다. CSS 설계와는 또 다른 이야기가 되지만 HTML과 CSS는 떼려야 뗄 수 없는 관계이므로 여유가 된다면 이런 시맨틱스에도 조금 신경을 쓰는 것이 좋습니다.

또한 부트스트랩의 Collapse[21]에는 a 요소와 button 요소 양쪽을 사용한 구현 예시를 소개하고 있습니다.

---

20 https://developer.mozilla.org/ko/docs/Web/HTML/Element/a
21 https://getbootstrap.com/docs/4.3/components/collapse/

## 기본형

완성도

미디어 쿼리 적용 시

인상적인 캐치프레이즈와 배경 이미지를 크게 표시하는 모듈입니다. 주로 사이트의 최상위 페이지 혹은 특별한 목적을 갖는 하위 페이지의 첫 번째 뷰 등으로 사용하는 경우를 고려합니다. 캐치프레이즈는 반투명의 검은 배경 위에 흰색 문자로 표시하고 왼쪽/상하 가운데 정렬을 적용했으며 미디어 쿼리 적용 시에는 좌우 가운데 위치합니다.

## BEM

```html
<div class="jumbotron" style="background-
image:url(/assets/img/elements/jumbotron-bg.
jpg)"> ——❶
  <div class="jumbotron__inner">
    <p class="jumbotron__title">
      귀사의 비즈니스에 적절한 전략을 제안함으
로써 <br class="only-lg">
      '성과'에 기여하겠습니다.
    </p>
  </div>
  <!-- /.jumbotron__inner -->
</div>
<!-- /.jumbotron -->
```

```css
/* 헬퍼 클래스 */
@media screen and (max-width: 768px) {
  .only-lg {
    display: none;
  }
}

.jumbotron {
  height: calc(69.44444vw + -233.33333px);
                                        ——❷
  background-position: center center;
  background-size: cover;
}
.jumbotron__inner { ——❸
  position: relative;
  max-width: 1230px;
  height: 100%;
  margin-right: auto;
  margin-left: auto;
}
.jumbotron__title {
  position: absolute;
  top: 50%;
  left: 0;
  padding: 40px;
  background-color: rgba(0, 0, 0, .75);
  color: #fff;
  font-size: calc(3.704vw - 8.444px);
                                    ——❹
  transform: translateY(-50%);
}
@media screen and (min-width: 1200px) {
                                    ——❺
  .jumbotron {
    height: 600px;
  }
}
```

## PRECSS

```html
<div class="bl_jumbotron" style="background-
image:url(/assets/img/elements/jumbotron-bg.
jpg)"> ——❶
  <div class="bl_jumbotron_inner">
    <p class="bl_jumbotron_ttl">
      귀사의 비즈니스에 적절한 전략을 제안함으
로써 <br class="lg_only">
      '성과'에 기여하겠습니다.
    </p>
  </div>
  <!-- /.bl_jumbotron_inner -->
</div>
<!-- /.bl_jumbotron -->
```

```css
/* 헬퍼 클래스 */
@media screen and (max-width: 768px) {
  .lg_only {
    display: none !important;
  }
}

.bl_jumbotron {
  height: calc(69.44444vw + -233.33333px);
                                        ——❷
  background-position: center center;
  background-size: cover;
}
.bl_jumbotron_inner { ——❸
  position: relative;
  max-width: 1230px;
  height: 100%;
  margin-right: auto;
  margin-left: auto;
}
.bl_jumbotron_ttl {
  position: absolute;
  top: 50%;
  left: 0;
  padding: 40px;
  background-color: rgba(0, 0, 0, .75);
  color: #fff;
  font-size: calc(3.704vw - 8.444px);
                                    ——❹
  transform: translateY(-50%);
}
@media screen and (min-width: 1200px) { ——❺
  .bl_jumbotron {
    height: 600px;
  }
  .bl_jumbotron_ttl {
```

```
  .jumbotron__title {
    font-size: 2.25rem;
  }
}
@media screen and (max-width: 768px) {
  .jumbotron {
    height: 300px;
  }
  .jumbotron__title {
    left: 50%;
    width: 90%;
    padding: 15px;
    font-size: 1.25rem;
    text-align: center;
    transform: translate (-50%, -50%);
  }
}
```

```
    font-size: 2.25rem;
  }
}
@media screen and (max-width: 768px) {
  .bl_jumbotron {
    height: 300px;
  }
  .bl_jumbotron_ttl {
    left: 50%;
    width: 90%;
    padding: 15px;
    font-size: 1.25rem;
    text-align: center;
    transform: translate (-50%, -50%);
  }
}
```

## ❶ style 속성을 활용한 배경 화면 지정

스타일링은 CSS 파일에서 수행하는 것이 기본 원칙입니다. 하지만 이번 점보트론과 같이 배경 이미지 지정이 필요하고 페이지에 따라 배경 이미지가 변하는 경우, CSS에서 대응하려고 하면 배경 화면의 종류별로 각각 모디파이어 클래스가 필요합니다. 원칙적으로는 올바른 처리 방법 이지만, 만약 패턴이 늘어나게 되면 다음과 같은 두 가지 작업이 필요하기 때문에 유지 보수성 이 높다고는 할 수 없습니다.

- 모디파이어를 HTML에 추가한다.
- 모디파이어에 대응하는 스타일링을 CSS에 추가한다.

이번 점보트론과 같이 배경 이미지를 가진 모듈을 여러 페이지에서 사용할 것이 예상되는 가운데, 높은 유지 보수성을 유지하고 싶은 경우에는 이처럼 background-image 속성만 style 속성으로 지정하는 방법도 있습니다.

## ❷ height: calc (69.44444vw + -233.33333px);

max-width: 768px;의 미디어 쿼리 크기에 대해 스크린 크기를 축소할 때 높이를 px 등의 고정값으로 설정하면 가로 폭이 축소되어도 높이는 변하지 않기 때문에 가로세로 비율이 유 지되지 않습니다. 그러므로 스크린 크기를 축소했을 때 높이도 자연스럽게 줄어 가로세로 비 율이 유지되도록 상대값인 vw[22]를 사용합니다. 이 예에서는 calc() 함수와 vw, px를 조합해

---

22  vw는 뷰포트와 연결된 단위로 1vw는 뷰포트의 1%와 일치합니다.

여러 값을 사용하였는데, 이는 깃허브(GitHub)에 공개되어 있는 ViewportScale[23] 계산식을 이용해 산출한 것입니다.

Sass를 이용하지 않는 분들이나 또는 그렇게까지 엄밀함이 필요하지 않는 분들이라면 'height: 50vw;' 등으로 대략적인 값을 사용할 수도 있습니다. 그렇지만 이런 경우에는 미디어 쿼리를 적용하는 순간(max-width: 768px) 높이가 갑자기 바뀌어 버리므로 가급적이면 확실한 계산을 통해 높이도 위화감 없이 변하도록 하는 것이 바람직합니다.

실제 max-width: 768px 미디어 쿼리 적용 직전의 크기로 비교해 보면 height: 50vw;로 지정한 경우는 미디어 쿼리 적용 시 사이즈와 크게 달라진다는 것을 알 수 있습니다(그림 6-41).

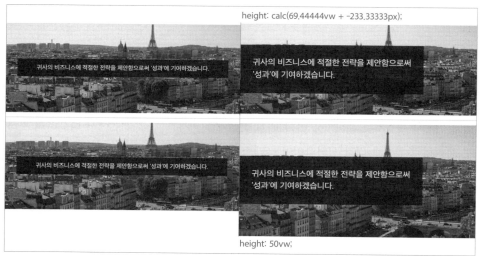

그림 6-41 max-width: 768px의 미디어 쿼리 적용 시 크기(왼쪽 위, 왼쪽 아래), height: calc(69.44444vw + -233.33333px);를 적용한 모듈(오른쪽 위)과 height: 50vw;를 적용한 모듈(오른쪽 아래)

### ❸ .jumbotron__inner / .bl_jumbotron_inner에 대한 지정

먼저 첫 번째 행의 position: relative;는 position: absolute;를 사용하는 캐치프레이즈의 기점을 만들기 위한 지정입니다. 세 번째 행의 height: 100%;를 제외한 다음 항목은 콘텐츠 최대 폭을 설정하고 좌우 가운데 정렬을 위한 지정입니다.

- max-width: 1230px;
- margin-right: auto;
- margin-left: auto;

---

23 https://github.com/ixkaito/viewportscale

이런 설정을 한 이유는 다음과 같은 경우 때문입니다.

- 만약 점보트론 배경 이미지를 화면 가득 채우도록 배치하면, 콘텐츠 폭에 맞춰 아래 콘텐츠가 계속된다.

이때 최대 폭을 설정한 뒤 좌우 가운데 정렬을 하지 않으면, 캐치프레이즈만 왼쪽 끝으로 달라붙어 그 느낌이 전혀 달라지기 때문입니다[그림 6-42(위)].

그림 6-42 최대 폭을 설정하지 않은 경우(위), 최대 폭을 설정한 경우(아래)

또한 다음은 좌우 가운데 정렬을 위한 스타일링이므로 이 부분을 레이아웃 그룹으로 볼 수도 있습니다.

- max-width: 1230px;
- margin-right: auto;
- margin-left: auto;

이 경우 코드는 다음과 같이 Mix를 사용하는 형태가 됩니다.

```html
HTML
<div class="bl_jumbotron" style="background-image:url(/assets/img/elements/jumbotron-bg.jpg)">
  <div class="bl_jumbotron_inner ly_centered"> <!-- 클래스를 Mix -->
    ...
  </div>
  <!-- /.bl_jumbotron_inner -->
</div>
<!-- /.bl_jumbotron -->
```

```css
CSS
.ly_centered {
  max-width: 1230px;
  /* 레이아웃 그룹에는 좌우 padding이 있어야 함 */
  padding-right: 15px;
  padding-left: 15px;
  padding-rigtt: auto;
  margin-left: auto;
}
.bl_jumbotron_inner {
  position: relative;
  height: 100%;
  /* 좌우 padding 삭제 */
  padding-right: 0;
  padding-left: 0;
}
```

단, CSS의 코드에 있는 것처럼 확실하게 레이아웃 그룹으로 만들기 위해서는 4장에서 설명한 ly_cont 클래스와 마찬가지로 좌우 padding을 정확하게 확보해야 합니다. 그렇지 않으면 다른 위치에서 이 ly_centered 클래스를 사용했을 때 스크린 크기에 따라 좌우가 좁아지게 됩니다. 그다음으로 .bl_jumbotron_inner 쪽의 좌우 padding 삭제 코드를 추가합니다. 이처럼 엄밀한 레이아웃 그룹을 만드는 경우에는 새로운 고민이 발생하므로, 각 모듈의 자녀 요소라면 다소 엄밀하지 않더라도 크게 문제가 되지는 않을 것입니다.

### ❹ font-size: calc (3.704vw - 8.444px);

❷와 마찬가지로 max-width: 768px의 미디어 쿼리에 대해 스크린 크기를 축소할 때 자연스럽게 폰트 크기를 전환하기 위한 지정입니다.

## ❺ min-width: 1200px 미디어 쿼리

루트 요소의 height 속성과 캐치프레이즈의 font-size 속성에 각각 상대값을 지정했습니다. 이 두 가지는 미디어 쿼리 안에 지정하지 않았으므로 스크린 크기가 커질수록 높이와 폰트 크기도 덩달아 커집니다.

그림 6-43 높이와 폰트 크기가 계속 커지는 경우(위), min-width: 1200px의 미디어 쿼리를 사용해 최댓값을 설정한 경우(아래)

그러므로 '콘텐츠 폭 이상이 되면'이라는 미디어 쿼리를 추가해 높이와 폰트 크기가 계속해서 커지는 것을 방지해야 합니다.

## 기본형

### 완성도

---

2019/03/29

[다국어 사이트를 구축한다] ① 대상 언어/지역 및 URL 방식 선정

---

2019/03/28

미팅 스케줄링을 부드럽게! 비즈니에서 사용할 수 있는 일정 관리 도구 4가지!

---

2019/03/27

B2B 콘텐츠 마케팅 전략에서의 LinkedIn 활용법

---

CMS의 블로그 기능의 기사 등을 목록으로 출력하는 것을 고려한 모듈입니다. 날짜를 약간 작게 표시하고 이어지는 제목 부분은 기사 상세 내용으로 이어지는 링크를 제공합니다. 각 포스트 아래쪽에는 구분 선으로 보더를 설정합니다.

**BEM**

HTML 　　　　　　 6-14-postlist-bem.html
```html
<ul class="vertical-posts"> ——❶
  <li class="vertical-posts__item">
    <div class="vertical-posts__header"> ——❷
      <time class="vertical-posts__date"
datetime="2019-03-29">2019/03/29</time> ——❸
    </div>
    <!-- /.vertical-posts__header -->
    <a class="vertical-posts__title"
href="#">[다국어 사이트를 구축한다] ① 대상 언
어/지역 및 URL 방식 선정</a>
  </li>
  <!-- 아래 <li class="vertical-posts__item">
을 2회 반복 -->
</ul>
```

CSS 　　　　　　 6-14-postlist-bem.css
```css
.vertical-posts__item {
  padding-top: 15px;
  padding-bottom: 15px;
  border-bottom: 1px solid #ddd;
}
.vertical-posts__item:first-child {
  padding-top: 0;
}
.vertical-posts__header {
```

**PRECSS**

HTML 　　　　　　 6-14-postlist-precss.html
```html
<ul class="bl_vertPosts"> ——❶
  <li class="bl_vertPosts_item">
    <div class="bl_vertPosts_header"> ——❷
      <time class="bl_vertPosts_date"
datetime="2019-03-29">2019/03/29</time> ——❸
    </div>
    <!-- /.bl_vertPosts_header -->
    <a class="bl_vertPosts_ttl" href="#">[다
국어 사이트를 구축한다] ① 대상 언어/지역 및
URL 방식 선정</a>
  </li>
  <!-- 아래 <li class="vertical-posts__
item">을 2회 반복 -->
</ul>
```

CSS 　　　　　　 6-14-postlist-precss.css
```css
.bl_vertPosts_item {
  padding-top: 15px;
  padding-bottom: 15px;
  border-bottom: 1px solid #ddd;
}
.bl_vertPosts_item:first-child {
  padding-top: 0;
}
.bl_vertPosts_header {
```

```
BEM 계속

    margin-bottom: 10px;
}
.vertical-posts__date {
    font-size: .875rem;
}
.vertical-posts__title {
    text-decoration: none;
}
.vertical-posts__title:focus,
.vertical-posts__title:hover {
    text-decoration: underline;
}
```

```
PRECSS 계속

    margin-bottom: 10px;
}
.bl_vertPosts_date {
    font-size: .875rem;
}
.bl_vertPosts_ttl {
    text-decoration: none;
}
.bl_vertPosts_ttl:focus,
.bl_vertPosts_ttl:hover {
    text-decoration: underline;
}
```

## ❶ .vertical-posts / .bl_vertPosts라는 이름

이 모듈은 '포스트 목록'이므로 '.posts / .bl_posts'와 같은 간단한 이름을 사용할 수도 있습니다. 하지만 이후 프로젝트를 진행하면서 완전히 다른 스타일링의 포스트 목록 모듈을 추가해야 할 수도 있습니다. 예를 들어, 그림 6-44와 같은 스타일링 모듈을 추가한다고 가정해봅니다.

그림 6-44 이후 추가할 것으로 예상되는 새로운 포스트 목록 모듈

또한 이 모듈에 '.card-posts / .bl_cardPosts'라는 이름을 붙였다고 가정해 봅니다. 그리고 몇 개월 후의 자신 혹은 다른 사람이 '.posts / .bl_posts'라는 클래스 이름만 봤을 때 둘 중 어떤 것이 원하는 모듈인지 정확하게 판단할 수 있을까요? 이처럼 '포스트 목록' 등 같은 기능을 가진 모듈이 여럿 존재하는 경우에는 이름이 너무 단순하면 클래스 이름만으로 대상을 판별할 수 없는 사태가 벌어집니다. 물론 코드를 잘 살펴보면 해결할 수 있지만 그런 노력을 줄이기 위해서라도 클래스 이름은 '과도하게 단순하지 않게' 설정해야 합니다.

같은 이유로 '너무 상세하지 않게' 만드는 것도 중요합니다. 이번에 익스포트하는 블로그가 스태프 블로그라고 해서 '.staff-blog-posts / .bl_staffBlogPosts'와 같은 이름을 사용하면 스태프 블로그 이외의 목적으로는 사용할 수 없습니다.[24]

---

24 물론 사용하지 못하는 것은 아니지만 '사용되는 상황과 이름이 일치하지 않는다'는 모순된 상황을 초래하게 됩니다.

때문에 '.posts / .bl_posts'에 비해 너무 간단하지는 않으면서도 '.staff-blog-posts / .bl_staffBlogPosts'보다 지나치게 상세하지 않도록, 수직 방향으로 배치된 점에 착안해 '.vertical-posts / .bl_vertPosts'라는 이름을 사용합니다.

### ❷ div 요소의 존재에 관해

현재 상황만 고려하면 이 div 요소를 생략하고, 다음과 같이 마크업을 해도 같은 형태로 표시할 수 있습니다.

```HTML
<li class="bl_vertPosts_item">
  <time class="bl_vertPosts_date" datetime="2019-03-29">2019/03/29</time>
  <a class="bl_vertPosts_ttl" href="#">[다국어 사이트를 구축한다] ① 대상 언어/지역 및 URL 방식
선정</a>
</li>
```

그러나 7장에서 날짜 뒤에 카테고리를 표시하는 라벨을 추가하는 법을 소개하는데, 이를 위한 준비로 div 요소를 사용했습니다.

### ❸ time 요소의 datetime 속성

특정한 시각을 표시할 때는 time 요소[25]를 사용하는 것이 가장 적합합니다. 추가로 datetime 속성을 사용해 한층 머신리더블하게 마크업할 수 있습니다. datetime 속성은 다양한 날짜와 시간 표시 형식으로 대응할 수 있습니다. 이번 예시에서는 'YYYY-MM-DD'로 연, 월, 일을 하이픈으로 연결하는 형태를 사용합니다.

---

25  https://developer.mozilla.org/ko/docs/Web/HTML/Element/time

# 6-15 순서가 없는 리스트

## 기본형

완성도

- 웹 컨설팅
- 디지털 마케팅 지원
- CMS 구축
- CSS 설계

ul 요소는 사용 순서에 의미가 없는 간단한 리스트입니다. 글머리 아이콘은 브라우저 표준 스타일에서 주황색 가운데 점 아이콘으로 바꾸었습니다.

**BEM**

HTML         6-15-ul-bem.html

```html
<ul class="bullet-list">
  <li class="bullet-list__item">
    웹 컨설팅
  </li>
  <li class="bullet-list__item">
    디지털 마케팅 지원
  </li>
  <li class="bullet-list__item">
    CMS 구축
  </li>
  <li class="bullet-list__item">
    CSS 설계
  </li>
</ul>
```

CSS         6-15-ul-bem.css

```css
.bullet-list > *:last-child {
  margin-bottom: 0;
}
.bullet-list__item {
  position: relative;
  padding-left: 1em; ——①
  margin-bottom: 10px;
}

.bullet-list__item::before { ——②
  content: '';
  position: absolute;
}
```

**PRECSS**

HTML         6-15-ul-precss.html

```html
<ul class="bl_bulletList">
  <li>
    웹 컨설팅
  </li>
  <li>
    디지털 마케팅 지원
  </li>
  <li>
    CMS 구축
  </li>
  <li>
    CSS 설계
  </li>
</ul>
```

CSS         6-15-ul-precss.css

```css
.bl_bulletList > *:last-child {
  margin-bottom: 0;
}
.bl_bulletList > li {
  position: relative;
  padding-left: 1em; ——①
  margin-bottom: 10px;
}
.bl_bulletList > li::before { ——②
  content: '';
  position: absolute;
  top: .5em;
}
```

**BEM** 계속

```
    top: .5em;
    left: 0;
    display: block;
    width: .4em;
    height: .4em;
    background-color: #e25c00;
    border-radius: 50%;
  }
```

**PRECSS** 계속

```
    left: 0;
    display: block;
    width: .4em;
    height: .4em;
    background-color: #e25c00;
    border-radius: 50%;
  }
```

### ❶ padding-left: 1em;

글머리 아이콘을 표시할 공간을 확보하기 위한 지정입니다. 폰트 크기의 변화에 맞춰 자동으로 공간을 조정하기 위해서 상대값인 em을 사용하였습니다. 리스트 모듈은 그 자체로 단독으로 사용하는 것은 물론이거니와 최소 모듈과 마찬가지로 다른 모듈 안에 삽입하여 사용하는 경우도 적지 않습니다. 이런 경우, 리스트 모듈은 삽입된 위치의 폰트 크기를 그대로 유지하는 것이 자연스럽습니다.

시험 삼아 폰트 크기를 크게 해보면, 글머리 아이콘을 위한 공간도 넉넉할뿐더러 아이콘 표시에 위화감이 없음을 알 수 있습니다(그림 6-45).

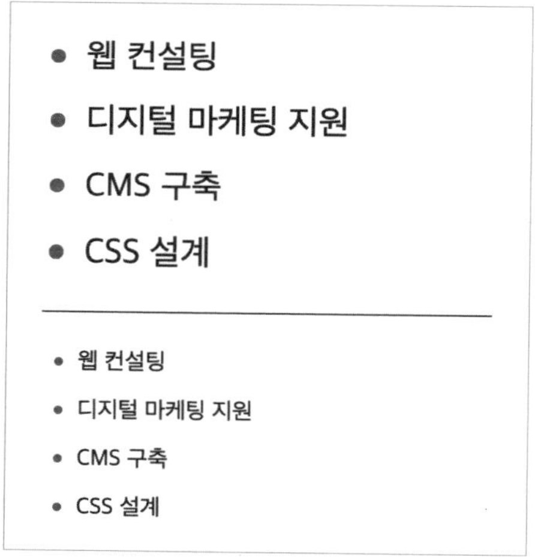

- ● 웹 컨설팅
- ● 디지털 마케팅 지원
- ● CMS 구축
- ● CSS 설계

- ● 웹 컨설팅
- ● 디지털 마케팅 지원
- ● CMS 구축
- ● CSS 설계

그림 6-45 **폰트 크기를 크게 한 경우의 표시(위), 원래 표시(아래)**

### ❷ .bullet-list__item::before / .bl_bulletList > li::before에 대한 지정

글머리 아이콘은 색상을 변경하는 커스터마이즈를 추가했으므로 list-style-type 속성을 사용하지 않고 별도로 만듭니다. 먼저 context 속성으로 요소를 만들 위치를 결정합니다.

- position: absolute;
- top: .5em;
- left: 0;

다음으로 실제 이미지를 표시합니다.

- display: block;
- width: .4em;
- height: .4em;
- background-color: #e25c00;
- border-radius: 50%;

top, width, height 속성값의 단위로 em을 이용한 이유는 ❶과 마찬가지로 이를 통해 폰트 크기의 변화에 따라 글머리 아이콘의 위치와 크기도 자동적으로 변화시키기 위해서입니다.

## 확장 패턴

### 가로 배치

완성도

- 웹 컨설팅
- CMS 구축
- 디지털 마케팅 지원
- CSS 설계

리스트 항목을 가로로 배치한 패턴입니다. 왼쪽 위→오른쪽 위→왼쪽 아래→오른쪽 아래……의 순서로 배치됩니다.

**BEM**

`HTML`        6-15-ul-horizon-bem.html
```html
<ul class="bullet-list bullet-list--
horizontal">
  <li class="bullet-list__item">
    웹 컨설팅
  </li>
  <li class="bullet-list__item">
    디지털 마케팅 지원
  </li>
  <li class="bullet-list__item">
    CMS 구축
  </li>
```

**PRECSS**

`HTML`        6-15-ul-horizon-precss.html
```html
<ul class="bl_bulletList bl_bulletList__
horiz">
  <li>
    웹 컨설팅
  </li>
  <li>
    디지털 마케팅 지원
  </li>
  <li>
    CMS 구축
  </li>
```

**BEM** 계속

```
  <li class="bullet-list__item">
    CSS 설계
  </li>
</ul>
```

CSS        6-15-ul-horizon-bem.css
```
/* .bullet-list 스타일링 아래 다음 코드 추가
*/
.bullet-list--horizontal {
  display: flex;
  flex-wrap: wrap;
  justify-content: space-between; ──❶
  margin-bottom: -10px;
}
.bullet-list--horizontal .bullet-list__item
{
  flex: calc(50% - 5px); ──❷
  margin-right: 10px;
}
.bullet-list--horizontal .bullet-list__
item:nth-of-type(even) {
  margin-right: 0;
}
```

**PRECSS** 계속

```
  <li>
    CSS 설계
  </li>
</ul>
```

CSS       6-15-ul-horizon-precss.css
```
/* .bullet-list 스타일링 아래 다음 코드 추가
*/
.bl_bulletList.bl_bulletList__horiz {
  display: flex;
  flex-wrap: wrap;
  justify-content: space-between; ──❶
  margin-bottom: -10px;
}
.bl_bulletList.bl_bulletList__horiz > li {
  flex: calc(50% - 5px); ──❷
  margin-right: 10px;
}
.bl_bulletList.bl_bulletList__horiz >
li:nth-of-type(even) {
  margin-right: 0;
}
```

## ❶ justify-content: space-between;

justify-content 속성을 space-between으로 설정하고 바로 하위의 플렉스 아이템을 좌우로 나눕니다.

그림 6-46 justify-content: space-between 동작 이미지

## ❷ flex: calc (50% - 5px);

플렉스 아이템인 각 리스트 아이템의 기본 폭을 설정합니다. calc() 함수로 지정한 50%는 '절반'이라는 의미이며, 여기에서 뺀 5px은 margin-right값인 10px의 절반입니다. margin-right는 오른쪽 요소에는 설정하지 않으므로 콘텐츠 폭은 전체적으로 (50% - 5px) * 2 + 10px로 100%가 됩니다.

이번 장의 첫 번째 미디어 모듈에서도 설명했지만 flex 속성에 단위를 포함한 값을 하나만 지정하면 flex-basis에 대한 지정이 됩니다.

## 배리에이션

## 중첩

완성도

- 웹 컨설팅
- 디지털 마케팅 지원
- CMS 구축
- CSS 설계
  - BEM
  - FLOCSS
  - PRECSS

li 요소 안에 다른 ul 요소가 삽입된 형태입니다. 형태를 달리하기 위해 글머리 아이콘의 색상을 변경합니다.

**BEM**

`HTML`     6-15-ul-nest-bem.html

```
<ul class="bullet-list">
  <li class="bullet-list__item">
    웹 컨설팅
  </li>
  <li class="bullet-list__item">
    디지털 마케팅 지원
  </li>
  <li class="bullet-list__item">
    CMS 구축
  </li>
  <li class="bullet-list__item">
    CSS 설계
    <!-- 여기부터 중첩 패턴 -->
    <ul class="child-bullet-list"> ——❶
      <li class="child-bullet-list__item">
        BEM
      </li>
      <li class="child-bullet-list__item">
        FLOCSS
      </li>
      <li class="child-bullet-list__item">
        PRECSS
      </li>
    </ul>
  </li>
</ul>
```

**PRECSS**

`HTML`     6-15-ul-nest-precss.html

```
<ul class="bl_bulletList">
  <li>
    웹 컨설팅
  </li>
  <li>
    디지털 마케팅 지원
  </li>
  <li>
    CMS 구축
  </li>
  <li>
    CSS 설계
    <!-- 여기부터 중첩 패턴 -->
    <ul> ——❶
      <li>
        BEM
      </li>
      <li>
        FLOCSS
      </li>
      <li>
        PRECSS
      </li>
    </ul>
  </li>
</ul>
```

| BEM 계속 | PRECSS 계속 |
|---|---|
| CSS      6-15-ul-nest-bem.css | CSS      6-15-ul-nest-precss.css |

```css
/* .bullet_list--horizontal 스타일링 아래에
다음 추가 */
.child-bullet-list {
  padding-left: 1.5em;
  margin-top: 10px;
  list-style-type: circle; ——❷
}
.child-bullet-list > *:last-child {
  margin-bottom: 0;
}
.child-bullet-list__item {
  margin-bottom: 10px;
}
```

```css
/* .bl_bulletList 스타일링 아래에 다음 추가
*/
.bl_bulletList ul {
  padding-left: 1.5em;
  margin-top: 10px;
  list-style-type: circle; ——❷
}
.bl_bulletList ul > *:last-child {
  margin-bottom: 0;
}
.bl_bulletList ul > li {
  margin-bottom: 10px;
}
```

### ■ ❶ ul 요소의 이름에 관해

BEM은 모든 요소에 클래스를 붙여서 셀렉터의 상세도를 가능한 균일하게 하는 것이 기본이 므로, 이번 예에서도 클래스 이름을 붙이고 셀렉터에도 클래스 이름을 사용해 스타일링합니다. 그에 비해 PRECSS에서는 '이 모듈은 .bl_bulletList 안에서 사용되는 것을 전제로 한다' 는 의미도 포함해 클래스 이름을 특별히 붙이지 않고 셀렉터에도 ul을 그대로 사용합니다. 또한 이들 모두 여러 단계로 중첩시킬 수 있습니다(그림 6-47).

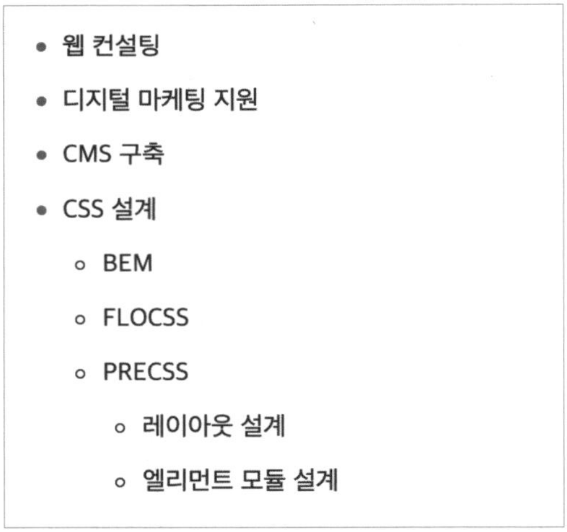

- ● 웹 컨설팅
- ● 디지털 마케팅 지원
- ● CMS 구축
- ● CSS 설계
  - ○ BEM
  - ○ FLOCSS
  - ○ PRECSS
    - ○ 레이아웃 설계
    - ○ 엘리먼트 모듈 설계

그림 6-47 **PRECSS 안에 보다 많은 리스트를 중첩한 모습**

### ■ ❷ list-style-type: circle;

이번 글머리 아이콘은 브라우저의 기본 형태인 list-style-type: circle;을 그대로 이용합니다.

순서가 있는 리스트

## 기본형

완성도

> 1. 웹 컨설팅
> 2. 디지털 마케팅 지원
> 3. CMS 구축
> 4. CSS 설계

ol 요소를 사용해 순서에 의미를 부여한 간단한 리스트입니다. 순서가 없는 리스트와 동일하게 글머리 번호는 브라우저 표준을 사용하지 않고 별도로 만듭니다.

### BEM

HTML      6-16-ol-bem.html

```html
<ol class="order-list">
  <li class="order-list__item">
    웹 컨설팅
  </li>
  <li class="order-list__item">
    디지털 마케팅 지원
  </li>
  <li class="order-list__item">
    CMS 구축
  </li>
  <li class="order-list__item">
    CSS 설계
  </li>
</ol>
```

CSS      6-16-ol-bem.css

```css
.order-list {
  counter-reset: order-list; ——❶
}
.order-list > *:last-child {
  margin-bottom: 0;
}
.order-list__item {
  position: relative;
  padding-left: 1em;
  margin-bottom: 10px;
}
.order-list__item::before {
  content: counter(order-list) '. '; ——❶
```

### PRECSS

HTML      6-16-ol-precss.html

```html
<ol class="bl_orderList">
  <li>
    웹 컨설팅
  </li>
  <li>
    디지털 마케팅 지원
  </li>
  <li>
    CMS 구축
  </li>
  <li>
    CSS 설계
  </li>
</ol>
```

CSS      6-16-ol-precss.css

```css
.bl_orderList {
  counter-reset: bl_orderList; ——❶
}
.bl_orderList > *:last-child {
  margin-bottom: 0;
}
.bl_orderList > li {
  position: relative;
  padding-left: 1em;
  margin-bottom: 10px;
}
.bl_orderList > li::before {
  content: counter(bl_orderList) '. '; ——❶
```

```
BEM 계속

  position: absolute;
  top: 0;
  left: 0;
  color: #e25c00;
  font-weight: bold;
  counter-increment: order-list; ──❶
}
```

```
PRECSS 계속

  position: absolute;
  top: 0;
  left: 0;
  color: #e25c00;
  font-weight: bold;
  counter-increment: bl_orderList; ──❶
}
```

## ❶ CSS 카운터에 관해

글머리 번호를 별도로 구현하는 과정에서는 'CSS 카운터'[26]를 사용했습니다. CSS 카운터에 관해 간단히 설명하면 변수처럼 카운터 이름을 선언하고 그 카운터에 숫자(상태)를 부여해서 값을 증가 혹은 감소시킬 수 있습니다. 글을 보는 것만으로 단번에 이해하는 것은 어려울 수도 있으므로 코드와 함께 보도록 합니다.

먼저 BEM, PRECSS 각각의 모듈 루트 요소로 counter-reset 속성을 사용해 카운터를 초기화합니다. 초기화란 것은 '이 이름을 카운터로 사용한다'라고 선언하는 것과 같습니다. 값에 카운터의 이름만 입력하면 카운터값이 0으로 설정됩니다.

BEM에는 'order-list', PRECSS에는 'bl_orderList'라는 이름의 카운터를 각각 선언합니다. 여기에서는 임의의 문자열을 설정할 수 있습니다.[27] 가능한 각 모듈이나 사용 상황별로 고유(한 가지 뜻)값으로 설정하는 것이 바람직합니다. 반대로 말하면 번거롭다는 이유로 하나의 카운터를 사이트 전체에 재사용하는 것은 유지 보수성이 떨어지기 때문에 바람직하지 않습니다.

counter-reset 속성에서 '이 이름을 카운터로 사용한다'고 선언했다면 그 뒤에는 카운터를 사용하기만 하면 됩니다. 조금 순서가 바뀌었지만 counter-increment: (카운터 이름);으로 카운터의 값을 1씩 증가시킬 수 있습니다.[28]

마지막으로 counter(카운터 이름)로 카운터의 값을 이용할 수 있습니다. 이번 경우에는 content 속성에서 'counter (bl_orderList) '. '를 사용해 '1. ', '2. '……과 같이 숫자 뒤에 점과 공백 한 칸을 표시했습니다.

이처럼 글머리 번호를 독자적으로 구현하면 글머리 번호의 문자 색상이나 폰트 등을 자유롭게 커스터마이즈할 수 있습니다.

---

26  https://developer.mozilla.org/ko/docs/Web/CSS/CSS_Lists_and_Counters/Using_CSS_counters
27  'none', 'inherit', 'initial' 등의 예약어는 제외합니다.
28  https://developer.mozilla.org/en-US/docs/Web/CSS/counter-increment

# 배리에이션

## 중첩

완성도

1. 웹 컨설팅

2. 디지털 마케팅 지원

3. CMS 구축

4. CSS 설계
   1. BEM
   2. FLOCSS
   3. PRECSS

리스트 아이템 안에 순서 있는 리스트를 중첩한 패턴입니다. 중첩된 리스트는 형태를 구분할 수 있도록 글머리 번호를 작게 표시합니다.

**BEM**

```html
HTML                        6-16-ol-nest-bem.html
<ol class="order-list">
  <li class="order-list__item">
    웹 컨설팅
  </li>
  <li class="order-list__item">
    디지털 마케팅 지원
  </li>
  <li class="order-list__item">
    CMS 구축
  </li>
  <li class="order-list__item">
    CSS 설계
    <!--여기부터 중첩됨 -->
    <ol class="child-order-list">
      <li class="child-order-list__item">
        BEM
      </li>
      <li class="child-order-list__item">
        FLOCSS
      </li>
      <li class="child-order-list__item">
        PRECSS
      </li>
    </ol>
  </li>
</ol>
```

**PRECSS**

```html
HTML                      6-16-ol-nest-precss.html
<ol class="bl_orderList">
  <li>
    웹 컨설팅
  </li>
  <li>
    디지털 마케팅 지원
  </li>
  <li>
    CMS 구축
  </li>
  <li>
    CSS 설계
    <!-- 여기부터 중첩됨 -->
    <ol>
      <li>
        BEM
      </li>
      <li>
        FLOCSS
      </li>
      <li>
        PRECSS
      </li>
    </ol>
  </li>
</ol>
```

**BEM 계속**

CSS          6-16-ol-nest-bem.css

```css
.child-order-list {
  margin-top: 10px;
  counter-reset: child-order-list;
}
.child-order-list > *:last-child {
  margin-bottom: 0;
}
.child-order-list__item {
  position: relative;
  padding-left: 1em;
  margin-top: 10px;
}
.child-order-list__item::before {
  content: counter(child-order-list) '. ';
  position: absolute;
  top: 0;
  left: 0;
  color: #e25c00;
  counter-increment: child-order-list;
}
```

**PRECSS 계속**

CSS          6-16-ol-nest-precss.css

```css
.bl_orderList ol {
  margin-top: 10px;
  counter-reset: bl_childOrderList;
}
.bl_orderList ol > *:last-child {
  margin-bottom: 0;
}
.bl_orderList ol > li {
  position: relative;
  padding-left: 1em;
  margin-top: 10px;
}
.bl_orderList ol > li::before {
  content: counter(bl_childOrderList) '. ';
  position: absolute;
  top: 0;
  left: 0;
  color: #e25c00;
  counter-increment: bl_childOrderList;
}
```

CHAPTER

7

# 모듈 재사용

모듈집의 마지막인 이번 장에서는 지금까지 만든 모듈들을 조합해서
새로운 모듈을 만들고 새로운 표현을 수행합니다.
다음 순서를 따라 복잡도를 조금씩 늘려 갑니다.
1. 최소 모듈을 사용한 복합 모듈 만들기
2. 최소 모듈과 복합 모듈 조합하기
3. 복합 모듈 간 조합하기

## 수평 버튼 리스트

**완성도**

버튼을 수평으로 배치한 모듈입니다. 최소 모듈인 버튼을 단순히 배치하는 것만으로도 가로 배치가 되지만, 여백값이나 스크린 크기가 좁은 경우와 같이 다양한 조정이 필요하므로 버튼을 이용해서 새로운 모듈을 만듭니다.

**BEM**

`HTML`　　　　7-1-button-horizon-bem.html

```html
<ul class="horizontal-btn-list">
    <li class="horizontal-btn-list__item">
    <a class="horizontal-btn-list__btn btn
btn--warning" href="#">뒤로 가기</a>
    </li>
    <li class="horizontal-btn-list__item">
    <a class="horizontal-btn-list__btn btn
btn--general" href="#">앞으로 가기</a>
    </li>
</ul>
```

`CSS`　　　　7-1-button-horizon-bem.css

```css
.horizontal-btn-list {
  display: flex;
  justify-content: center;
}
.horizontal-btn-list > *:last-child {
  margin-right: 0;
}
.horizontal-btn-list__item {
  flex: 1 1 0;
  max-width: 300px; ——❶
  margin-right: 20px;
}
.horizontal-btn-list__btn {
  display: inline-flex; ——❷
  align-items: center; ——❷
  justify-content: center; ——❷
  width: 100%; ——❶
  height: 100%; ——❷
}
```

**PRECSS**

`HTML`　　　　7-1-button-horizon-precss.html

```html
<ul class="bl_horizBtnList">
    <li>
      <a class="el_btn el_btn__yellow"
href="#">뒤로 가기</a>
    </li>
    <li>
      <a class="el_btn" href="#">앞으로 가기
</a>
    </li>
</ul>
```

`CSS`　　　　7-1-button-horizon-precss.css

```css
.bl_horizBtnList {
  display: flex;
  justify-content: center;
}
.bl_horizBtnList > *:last-child {
  margin-right: 0;
}
.bl_horizBtnList > li {
  flex: 1 1 0;
  max-width: 300px; ——❶
  margin-right: 20px;
}
.bl_horizBtnList .el_btn {
  display: inline-flex; ——❷
  align-items: center; ——❷
  justify-content: center; ——❷
  width: 100%; ——❶
  height: 100%; ——❷
}
```

### ❶ max-width: 300px; / width: 100%;

max-width: 300px; 값은 원래 버튼 모듈에 설정된 값입니다. max-width라고 설정함으로써 버튼이 최대 폭을 넘는 경우에는 원래 모듈을 단순히 가로로 배치한 것처럼 보이는 형태를 유지합니다. 버튼 수가 늘어나는 등 전체가 최대 폭에 포함되지 않는 경우에는 자동으로 버튼 가로 폭을 축소합니다(그림 7-1).

그림 7-1 max-width: 300px; 지정 시 최대 폭을 넘은 경우와 그렇지 않은 경우의 표시

### ❷ Flexbox의 일련의 지정과 height: 100%;

height: 100%;는 한 버튼 안의 문자 수가 많아 버튼 안에서 줄바꿈을 해야 하는 경우 다른 버튼과 높이를 맞추기 위해 지정합니다. 이것만으로는 버튼 안의 텍스트가 상하 가운데 정렬이 되지 않으므로 Flexbox를 사용해 좌우 및 상하 가운데 정렬을 합니다(그림 7-2).

그림 7-2 Flexbox 및 height: 100%; 모두를 지정하지 않아 높이가 맞지 않는 상태(위), height: 100%;만 지정한 상태(가운데), Flexbox와 height: 100%;를 모두 지정한 상태(아래)

### 버튼 모듈의 셀렉터의 차이

앞에서 이미 설명한 내용이긴 합니다만 BEM은 .btn을 셀렉터로 직접 사용하는 것이 아니라 '.horizontal-btn-list__btn'이라고 horizontal-btn-list 모듈의 자녀 요소로서 새로운

이름을 붙여 btn 모듈에 Mix하고 있습니다. 그리고 .horizontal-btn-list__btn에 대해 스타일링을 하고 있으므로 상세도는 균일하게 유지되며, btn 모듈의 이름이 btn이 아닌 다른 것으로 바뀌더라도 수평 버튼 리스트에는 영향을 미치지 않는다는 장점이 있습니다. 하지만 상세도가 균일하기 때문에 '.horizontal-btn-list__btn의 스타일링은 반드시 .btn보다 뒤에 와야 한다(그렇지 않으면 width: 100%;로 덮어쓸 수 없다)'는 단점도 가지고 있습니다.

'최소 모듈의 스타일링은 앞쪽에서, 복합 모듈의 스타일링은 뒤쪽에서'라는 규칙이 정해져 있다면 문제가 없겠지만, Mix는 때로 복합 모듈끼리 수행하는 경우도 있으므로 이런 경우에는 스타일링 선언 순서에 세심한 주의를 기울여야 하기 때문에 점점 관리가 복잡해집니다.

이에 비해 PRECSS는 그 단점을 해소하기 위해서라도 '.bl_horizBtnList .el_btn'과 같이 el_btn 이름을 그대로 사용하고 상세도를 높여서 스타일링을 합니다. 원래 '.el_btn'이라는 이름을 변경하면 그와 함께 이 수평 버튼 리스트의 셀렉터도 수정해야 하지만, 이것으로 선언 순서에 일일이 신경 쓰는 고민에서는 벗어날 수 있습니다.

덧붙여 다음은 양쪽 모두의 단점을 해소하는 방법입니다.

- 셀렉터를 원래 버튼 모듈에 존재하도록 하지 않는다.
- 상세도를 높인다.

이를 코드로 구현하면 다음과 같습니다.

```css
CSS
/* BEM의 경우*/
.horizontal-btn-list .horisontal-btn-list__btn {
  width: 100%;
}
/* PRECSS의 경우 */
.bl_horizBtnList .bl_horizBtnList_btn {
  width: 100%;
}
```

두 방법 모두 문제점은 확실히 해소할 수 있습니다. 그렇지만 '이 버튼의 자녀 요소만 상세도가 높은가?'를 설명하기 위해 일일이 주석을 달거나 누구라도 이해할 수 있는 형태로 문서를 남겨 놓아야 하므로, 이는 이 방법대로 중간 단계가 생깁니다.

사실 '이 방법이 가장 좋다'라고 단정할 수 없으므로 장점, 단점을 비교한 뒤 여러분의 프로젝트에 맞는 방법을 선택하시기 바랍니다.

## 버튼 + 이미지 절반 크기 미디어

### 완성도

### 미디어 쿼리 적용 시

이미지가 스크린 절반을 차지하는 미디어 모듈에 페이지 이동을 위한 화살표가 붙은 버튼을 삽입한 패턴입니다. 버튼 위치는 기본적으로 텍스트의 왼쪽 정렬, 오른쪽 정렬(모디파이어 반전 시)에 따르지만 미디어 쿼리 적용 시에는 가운데 정렬을 합니다.

**BEM**

HTML         7-2-button-media-bem.html

```
<div class="half-media">
  <figure class="half-media__img-wrapper">
    <img class="half-media__img" alt="사진:
손에 든 스마트폰" src="/assets/img/elements/
persona.jpg">
  </figure>
  <div class="half-media__body">
    <h3 class="half-media__title">
      사용자를 고려한 설계로 만족스러운 체험을
    </h3>
    <p class="half-media__text">
      웹사이트 설계는 제공하는 서비스나 퍼소나
에 따라 달라집니다. 서비스와 퍼소나에 맞춘 설
계를 통해 방문자에게 스트레스를 주지 않는 보다
나은 체험을 만들어 만족감을 높입니다.<br>
      우리는 고객의 사이트에 맞는 사용성을 고
려하기 때문에 세심한 분석과 의견 청취를 실시함
으로써, 만족을 체험할 수 있는 크리에이티브 및
테크놀로지를 설계하고 구현함으로써 지금까지는
없던 기대를 뛰어넘는 사용자 체험을 제공합니다.
    </p>
    <a class="half-media__button btn btn--
arrow-right" href="#">전략 구축 서비스에 관해
    </a>
  </div>
  <!-- /.half-media__body -->
</div>
<!-- /.half-media -->
```

CSS         7-2-button-media-bem.css

```
/* .half-media 스타일링 아래에 다음 추가 */
.half-media__text {
  margin-bottom: 20px; ──❶
}
@media screen and (max-width: 768px) {
  .half-media__button {
    display: block;
    margin-right: auto;
    margin-left: auto;
  }
}
```

**PRECSS**

HTML         7-2-button-media-precss.html

```
<div class="bl_halfMedia">
  <figure class="bl_halfMedia_imgWrapper">
    <img alt="사진: 손에 든 스마트폰" src="/
assets/img/elements/persona.jpg">
  </figure>
  <div class="bl_halfMedia_body">
    <h3 class="bl_halfMedia_ttl">
      사용자를 고려한 설계로 만족스러운 체험을
    </h3>
    <p class="bl_halfMedia_txt">
      웹사이트 설계는 제공하는 서비스나 퍼소나
에 따라 달라집니다. 서비스와 퍼소나에 맞춘 설
계를 통해 방문자에게 스트레스를 주지 않는 보다
나은 체험을 만들어 만족감을 높입니다.<br>
      우리는 고객의 사이트에 맞는 사용성을 고
려하기 때문에 세심한 분석과 의견 청취를 실시함
으로써, 만족을 체험할 수 있는 크리에이티브 및
테크놀로지를 설계하고 구현함으로써 지금까지는
없던 기대를 뛰어넘는 사용자 체험을 제공합니다.
    </p>
    <a class="el_btn el_btn__arrowRight"
href="#">전략 구축 서비스에 관해</a>
  </div>
  <!-- /.bl_halfMedia_body -->
</div>
<!-- /.bl_halfMedia -->
```

CSS         7-2-button-media-precss.css

```
/* .bl_halfMedia 스타일링 아래에 다음 추가 */
.bl_halfMedia_txt {
  margin-bottom: 20px; ──❶
}
@media screen and (max-width: 768px) {
  .bl_halfMedia .el_btn {
    display: block;
    margin-right: auto;
    margin-left: auto;
  }
}
```

## ❶ margin-bottom: 20px;

버튼을 삽입할 때 텍스트 부분에 margin-bottom을 설정합니다. 이 설정을 하지 않으면 그림 7-3과 같이 텍스트와 버튼이 붙어 버립니다.

그림 7-3 margin-bottom을 설정하지 않아 텍스트와 버튼이 붙은 상태

'그렇다면 버튼이 없는 경우라면 불필요하게 아래쪽 여백이 생기는 것은 아닌가?'라고 생각할 수도 있지만 6장에서 미리 다음 코드를 작성해 두었습니다. 버튼이 없어지면 텍스트가 아래 코드의 '*:last-child'에 해당하게 되므로 자동적으로 margin-bottom: 0;이 적용됩니다. 따라서 불필요한 여백이 생기지 않습니다.

```css
.bl_halfMedia_body > *:last-child {
  margin-bottom: 0;
}
```

## 버튼 + CTA 영역

완성도

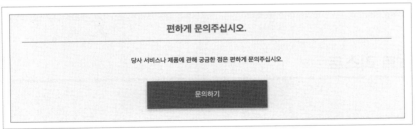

CTA 영역의 텍스트 링크를 버튼으로 치환한 패턴입니다. 간단한 텍스트 링크에서 버튼으로 바꿈으로써 유인력을 한층 높일 수 있습니다.

```
HTML                 7-2-button-cta-bem.html
<div class="cta-area">
    <h2 class="cta-area__title">
     편하게 문의주십시오.
    </h2>
    <p class="cta-area__text">
     당사 서비스나 제품에 관해 궁금한 점은 편
하게 문의주십시오.
    </p>
    <a class="btn" href="#">문의하기</a>
</div>
<!-- /.cta-area -->
```

```
CSS                  7-2-button-cta-bem.css
/* .cta-area 스타일링 아래에 다음 추가 */
.cta-area__text {
  margin-bottom: 40px; ——❶
}
```

```
HTML                 7-2-button-cta-precss.html
<div class="bl_cta">
    <h2 class="bl_cta_ttl">
     편하게 문의주십시오.
    </h2>
    <p class="bl_cta_txt">
     당사 서비스나 제품에 관해 궁금한 점은 편
하게 문의주십시오.
    </p>
    <a class="el_btn" href="#">문의하기</a>
</div>
<!-- /.bl_cta -->
```

```
CSS                  7-2-button-cta-precss.css
/* .bl_cta 스타일링 아래에 다음 추가 */
.bl_cta_txt {
  margin-bottom: 40px; ——❶
}
```

### ❶ margin-bottom: 40px;

앞서 버튼 + 이미지가 스크린 절반을 차지하는 미디어 패턴과 동일하게 텍스트와 버튼 사이의 공간을 확보하기 위한 지정입니다. 이 CTA 영역 모듈에도 미리 다음 코드를 입력해 두었으므로, 버튼이 없는 경우에도 아래쪽에 불필요한 여백이 생기지 않습니다.

```
CSS
.bl_cta > *:last-child {
  margin-bottom: 0;
}
```

## 라벨 + 포스트 리스트

### 완성도

포스트 리스트에 카테고리 이름을 의미하는 라벨을 추가한 패턴입니다. 실제로 이 모듈을 사용하는 패턴을 고려해 라벨은 CMS 등 블로그 기능의 카테고리나 태그에 해당한다고 생각하면 좋을 것입니다.

**BEM**

```
HTML                    7-2-label-postlist-bem.html
<ul class="vertical-posts">
  <li class="vertical-posts__item">
    <div class="vertical-posts__header">
      <time class="vertical-posts__date" dat
etime="2019-03-29">2019/03/29</time>
      <ul class="vertical-posts__labels">
                                        ——❶
        <li class="vertical-posts__label">
          <span class="label">해외 마케팅</
span>
        </li>
      </ul>
    </div>
    <!-- /.vertical-posts__header -->
    <a class="vertical-posts__title"
href="#">[다국어 사이트를 구축한다] ① 대상 언
어/지역 및 URL 방식 선정</a>
  </li>
  <!-- 아래는 <li class="vertical-posts__
item">을 2회 반복 -->
</ul>
```

```
CSS                     7-2-label-postlist-bem.css
/* .vertical-posts 스타일링 아래에 다음 추가 */
.vertical-posts__header > *:last-child {
  margin-right: 0;
}
.vertical-posts__date {
  margin-right: 10px;
}
.vertical-posts__labels {
  display: inline-flex; ——❷
  flex-wrap: wrap;
  margin-bottom: -10px;
}
.vertical-posts__labels > *:last-child {
  margin-right: 0;
}
.vertical-posts__label {
  margin-right: 10px;
  margin-bottom: 10px;
}
```

**PRECSS**

```
HTML                 7-2-label-postlist-precss.html
<ul style="margin: 20px;" class="bl_
vertPosts">
  <li class="bl_vertPosts_item">
    <div class="bl_vertPosts_header">
      <time class="bl_vertPosts_date" dateti
me="2019-03-29">2019/03/29</time>
      <ul class="bl_vertPosts_labels"> ——❶
        <li>
          <span class="el_label">해외 마케팅
</span>
        </li>
      </ul>
    </div>
    <!-- /.bl_vertPosts_header -->
    <a class="bl_vertPosts_ttl" href="#">[다
국어 사이트를 구축한다] ① 대상 언어/지역 및
URL 방식 선정</a>
  </li>
  <!-- 아래는 <li class="bl_vertPosts_item">
를 2회 반복 -->
</ul>
```

```
CSS               7-2-label-postlist-precss.css
/* .bl_vertPosts 스타일링 아래에 다음 추가 */
.bl_vertPosts_header > *:last-child {
  margin-right: 0;
}
.bl_vertPosts_date {
  margin-right: 10px;
}
.bl_vertPosts_labels {
  display: inline-flex; ——❷
  flex-wrap: wrap;
  margin-bottom: -10px;
}
.bl_vertPosts_labels > *:last-child {
  margin-right: 0;
}
.bl_vertPosts_labels > li {
  margin-right: 10px;
  margin-bottom: 10px;
}
```

### ❶ <ul class="vertical-posts__labels"> / <ul class="bl_vertPosts_labels">

라벨을 넣기 위한 요소로 ul 요소와 li 요소를 사용합니다. 이번 예시에서는 라벨이 하나뿐
이지만, 실제 CMS 등과 연동해 이 모듈을 사용할 때 라벨이 출력되는 것을 고려한 카테고리
나 태그가 다수 설정되어 있을 것을 가정해 ul 요소를 사용했습니다. 이런 점도 미리 고려해
리스트로 마크업을 해두면 수정 작업이 줄어 효율성이 뛰어난 모듈이 됩니다.

## ❷ display: inline-flex;

inline-flex는 그다지 익숙하지 않을 수도 있습니다. 우선 향후 라벨이 두 개, 세 개로 늘어 났을 경우에 가로로 배치하기 위해 flex를 사용한 것입니다. display: flex;라고만 지정하면 그림 7-4와 같이 날짜/시간과 라벨 리스트가 세로로 배치되어 버립니다(display: flex;는 블록 박스로 취급되기 때문입니다).

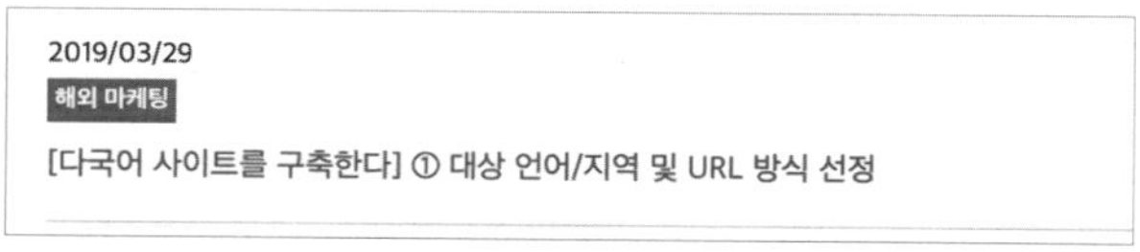

**2019/03/29**
**해외 마케팅**
[다국어 사이트를 구축한다] ① 대상 언어/지역 및 URL 방식 선정

그림 7-4 display: flex;로 설정해 날짜/시간과 라벨 리스트가 세로로 배치되어 버린 상태

여기에서 display: flex; 대신 display: inline-flex;를 설정하면 라벨 리스트 자체가 인라인 박스로 취급되기 때문에 날짜와 라벨을 가로로 배치할 수 있으며, 각 라벨 자체도 플렉스 아이템으로 다룰 수 있습니다.

**COLUMN** data-* 속성을 사용한 스타일링

라벨을 관찰해 보면 텍스트에 따라 색이 변하는 것을 알 수 있습니다(그림 7-5).

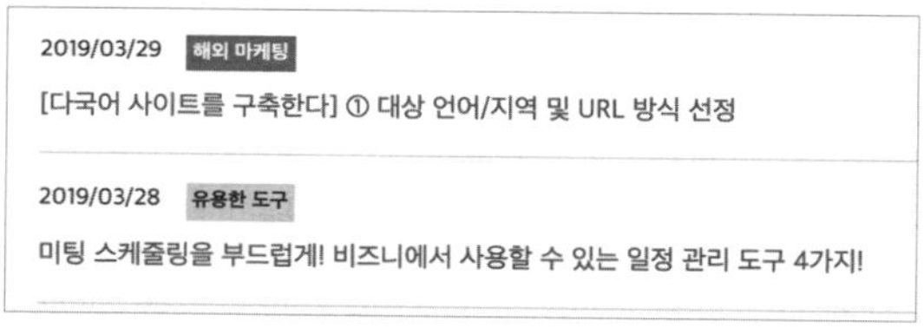

**2019/03/29** **해외 마케팅**
[다국어 사이트를 구축한다] ① 대상 언어/지역 및 URL 방식 선정

**2019/03/28** **유용한 도구**
미팅 스케줄링을 부드럽게! 비즈니에서 사용할 수 있는 일정 관리 도구 4가지!

그림 7-5 '해외 마케팅'은 주황색, '유용한 도구'의 배경색은 노란색임

이를 구현하는 코드를 복습해 봅니다. PRECSS의 경우 HTML, CSS 각각의 코드는 다음과 같습니다 (색상과 관련 없는 코드는 생략합니다).

```html
HTML
<span class="el_label">해외 마케팅</span>
<span class="el_label el_label__yellow">유용한 도구</span>
```

```css
CSS
.el_label {
  background-color: #e25c00;
  color: #fff;
}
.el_label.el_label__yellow {
  background-color: #f1de00;
  color: #000;
}
```

지금까지 공부한 CSS 설계 관점에서 보면 이 코드 자체는 정답입니다. 하지만 HTML과 CSS에서 조금 떨어져서 실제로 이 코드를 출력하는 CMS 측의 코드를 살펴봅니다. PHP에서 자주 사용하는 Twig[1]라는 템플릿 엔진 기법을 사용한 경우 코드는 대략 다음과 같습니다.

```twig
{# tag_name 변수에 태그 이름이 저장되어 있다고 가정합니다 #}
{% set class_name = 'el_label' %}
{% if tag_name = '유용한 도구' %}
  {% set class name = class_name + 'el_label__yellow' %}
{% endif %}

{# tag_name이 '유용한 도구'인 경우에는 'el_label el_label__yellow', 그렇지 않은 경우에는 'el_label'을 클래스 이름으로 사용한다 #}
<span class="{{ class_name }}">{{ tag_name }}</span>
```

여기까지는 특별한 문제가 없지만, 이후 '접근 분석(Access Analysis)'이라는 태그를 추가하고 그 태그를 파란색 배경으로 표시하고 싶다고 가정해 봅니다. 그 경우 다음과 같이 Twig와 CSS 양쪽 코드를 모두 수정해야 합니다.

```twig
{# tag_name 변수에 태그 이름이 저장되어 있다고 가정합니다 #}
{% set class_name = 'el_label' %}
{% if tag_name = '유용한 도구' %}
{# 추가 #}
  {% set class name = class_name + 'el_label__yellow' %}
{% elif tag_name = '접속 분석' %}
  {% set class name = class_name + 'el_label__blue' %}
{% endif %}

<span class="{{ class_name }}">{{ tag_name }}</span>
```

```css
.el_label {
  background-color: #e25c00;
  color: #fff;
}
.el_label.el_label__yellow {
  background-color: #f1de00;
  color: #000;
}
/* 추가 */
.el_label.el_label__blue {
  background-color: blue;
}
```

이 정도 수정으로 마무리된다면 좋겠지만 태그와 색상의 조합이 정기적으로 추가가 된다면 매번 Twig 코드를 수정하는 것은 매우 번거로울 것입니다. 그런 경우에는 속성 셀렉터를 사용해 이후 새로운 태그가 추가된다 하더라도 CSS 수정만으로 작업을 완료할 수 있습니다. 이때 유용하게 사용할 수 있는 것이 HTML5에서 추가된 data-* 속성입니다. 이 속성은 'data-' 뒤에 임의의 문자열을 붙여서 오리지널 속성을 추가할 수 있습니다.

먼저 Twig 측의 코드는 태그 이름으로 조건 분기를 수행해 CSS 모디파이어로 전환하는 것이 아니라 다음과 같이 span 요소에 data-text 속성을 추가하고, 그 값에 태그 이름을 설정합니다. 그렇게 하면 지금까지 여러 행으로 작성한 조건 분기가 모두 필요 없어지고 코드는 한 줄이면 충분합니다.

---

1 https://twig.symfony.com/ 일본에서는 Drupal 8, EC-CUBE3/4에서 Twig 기법을 채택하였습니다. 9장에서 설명하는 Nunjuncks와 호환성이 있으므로 자세한 내용은 9장을 참조하시기 바랍니다.

```twig
twig
<span class="el_label" data-text="{{ tag_name }}">{{ tag_name }}</span>
```

출력되는 HTML은 다음과 같습니다.

```html
HTML
<span class="el_label" data-text="해외 마케팅">해외 마케팅</span>
<span class="el_label" data-text="유용한 도구">유용한 도구</span>
<span class="el_label" data-text="접속 분석">접속 분석</span>
```

CSS는 다음과 같이 기술합니다.

```css
CSS
.el_label {
  background-color: #e25c00;
  color: #fff;
}
.el_label[data-text="유용한 도구"] {
```

```css
  background-color: #f1de00;
  color: #000;
}
.el_label[data-text="접속 분석"] {
  background-color: blue;
}
```

[data-text="유용한 도구"] 부분이 속성 셀렉터입니다. 이 셀렉터는 `.el_label`이라는 클래스를 가지고 있으며 data-text 속성이 "유용한 도구"인 요소'를 지정하고 있습니다. 이와 같이 미리 Twig 측에서 data-* 속성에 고유의 문자열을 출력하도록 해두면, 이후 태그를 추가하더라도 Twig 코드를 전혀 수정할 필요가 없습니다. CSS 수정만으로 새로운 태그 이름과 색상의 조합에 대응할 수 있는 것입니다.

이는 CSS 설계라는 관점에서 말하면 다소 번거로운[2] 방법이기는 하나, 이와 같은 편리한 방법이 있다는 것을 알아 둔다면 분명 도움이 될 것입니다. 이 방법을 이용하는 경우에는 다음과 같이 모디파이어로도 기능하도록 해두는 것을 권장합니다.

```css
CSS
.el_label {
  background-color: #e25c00;
  color: #fff;
}
.el_label.el_label__yellow,
.el_label[data-text="유용한 도구"] {
  background-color: #f1de00;
  color: #000;
}
```

```css
}
.el_label.el_label__blue,
.el_label[data-text="접속 분석"] {
  background-color: blue;
}
/* 이렇게 하면 테두리 선에도 모디파이어로
사용할 수 있음 */
```

---

2   콘텐츠(문자열)와 스타일링이 연결되어 있기 때문입니다. 본래 콘텐츠와 스타일링은 관계가 없어야 합니다.

## 복합 모듈 간 조합하기

### FAQ + 리스트

완성도

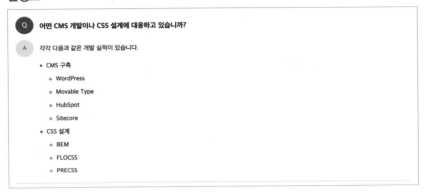

FAQ의 대답 안에 리스트를 삽입한 패턴입니다. 실제로 자주 접하는 FAQ 모듈을 생각해 봤을 때 눈에 익은 조합일 것입니다. 이 패턴에서는 추가 CSS 없이 간단히 리스트 모듈을 해당 위치에 삽입해 구현을 완료합니다. 스타일링의 책임 범위를 구분하고, 특히 모듈 자체에 레이아웃에 관한 지정을 수행하지 않도록 하면, 이와 같이 추가 코드 없이 조합을 완료할 수 있는 경우도 많습니다.

**BEM**

HTML      7-3-faq-list-bem.html

```html
<dl class="faq">
  <dt class="faq__row faq__row--question">
    <span class="faq__icon faq__icon--
question">Q</span>
    <span class="faq__question-text">어떤
CMS 개발이나 CSS 설계에 대응하고 있습니까?</
span>
  </dt>
  <dd class="faq__row faq__row--answer">
    <span class="faq__icon faq__icon--
answer">A</span>
    <div class="faq__answer-body">
      <p class="faq__answer-text">
        각각 다음과 같은 개발 실적이 있습니
다.
      </p>
      <ul class="bullet-list">
```

**PRECSS**

HTML      7-3-faq-list-precss.html

```html
<dl class="bl_faq">
  <dt class="bl_faq_q">
    <span class="bl_faq_icon">Q</span>
    <span class="bl_faq_q_txt">어떤 CMS 개발
이나 CSS 설계에 대응하고 있습니까?</span>
  </dt>
  <dd class="bl_faq_a">
    <span class="bl_faq_icon">A</span>
    <div class="bl_faq_a_body">
      <p class="bl_faq_a_txt">
        각각 다음과 같은 개발 실적이 있습니다.
      </p>
      <ul class="bl_bulletList">
        <li>
          CMS 구축
          <ul>
            <li>
```

```
        <li class="bullet-list__item">
          CMS 구축
          <ul class="child-bullet-list">
            <li class="child-bullet-list__
item">
              WordPress
            </li>
            <li class="child-bullet-list__
item">
              Movable Type
            </li>
            <li class="child-bullet-list__
item">
              HubSpot
            </li>
            <li class="child-bullet-list__
item">
              Sitecore
            </li>
          </ul>
        </li>
        <li class="bullet-list__item">
          CSS 설계
          <ul class="child-bullet-list">
            <li class="child-bullet-list__
item">
              BEM
            </li>
            <li class="child-bullet-list__
item">
              FLOCSS
            </li>
            <li class="child-bullet-list__
item">
              PRECSS
            </li>
          </ul>
        </li>
      </ul>
    </div>
    <!-- /.faq__answer-body -->
  </dd>
</dl>
```

```
            WordPress
          </li>
          <li>
            Movable Type
          </li>
          <li>
            HubSpot
          </li>
          <li>
            Sitecore
          </li>
        </ul>
      </li>
      <li>
        CSS 설계
        <ul>
          <li>
            BEM
          </li>
          <li>
            FLOCSS
          </li>
          <li>
            PRECSS
          </li>
        </ul>
      </li>
    </ul>
  </div>
  <!-- /.bl_faq_a_body -->
  </dd>
</dl>
```

# 아코디언 + 카드 + CTA 영역

## 완성도

## 미디어 쿼리 적용 시

마지막 예시는 아코디언의 콘텐츠 부분에 3칼럼의 카드와 CTA 영역을 삽입한 패턴입니다. 세 개의 복합 모듈을 조합했기 때문에 상당히 복잡한 느낌이 들지만 결국 이 역시 최소한의 필요한 조정만으로 구현할 수 있습니다.

## BEM

`HTML`  7-3-acc-card-cta-bem.html

```html
<dl class="accordion">
  <dt class="accordion__title">
    <button class="accordion__btn
accordion__btn--active" type="button">서비스
소개</button>
  </dt>
  <dd class="accordion__body accordion__
body--active">
    <p class="accordion__text">
      자사에서는 다음 서비스를 주축으로 관련된
업무들도 함께 제공합니다.
    </p>
    <div class="accordion__cards cards
cards--col3">
      <div class="cards__item card">
        <figure class="card__img-wrapper">
          <img class="card__img" alt="사진:
HTML 코드가 표시된 화면" src="/assets/img/
elements/code.jpg">
        </figure>
        <div class="card__body">
          <h3 class="card__title">
            웹사이트 구축
          </h3>
          <p class="card__text">
            사용자에게 최고의 체험을 제공하는
크리에이티브와 테크놀로지를 만들어 드립니다.
          </p>
        </div>
        <!-- /.card__body -->
      </div>
      <!-- /.cards__item card -->
      <!-- 이후 <div class="cards__item
card"> 2회 반복>
    </div>
    <!-- /.accordion__cards cards cards--
col3 -->
    <div class="cta-area">
      <h3 class="cta-area__title">
        편하게 문의주십시오.
      </h3>
      <p class="cta-area__text">
        당사 서비스나 제품에 관해 궁금한 점은
편하게 문의주십시오.
      </p>
```

## PRECSS

`HTML`  7-3-acc-card-cta-precss.html

```html
<dl class="bl_accordion">
  <dt>
    <button class="bl_accordion_btn is_
active" type="button">서비스 소개</button>
  </dt>
  <dd class="bl_accordion_body is_active">
    <p class="bl_accordion_txt">
      자사에서는 다음 서비스를 주축으로 관련된
업무들도 함께 제공합니다.
    </p>
    <div class="bl_cardUnit bl_cardUnit__
col3">
      <div class="bl_card">
        <figure class="bl_card_imgWrapper">
          <img alt="사진: HTML 코드가 표시된
화면" src="/assets/img/elements/code.jpg">
        </figure>
        <div class="bl_card_body">
          <h3 class="bl_card_ttl">
            웹사이트 구축
          </h3>
          <p class="bl_card_txt">
            사용자에게 최고의 체험을 제공하는
크리에이티브와 테크놀로지를 만들어 드립니다.
          </p>
        </div>
        <!-- /.bl_card_body -->
      </div>
      <!-- /.bl_card -->
      <!-- 이후 <div class="bl_card"> 2회 반
복>
    </div>
    <!-- /.bl_cardUnit bl_cardUnit__col3 -->
    <div class="bl_cta">
      <h3 class="bl_cta_ttl">
        편하게 문의주십시오.
      </h3>
      <p class="bl_cta_txt">
        당사 서비스나 제품에 관해 궁금한 점은
편하게 문의주십시오.
      </p>
      <a class="el_btn" href="#">문의하기</
a>
    </div>
    <!-- /.bl_cta -->
```

<table>
<tr><td>

**BEM 계속**

```
      <a class="btn" href="#">문의하기</a>
    </div>
    <!-- /.cta-area -->
  </dd>
</dl>
```

| CSS | 7-3-acc-card-cta-bem.css |
|---|---|

```
/* .accordion 스타일링에 다음을 추가 */
.accordion__cards { ──❶
  width: 90%;
  margin-right: auto;
  margin-bottom: 10px;
  margin-left: auto;
}
```

</td><td>

**PRECSS 계속**

```
    </dd>
  </dl>
```

| CSS | 7-3-acc-card-cta-precss.css |
|---|---|

```
/* .bl_accordion 스타일링에 다음을 추가 */
.bl_accordion .bl_cardUnit { ──❶
  width: 90%;
  margin-right: auto;
  margin-bottom: 10px;
  margin-left: auto;
}
```

</td></tr>
</table>

## ❶ .accordion__cards / .bl_accordion .bl_cardUnit에 대한 스타일링

놀랍게도 이번 복합 모듈 조합에서 추가한 CSS는 단지 이 정도뿐입니다. 카드 부분은 아무것도 지정하지 않는 경우에는 가로 폭을 가득 채우지만, 그 상태로는 다소 빡빡하게 보이므로 width: 90%;로 약간 가로 폭을 줄이는 동시에 margin-right: auto;와 margin-left: auto;를 지정해 좌우 가운데 정렬을 수행합니다.

이어지는 콘텐츠(이번 경우에는 CTA 영역)와의 여백을 확보하기 위해 margin-bottom: 10px;를 지정했습니다. 각 카드 아래쪽에도 각각 margin-bottom: 30px;를 설정합니다. 따라서 실제로는 40px의 여백을 확보한 셈입니다(그림 7-6).

그림 7-6 각 카드의 margin-bottom과 카드의 래퍼 요소에 설정한 margin-bottom으로 총 40px을 확보

## 모듈의 위아래 여백

'모듈 그 자체에는 레이아웃에 관련된 스타일링은 하지 않는다'는 규칙을 기반으로 지금까지 모듈은 margin-top이나 margin-bottom과 같은 위아래 여백을 포함하지 않는 형태로 소개했습니다. 하지만 이대로 사용하면 당연히 그림 7-7과 같이 위아래가 붙어 버립니다..

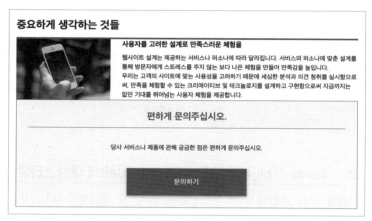

그림 7-7 **제목 2, 미디어, CTA 영역을 세로로 배치하면 모든 영역이 붙어 버림**

지금까지 설명한 모듈들을 실제로 사용할 때 반드시 해결해야 하는 이 문제는 다음 네 가지 패턴을 사용해 해결할 수 있습니다.

### 1. '표준 여백'을 미리 모듈에 설정한다

첫 번째 방법은 '표준 여백'을 모듈에 처음부터 직접 설정을 해두는 것입니다. 즉, '모듈 그 자체에는 레이아웃에 관련된 스타일링을 하지 않는다'가 기본이긴 하지만, margin-top이나 margin-bottom만은 예외로 보는 형태입니다. 코드는 다음과 같습니다.

```css
.el_lv2Heading {
  padding-bottom: 10px;
  border-bottom: 4px solid #e25c00;
  margin-bottom: 40px; /* 추가 */
  font-size: 1.75rem;
  font-weight: bold;
}
@media screen and (max-width: 768px) {
  .el_lv2Heading {
    margin-bottom: 30px; /* 추가 */
  }
}
.bl_media {
  display: flex;
  align-items: center;
  margin-bottom: 20px; /* 추가 */
}
```

```css
@media screen and (max-width: 768px) {
  .bl_media {
    margin-bottom: 20px; /* 추가 */
  }
}
.bl_cta {
  padding: 30px;
  background-color: rgba(221, 116, 44,
.05);
  border: 1px solid #e25c00;
  margin-bottom: 30px; /* 추가 */
  text-align: center;
}
@media screen and (max-width: 768px) {
  .bl_cta {
    margin-bottom: 20px; /* 추가 */
  }
}
```

이 방법의 장점은 가장 먼저 margin을 설정하므로 이후에 설명하는 방법들과 달리 매번 여백 설정을 하지 않아도 된다는 점입니다. 콘텍스트에 따라 여백을 매번 다르게 설정하는 디자인은 표준으로 정해 놓은 여백이 거의 의미를 가지지 못할 뿐만 아니라 오히려 혼란을 야기합니다. 디자인 전체 기준에 있어서도 '미디어 아래쪽의 여백은 30px로 한다'와 같이 확실히 정해져 있는 프로젝트의 경우 이 방법이 매우 적합합니다.

## 2. 헬퍼 클래스를 이용해서 모듈에 일일이 여백을 설정한다

다음 방법은 모듈을 사용할 때마다 헬퍼 클래스를 모듈에 추가하는 방법입니다. 코드는 다음과 같습니다.

```
HTML
<div class="bl_media lg_mb40 md_mb20">
  (생략)
</div>
<!-- /.media -->
```

```
CSS
.lg_m40 {
  margin-bottom: 40px !important;
}
@media screen and (max-width: 768px) {
  .md-mb20 {
    margin-bottom: 20px !important;
  }
}
```

이 방법은 모듈을 사용할 때마다 여백을 설정할 수 있어서 유연성이 높다는 장점이 있습니다. 한편 단점은 다음과 같습니다.

- 매번 설정하는 것이 번거롭다.
- 헬퍼 클래스를 계속 만들어 내는 것이 번거롭다(Sass의 for 구문을 이용하면 자동화도 가능하긴 합니다).
- 향후 '미디어 아래쪽 여백은 60px로 통일하고 싶다'와 같은 요구 사항이 발생했을 때 수정 범위가 넓어진다.

특히 수정 범위가 넓어지는 것은 매우 고통스러운 단점입니다. 이 방법은 다음의 두 가지 항목을 모두 만족하는 프로젝트에 적합합니다.

- 여백 규칙을 통일하지 않아도 되는 디자인 정책의 프로젝트
- 향후 일괄적으로 여백과 관련된 수정이 필요 없는 프로젝트

## 3. 패턴이 정해진 헬퍼 클래스를 일일이 모듈에 적용한다

이 방법은 앞에서 설명한 1과 2의 절충안에 해당하는 형태입니다. 매번 헬퍼 클래스를 설정하는 것은 2와 마찬가지이지만, 여백에 패턴을 가지도록 하는 것이 다릅니다. 코드는 다음과 같습니다.

```
HTML
<h2 class="el_lv2Heading hp_lgSpace">중요하게 생각하는 것들</h2>

<div class="media hp_mdSpace">
  (생략)
</div>
<!-- /.media -->
```

```
CSS
/* 여백: 많음 */
.hp_lgSpace {
  margin-bottom: 100px !important;
}
@media screen and (max-width: 768px) {
  .hp_lgSpace {
    margin-bottom: 80px !important;
  }
}
/* 여백: 중간 */
.hp_mdSpace {
  margin-bottom: 60px !important;
}
@media screen and (max-width: 768px) {

  .hp_mdSpace {
    margin-bottom: 40px !important;
  }
}
/* 여백: 적음 */
.hp_smSpace {
  margin-bottom: 30px !important;
}
@media screen and (max-width: 768px) {
  .hp_smSpace {
    margin-bottom: 20px !important;
  }
}
```

이처럼 몇 가지 패턴의 여백을 조합해(일반적인 경우와 미디어 쿼리 적용 시) 만들어 두고 모듈에 따라 붙이는 헬퍼 클래스를 바꾸는 방식입니다. 장점과 단점은 1과 2에서 설명한 것의 중간 정도입니다. 이 방법은 다음과 같은 프로젝트에 적합합니다.

- 디자인 정책 시점에서 위에서 기술한 CSS와 같이 여백의 패턴, 조합이 정의되어 있는 프로젝트
- 디자인 정책과 다소 오차가 있더라도 여백을 패턴에 삽입해도 문제가 없는 프로젝트

여백의 패턴 수는 디자인 정책에 정의가 되어 있는 경우에는 해당 정의를 따르며, 그렇지 않으면 대부분의 경우 5~7가지 패턴으로 제한하는 것이 좋습니다.

## 4. 콘텍스트별로 설정한다

마지막 방법은 콘텍스트별로 일일이 설정하는 것입니다. 이 방법은 설명하는 것보다는 코드를 보면 보다 빠르게 이미지를 그릴 수 있을 것입니다.

```
HTML
<!-- 전체를 .bl_article로 감싼다 -->
<article class="bl_article">
  <h2 class="el_lv2Heading hp_lgSpace">중요하게 생각하는 것들</h2>
  <div class="bl_media">
    (생략)
  </div>
  <!-- /.media -->
</article>
<!-- /.bl_article -->
```

```
CSS
/* .bl_media 안에 있는 경우에만 여백을 설
정 */
.bl_article .el_lv2Heading {
  margin-bottom: 40px; /* 추가 */
}
@media screen and (max-width: 768px) {
  .bl_article .el_lv2Heading {
    margin-bottom: 30px; /* 추가 */
  }
}
```

```
}
.bl_article .bl_media {
  margin-bottom: 30px; /* 추가 */
}
@media screen and (max-width: 768px) {
  .bl_article .bl_media {
    margin-bottom: 20px; /* 추가 */
  }
}
```

이 방법은 무엇보다 견고하다는 장점이 있습니다. 여백 설정은 모두 .bl_article 안에서만 유효하므로 다른 콘텍스트에 영향을 미치지 않습니다. 물론 다음과 같은 단점도 있습니다.

- 콘텍스트가 발생할 때마다 여백 설정을 해야만 한다.
- 콘텍스트 안에서 사용하는 모듈이 늘어날 경우에도, 해당 모듈에 대해 매번 여백을 설정해야만 한다(다소 번거로움).
- 콘텍스트를 정의하기 어렵다.

필자가 특히 치명적이라고 생각하는 것은 세 번째의 '콘텍스트를 정의하기 어렵다'는 것으로 '아티클 (.bl_article)의 경우에는 미디어 아래쪽 여백은 OO로, 일반적인 페이지의 경우에는 미디어 아래쪽 여백은 OO~'라고 깔끔하게 구분하기가 매우 어렵습니다. 많은 디자이너들 역시 그런 사고방식을 가지고 있지는 않기 때문에 당연히 디자인 정책에도 그런 규칙은 나와 있지 않습니다. 이 방법을 사용할 기회는 현재로서는 거의 없다고 봐도 무방합니다.

### 필자가 생각하는 최선의 선택

이상 네 가지 방법을 설명했지만 필자가 생각하는 최선의 선택은 기본적으로 1의 방법을 사용하되 경우에 따라 2(또는 3)를 조합하는 형태입니다.

우선 1의 방법은 각 모듈에 미리 '기본 여백'을 설정해 두는 것이었습니다. 모든 모듈에 대해 디자인 정책상 여백에 관한 지시가 있다면 좋겠지만 그런 프로젝트는 거의 없습니다. 다만 어떤 프로젝트일지라도 '기본 여백'을 설정하기 쉬운 모듈이 있는데 바로 제목입니다. 제목은 대부분의 경우 섹션의 구분점이 되며, '섹션의 구분은 반드시 80px을 띄운다'와 같은 디자인 정책을 많이 찾아볼 수 있습니다. 그리하여 필자는 제목에 대해 '섹션 사이의 여백'으로서 margin-top, 뒤에서 설명할 '콘텐츠와의 여백'으로서 margin-bottom, 두 가지를 설정해 두는 경우가 많습니다

```
CSS
.el_lv2Heading {
  margin-top: 80px;
  margin-bottom: 40px;
}
```

다음으로 다른 각 모듈에 대한 표준 여백이 디자인 정책에 나와 있지 않더라도 예방책으로서 각 모듈에 표준 여백을 넣어 둡니다. 그 이유는 만일 엔지니어 이외의 제삼자 또는 클라이언트가 이를 의식하지 않은 채 기존의 모듈을 조합해서 페이지를 수정하거나 만들 경우에도 모듈 사이의 위아래가 붙지 않도록, 최소한의 형태를 보장하기 위한 것입니다.

이 값은 대략 margin-bottom: 30px;로 하는 경우가 많습니다. 30px이라는 값 자체는 그저 필자가 감각적으로 정한 값입니다. 같은 값을 margin-top에 적용하는 것도 좋을 것입니다(레이아웃에 관한 스타일링이 너무 많이 붙어 있으면 모듈 재사용 시 방해가 되는 경우가 있으므로, 필자는 margin-top까지 붙이는 것은 그다지 선호하지 않습니다).

하지만 이 방식을 사용하면 당연히 획일적일 형태를 띨 수밖에 없으므로, 디자인 정책에 유연하게 대처할 수 있도록 2 또는 3의 헬퍼 클래스를 준비하는 방법을 함께 사용하는 것이 좋습니다. 2와 같이 매번 완전히 자유롭게 값을 설정하도록 할 것인지, 3과 같이 어느 정도 패턴을 가지도록 할 것인지는 프로젝트에 따라 다릅니다.

이상으로 모듈과 여백의 관계에 관해 설명했습니다. 여백이란 결국 디자인 정책에 크게 좌우되는 요소이기 때문에 CSS 설계 안에서도 상당히 어려운 부분에 속합니다. 필자 역시 지금도 고민하며, 더 좋은 방법은 없는지 모색하곤 합니다. 위에서 설명한 네 가지 방법을 참고하여 꼭 여러분에게 가장 적합한 방법을 찾아내시기 바랍니다.

# CHAPTER
# 8

# CSS 설계를
# 보다 잘하기 위한
# 스타일 가이드

5장부터 7장에 걸쳐서 웹사이트에 사용할 수 있는
다양한 모듈을 소개하고 설명했습니다.
이번 장에서는 각 모듈을 효율적으로 관리하고 운용하는 방법에 관해 설명합니다.

# 8-1 스타일 가이드란

모듈을 효율적으로 관리하고 운용하는 데 있어서 꼭 권장하고 싶은 방법이 스타일 가이드 만들기입니다. 스타일 가이드란 간단히 말하면 '웹사이트에서 사용할 수 있는 색상이나 폰트, UI 부품을 확인할 수 있는 자료'입니다. 비슷한 용어로 '디자인 가이드라인'이 있는데, 이는 디자인보다는 '디자인을 할 때 하면 좋은 것 혹은 해서는 안 되는 것' 등을 명확하게 알려 주는 경우가 많습니다. 이에 비해 스타일 가이드는 '디자인상의 규칙 제시'보다 '이미 사용하고 있는 표준(색상, 폰트, UI 부품 등)에 관한 정리'에 무게를 둡니다. UI 부품을 바로 사용할 수 있도록 HTML 코드를 함께 제공하는 경우도 많습니다.

## 8-2 왜 스타일 가이드가 필요한가?

필자는 다음과 같은 이유로 스타일 가이드가 필요하다고 생각합니다.

- 불필요한 UI 부품을 늘리지 않기 위해
- 불필요한 복잡화를 피하기 위해
- UI 부품의 재사용 효율을 높이기 위해

웹사이트는 대부분 공개한다고 끝나는 것이 아니라 그 후 운용, 업데이트 단계가 이어집니다. 그때 새로운 페이지를 만들거나 기존 페이지를 변경하는 경우가 생기게 마련입니다. 그런 경우 UI 부품이 정리되어 있지 않으면 비슷한 UI 부품(모듈)이 다른 페이지에 있음에도 불구하고 새롭게 또 만드는 사태가 발생합니다. 결국 불필요한 노력을 들여 비슷한 대상을 늘리는 것뿐만 아니라, 그 후 운영에 있어서도 '어느 쪽을 사용해야 하는가? 두 부품을 따로 만든 이유는 무엇인가? 그 의미는 무엇인가?'와 같은 혼란을 일으킵니다. 이런 사태를 피하고 불필요한 수고를 줄이고 웹사이트의 통일감을 유지하며 나아가 웹사이트의 수명을 늘리기 위해서도 스타일 가이드는 꼭 필요합니다.

# 스타일 가이드 만들기

그럼 실제로 스타일 가이드를 만드는 방법을 설명합니다. 스타일 가이드는 주로 다음 두 가지 방법으로 만들 수 있습니다.

- 스타일 가이드 생성기를 사용해 만들기
- 수동으로 직접 만들기

## 스타일 가이드 생성기 사용하기

'스타일 가이드 생성기'란 스타일 가이드를 만들어 주는 도구들을 총칭하는 것으로 전 세계적으로 수많은 도구가 공개되어 있습니다. 간단하면서도 유명한 스타일 가이드 생성기들을 소개합니다.

- Fractal[1]
- SC5[2]
- kss-node[3]
- Atomic Docs[4]
- Stylemark[5]
- Storybook[6]

이번 장에서는 위 생성기 중 Fractal(프랙탈)의 사용 방법을 설명합니다. 지면 관계상 모든 기능을 자세하게 설명하지는 않으므로 설치부터 모듈을 등록하는 과정의 흐름을 통해 분위기를 잡는 정도로 생각하면 좋습니다. 같은 이유로 Node.js나 npm에 관해서도 자세히 설명하지 않으므로 양해를 부탁드립니다. 설명이 어렵다고 느껴지는 분들은 뒤에서 직접 만드는 방법도 소개하므로 안심하시기 바랍니다. 내용을 뛰어넘어도 무방하고 참고 정도로만 읽으셔도 좋습니다. 필자는 Node.js v12.13.0, npm 6.13.6, Fractal CLI tool 1.1.7, Fractal 1.2.1에서 동작을 확인합니다.

---

1  https://fractal.build/
2  http://styleguide.sc5.io/
3  https://kss-node.github.io/kss-node/
4  http://atomicdocs.io/
5  https://github.com/mpetrovich/stylemark
6  https://storybook.js.org/

## Fractal 설치하기

먼저 Fractal을 설치합니다. 설치하고자 하는 임의의 디렉터리로 이동해 다음 명령어를 실행합니다.

```shell
npm init -y
npm install --save @frctl/fractal
```

우선 필수는 아니지만 Fractal 개발에 도움이 되는 명령어를 제공하는 Fractal CLI 툴이 있으므로 함께 설치해 둡니다.

```shell
npm i -g @frctl/fractal
```

## Fractal 셋업하기

다음으로 Fractal을 셋업하기 위한 명령어를 실행합니다. <project-name> 부분에는 임의의 프로젝트 이름을 입력합니다.

```shell
fractal new <project-name>
```

여기에서는 project-name을 'fractal-demo'로 정했습니다. 그림 8-1과 같이 몇 가지 질문이 나타납니다. 글머리에 '?'가 붙어 있는 내용이 질문 항목입니다.

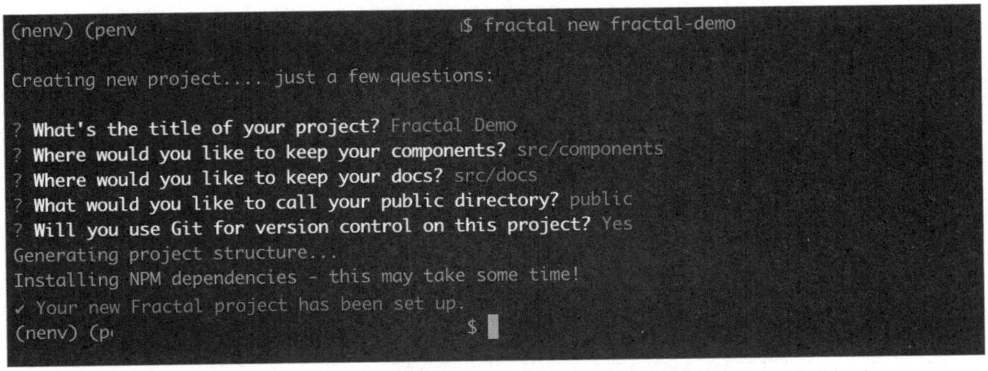

```
(nenv) (penv                          $ fractal new fractal-demo

Creating new project.... just a few questions:

? What's the title of your project? Fractal Demo
? Where would you like to keep your components? src/components
? Where would you like to keep your docs? src/docs
? What would you like to call your public directory? public
? Will you use Git for version control on this project? Yes
Generating project structure...
Installing NPM dependencies - this may take some time!
✓ Your new Fractal project has been set up.
(nenv) (p                             $
```

그림 8-1 factal new 명령어 실행 시 표시되는 질문 항목

마지막까지 진행하면 자동으로 npm 의존 모듈 설치를 시작하며, 모든 과정을 완료하면 '✓ Your new Fractal project has been set up.'이라는 메시지가 나타난 후 다시 명령어를 입력할 수 있는 상태가 됩니다. Fractal 셋업을 완료하면 'fractal new <project-name>'의 project-name 부분에 지정한 이름을 가진 디렉터리가 생깁니다. 해당 디렉터리로 이동해 다음 명령어를 실행하면 로컬 서버가 실행되며 각종 URL이 표시됩니다(그림 8-2).

```shell
cd fractal-demo # fractal-new로 만든 디렉터리로 이동
fractal start --sync
```

```
Fractal web UI server is running!

Local URL:        http://localhost:3000
Network URL:      http://192.168.0.2:3000
BrowserSync UI:   http://localhost:3002

Use ^C to stop the server
```

그림 8-2 fractal start --sync 명령어 실행 시 터미널에 표시되는 URL

이 중 'Local URL(기본은 http://localhost:3000)' 또는 'Network URL'이라고 표시된 URL을 브라우저에서 열면 Fractal 미리보기 화면이 표시됩니다(그림 8-3).

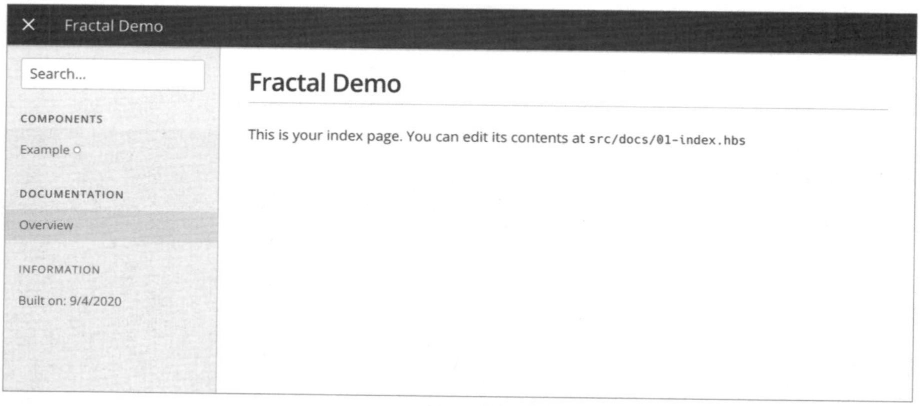

그림 8-3 로컬 서버에 미리보기로 표시되는 Fractal 화면

이것으로 Fractal 셋업을 완료했습니다.

## 모듈 등록하기

Fractal 미리보기 화면을 보면 왼쪽 영역 위쪽에 'COMPONENTS'라는 섹션이 있으며, 그 안에 이미 'Example'이라는 모듈이 등록되어 있습니다(그림 8-4).

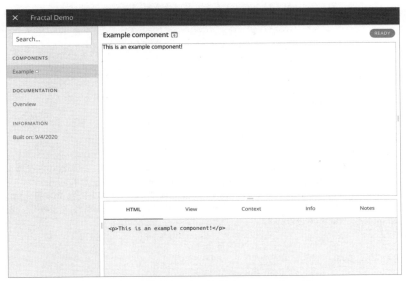

그림 8-4  처음부터 준비되어 있는 Example 모듈

이 Example 모듈은 src/components 디렉터리 내 example이라는 이름의 디렉터리의 내용과 일치합니다. fractal-demo 디렉터리 트리 구조는 다음과 같습니다.

```
├── fractal.config.js
├── package-lock.json
├── package.json
├── public
└── src
    ├── components
    │   └── example
    │       ├── example.config.yml
    │       └── example.hbs
    └── docs
        └── 01-index.md
```

새로운 모듈을 추가할 때는 src/components 디렉터리에 새로운 디렉터리를 만든 뒤 그 안에 파일을 저장합니다.[7]

---

7    모듈 추가뿐이라면 엄밀하게는 디렉터리를 만들 필요는 없지만 자세한 설명은 생략합니다.

## ■ 디렉터리 만들기, .hbs 파일 설치

새로운 bl_media 디렉터리를 만들고 bl_media.hbs 파일을 만듭니다. 파일 내용은 다음과 같습니다. 이 모듈 코드는 6장에서 설명한 것과 동일합니다.

---

**bl_media.hbs의 내용**

`HTML`

```html
<div class="bl_media">
  <figure class="bl_media_imgWrapper">
    <img alt="사진: 손에 든 스마트폰" src="/assets/img/elements/persona.jpg">
  </figure>
  <div class="bl_media_body">
    <p class="bl_media_ttl">
      사용자를 고려한 설계로 만족스러운 체험을
    </p>
    <p class="bl_media_txt">
      웹사이트 설계는 제공하는 서비스나 퍼소나에 따라 달라집니다. 서비스와 퍼소나에 맞춘 설계를 통해 방문자에게 스트레스를 주지 않는 보다 나은 체험을 만들어 만족감을 높입니다.<br>
      우리는 고객의 사이트에 맞는 사용성을 고려하기 때문에 세심한 분석과 의견 청취를 실시함으로써, 만족을 체험할 수 있는 크리에이티브 및 테크놀로지를 설계하고 구현함으로써 지금까지는 없던 기대를 뛰어넘는 사용자 체험을 제공합니다.
    </p>
  </div>
  <!-- /.bl_media_body -->
</div>
<!-- /.bl_media -->
```

---

확장자 .hbs는 Handlebars[8]라는 템플릿 엔진[9] 파일을 의미합니다. Fractal에서는 View 템플릿 엔진으로 Handlebars를 표준으로 채용하고 있지만, Nunjucks 등 다른 것으로 바꿀 수도 있습니다. 템플릿 엔진(Nunjucks)에 관해서는 9장 'HTML 개발 효율화하기'에서 설명합니다.

Handlebars 표기법을 사용해 데이터(텍스트나 이미지 등)와 HTML을 별도로 관리할 수도 있으나, 여기에서는 우선 Handlebars의 기능을 사용하지 않고 이 상태로 진행합니다. bl_media.hbs를 만들어서 저장하면 그 순간 Fractal 미리보기 화면이 변경되며 Bl Media라는 모듈이 등록됩니다. Bl Media를 열어 보면 그림 8-5와 같이 미리보기와 모듈에 관한 각종 정보들이 나타납니다.

---

8   https://handlebarsjs.com/
9   데이터와 템플릿을 조합해 문서를 출력하는 구조를 의미합니다. 여기에서는 최종적으로 HTML로 출력합니다.

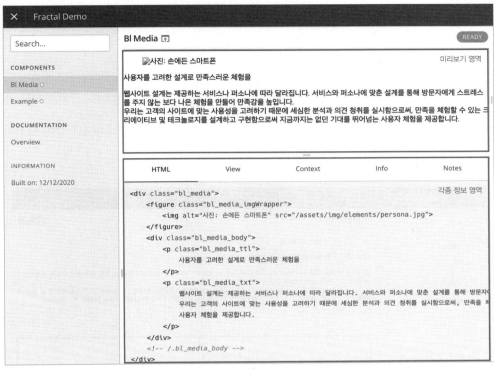

그림 8-5 Bl Media의 미리보기 화면

단, 현재 상태로는 CSS나 이미지를 Fractal 디렉터리 안에 배치하지 않았기 때문에 미리보기는 깨진 상태로 표시가 됩니다. 이 부분은 뒤에서 CSS와 이미지를 추가해 대응합니다.

탭을 전환하여 각종 정보를 확인할 수 있습니다. 가장 왼쪽 HTML 탭에서는 표시 중인 모듈의 HTML 코드를 얻을 수 있으므로, 이를 활용하면 쉽게 모듈 재사용을 할 수 있습니다. View 탭에서는 데이터를 받아 HTML로 출력하기 전 템플릿 엔진의 마크업을 확인할 수 있고, Context 탭에는 템플릿 엔진에 전달한 데이터를 확인할 수 있으나 여기에서는 설명하지 않습니다. Info 탭에서는 Fractal 내부의 모듈 정보나 모듈을 새로운 탭에서 여는 미리보기 기능들을 제공합니다.

### ■ README.md 설치

Notes에는 모듈에 관한 부가 정보를 자유롭게 기재할 수 있습니다. 마크다운(Markdown)[10] 파일을 준비하면 자동적으로 반영되므로 추가해 봅니다. bl_media 디렉터리에 README.md 파일을 만들고 다음과 같이 입력합니다.

---

10  간략한 서식을 사용해 HTML로 변환할 수 있는 마크업 언어의 하나입니다.

```markdown
# 개요
이미지와 텍스트가 좌우로 배치된 컴포넌트

## 이미지 사양에 관해
* 이미지 원래 사이즈에 관계없이, 반드시 모듈의 가로 폭의 25%를 가득 채워 표시합니다.
* 텍스트는 이미지 아래로 돌아가며 표시되지 않습니다.
```

README.md 파일을 저장하면 Fractal 미리보기 화면의 Notes 탭에 그림 8-6과 같이 표시됩니다.

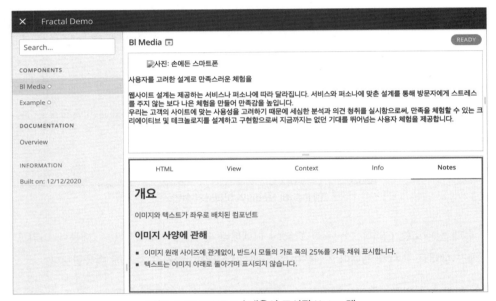

그림 8-6 README.md 내용이 표시된 Notes 탭

이와 같이 모듈에 자유롭게 적을 메모나 문서를 남길 수 있어 매우 편리합니다.

## CSS나 이미지 등의 애셋을 Fractal에 반영하기

미리보기 영역에는 CSS나 이미지 등이 반영되지 않아 해당 설정 결과가 어떻게 표시되는지 확인할 수 없으므로 이를 해결해야 합니다. Fractal은 모듈 디렉터리, 즉 이번 예시의 경우에서는 bl_media 디렉터리에 다음과 같은 파일을 저장해 두면 자바스크립트나 Sass의 내용을 로딩해 미리보기 영역에 반영합니다.

* bl_media.js
* bl_media.scss

하지만 이와 같이 모듈별로 자바스크립트나 Sass 파일을 분할해 두지 않은 경우도 있을 것이 므로, 프로젝트 공통 CSS 파일을 미리보기에 로딩하는 방법에 관해 설명합니다.

## ■ 정적 애셋 설치

먼저 Fractal에 로딩할 CSS나 이미지를 준비합니다. Fractal에서는 미리 컴파일된 CSS나 자바 스크립트, 이미지 등을 정적 애셋(Static Asset)이라고 부릅니다. 이 정적 애셋을 저장하는 디 렉터리는 Fractal 셋업 시 나온 질문 항목 중 'What would you like to call your public directory?'에 해당합니다(그림 8-7).

```
(nenv) (penv                          :$ fractal new fractal-demo

Creating new project.... just a few questions:

? What's the title of your project? Fractal Demo
? Where would you like to keep your components? src/components
? Where would you like to keep your docs? src/docs
? What would you like to call your public directory? public
? Will you use Git for version control on this project? Yes
Generating project structure...
Installing NPM dependencies - this may take some time!
✔ Your new Fractal project has been set up.
(nenv) (p                             $ ▌
```

그림 8-7 Fractal 셋업 시 설정한 정적 애셋 저장 디렉터리

이번에는 'public'이라는 디렉터리를 지정했으므로 public 디렉터리에 CSS와 이미지를 저장합니 다. 저장 후 디렉터리 구조는 다음과 같습니다(public 이외의 디렉터리 및 파일은 생략했습니다).

```
└ public
    └ assets
        ├ css
        │   └ style.css
        └ img
            └ elements
                ├ analysis.jpg
                ├ code.jpg
                ├ global.jpg
                ├ jumbotron-bg.jpg
                ├ marketing.jpg
                └ persona.jpg
```

우선 이 상태로 정적 애셋의 설치를 완료했습니다. 또한 이 단계에서 이미지는 로딩 가능한 상 태가 되므로 Fractal 미리보기 영역에 이미지가 표시되었음을 알 수 있습니다(그림 8-8).

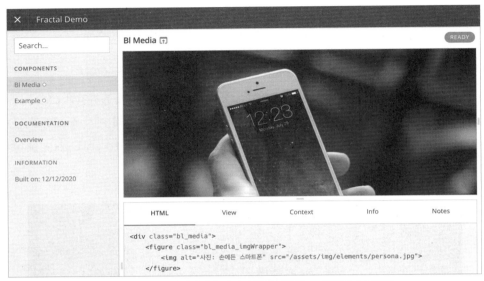

그림 8-8 public 디렉터리에 정적 애셋을 배치한 뒤 이미지가 로딩됨

## ■ _preview.hbs 파일 만들기

모든 모듈의 미리보기 영역에 공통 CSS를 로딩하고 싶은 경우에는 components 디렉터리 바로
아래에 _preview.hbs 파일을 만듭니다. 파일 내용은 다음과 같습니다.

```HTML
<!DOCTYPE html>
<html>
<head>
  <meta charset="utf8">
  <link media="all" rel="stylesheet" href="{{ path '/assets/css/style.css' }}">
  <title>Preview Layout</title>
</head>
<body>
  {{{ yield }}}
</body>
</html>
```

link 요소의 href 속성값은 앞에서 public 디렉터리 안에 설치한 CSS 파일의 경로로 합니다.
주의할 점은 앞의 이미지도 그렇지만 정적 애셋의 경로에 'public'은 넣지 않아야 한다는 것입
니다. public 디렉터리 안에서의 디렉터리 구조를 가리키면 되므로 'assets/css/style.css'로 넣으
면 됩니다. body 요소 안의 '{{{ yield }}}'는 여기에 각 모듈의 HTML이 출력되므로 반드시
입력해야 합니다.

_preview.hbs 파일을 저장하면 브라우저에 열려 있는 Fractal 미리보기가 변경되어 그림 8-9와 같이 기대했던 대로 표시됩니다. 즉, _preview.hbs 파일은 미리보기 영역 안의 표시를 제어하기 위한 파일입니다. 그 이외 사이드 바나 아래쪽의 각종 정보를 표시해 주는 영역에는 영향을 주지 않습니다.

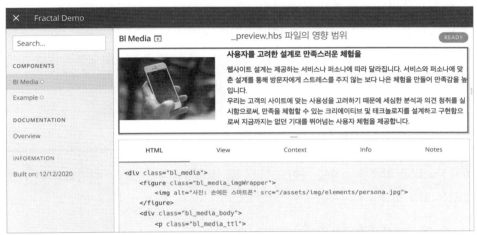

**그림 8-9 기대한 대로 표시된 미리보기 영역과 _preview.hbs의 영향 범위**

fractal-demo 디렉터리의 최종 트리 구조는 다음과 같습니다.

```
├── fractal.config.js
├── node_modules
├── package-lock.json
├── package.json
├── public
│   └── assets
│       ├── css
│       │   └── style.css
│       └── img
│           └── elements
│               ├── analysis.jpg
│               ├── code.jpg
│               ├── global.jpg
│               ├── jumbotron-bg.jpg
│               ├── marketing.jpg
│               └── persona.jpg
└── src
    ├── components
    │   ├── _preview.hbs
    │   ├── bl_media
    │   │   ├── README.md
    │   │   └── bl_media.hbs
    │   └── example
    │       ├── example.config.yml
    │       └── example.hbs
    └── docs
        └── 01-index.md
```

이상으로 간단히 Fractal을 활용한 스타일 가이드 만들기 기초에 관해 설명했습니다. 여기에서 설명한 것 외에도 다음과 같은 다양한 기능을 제공합니다.

- 모듈 상태 표시 기능(프로토타입, 작성 중, 사용 가능 등)
- 표시 순서 관리
- 모듈 안에 다른 모듈 삽입
- Gulp나 npm-scripts[11] 연동

영어이기는 하지만 매우 이해하기 쉬운 공식 문서[12]도 제공하므로 Fractal에 관해 보다 자세히 알고 싶다면 꼭 확인하시기 바랍니다.

## 수동으로 직접 만들기

앞에서 Fractal을 활용한 스타일 가이드 만들기를 소개했습니다. 하지만 다음과 같은 환경에 있는 분도 있을 것입니다.

- npm에 그다지 익숙하지 않아 어렵게 느껴진다.
- 이만큼 완벽한 가이드까지는 필요하지 않다.

이런 분들께는 스타일 가이드 생성기 사용보다는 수동으로 스타일 가이드를 직접 만들고 관리하는 방법[13]을 권장합니다. 실제로 필자가 수동으로 만든 스타일 가이드는 그림 8-10과 같습니다. 프로젝트를 개발하는 디렉터리 아래 elements 디렉터리를 만들고, 그 안에 index.html 파일을 설치해 스타일 가이드를 간단히 만들 수 있습니다(헤더나 푸터는 생략합니다).

---

11  일련의 처리를 자동화하는 도구(구조). Gulp에 관해서는 9장 '개발 관련 태스크를 자동 처리하기'에서 설명합니다.

12  https://fractal.build/guide/ - requirements

13  엄밀히 말하자면 스타일 가이드라기보다 '패턴 라이브러리', '엘리먼트 리스트'라는 용어를 사용하는 것이 적절하지만, 이 경계는 다소 애매해졌다고 생각합니다.

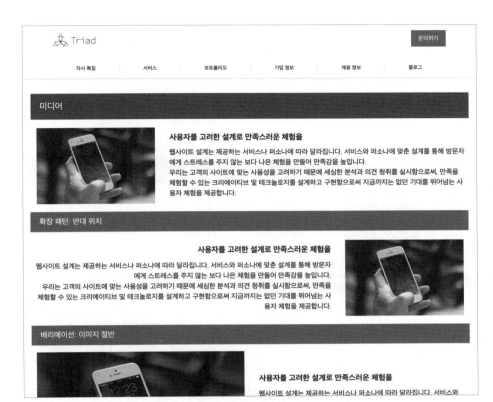

그림 8-10 필자가 수동으로 만든 스타일 가이드

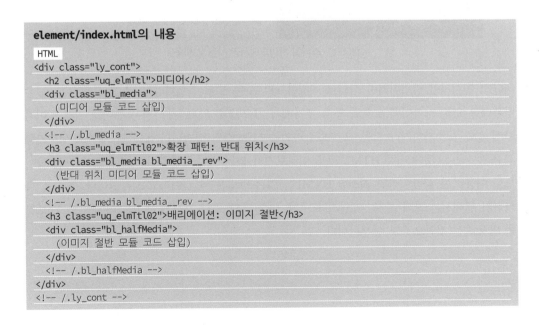

**element/index.html의 내용**

```
HTML
<div class="ly_cont">
  <h2 class="uq_elmTtl">미디어</h2>
  <div class="bl_media">
    (미디어 모듈 코드 삽입)
  </div>
  <!-- /.bl_media -->
  <h3 class="uq_elmTtl02">확장 패턴: 반대 위치</h3>
  <div class="bl_media bl_media__rev">
    (반대 위치 미디어 모듈 코드 삽입)
  </div>
  <!-- /.bl_media bl_media__rev -->
  <h3 class="uq_elmTtl02">배리에이션: 이미지 절반</h3>
  <div class="bl_halfMedia">
    (이미지 절반 모듈 코드 삽입)
  </div>
  <!-- /.bl_halfMedia -->
</div>
<!-- /.ly_cont -->
```

제목 부분(그림 8-11)은 스타일 가이드에서만 사용하는 스타일이므로 HTML 안의 style 요소로 스타일링하거나 전용 CSS를 만들어 이 페이지에서만 로딩해서 사용합니다.

그림 8-11  스타일 가이드에서만 사용할 제목

대단히 원시적인 방법이지만 의외로 이것만으로도 큰 도움이 됩니다. 보충 설명을 넣고 싶은 경우에는 모듈 가까이에 p 요소 등을 추가해서 기술할 수 있고, 가독성을 높이기 위해 페이지 안에 링크를 추가하거나 모듈 크기별로 파일을 나눌 수도 있습니다. 스타일 가이드 생성기를 사용해서 만든 것에 비해 HTML 코드 미리보기가 없는 점이 불편하기는 하지만, 스타일 가이드를 이용하는 사람이라면 최소한 HTML을 읽는 방법은 알 것이라고 생각합니다. 코드를 복사하기 위해서는 브라우저의 개발자 도구나 소스 코드 표시 기능 또는 에디터에서 소스 보기를 활용하는 것만으로도 충분합니다.

## 8-4 스타일 가이드 만들기를 위한 지침 모음

중간 규모 이상의 프로젝트 또는 공개 당시에는 규모가 작았지만 운용을 하면서 규모가 커질 것으로 예상되는 경우에는 Fractal과 같은 스타일 가이드 생성기를 사용해 모듈을 관리하는 것이 좋을 것입니다. 하지만 그만큼의 구조가 필요하지 않은 경우에는 수동으로 만드는 방법도 충분히 유용합니다. 그리고 스타일 가이드가 없는 것보다는 수동으로 만든 것이라도 있는 편이 좋습니다. 마지막으로 **스타일 가이드에서 가장 중요한 것은 확실하게 업데이트를 하는 것입니다**. 이는 스타일 가이드 생성기를 사용하든 수동으로 만들든 변하지 않습니다. 그리고 지속적으로 업데이트하는 것은 간단히 운용할 수 있는 구조와도 떼려야 뗄 수 없습니다.

스타일 가이드 생성기는 한번 익숙해진 뒤에는 쉽게 사용할 수 있지만, 프로젝트를 진행하다 보면 여러 사람이 스타일 가이드 생성에 관련되어 있거나 담당자가 바뀌는 경우도 비일비재합니다. 그런 일이 발생하는 것을 염두에 두고 스타일 가이드 운용을 위한 간단한 사내용 문서를 만들어 두는 것도 검토해 보시길 바랍니다. 다음 사항들을 확실히 고려하여 선택하는 것이 좋습니다.

- 스타일 가이드 생성기를 사용할 것인가, 혹은 수동으로 직접 만들 것인가.
- 스타일 가이드 생성기를 사용하는 경우라면 기능적인 면에서 어떤 도구가 좋은가, 운용 가능한가.

# CHAPTER 9

# CSS 개발에 도움이 되는 다양한 기술

마지막 9장에서는 CSS 설계와 직접적인 관계없이 CSS나 HTML 개발에 도움이 되는 다양한
기술을 소개합니다. 필자는 이들 도구 중 많은 것들을 Gulp 또는 webpack 등을 통해 Node.js 에서
실행합니다. Gulp나 webpack에 관해서는 가장 마지막 부분에서 개요 정도를 소개하고 자세히는
설명하지 않습니다. 구체적인 설치나 도입 방법에 관한 내용은 이 책의 주제를 넘어서므로 설명은 하지
않으나, 웹에서 많은 정보를 찾을 수 있으므로 꼭 검색해 활용해 보시기 바랍니다.

# CSS 개발 효율화와 실수 줄이기

## Sass[2]

이 책에서도 자주 언급했던 Sass는 CSS 확장 언어입니다. Sass를 활용하면 다음 요소를 사용할 수 있어 보다 효율적으로 고도의 CSS 개발을 수행할 수 있습니다.

- 변수[3]
- 중첩 기법
- mixin
- 함수

단, 브라우저가 직접 Sass를 로딩하는 것이 아니라 'Sass로 개발 → Sass를 기반으로 CSS를 익스포트'[4]하는 과정을 거치기 때문에 Sass는 'CSS 전처리기(pre-processor)'의 하나로 알려져 있습니다. CSS 전처리기에는 이외에도 다음과 같은 것들이 있습니다.

- LESS[5]
- Stylus[6]
- PostCSS[7]

하지만 웹 업계에서 많이 사용하는 실질적인 표준(de-facto Standard)은 Sass라 생각해도 좋을 것입니다(집필 시점). 또한 Sass에서는 다음과 같이 두 가지 방법으로 코드를 기술할 수 있으나 일반적으로는 SCSS 기술 방식을 사용합니다.

- 중괄호({})를 사용하지 않고 들여쓰기로 블록이나 계층 구조를 의미하는 Sass 기술 방식 (확장자 .sass)
- CSS와 동일하게 중괄호를 사용하는 SCSS 기술 방식(확장자 .scss)

Sass를 사용하면 개발 시에는 다음과 같은 코드를 작성해 CSS를 익스포트할 수 있습니다.

---

2  https://sass-lang.com/
3  변수에 한해 CSS에도 'CSS 사용자 정의 속성'이라는 이름의 사양이 존재합니다.
   https://developer.mozilla.org/ko/docs/Web/CSS/Using_CSS_custom_properties
4  Sass와 CSS에만 국한된 것이 아니라, 이런 흐름을 '컴파일한다'고 합니다.
5  http://lesscss.org/
6  https://stylus-lang.com/
7  https://postcss.org/

<table>
<tr><td>

**Sass 코드**

```scss
SCSS
.bl_media {
  display: flex;
  align-items: center;

  &_imgWrapper {
    flex: 0 1 percentage (331 / 1200);
    margin-right: percentage (40 / 1200);

    > img {
      width: 100%'
    }
  }
}
```

</td><td>

**컴파일된 CSS**

```css
CSS
.bl_media {
  display: flex;
  align-items: center;
}

.bl_media_imgWrapper {
  flex: 0 1 27.58333%;
  margin-right: 3.33333%;
}

.bl_media_imgWrapper > img {
  width: 100%;
}
```

</td></tr>
</table>

동일한 셀렉터를 반복해 쓸 필요가 없고 사칙연산[8]이나 %로의 변환 등을 간단하게 할 수 있어 대단히 편리합니다. 필자 또한 일반적으로 개발을 할 때는 Sass를 사용합니다. Sass 파일 안에서 문법이 틀리는 경우에는 컴파일 과정에서 오류가 발생하고, CSS가 익스포트되지 않습니다. CSS의 경우 문법이 틀리더라도 별다른 알림 없이 스타일이 깨질 뿐이지만, Sass를 사용하면 오류를 즉시 확인하고 수정할 수 있습니다.

Sass는 매우 복잡하며 제대로 설명하려면 그것만으로 책 한 권 분량이 됩니다. 다행히 『웹 개발자를 위한 Sass 교과서』[9]라는 좋은 서적이 이미 출간되어 있으므로 Sass에 관해 흥미가 있는 분들은 해당 서적도 참조하시기 바랍니다.

## Browsersync[10]

Browsersync(브라우저싱크)는 개발 중인 웹사이트 등이 어떻게 표시되는지 확인할 수 있도록 로컬 서버[11]를 실행하고 파일 저장 시점을 감지해서 내용을 확인하고 있는 브라우저를 자동으로 새로고침하는 도구입니다. 파일이 변경되면 이를 자동으로 감지해 브라우저를 새로고침해 주기 때문에, 수정한 내용을 브라우저에서 즉시 확인할 수 있어 개발 효율이 향상됩니다. 다른 도구와의 조합을 통해 'Sass 파일을 수정해서 저장하는 순간, 브라우저에 반영한다'와 같은 작업도 가능합니다.

---

**8**    Sass의 경우에는 사전에 계산한 뒤 CSS로 컴파일하기 때문에 다소 그 성격이 다르지만, 사칙연산은 CSS에도 calc()이라는 함수가 존재합니다. https://developer.mozilla.org/ko/docs/Web/CSS/calc

**9**    『웹 개발자를 위한 Sass 교과서(Web制作者のためのSassの教科書)』(히라사와 타카시/모리타 소우 지음, 임프레스, 2017) https://book2.scss.jp/

**10**   https://www.browsersync.io/

**11**   외부와의 통신을 목적으로 하지 않는 서버를 가리킵니다. 예를 들면 개인 PC 등의 머신에서 기동하는 것입니다.

'파일이 변경되면 브라우저를 새로고침한다'는 구조를 '라이브 리로드(Live Reload)'라고 부릅니다. 라이브 리로드 기능을 한 번이라도 사용해 보면, 더 이상은 라이브 리로드 없는 환경으로는 돌아오지 못할 만큼 편리한 기능이므로 꼭 사용해 보시기 바랍니다. 뒤에서 소개할 Prepros에서도 간단히 사용할 수 있습니다.

## Autoprefixer[12]

Autoprefixer(오토프리픽서)는 CSS에 벤더 접두사(Vendor Prefix)를 자동으로 붙여 주는 도구입니다. 예를 들어, 다음과 같은 코드를 작성하고 Autoprefixer에 전달하면, 각 브라우저에서 인식하기 위해 필요한 벤더 접두사를 자동으로 붙여 CSS를 익스포트합니다.

**Autoprefixer 실행 전**

```css
::placeholder {
  color: gray;
}
```

**Autoprefixer 실행 후**

```css
::-webkit-input-placeholder {
  color: gray;
}
::-moz-placeholder {
  color: gray;
}
::-ms-input-placeholder {
  color: gray;
}
::placeholder {
  color: gray;
}
```

'어떤 브라우저/버전을 대상으로 벤더 접두사를 붙이는가?'에 관해서는 Browserslist[13]라는 도구의 기법에 근거해 직접 커스터마이즈할 수도 있습니다. 개발 시 '이 속성에는 벤더 접두사가 필요한가?', '어떤 벤더 접두사를 붙이는 것이 좋은가?'와 같은 문제로 고민이 될 때, 이 도구를 활용하는 것을 권장합니다.

---

12  https://github.com/postcss/autoprefixer
13  https://github.com/browserslist/browserslist

## CSScomb[14]

CSScomb는 주로 CSS 속성의 나열 순서를 정리하는 도구입니다. CSScomb용 설정 파일 '.csscomb.json'[15]를 만들고 프로젝트 루트 디렉터리에 저장합니다. .csscomb.json의 내용은 다음과 같다고 가정합니다.

```JSON
{
  "sort-order": [
    [
      "position",
      "z-index",
      "top",
      "right",
      "left",
      "display"
    ]
  ]
}
```

그리고 다음 코드의 CSS에 CSScomb를 실행하면 .csscomb.json에 설정한 속성의 나열 순서로 정리해 줍니다.

**CSScomb 실행 전**

```CSS
.example {
  display: block;
  top: 50px;
  right: 50px;
  position: absolute
}
```

**CSScomb 실행 후**

```CSS
.example {
  position: absolute;
  top: 50px;
  right: 50px:
  display: block;
}
```

속성의 나열 순서뿐만 아니라 다음 사항 등도 .csscomb.json에 정의해서 통일할 수 있습니다.

- 색상 지정 시 알파벳 대문자 혹은 소문자 사용 설정
- 큰따옴표 혹은 작은따옴표 사용 설정

---

14 https://github.com/csscomb/csscomb.js
15 CSScomb에만 한정된 것이 아니라, 개발 시 사용하는 많은 도구 설정 파일은 파일명이 .으로 시작됩니다.

# EditorConfig[16]

EditorConfig(에디터컨피그)는 코드 기술법을 통일하는 도구입니다. 물론 사용하는 에디터가 EditorConfig에 대응해야 하지만 최근 많은 에디터가 EditorConfig에 대응하고 있을 정도[17]로 표준적인 도구로 자리 잡았습니다. 예를 들어, 다음과 같이 EditorConfig 설정 파일 '.editoconfig'를 만들어 프로젝트의 루트 디렉터리에 저장했다고 가정합니다.

```
# 프로젝트 루트에 저장한 .editorconfig인가?
root = true

# 줄바꿈 코드와 파일 끝에 빈 공간을 넣는가?
[*]
end_of_line = lf
insert_final_newline = true

# CSS와 HTML의 들여쓰기 지정
[*.{css,html}]
indent_style = space
indent_size = 2
```

이 상태에서 파일을 수정하면 다음 처리를 자동으로 수행합니다.

- 줄바꿈 코드에는 Line Feed(lf)를 사용함
- 파일 맨 마지막에 빈 줄을 넣음
- CSS와 HTML의 들여쓰기는 탭이 아닌 스페이스를 사용함
- CSS와 HTML의 들여쓰기는 스페이스 두 칸을 사용함

이를 통해 '파일을 만든 사람에 따라 들여쓰기가 제각각인' 상태를 막을 수 있습니다.

# Prettier[18]

Prettier(프리티어)는 소위 '코드 포매터(Code Formatter)'라 불리는 코드 정리 도구입니다. 앞에서 설명한 EditorConfig가 코드를 작성하는 도중에도 설정이 반영되는 것에 비해 Prettier는 임의의 시점에 저장 완료 파일에 대해 실행합니다. 원래 자바스크립트 주변의 코드 형태를 정리하는 도구였는데, 현재는 HTML이나 CSS, Sass의 CSS 기술법을 포함해 많은 언어에 대응하고

---

**16** https://editorconfig.org/

**17** 에디터에 따라서는 플러그인을 추가함으로써 EditorConfig에 대응할 수 있습니다.

**18** https://prettier.io/

있습니다. 또한 이후에도 지원하는 언어를 늘릴 예정인 매우 인기 있는 도구입니다. Prettier를
실행하면 다음과 같이 코드 형태를 정리할 수 있습니다.

| Prettier 실행 전 코드 | Prettier 실행 후 코드 |
|---|---|
| ```css
.bl_media {
display: flex;
align-items: center;
}

.bl_media_imgWrapper {
  flex: 0 1 27.58333%;
 margin-right: 3.33333%;
}

.bl_media_imgWrapper > img {width: 100%;}

.bl_media_body
{
  flex: 1;
}
``` | ```css
.bl_media {
  display: flex;
  align-items: center;
}

.bl_media_imgWrapper {
  flex: 0 1 27.58333%;
  margin-right: 3.33333%;
}

.bl_media_imgWrapper > img {
  width: 100%;
}

.bl_media_body {
  flex: 1;
}
``` |

지금까지의 도구들과 마찬가지로 '.prettierrc'라는 설정 파일을 프로젝트 루트 디렉터리에 저장
함으로써, 형태를 정리할 때 들여쓰기 크기나 따옴표 설정 등을 할 수 있습니다.

**.prettierrc 예시**

```
{
  "printWidth": 100, // 줄바꿈 크기(wrap size)
  "tableWidth": 4, // 탭 크기(tab size)
  "singleQuite": true // 작은 따옴표 사용
}
```

Prettier를 도입하면 코딩 스타일을 신경 쓰지 않고 개발을 할 수 있으므로 보다 본질적인 코딩
에 집중할 수 있습니다. 사람마다 제각각인 코딩 스타일의 차이를 없앨 수 있으므로 꼭 사용
해야 할 도구입니다.

지금까지 역할이 비슷한 다음 세 가지 도구를 소개했습니다.

- CSScomb
- EditorConfig
- Prettier

그렇다면 '결국 어떤 도구를 선택해야 하는가?'라는 질문이 떠오를 텐데, '상황에 따라 적절하게'라는 원론적인 대답을 꺼냅니다. 예를 들어, 따옴표나 파일 끝에 빈 줄을 추가하는 기능은 설명한 세 가지 도구 모두가 지원합니다. 그러나 CSS 속성을 생각한 대로 나열하려면 CSSComb가 유용하고, 개발 중인 파일을 저장하지 않았을 때에도 코딩 스타일을 가능한 지키고 싶다면 EditorConfig를 사용하는 것이 좋습니다. 또한 코드 형태를 확실히 정리하여 제각각인 코딩 스타일을 통일하기 위해서는 Prettier와 같은 코드 포매터를 사용해야 합니다. 결국 어떤 도구든 기능이 조금씩은 중복되지만 본질적으로 추구하는 바가 다소 다르므로 각 도구의 장점을 살릴 수 있도록 도구를 조합해서 함께 사용하는 것이 효과적입니다.

리팩터링 힌트 얻기

## Stylelint[19]

Sytlelint(스타일린트)는 CSS나 Sass, LESS 코드의 오류를 체크하거나 품질을 확보하기 위한 도구입니다. 'lint'라는 단어가 붙은 도구들은 CSS에 한정되지 않고[20] 오류 체크나 바람직하지 않은 코드 형태를 정리하는 기능[21]을 제공합니다. 또한 앞서 소개한 코드 형태 정리 도구들과 유사하지만 lint 계열은 어디까지나 '명확한 문법 틀림' 등의 오류나 '셀렉터가 중복되어 있음'과 같이 오류는 아니지만 바람직하지 않은 코드를 체크하는 것이 본질적인 역할입니다. 위에서 설명한 것들 모두 Sass를 사용하면 컴파일 시 경고가 출현하므로 Sass와 Stylelint 역시 비슷한 구석이 있습니다. 하지만 Stylelint에서만 가능한 규칙 설정도 있으므로, 코드를 확실하게 체크하고 싶은 경우에는 Stylelint를 사용해야 합니다.

## CSS Stats[22]

CSS Stats(시에스에스 스탯)은 지금까지 소개한 도구와는 달리, 브라우저상에서 사용하는 웹서비스입니다(그림 9-1).

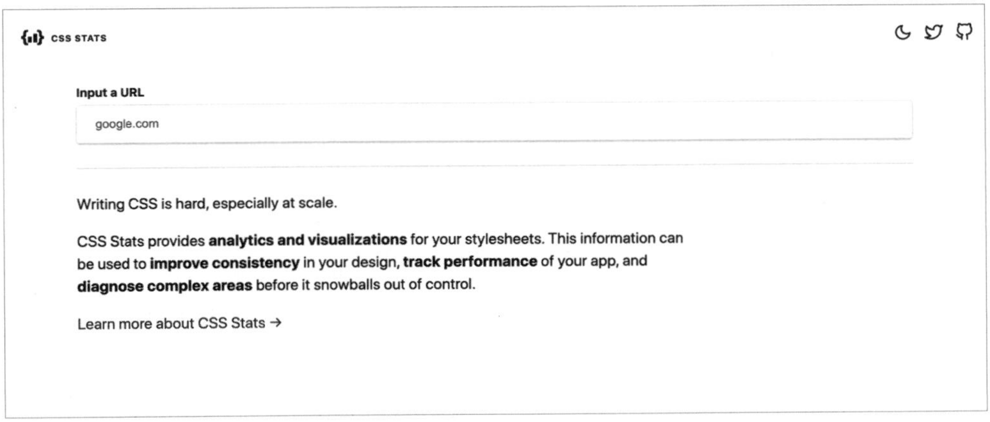

그림 9-1 CSS Stats

---

19 https://github.com/stylelint/stylelint
20 자바스크립트를 대상으로 동일한 기능을 수행하는 것으로는 'ESLint'가 유명합니다.
21 그렇지만 Prettier만큼 세세하게 형태 정리를 하지는 못합니다.
22 https://cssstats.com/

입력 필드에 분석할 페이지의 URL을 입력하고 엔터키를 누르면, 입력한 페이지에서 사용되고 있는 CSS 규칙 수나 셀렉터 수, 사용하는 색, 폰트 크기 등 다양한 정보를 한눈에 확인할 수 있습니다(그림 9-2).

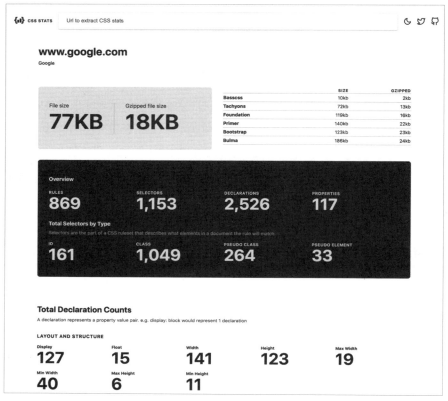

그림 9-2 CSS Stats 실행 후 화면(www.google.com)

- 색상이 너무 많지 않은가.
- 폰트 크기가 어지럽게 사용되는 건 아닌가.

다양한 리팩터링의 힌트를 얻을 수 있을 뿐만 아니라, 이런 정보를 확인하는 것은 꽤 흥미롭고 재미있습니다. 잠시 숨도 돌릴 겸 한번 실행해 보시길 바랍니다.

CSS 경량화

## CSS MQPacker[23]

CSS MQPacker(시에스에스 엠큐패커)는 미디어 쿼리 관련 코드를 정리하는 도구입니다. 일일이 설명하는 것보다 코드를 보는 편이 빠르므로 다음 실행 전 코드와 실행 후 코드를 확인해 봅니다.

**CSS MQPacker 실행 전 코드**

```css
CSS
.foo {
  width: 240px;
}
@media screen and (min-width: 640px) {
  .foo {
    width: 300px;
  }
}
@media screen and (min-width: 768px) {
  .foo {
    width: 576px;
  }
}

.bar {
  width: 160px;
}
@media screen and (min-width: 640px) {
  .bar {
    width: 256px;
  }
}
@media screen and (min-width: 768px) {
  .bar {
    width: 384px;
  }
}
```

**CSS MQPacker 실행 후 코드**

```css
CSS
.foo {
  width: 240px;
}
.bar {
  width: 160px;
}
@media screen and (min-width: 640px) {
  .foo {
    width: 300px;
  }
  .bar {
    width: 256px;
  }
}
@media screen and (min-width: 768px) {
  .foo {
    width: 576px;
  }
  .bar {
    width: 384px;
  }
}
```

이처럼 미디어 쿼리를 정리함으로써 CSS 파일 용량을 줄일 수 있습니다. 단, 다음 세 가지 점에 주의해야 합니다.

- 미디어 쿼리가 맨 뒤로 이동한다.
- 미디어 쿼리는 출현한 순서에 따라 정리된다.
- HTML에 여러 클래스가 설정된 경우 동작이 바뀔 수 있다.

---

23 https://github.com/hail2u/node-css-mqpacker

## 미디어 쿼리가 맨 뒤로 이동한다

예를 들어, 원래 코드에서는 미디어 쿼리가 앞에 선언되어 있더라도 CSS MQPacker를 실행하면 미디어 쿼리가 뒤쪽으로 이동합니다.

**CSS MQPacker 실행 전 코드**

```css
@media (min-width: 640px) {
  .foo {
    width: 300px;
  }
}
.foo {
  width: 400px;
}
```

**CSS MQPacker 실행 후 코드**

```css
.foo {
  width: 400px;
}
@media (min-width: 640px) {
  .foo {
    width: 300px;
  }
}
```

원래 코드는 '스크린 크기가 640px 이상이든 이하든 .foo는 반드시 가로 폭 400px'을 의미합니다. 하지만 CSS MQPacker 실행 후의 코드는 '스크린 사이즈가 640px 이상의 경우에는 .foo와 가로 폭 300px, 그 이외의 경우에는 400px'라는 의미가 됩니다. 애초에 원래 코드에서의 미디어 쿼리 자체가 의미를 가지고 있지 않으므로, 이런 방식으로 코드를 기술한 것 자체가 바람직하지 않습니다. 여러분이 개발하는 CSS에서는 이런 방식의 기술은 피해야만 합니다.

CSS 프레임워크 등과 같은 다른 CSS를 사용하면서, 그 내용을 미디어 쿼리 뒤에 덮어쓸 경우 이 특성이 문제가 되기 쉽습니다. 이런 경우에는 여러분이 개발한 CSS에만 먼저 CSS MQPacker를 실행해서 문제를 회피할 것을 공식 문서에서도 명확히 기재하고 있습니다.

## 미디어 쿼리는 출현한 순서에 따라 정리된다

이 역시 먼저 실행 전 코드와 실행 후 코드를 확인해 봅니다.

| CSS MQPacker 실행 전 코드 | CSS MQPacker 실행 후 코드 |
|---|---|
| ```css<br>.foo {<br>  width: 10px;<br>}<br>@media (min-wdith: 640px) { /* min-wdith:<br>640px가 가장 먼저 출현했으므로 */<br>  .foo {<br>    width: 150px;<br>  }<br>}<br>.bar {<br>  width: 20px;<br>}<br>@media (min-width: 320px) {<br>  .bar {<br>    width: 200px;<br>  }<br>}<br>@media (min-width: 640px) {<br>  .bar {<br>    width: 300px;<br>  }<br>}<br>``` | ```css<br>.foo {<br>  width: 10px;<br>}<br>.bar {<br>  width: 20px;<br>}<br>@media (min-wdith: 640px) { /* min-wdith:<br>640px가 가장 먼저 출현했으므로 */<br>  .foo {<br>    width: 150px;<br>  }<br>  .bar {<br>    width: 300px;<br>  }<br>}<br>@media (min-width: 320px) {<br>  .bar {<br>    width: 200px;<br>  }<br>}<br>``` |

이와 같이 '먼저 출현한 미디어 쿼리부터 모은다'는 특성이 있기 때문에, 실행 후의 코드는 의도하지 않은 스타일링이 되어 버립니다(min-width: 640px 스타일링이 min-width: 320px의 내용을 덮어쓰게 됨). 단, 이 문제는 다음의 방법으로 해결할 수 있습니다.

- CSS 앞에 빈 미디어 쿼리를 준비한다.
- sort 옵션을 사용한다.

### ■ CSS 앞에 빈 미디어 쿼리를 준비한다

'가장 먼저 출현한 미디어 쿼리부터 모은다'는 특성을 이용해 CSS 첫 부분에 모으고자 하는 순서대로 빈 미디어 쿼리를 입력해 두는 방법입니다.

```css
@media (min-width: 320px) { /* 320px 이상*/ }
@media (min-width: 640px) { /* 640px 이상*/ }
```

이제 320px → 640px 순으로 미디어 쿼리가 모입니다.

## ■ sort 옵션을 사용한다

Gulp 혹은 npm-script 등의 설정 파일 안에 CSS MQPacker 실행 시에 관한 옵션을 설정해 두는 방법입니다. 만약 미디어 쿼리가 min-width뿐이고, 사용하는 단위가 ch/ em/ ex/ px/ rem이라면 sort 옵션을 true로 설정해 자동으로 스크린 크기가 작은 순서로 되도록 미디어 쿼리를 모을 수 있습니다.

**CSS MQPacker 실행 시 설정 예**

```JavaScript
postcss ([
  mqpacker ({
    sort: true
  })
])
```

나열 순서를 한층 자유롭게 커스터마이즈하고자 하는 경우에는 sort 옵션에 이름이 없는 함수를 전달해 제어할 수도 있으나, 이는 자바스크립트 영역의 문제이므로 이 책에서는 더 이상 자세하게 설명하지는 않습니다.

## HTML에 여러 클래스를 설정한 경우 동작이 바뀔 수 있다

다음 HTML과 CSS는 '스크린 크기가 320px 이상인 경우에는 baz 클래스의 스타일링에 따라 가로 폭이 항상 300px이 된다(bar 클래스의 200px은 적용되지 않음)'와 같이 동작합니다.

**CSS MQPacker 실행 전 코드**

```HTML
<p class="bar baz">bar baz</p>
```

```CSS
@media (min-width: 320px) {
  .foo {
    width: 100px;
  }
}
@media (min-width: 640px) {
  .bar {
    width: 200px;
  }
}
@media (min-width: 320px) {
  .baz {
    width: 300px;
  }
}
```

여기에 CSS MQPacker를 실행하면 '스크린 크기가 320px 이상인 경우에는 baz 클래스의 스타일링에 따라 가로 폭 300px, 스크린 크기가 640px 이상인 경우에는 bar 클래스의 스타일링에 따라 가로 폭 200px'과 같이 그 동작이 바뀌어 버립니다.

**CSS MQPacker 실행 후 코드**

```css
@media (min-width: 320px) {
  .foo {
    width: 100px;
  }
  .baz {
    width: 300px;
  }
}
@media (min-width: 640px) {
  .bar {
    width: 200px;
  }
}
```

이런 문제를 일으킨 원인에는 bar 클래스와 baz 클래스에서 같은 CSS 속성(width)에 값을 설정한 CSS 설계상의 잘못도 있습니다. 이 예시에서라면 CSS 설계를 수정함으로써 문제를 회피할 수 있습니다. 하지만 필자가 가장 번거롭게 생각하는 것은 BEM의 Mix를 사용할 때 이 문제가 발생할 수 있다는 점입니다. BEM의 특성상 상세도가 거의 균일하므로 CSS 설계를 확실히 한다 하더라도 이 문제가 발생하게 됩니다. CSS MQPacker는 잘 사용하면 파일 용량을 크게 줄일 수 있는 매우 유용한 도구지만, 이런 문제가 발생하는 리스크도 있다는 점에 유의해야 합니다. 미디어 쿼리를 종합하는 것은 상상 이상으로 어려운 일입니다.

# cssnano[24]

cssnano(시에스에스나노)는 CSS를 압축[25]하는 도구입니다. 단순히 압축하는 것이 아니라 다음 사항 등을 포함해 속성이나 값의 낭비를 체크할 수 있는 장점이 있습니다.

- 속기법으로 표현 가능한 것은 속기법으로 변환
- 중복된 속성 삭제
- 값 단축

---

24 https://cssnano.co/
25 줄바꿈이나 불필요한 공백을 삭제해 파일 용량을 줄이는 것을 의미합니다.

**cssnano 실행 전 코드**

```css
CSS
h1::before, h1::before {
  margin: 10px 20px 10px 20px;
  color: #ff0000;
  font-weight: 400;
  font-weight: 400;
  background-position: bottom right;
  quotes: '"'""";
  background: linear-gradient (to bottom, #ffe500 0%, #ffe500 50%, #121 50%, #121 100%);
  min-width: initial;
}
@charset "utf-8";
```

**cssnano 실행 후 코드**

```css
CSS
@charset "utf8";h1:before{margin:10px 20px;color:red;font-weight:400;background-position:100% 100%;quotes:'"'""";background:linear-gradient(180deg,#ffe500,#ffe500 50%,#121 0,#121);min-width:0}
```

파일을 압축하면 웹사이트를 고속화할 수 있습니다(CSS에만 국한된 특성이 아님). 단, 개발 도중에 압축을 하면 코드 가독성이 떨어지므로 압축을 하지 않은 상태로 개발을 진행하고, 서버에 업로드할 때 파일을 압축하는 것이 일반적입니다.

# HTML 개발 효율화하기

이 절에서 소개하는 것은 모두 '템플릿 엔진(Template Engine)'이라 불리는 도구로, 고기능 언어인 Sass로 개발을 수행한 뒤 CSS를 익스포트하는 것처럼, 다음 각 템플릿 엔진은 HTML을 익스포트합니다. 템플릿 엔진을 사용하면 다음과 같은 작업이 가능하여 HTML 개발 효율을 높일 수 있습니다.

- 변수 사용
- 조건에 따른 콘텐츠 표시 구분(if 구문)
- 반복 패턴 일괄 처리(for 구문)
- 헤더나 푸터 등 공통 코드의 일괄 관리

## Nunjucks[26]

Nunjucks(눈적스)는 파이어폭스 등으로 친숙한 모질라(Mozilla)에서 개발한 템플릿 엔진입니다. 변수 전개의 구분자(Delimeter)[27]를 '{{ var }}'와 같은 형태로 중괄호 두 개로 둘러싸는 머스태시(Mustache)라는 기술 방법을 채용하고 있으며, 파이썬에서 사용하는 템플릿 엔진인 Jinja2[28], 또는 PHP에서 사용하는 템플릿 엔진인 Twig[29]와 호환됩니다. Jinja2나 Twig는 CMS의 템플릿 엔진으로 채용되는 경우가 많으며, Nunjucks에서 기본 코딩을 했다면 그 코드를 그대로 CMS 템플릿으로 가져갈 수 있습니다. 특별한 이유가 없다면 템플릿 엔진은 Nunjucks를 선택하면 좋을 것입니다.

다음 코드는 Nunjucks에서 변수를 정의하고 조건 분기를 수행함으로써 변수를 전개하는 예입니다.

```
Nunjucks
{% set page_title = '최상위 페이지' %}

{% if page_title == '최상위 페이지' %}
 <h1> 주식회사 제이펍 {{ page_title }}</h1>
{% else %}
 <p>{{ page_title }}</p>
{% endif %}
```

---

26  https://mozilla.github.io/nunjucks/
27  구분을 목적으로 사용하는 문자. 구분자로 둘러싸여 있는 위치는 Nunjucks 기능이 활성화되며 그렇지 않은 위치는 일반적인 HTML로 인식합니다.
28  https://jinja.palletsprojects.com/en/2.11.x/
29  https://twig.symfony.com/

## EJS[30]

EJS(이제이에스)는 템플릿 제어, 관리에 자바스크립트를 도입한 템플릿 엔진입니다. E는 'Embeded', JS는 'JavaScript'의 약어입니다. 템플릿 안에서 자바스크립트를 쓸 수 있으므로 EJS에서 제공하지 않는 기능을 직접 함수를 만들어 넣는 등 유연성이 높은 것이 특징입니다.[31] 앞의 Nunjucks에서 소개한 코드를 EJS로 작성하면 다음과 같습니다.

```EJS
<% const page_title = '최상위 페이지' %>

<% if (page_title == '최상위 페이지') { %>
  <h1>주식회사 제이펍 <%= page_title %></h1>
```

```
<% } else { %>
  <p><%= page_title %></p>
<% } %>
```

## Pug[32]

Pug(퍼그)는 HTML의 열기 태그나 닫기 태그를 사용하지 않고 들여쓰기로 계층 구조를 표시할 수 있는 템플릿 엔진입니다. 과거 Jade(제이드)라는 이름으로 불렸지만 2016년부터 Pug로 명명하고 있습니다. Pug의 특징은 무엇보다도 들여쓰기 기법입니다. 이를 능숙하게 이용할 수 있다면 매우 효율적인 HTML을 익스포트할 수 있습니다. 하지만 기타 많은 프런트엔드 언어에서는 거의 들여쓰기 기술 방법을 사용하지 않기 때문에, 호환성이 낮아 도입할 때는 주의를 해야 합니다. 특히, 코딩 후 CMS 템플릿화를 하는 것과 같은 요구 사항이 있다면 Pug가 아니라 Nunjucks나 EJS를 사용하는 편이 템플릿 엔진 코드나 설계 등을 그대로 CMS 템플릿으로 활용하기 쉽습니다.

필자는 주로 템플릿 코딩이 필요한 HTML 메일 등 Pug로부터 컴파일한 HTML을 그대로 사용하거나 HTML의 내용이 지저분해지기 쉬울 때 Pug를 사용합니다. 다음은 앞의 Nunjucks 코드를 Pug로 다시 작성한 예시입니다.

```Pug
- var page_title = '최상위 페이지'

if page_title == '최상위 페이지'
```

```
  h1 주식회사 제이펍 #{page_title}
else
  p = page_title
```

---

30 https://ejs.co/

31 다른 템플릿 엔진 또한 매크로(Macro)나 믹스인(Mixin) 같은 형태로 일련의 처리를 모으는 기능을 제공하므로, 그렇게 유연성이 필요한 경우도 그리 많지는 않습니다만……

32 https://pugjs.org/api/getting-started.html

## Prepros[33]

Prepros(프리프로스)는 지금까지 소개한 몇 가지 도구를 조합한 컴파일 도구입니다. 위에서 설명한 Gulp나 webpack과 비교해 가장 큰 특징은 GUI[34]를 제공한다는 점입니다(그림 9-3). Gulp나 webpack과 달리 CLI[35]에서 명령어를 입력할 필요가 없기 때문에, 도입하기 쉽고 자동 처리를 시작하는 데 가장 적합합니다. Gulp나 webpack에 비해 여러분이 자유롭게 컴파일러나 도구를 설치할 수는 없어 유연성에 한계가 있지만, 우선 자동화를 시험해 보고 싶은 분이나 그만큼 고급 자동화가 필요하지 않은 경우에는 사용해 보는 것도 좋을 것입니다.

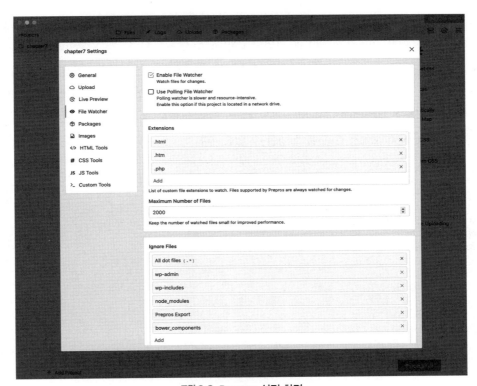

그림 9-3 Prepros 설정 화면

---

**33** https://prepros.io/

**34** Graphical User Interface의 약어. 화면상에 윈도우나 아이콘/메뉴가 표시되며, 이들을 직접적으로 조작할 수 있는 인터페이스를 말한다. 일반적으로 사용하는 OS나 애플리케이션은 대부분 GUI다.

**35** Command Line Interface의 약어. 소위 '검은 화면'에서 명령어를 입력하여 조작을 수행하는 인터페이스를 말한다.

지금까지 소개한 다음 도구들 이외에도 다양한 언어 및 도구에 대응하고 있습니다.

- Sass
- Browsersync
- Autoprefixer
- Pug

또한 유료 애플리케이션 라이선스는 29달러(USD)에 판매되고 있지만, 무료 버전 또한 기한에
제한 없이 사용할 수 있습니다.

# Gulp[36]

Gulp(걸프)는 Node.js상에서 동작하는 스트리밍 빌드 시스템(Streaming Build System)입니다. 여
기까지만 들으면 이미지가 확실하게 연상되지 않을 수도 있겠습니다. 극단적으로 말하면 데이
터 '입력'과 '출력'을 기반으로 개발과 관련된 다양한 태스크를 처리하는 도구입니다. 예를 들
면 다음 코드는 Sass 파일을 '입력', CSS 파일을 '출력'으로 하여 그사이에 앞서 소개한 CSS
MQPacker와 cssnano를 사용해 CSS를 압축하는 처리입니다. 이 입력과 출력의 일련의 흐름을
'태스크(Task)'라고 부릅니다. gulpfile.js라는 Gulp 설정 파일을 준비하고 그 파일에 태스크를
기술함으로써 Node.js에서 Gulp를 실행할 수 있습니다.

```JavaScript
const culp = require('gulp');
const sass = require('gulp-sass');
const postcss = require('gulp=postcss');
const mqpacker = require('css-mqpacker');
const cssnano = require('cssnano');

function sass () {
  return gulp.src ('src/*.scss')
    .pipe (cass ())  // 여기에서 Sass가 컴파일되어 CSS가 됨
    .pipe (postcss ([
      mqpacker( ),  // CSS에 대해 CSS MQPacker를 수행
      caasano (),  // CSS에 대해 cssnano
    ]))
    .pipe (gulp.dest('dest/css')). // CSS를 파일로 출력
}
```

**Sass 태스크 실행 명령어 예시**

```
npx gulp sass
```

---

36 https://gulpjs.com/

이처럼 지금까지 소개해 온 도구들을 다양하게 조합해, 여러분에게 맞는 태스크를 만들 수 있는 것이 Gulp의 특징입니다.

'입력'과 '출력'은 Sass에만 국한된 이야기는 아닙니다. 다음 태스크는 Nunjucks를 컴파일해서, 그 결과로 만들어진 HTML에 대한 W3C 검증을 실행한 후, 마지막으로 HTML을 파일로 출력하는 태스크입니다.

```JavaScript
const culp = require('gulp');
const htmlValidator = require('gulp-w3c-html-validator');
const nunjucksRender = require('fulp-nunjucks-render');

function njk () {
  return gulp.src ('/**/*.njk')
    .pipe (nunjucksRender ({ path: SRC + '/' })) // Nunjucks가 컴파일되어 HTML이 됨
    .pipe (htmlValidator ())  // HTML에 대해 검증(validation)을 실행
     .pipe (htmlValidator.reporter ())
     .pipe (gulp,dest ('dest'))  // HTML을 파일로 출력
}
```

**njk 태스크 실행 명령어 예시**

npx gulp njk

또한 태스크 간 조합도 가능합니다. 예를 들면 'Nunjucks에서든 Sass에서든 TypeScript[37]에서든 변경이 발생하면 자동적으로 컴파일을 수행해 오류를 체크하고, 표시 중인 브라우저를 새로고침'할 수 있습니다.

Gulp는 심도가 깊고 자바스크립트의 영역이기도 하므로 이 책에서는 이 이상 설명하지 않지만, 익숙하게 사용하면 매우 강력한 도구이므로 꼭 정보를 찾아보기 바랍니다.

## webpack[38]

webpack(웹팩)은 자바스크립트 파일을 정리하는 모듈 번들러(Module Bundler)입니다. 자바스크립트 파일 정리 도구를 소개하는 이유는 webpack의 로더(Loader)라는 기능을 사용하면 Gulp와 유사한 형태로 다양한 처리를 자동화할 수 있기 때문입니다. Gulp와 다른 점은 무엇인지, 그리고 어느 쪽을 선택하는 것이 좋은지는 목적에 따라 다릅니다. webpack의 주목적은 어디

---

**37** 자바스크립트를 생성하는 자바스크립트의 확장 언어입니다.

**38** https://webpack.js.org/

까지나 '정리하는' 것이기 때문입니다. 다음과 같은 상황에서는 webpack을 선택하는 것이 좋습니다.

- 자바스크립트의 모듈 기능을 마음껏 구사하고 싶은 경우
- CSS나 이미지를 포함해 하나의 자바스크립트로 정리하고 싶은 경우

정리하는 것이 주목적이 아니라면 굳이 webpack을 사용하지 않고 Gulp를 사용하는 것 또한 바람직한 선택입니다. 또한 '자바스크립트 모듈 기능은 마음껏 사용하고 싶지만, 이미 만들어져 있는 Gulp 태스크가 많은' 경우에는 두 도구를 함께 사용할 수도 있습니다. 할 수 있는 일은 유사하지만 각각 주안점이 다르기 때문에 상황에 따라 적절한 도구를 선택하는 현명함이 필요합니다.

어떤 선택을 하든 Gulp나 webpack을 사용하기 위해서는 CLI를 피할 수는 없습니다. 두 도구 모두 그다지 어렵지 않으므로 사용하다 보면 금세 익숙해질 것입니다. 그러나 그만큼의 환경이 필요하지 않은 경우도 있을 것입니다. 그런 경우에는 Prepros를 사용하는 것 또한 하나의 올바른 선택입니다.

# 찾아보기